Sidney John Hervon Herrtage

Sir Ferumbras

Sidney John Hervon Herrtage

Sir Ferumbras

ISBN/EAN: 9783743333338

Manufactured in Europe, USA, Canada, Australia, Japa

Cover: Foto ©ninafisch / pixelio.de

Manufactured and distributed by brebook publishing software (www.brebook.com)

Sidney John Hervon Herrtage

Sir Ferumbras

INTRODUCTION.

§ 1. *Popularity of the romance, as shown by numerous editions*, p. v.
§ 2. *Caxton's " Lyf of Charles the grete,"* p. viii.
§ 3. *Ferumbras an enlarged portion of a previous romance*, p. xi.
§ 4. *English MSS. of the Charlemagne Romances*, p. xii.
§ 5. *Description of the Ashmole MS. 33*, p. xiv.
§ 6. *Characters of the romance*, p. xvii.
§ 7. *Its versification*, p. xviii.
§ 8. *Its Dialectal and Grammatical peculiarities*, p. xviii.
§ 9. *Conclusion*, p. xxvii.

§ 1. IN the present Introduction I do not propose to enter into the general question of the Origin and History of the Charlemagne Romances, but to confine myself to the one with which we are immediately concerned.

Of all these romances none attained to so high a pitch of popularity as that, the present version of which is now for the first time published. MM. Krœber and G. Servois, the editors of the old French version (from which the present is a translation), in their introduction say: " Des le xiime siècle probablement, et pour sûr au siècle suivant, la chanson de Fierabras était chantée en provençal et en français, au midi et au nord de la France. Elle a été de bonne heure traduite ou imitée dans presque toutes les langues de l'Europe, et n'a cessé chez nous d'être rajeunie et reproduite dans les versions en prose qui en ont été publiées depuis le xve siècle jusqu'à nos jours."[1]

Of the Romance of Fierabras two versions exist, the one Provençal,[2] the other French, the former of which, in the opinion of MM. Krœber and Servois, was a translation from a French original now lost. Of the French

---

[1] " Fierabras, *Chanson de Geste*," Paris, 1860, 8°. p. ii.
[2] Published by Herr Bekker, with the title, " Der Roman von Ferabras provenzalisch, herausgeg. von Herr Bekker," Berlin, 1829, 4°. It consists of 5084 lines.

version five MSS. are known to exist, two belonging to the XIV, and two to the XV century.[1]

Previous to 1860, the poetical version of Fierabras had never been printed, but there had been numerous editions of the prose romance. A full account of these will be found in Brunet's *Manuel du Libraire*, s.v.v. *Conqueste* and *Fierabras*, and I shall therefore confine myself to a notice of the most remarkable of these editions.

The first prose version was published in 1478, at Geneva, with the title, "Le Roman de Fier a bras, le geant," and the colophon, "Imprime a Geneve l'an de grace mil cccc.lxxviij. le xxviij° iour de Nouembre." It is in folio, Gothic letters, and consists of 115 leaves, with no pagination.

In the Grenville Library in the British Museum, Nos. 10,531, and 10,532 are two copies.

The first, entitled, "Fierabras, Roman par Henry Bolomier," which is the copy mentioned by Brunet, N. R. II. p. 231, as incorrectly described in the Catalogue of Vander Velde, commences with the prologue *Saint Pol docteur de Verite*, which, with Table of Chapters, occupies five leaves. The text begins on leaf 6, and finishes on 110 back, with the colophon—"Explicit Fierabras, par Symon du Jardin à Geneve." It is in folio and undated.

The work is divided into three Books, the second of which contains

[1] The editors of Fierabras only mention *four*, but one has since been discovered in the Municipal Library of Hanover. (See p. xiv. below.) Of these only one is in the British Museum, viz. MS. Reg. 15. E. vi. This magnificent MS., which is in a state of perfect preservation, forms an enormous folio volume, on vellum, written in double columns in the 15th century. It contains 487 folios, besides 5 folios at the beginning, of which one is blank. The first has, on the back, a table of the contents of the volume. The second contains, on the back, a superb miniature, representing John Talbot, Earl of Shrewsbury, who died in 1453, on his knees, presenting this volume to Margaret of Anjou, queen of Henry VI, who is seated beside her husband on a kind of bed, in a chamber of which the tapestry bears everywhere the arms of England and France quartered. Behind the queen are two ladies, and behind the king a great number of men. Above is a dedication in verse.
The third leaf contains a pedigree of Henry VI. This leaf, as well as the preceding, is ornamented with the armorial bearings of John Talbot, and of Henry VI. and his queen quartered. The back of the fifth folio is entirely occupied by a large miniature, representing *le Chastel du Chaire, la Cité de Babiloine, Nectanebz seigneur d'Egipte, père Alixandre, le jardin du Baulme*, and *les moulins de Babiloine*.
The volume contains a large number of Romances in prose and verse. Fierabras begins on lf. 66, and ends on lf. 81, with the colophon, *Cy fine le iiijme livre Charlemaine*, and is followed by *Le livre de Oger Le Dannemarche*, which begins on leaf 82, under a miniature representing Ogier breaking Charlot's head with a chess-board. The last piece but one is *Le livre des fais d'armes et de chevalerie*, translated and printed by Caxton in 1490.

the whole of the romance of Sir Ferumbras. This is subdivided into 3 parts, the first containing 16 chapters, and extending from the appearance of Ferumbras before Charles' camp to the capture of Oliver: the second extends to immediately before the starting of Richard of Normandy on his message to Charles from the besieged knights; and the third ends with the wedding of Guy and Floripas. The fight between Roland and Ferragus occurs in Book III. part i. chapt. 12. It agrees throughout with the French version as printed by MM. Krœber and Servois.

The heading to Book II. runs as follows:—"La premiere partie du second liure contient XVI chapitres, et parle de la bataille faicte par oliuier & fierabras ung merueilleux geant," and it is taken, we are told, from a "rommant fait a lancienne façon sans grand ordonnance dont iay este insite a le reduire en prose par chapitres ordonnez," and has been turned from "la rime ancienne en prose."

The first and third parts are taken from Vincent de Beauvais, *Speculum Historiale*. (See quotation from Caxton's translation below.)

The second copy in the Grenville Library, 10532, has the colophon: "Cy finist Fierabras imprime a lyon lan de grace mil quattre cens quatre vingtz et seize, Le xx jour de novembre." It consists of 65 leaves, in folio.

In the Royal Library, British Museum (press-mark c 6 b. 12), is a copy without title-page, with the colophon, "Cy finist Fierabras. Imprime a genesue Par maistre Loys Garbin bourgois de la dicte cite. Lan mil cccc.lxxxiij. et Le. xiij. iour de moys de Mars. Deo gracias. Amen." Folio, 115 leaves. On the back of A i is a large woodcut representing Fierabras, and another large one on O 5, representing Charlemagne. Smaller cuts are interspersed in the text. The preface is on A ij, the Index begins on A ij back, and the text on A vj. It corresponds throughout with the Grenville copy, No. 10,532.

A prose edition in German is also in the British Museum (Press-mark 837, l. 21), printed by Iheronimus Rodler, at Siemern, 2 May, 1533. Folio: 53 leaves without pagination. It is interspersed with large woodcuts. This edition was reprinted in 1809.

In the same Library are also three editions of a work entitled—"Historia del Emperador Carlo Magno, en la qual se trata de las grandes proezas y Nazañas de los doce Pares de Francia, y de como Fueron vendidos por el traydor Ganalón: y de la cruda batalla, que hubo Oliveros Con Fierabras, Rey de Alexandria. *Traducido del Frances al Castellano.*" Por Nicolas de

Piamonte. First edition, 1528. Reprinted, Cordova, 1649, 4°.; 1700, 8°., 1777, 8°. This work is in reality a literal translation of the second part of the French prose romance, and corresponds exactly with our version.

Italy early adopted the Romance, and towards the close of the XV century was published a poetical version in that language, entitled, "*El cantare di Fierabraccia et Olivieri.*"

§ 2. In 1485 Caxton printed his "Lyf of the Noble and Crysten Prynce, Charles the Grete," which is simply a translation of the French Prose Romance of Fierabras already referred to. The following is his rendering of the Prologue of the French versions :—

[1]"SAynt Poul doctour of veryte sayth to vs that al thynges that ben reduced by wrytyng / ben wryton to our doctryne / And Boece maketh mencion that the helthe of euery persone procedeth dyuercely / Thenne sythe it is soo that the cristen feyth is affermed and corrobered by the doctours of holy chyrche / Neuertheles the thynges passed dyuersley reduced to remembraunce / engendre in vs correction of vnlauful lyf. For the werkes of the auncient and olde peple ben for to gyue to vs ensaumple to lyue in good & vertuous operacions digne & worthy of helth in folowyng the good / and eschewyng the euyl. And also in recountyng of hye hystoryes / the comune vnderstondyng is better content to the ymagnacion local than to symple auctoryte / to which it is submysed / I saye this gladly / For oftymes I haue been excyted of the venerable man messire henry bolomyer chanonne of lausanne for to reduce for his playsyr somme hystoryes as wel in latyn & in romaunce as in other facion wryton / that is to say of the ryght puyssaunt / vertuous / and noble charles the grete / kyng of fraunce and emperour of Rome / Sone of the grete Pepyn / And of his prynces & barons / As Rolland Olyuer / and other / touchyng[2] somme werkes haultayne doon & commysed by their grete strength & ryght ardaunt courage / to the exaltacyon of the crysten fayth and to the confusyon of the hethen sarazyns and myscreaunts whiche is a werk wel contemplatyf to to lyue wel / And bycause the sayd henry Bolomyer hath seen of thys mater / and the hystoryes dysioyned wythoute ordre / therfore at his request after the capacyte of my lytel entendement / And after thystoryes and mater that I haue founden I haue ordeyned this book folowyng / And it myght soo haue ben that yf I had ben more largely enformed and al playn I had letter made it / For I haue not sayd ony matere / but I haue therof ben enformed / Fyrst by an autentyke book named myrrour hystoryal / as by the canonnes and somme other bookes whiche make mencyon of the werke folowyng / And by cause I may haue a lytel parte of honourable foundement I shal touche of the first cristen kyng of fraunce. For the moste parte of this book is made to thonour of the frenssh men / and for prouffyte of euery man / and after the desyre of the redar and herer / there shalle be founden in the table all playne the mater of whyche the persone

[1] sign. A ij. [2] col. 2.

shal haue desyre to here or rede / wythoute ate[n]dacyon / by[1] the playsyr of god to whome I submytte al myn entente to write no thyng that ought to be blamed / ne but that it be to the helthe & sauacion of euery persone /"

This is followed immediately by Caxton's own prologue, as follows :—

"THenne for as moche I late had fynysshed in enprynte the book of the noble & vyctoryous kyng Arthur fyrst of the thre moost noble & worthy of crysten kynges / and also tofore had reduced into englisshe the noble hystorye & lyf of Godefroy of boloyn kyng of Iherusalem / last of the said iij worthy Somme persones of noble estate and degree haue desyred me to reduce thystorye and lyf of the noble and crysten prynce Charles the grete kyng of fraunce[2] & emperour of Rome / the second of the thre worthy / to thende that thystoryes / actes / & lyues may be had in our maternal tongue lyke as they be in latyn or in frensshe / For the moost quantyte of the people vnderstonde not latyn ne frensshe here in this noble royame of englond / And for to satysfye the desyre & requeste of my good synguler lordes & specyal maysters and frendes I haue enprysed and concluded in my self to reduce this sayd book in to our englysshe / as all alonge and playnely ye may rede / here / and see in thys book[3] here folowyng / besechyng al them that shal fynde faute in the same to correcte and amende it / And also to pardone me of the rude & symple reducyng / and though so be there be no gaye termes / ne subtyl ne newe eloquence / yet I hope that it shal be vnderstonden & to that entente I haue specyally reduced it / after the symple connyng that god hath lente to me / wherof I humbly & wyth al my herte thanke hym / & also am bounden to praye for my fader and moders soules / that in my youthe sette me to scole / by whyche by the suffraunce of god I gete my lyuyng I hope truly And that I may so do & contynue I byseche hym to graunte me of his grace / and so to laboure and occupye my self vertuously that I may come out of dette & dedely synne / that after this lyf I may come to hys blysse in heuen. AMEN."

The text concludes with the following epilogue[4] :—

"¶ And by cause I Wylliam Caxton was desyred & requyred by a good and synguler frend of myn / Maister wylliam dau[5]beney one of the tresorers of the Iewellys of the noble & moost crysten kyng / our naturel and souerayn lord late of noble memorye kyng Edward the fourth on whos soule Ihesu haue mercy To reduce al these sayd hystoryes in to our Englysshe tongue I haue put me in deuoyr to translate thys sayd book as ye heretofore may se al a longe and pl[a]yn / prayeng alle them that shal rede / see or here it / to pardon me of thys symple & rude trans[l]acyon and reducyng / bysechyng theym that shal fynde faute to correcte it / & in so doyng they shal deserue thankynges / & I shal praye god for them / who brynge them and me after this short and transytorye lyf to euerlastyng blysse. Amen / the whyche werke was fynysshed in the reducyng of hit in to Englysshe the xviij day of Iuyn the

---

[1] sign. A ij, back.   [2] Ed. frauuce.   [3] col. 2.
[4] sign. M vij, back, col. 1.   [5] col. 2.

second yere of kyng Rychard the thyrd / And the yere of our lord MCCCClxxxv / And enprynted the fyrst day of decembre the same of our lord & the fyrst yere of kyng Harry the seuenth /

¶ Explicit per William Caxton."

On Sign. M. vij we read—"it is so that at the requeste of the sayd venerable man tofore named Maister henry bolonnyer chanoune of lausanne I haue been Incyted to translate & reduce into Frensshe the mater tofore reduced. as moche as toucheth the fyrst & the thyrd¹ book / I haue taken & drawen oute of a book named myrrour hystoryal for the moost parte / & the second book I haue onely reduced it out of an olde romaunce in frensshe"—In the "Table" we are told that "The fyrst book spekyth of the begynnyng of fraunce / and of the fyrst crysten kyng of fraunce / whyche was named Cloys." . . . "The second book spekith of the batayle that Olyuer dyd ayenst Fyerabras the meruayllous geaunte." . . . "The iij book speketh how by reuelacyon of saynt Iames Charles went and conquerd Spayne and Galyce . . . and fynally of the trayson of Ganellon by the whyche the deth of Rolland was pyetous / the deth of Oliuer dolorouse. . . . . and fynally the deth of Charles themperour."

The only existing copy at present known is in the King's Library, British Museum (Press-mark C. 10 b. 9). It is perfect, and consists of 96 folio leaves in double columns, 39 lines to a column. There is no title-page.

The present romance was particularly popular in Spain. The *Historia del Emperador Carlomagno* contains, in addition to the events related in 'Fierabras,' also the combat between Ferragus and Roland, and an account of the fatal day of Roncesvalles.² Piamonte's work has been several times reprinted, and two editions in Portuguese were published in the last and present centuries.³ To it doubtless Cervantes was indebted for many of his allusions, and it was it which he represents as having been in the library of Don Quixote, and burnt by order of the priest and the barber.⁴ In 1635 Calderon wrote his drama 'La Puente de Mantible,'⁵ which is founded on a portion of our romance.

The Welsh version of the 'Gests of Charlemagne,'⁶ lately published, does not contain our romance, but is a translation of Turpin's life of Charlemagne, as is also the Irish version in the "Book of Lismore," the property of the Duke of Devonshire.⁷

¹ sign. M. vij, back.
² See Ticknor, *History of Spanish Literature*, 1849, I. 222.
³ 'Fierabras,' ed. MM. Krœber and G. Servois, introd. p. xvi.
⁴ See Skelton's ed. of 'Don Quixote,' 1652, Bk. I. Pt. 4, chapt. xxii. p. 130.
⁵ In this spelling he follows the practice of Piamonte in his *Historia*.
⁶ 'Campeu Charlymaen,' being the Gests of Charlemagne, &c., ed. from the Hengwrt MSS. by the Rev. R. Williams, 1878 (privately printed).
⁷ See the *Academy*, May 22nd, 1875.

The earliest known mention of any romance on the subject is in a deed of the xiv century, by which Guy de Beauchamp, Earl of Warwick, bequeathed his library to the Abbey of Bordesley, in the county of Warwick, in the catalogue of which we find a *Volum del romance des mareschaus et de Fierabras de Alisaundre*, and probably is the same which is referred to in the catalogue of the library of the Castle of Montauban, in France, taken in 1507 :—

"Item. vng libre en romans dit Mellusina.
Item. ung autre libre en romans dit *Fierbras.*"[1]

§ 3. M. Gaston Paris in 1865 pointed out that 'Fierabras' was in reality but a portion of an earlier Romançe, considerably amplified and re-handled. Of this earlier poem, only known from the short analysis of it by Philippe Mousket (v. 4666 *et seq.*), the following summary is given by M. Paris :[2]—
"Puis Rome fut prise par force, et toute la population mise à mort, le pape tué, Château-Miroir pris, et toute la ville brûlée. Le duc Garin et les siens entrèrent en Château-Croissant; car les Sarrasins, Turcs et Persans, avaient amené trop de monde et de Syrie et d'Espagne. Les chrétiens désespérés envoyèrent demander secours au bon roi Charlemagne, qui tenait sa cour en France. Le roi leur envoya Gui de Bourgogne . . ., et Richard de Normandie. Ils reprirent *le Miroir;* le duc Garin, qui tenait Pavie et avait conservé Château-Croissant, prit aussi part à la bataille. Charles arriva lui-même, amenant ses troupes rassemblées de maint pays . . . . . il se dirigea vers Rome et fit grand mal aux païens. C'est alors qu'Olivier combattit l'orgueilleux Fierabras; il le vainquit et reconquit les deux barils que celui-ci avait pris à Rome; il les jeta dans le Tibre, afin que personne ne pût plus boire du baume qu'ils contenaient; c'était celui-là même dont Jésus-Christ fut embaumé. Enfin tous les païens furent tués et les chrétiens reprirent Rome; on fit un autre pape, et Charles revint en France, louant Dieu et saint Pierre."

There are numerous passages in 'Fierabras' pointing to a preceding romance : thus at the very start we are introduced at once *in medias res* in a manner which seems to show that the author takes it as granted that his readers are well acquainted with the events which he so rapidly describes[3]—the opening lines being in point of fact a brief *resumé* of the poem summarized as above by M. Gaston Paris under the name of 'Balan.' Again, ll. 2241—2246[4] are also palpable references to events previously described.

[1] 'Fierabras,' ed. MM. Krœber and Servois, introd. p. xxii.
[2] *Histoire Poétique de Charlemagne,* pp. 251-2.   [3] *Histoire Poétique,* p. 251.
[4] Corresponding with ll. 1412—1420, and 2076—2084 of 'Sir Ferumbras.'

The author of 'Fierabras' has, however, considerably modified his original to suit the altered taste of the time, has transported the scene of action to Spain,[1] and has substituted for the simple and matter-of-fact ending of the earlier poem one much more romantic. From these facts, and the absence of any reference to it by any author earlier than the xiv century, as well as from the frequent allusions to other works found in it, M. Gaston Paris has come to the conclusion that 'Fierabras' is a comparatively modern production, and he thinks it probable that it was composed in the interest of the monks, in order to draw attention to the relics preserved at the Abbey of Saint Denis.

These allusions to a pre-existing Romance are not, of course, so evident in 'Sir Ferumbras.' The first leaf of the Ashmole MS. being lost, we cannot say how the English translator rendered the introductory lines, and his words at l. 65 in reference to the sacred relics "of wham y tolde ȝow of eer," may only refer to his mention of them in his (now lost) introduction. Lines 1412—1420, and 2076—2084, however, as already stated, clearly refer to a story already told, as do also ll. 3193-4.

But since the publication of M. Paris' exhaustive work, there has been found in the Municipal Library of Hanover a unique copy of a Romance with the title of 'La Destruction de Rome,' which represents the first part of the Romance of 'Balan' alluded to above. This poem, which consists of 1507 lines, contains the account of the capture of Rome by Balan, the slaughter of the Christians, and the seizure by Ferumbras of the holy relics.[2]

§ 4. I now come to the consideration of the English MSS. of the Romances.

It is not a little remarkable, considering the great popularity of the subject,—a popularity clearly proved by the frequent allusions in other works,[3]—that so few English versions of the Charlemagne Romances should

---

[1] M. Gaston Paris points out a curious instance of forgetfulness on the part of the author of 'Fierabras,' which, in itself, is a strong proof of the source of the poem. Mousket in his analysis of 'Balan' says that Oliver threw the two *burils* containing the sacred ointment into the Tiber, and so in 'Fierabras' the author, forgetting that he had shifted the scene to Spain, says (l. 1049)—" Pres fu du fur de Rome ses a dedans jetés."—*Histoire Poétique*, p. 252.

[2] Published by M. G. Grœber, in *Romania, Recueil Trimestre, consacré à l'étude des langues et des littératures Romanes*, edd. MM. Paul Meyer and Gaston Paris, January 1873, pp. 1—48. It was composed in England towards the end of the 14th century.

[3] For references to the Charlemagne Romances generally, see the *Cursor Mundi*, ed.

exist, and that those which do survive are each *unique*.[1] This last word perhaps calls for a few words of explanation. Mr J. Shelly, in his analysis of the English MSS. of the Charlemagne Romances,[2] writes as follows :—" *Ferumbras.* We have two versions of this **romance : one** of them the Farmer MS. analyzed by Ellis, and now in the library **of Sir Thomas** Phillipps; the other a fragment **of great length [Ashm. 33], which will shortly be** printed by the Early English Text Society. **They both belong probably to the end of the fourteenth century.** *The original of the romance is the French 'Fierabras.'*"

Now this I believe to be likely to mislead. The two poems appear to me to be essentially different works: the 'Sowdone' being a translation of a MS. of the poem, analyzed by M. Gaston Paris, and already referred to, under the name of 'Balan;' while 'Sir Ferumbras' is, as has before been stated, a translation of the French 'Fierabras,' itself an enlarged and greatly modified version of the second part only of that poem. What Mr Shelly refers to as the "long introductory account" is, in point of fact, only a condensed reproduction of the 'Destruction of Rome,' which, as I have said, represents the first **portion of** 'Balan.'

To point out **all** the differences between **'Sowdone'** and the present poem would take up **too much space, besides being unnecessary, as the** former will

---

Morris, ll. 15, 16; *Richard Cœur de Lion*, prologue; and others mentioned by Warton, *Hist. Eng. Poetry*, ed. Hazlitt, II. 122, 125. And for direct references in other authors to *Sir Ferumbras*, see notes to ll. 511, 1109 below; Ellis, *Metrical Romances*, II. 369; Pinkerton, *Ancient Scotish Poetry*, I. 195, ed. 1792.

[1] The following are all which are at present known to exist :—
1. 'Roland and Vernagu.'
2. 'Sir Otuel.'

(These two are in the Auchinleck MS., the date of which is 1330, and have been analyzed by Ellis, *Met. Romances*, II. 283, the first under the title of 'Roland and Ferragus,' and the second from a more complete version in a MS. belonging to W. Fillingham, Esq. They were both published by the Abbotsford Club in 1836.)

3. 'The Song of Roland.'

(A fragment of about 1000 lines preserved in Lansdowne MS. 388, leaf 384. Extracts and an analysis of this fragment from the pen of the late Mr T. Wright will be found in the *Chanson de Roland*, ed. M. Fran. Michel, Paris, 1837.)

4. 'The Sowdone of Babyloyne.'

(Edited for the Roxburghe Club in 1854 from the MS. now in the Library of Sir T. Phillipps, at Middlehill, and analyzed by Ellis, **II. 369**, under the title of the Farmer MS.)

5. 'Sir Ferumbras.'

(The romance here printed. As all these romances will shortly be published by the E. E. T. S., it is unnecessary to describe them more in detail. I don't know whether I ought not to add that most amusing poem of "Rauf Coilȝear," now being edited for the E. E. T. S., by Dr J. A. H. Murray.)

[2] Warton, *Hist. of English Poetry*, II. 197-8.

shortly be edited by Dr Hausknecht for the Early English Text Society, but I may mention a couple of important instances.

In the 'Sowdone' Roland is captured by the Saracens at the same time as Oliver, and both on being conducted before Lavan (Balan) at once avow their identity. It will be at once seen how greatly this alters a portion of the story as told in our poem.

Again, the names of the "douȝeperes" do not agree. In fact, in the 'Sowdone' no less than 16 names are first given, and to these 11 more are subsequently added. (See note to l. 259 of the present volume.)

Moreover, in the 'Sowdone' the narration of the same events which in the Ashmole MS. occupy nearly 6000 lines, is compressed into 2224 lines (excluding the 1050 lines of the account of the taking of Rome), and as the lines in the 'Sowdone' are but half the length of those in Sir Ferumbras, as here printed, we see that the proportion between the two poems is over 5 to 1.

It is impossible to believe that two authors could have so treated the same MS. in so essentially different a manner. But the difficulty vanishes if we assume, as I think is clear, that the 'Sowdone' represents the original poem of 'Balan,' while Sir Ferumbras represents only a portion of it.[1]

The version here printed is clearly a translation of a MS. of the same type as the *Fierabras*, edited by MM. Krœber and Servois. The author has followed his original closely, so far as relates to the course of events, but at the same time he has translated it freely, introducing several slight incidents and modifications, which help to enliven and improve the poem. That he has not translated his original literally is shown by the fact that the French version consists of only 6219 lines, or, allowing for the missing portion of the Ashmole MS., not much more than one-half the number of lines in the latter, and that too, although he has cut down the account of the duel between Oliver and Ferumbras from 1500 to 800 lines, by leaving out Oliver's attempts at converting the Saracen, Charlemagne's prayers, &c.

§ 5. I will now proceed to give an account of the MS. from which this

---

[1] In the Hanover MS., which contains the 'Destruction of Rome,' that romance is followed directly by a version of Fierabras, with the colophon—"Ici est li finemant de l'estoire de Fierenbras d'Alisandre et del bone roy Charles." Of this poem M. Grœber does not give any account, and I was in hopes that on examination it would be found to be of the same type as the MS. from which the 'Sowdone' was translated, but M. Gaston Paris informs me that it is the same as the printed text, differing only in slight variations of readings. He agrees, however, that the "Sowdone" is founded on a MS. similar to the Hanover one.

Romance has been printed. It is unfortunately imperfect, but, judging from the proportion between the French 'Fierabras' and it, I do not believe that more than *one* leaf has been lost from the beginning and perhaps three from the end. The missing lines have been supplied from the French version.

The Ashmole MS. 33, preserved in the Bodleian Library, is an octavo volume, consisting of 77 leaves of coarse, thick paper. The ink used by the writer was very bad, and in many places so completely has it faded that it is only in a strong sun-light that it is at all possible to decipher the words. The MS. has been fully described by Mr Black in his Catalogue of the Ashmolean MSS. col. 14, and I cannot do better than quote his account, which has been verified by Mr Henry Sweet, of Balliol Coll., Oxford. Mr Black says :—

"The book is not more curious than its antient covers, which are now preserved in a case with it. They are a triple invelope of parchment flapping over the right hand cover, and consist of 2 sheets. The outer one is a letter executory of a bull of pope Innocent VI for the presentation of Thomas de Silton to the vicarage of Columpton, in the diocese of Exeter, then vacant by the death of Peter Moleyns; which bull, being addressed to the Abbots of Schirbourne and Cerne, and to John de Silvis, dean of S. Agricola at Avignon, was executed (by the last named) in the present letter addressed to the Bishop of Exeter. The foot, containing the date, is cut off; but the bull is dated at Villa-nova, 3 *id Maij, anno* 5, which is 1357.

"The inner cover is a very long and imperfect [latin] instrument, stating that before mass on the 7th Sunday after Trinity, in 1377, in the chapel of Holne, in the diocese of Exeter, Roger Langeman, rector Lydelynche (dioc. Schirb.), publicly read and expounded an instrument which cites the proceedings and final sentence in the Court of Rome in consequence of the consecration of a burial-ground adjoining the said chapel, which was prejudicial to the rights of John Brygge, the Vicar of Buckfastleghe, to whose parish church the right of burial belonged, the said chapel being a member thereof. [But] these covers are most remarkable for having preserved a curiosity not equalled in any collection of MSS., and that for antiquity is unique of its kind, namely, a part of the author's original corrected draught of this poem [of 'Ferumbras'] written on the back of the documents already described. Thus the lines [in the draught]—

"'As Charles stod by chance at conseil with his feris
Whiche þat wern of france his oȝene doȝepers.'

are read at the foot of fol. 3 [ll. 258-9 of the corrected copy]—

"'As Charlys was in his greuance stondyng among his feren
And counsailede wit*h* þe grete of fraunce and wit*h* ys dopþeperen.'

"The inner cover is folded double; and the draught, being written on the inner side, has been kept free from dust, though it is much worn at the edges and folds. The sheet contains four large columns of text, each equal to 2½ pages of the MS.; half of the breadth of the fourth column was cut off to reduce the flap to a convenient width."

I may add to what Black says that the draft and the MS. are in the same handwriting, and that the handwriting is evidently, in the opinion of Mr Sweet, of the same character and period as that of the second document described as forming part of the cover, which is of the end of the fourteenth century. The draft is only of the earlier part of the poem, and contains numerous corrections.¹ The latter part of the poem itself is much corrected in the same handwriting, and was possibly written off at once, and not copied from a previous draft. Black concludes from the facts he mentions, that "the author [of the poem] was a clergyman, lived in the diocese of Exeter (probably in that city), and composed his work shortly after 1377, or early in the reign of Richard II." Mr Furnivall suggests to me, however, that the facts lead to a very different conclusion, viz., "that the author was not a man who cared much for bulls or Exeter diocese, and had no hesitation in using up for his poem documents that a Devonshire man would have valued and kept unharmed." I am inclined, however, to believe that Black is probably right. It is not likely that these documents would have wandered out of the diocese of Exeter, where their most likely place of deposit was the cathedral city, so soon after their date as the time when this draft of the poem was apparently written upon them. The documents are not such as were likely to be very carefully preserved, and we must remember that at that time there was no antiquarian interest attaching to them. From internal evidence I should be inclined to suppose that the author of the poem was a clergyman, and for the reasons I have given I think it is most likely that he lived at Exeter.

The date of the action of the poem is fixed by ll. 304-5, where we learn that the events related occurred *three* years before the battle of Roncesvalles, and the treachery and consequent death of Gwenelon, which took place in A.D. 778, and are narrated in the 'Song of Roland:'—

"traytours wern hee.
As ȝe schul huren after þys ! or passede ȝeres three,
þay be-traiede þe kyng & his."²

---

¹ The corrections throughout are given in the footnotes, the square brackets showing the words erased, and the text showing the corrected form of each line.
² The author of 'Sir Ferumbras' has gone out of his way to give the date of the poem wrongly, for ll. 4869—4871, in which he says—

§ 6. The character of Roland is throughout most admirably and consistently drawn. Everywhere we find him the same reckless headstrong fellow, whether it be in the battle-field or in delivering his message to Balan. He is far the most important personage in the poem, and it certainly seems a misnomer to call it after Ferumbras, whose actions fill only about one-fifth of the whole poem. The title having, however, been already given to the romance, it has not been considered expedient now to alter it.

Oliver is the next most important character. As he himself says, he "ys noȝt so good" as Roland, but he "ys a man heȝ of mod Sarasynȝ to yule arraye." He has not the daring nor the high spirit of Roland, and when he finds himself in captivity, with no probable hope of relief, his courage gives way.

Ferumbras nimself after his duel with Oliver disappears from the scene, and does not appear again till close to the end of the poem. At his first appearance he conducts himself like a conceited bully, and his abject appeals for mercy when defeated do not tend to raise our estimation of him.

Of the remaining characters of the poem it is unnecessary to speak, with one important exception, Floripas, the handsome but certainly undutiful daughter of the Emir. From first to last she is consistently exhibited to us as an exceedingly strong-minded young lady, determined to have her own way, whatever the cost may be: her murders of Britomart and her governess are equalled only by her conduct towards her father in the closing scene of the poem. But yet at times the naturally soft disposition of the woman shows itself; as, for instance, when the French knights return to the castle after their sally against the Saracens, with the tidings of her lover's capture, and we cannot help admiring the daring of the woman who is never at a loss for an expedient, and who always effects her purpose, though without the slightest consideration as to the means adopted.

The origin of the name Ferumbras, which is only a corruption of the French *Fierabras*, is fully discussed in MM. Krœber and Servois' edition, pp. xi, xii, where they point out that the name was not invented by the author of the poem, since William II., Count of Poitiers (963—990), was surnamed **Fierabras** (*Fera brachia* or *Ferox brachium*) on account of his

---

"After þe ȝer þat our lord was bore
Nyȝen hondred & four score . . . . . .
þe toun of mantrible conquerid was,"
are not in the original French.

FERUMBRAS.

extraordinary strength, in the same way as Baldwin, Count of Flanders, was surnamed *Bras de Fer* (the Iron-armed). Pierre de Maillezais[1] calls William III., the son of William II., Fierabras or Fierebrace: *Natus est willelmus cognomento Fera-brachia*. To these instances I may add that Warton, *Hist. of Eng. Poetry*, ed. Hazlitt, II. 184, mentions that "about the year 1230, William Ferrabras, and his brethren, sons of Tancred the Norman, and well-known in the history of the Paladins, acquired the signories of Apulia and Calabria." In a footnote to this passage he explains the name as being simply *Bras de fer*, but the French Editors incline to the opinion that it is derived from the Latin *ferox brachium*, or *fera brachia*, a view which seems strongly supported by the quotation given above from Pierre de Maillezais. As to the name Floripas the same editors consider that it is equivalent to *passe-fleur* (the Wood Anemone).[2]

§ 7. Of the versification of the poem it is not necessary to say much. It is for the most part written in short alternately ryming lines, and, though not an alliterative poem, yet has a large amount of alliteration. In parts it is very rough, possibly from never having been finally revised by the author, while at times it runs along very smoothly. As a rule the final *e* is pronounced (see ll. 354-5, 1904-5, 1982-3, &c.). The rymes are full and true, to effect which, however, the author frequently has had recourse to some very curious spelling (see for instance ll. 260-1). Occasionally we have instances of half-rymes, as in ll. 76-7, 86-7 (first-half), 370-1, 1545-6, &c.

The change in form and metre at l. 3411 is remarkable, more especially as there is nothing to correspond with it in the original French version. It is noticeable that the concluding portion of the poem has been revised by the author more than any other, and is in consequence more smooth and finished, and "goes" better.

§ 8. The poem is written in a Southern (probably Devonshire) dialect, but has an unusually large admixture of Midland and Northern forms. Whoever the author may have been, it is abundantly evident that he had travelled, and most probably resided, for some considerable time in counties north of his own. In this way only can we account for the combination of Northern and Southern forms which so frequently occur. It is nothing unusual to

---

[1] *De Antiquit. Eccles. Malleac.*, Bk. I., heading of cap. II.
[2] It is worthy of notice that in the description of Floripas given in the 'Destruction of Rome,' l. 259, her lips are compared to the peach-blossom, *flour-de-peskier*

find varying forms even in the same line: thus, for instance, in ll. 1975-6 wo read:—

"And er *sche* cam strauȝt in-to halle ! neuere *heo* ne stente,
And forþ *sche* þraste among hem alle ! & to hur fader ryȝt *heo* wente."

So again in l. 2380 :—

"*y* not how þay schul ascape þen ! þat *hy* ne goþ to dede."

A and *he* are also frequently met with in the same line, *e. g.* ll. 740, 2403, 3004, &c.; and so *buþ* and *beo* in l. 2940.

To the same circumstance, doubtless, are also due the small number of instances in which *v* occurs for *f*;[1] the use of the Northern *-ande* in the present participle as well as the Southern *-ing, -yng,* and of such a distinctively Northern preposition as *til* (to); and the absence at times of inflexion in the past indicative.

We frequently find *c* substituted for *s*; especially in the words *wace* (was); *nace* (was not)[2]; *horce*,[3] *pacye*: and in a few instances we find *t* for *d*; *hant, swert.*

Fry for *freo* occurs at l. 3441. This form is found also in the *Ayenbite of Inwyt,* and Shoreham's Poems.

Late examples of several forms which occur in Laȝamon appear in the present poem. Thus we have l. 311 : *tweyre* (A.S. *twegra*), genitive of *tweȝen* ; *beyne* (both), l. 661 : *þan* (dat: of the article); *y-kend* (begotten); *spelie* (spare).

-chs and *-sch* or *-sche* would appear to be equivalent, for we find *frechs, flechs, frenchs,* used indiscriminately with *fresch, flesch,* and *frensche.*

To give a complete list of all the curious forms which occur in the poem would exceed the limits of this introduction, and is moreover unnecessary, since very many of them are, so to speak, ἅπαξ λεγόμενα, invented for the occasion, by the author, solely in order to make his rymes as perfect as possible.[4] They can therefore only be looked upon as curiosities of orthography, except in so far as they bear on the question of pronunciation.

Perhaps the most curious form of all is *doþþeper* for *doȝȝoper,* which with one exception is found consistently throughout the poem, although in the original draft the correct form appears.[5]

---

[1] The following are all that occur:—*by-vore, vaste* (verb); *vaste* (adv.); *vewe, vetres, vifty, vyve, vynde, vores* (furrows); *vacche, y-vere, vet, verde* (fared); *volde, auonge, voule, vuste.* In some cases the author has actually corrected the *v* as first written into *f*: see for instance, l. 5829.
[2] See ll. 186—190.   [3] See ll. 4203-4.   [4] See for instance, l. 260.   [5] See note to l. 259.

Premising this much, I now proceed to give the principal dialectal and grammatical peculiarities of the poem.

NOUNS.

1. NUMBER.

Plurals as a rule end in -*s*, -*es*, or -*ʒ*, but we find numerous examples of plural forms in -*n* and -*en*, and very frequently the same word occurs in both forms: thus we have *fon, fone, foes, foos, fos ; feres, feren ; otes, oten ; browes, browen ; tres, tren ; mylen ; lippen ; knen ; tren*, and others peculiar to the Southern dialects, as well as *eyene, eyne ; schon ; hosen*, which are found also in Northern writers.

A few instances occur of plurals in -*e* (representing an earlier -*en*); as *longe, lunge* (lungs); *feþeme* (fathoms); *hande, haunde, hond* (= *honde*, hands); *sythe* (times); *hyne* (servants); *gome* (men); *fere* (companions); *tange* (tongs).

2. GENDER.

Inanimate objects are generally considered as *neuter*, but not unfrequently as *masculine* or *feminine*, the pronouns in these cases following the gender of the nouns in Anglo-Saxon. Thus l. 1551 :—

"þay toke þe way as *he* lay ful euene." "the day *hym* sprunge ;" "the sunne *hure* sette," &c.

3. CASE.

The genitive singular ends in -*s*, -*es*, or -*is*, and in the case of proper names *is* or *ys* written as distinct words: thus we find *godes* gras; the *Ameral ys* pauylloun ; *Terry* is sone, &c.

When a proper noun ends in a sibilant, as Charlis, Naymes, the sign of the genitive is altogether omitted; as *Charlis* Knyghts, &c.

Fader, moder, suster, doʒter do not alter their forms in the genitive singular: thus we find *suster* sone (sister's son); *doʒter* dede (daughter's deed); *moder* half (mother's side); *fader* loue.

Of a genitive singular in -*e* there are a few instances, viz. : *heuene*, which occurs frequently in the phrase *heuene* king, *heuene* blisse; *helle* pyne; and *gode* loue; and of the genitive plural in -*ene* (A.S. -*ena*) we also find one example (l. 3222), *heþenene* route. (See also l. 4646.)

The genitive is occasionally used adverbially, as *lyues, willes*.

ADJECTIVES.

The rule as to the use or omission of the final -*e*, as a distinctive mark of singular and plural and definite and indefinitive forms, has not been always followed by our author, a result probably due to Northern influence.

We find an instance of the genitive singular ending -*es* in *oþrys syde*, and a few instances also occur of the genitive plural in -*re*; as *alre* (*aller, aldre*); *tweyre* (A.S. *twegra*).

Boþen is the only instance of the dative plural; and *anoþerne*, acc. mas. occurs once in l. 995.

Adjectives and Adverbs in -*liche* form their comparatives in -*loker*, -*luker*; as *lodliche, lodluker; sykerliche, sikurlukere, surlokere*.[1]

DEFINITE ARTICLE.

In this poem we find late examples of the inflexions of the definite article. The following forms occur:—

	SINGULAR.		PLURAL.
	Masc. & Fem.	*Neut.*	
N.	þe, þa.	þat.	N. Acc. þo, þay, þey.
G.	[þas.[2]]		
D.	þan, þen.		
Acc.	þan, þan.	þat.	

þo and þat are also found as demonstratives as in the Northern dialects.

THIS.

Many of the older inflexions of *this* occur in the present poem: thus we find:—

	SINGULAR.			PLURAL.
	Masc.	*Fem.*	*Neut.*	
N.	þes, þis, þys.	þis, þys.	þis, þys.	þes, þeese, þis, þus, þys.
G.				
D.	þis, þys.	þis.		þes, þis, þus.
Acc.	þees, þes, þis, þys.	þes, þys.	þis, þys,	þes, þese, þis, þys, þus, þuse.

Ilke, þilke, a distinctively Southern form, occur frequently: twice in combination with *þat*, as *þat þilke*.

---

[1] *Sykerer* occurs once.
[2] Only in the phrase *sone þas;* but see under Adverbs, p. xxvii below.

NUMERALS.

Amongst these we find the Southern forms in—*the ; elleuefþe, twelþe.* No Northern forms occur.

We have only one instance of the dropping of the final *-n ;* viz. *seue* (seven).

PRONOUNS.

1. Personal Pronouns.

The following table will show the numerous forms which occur :—

SINGULAR.

	1st Pers.	2nd Pers.	3rd Pers. Masc.	3rd Pers. Fem.	3rd Pers. Neut.
N.	*I, y, ic, ich, ych.*	þou.	*a, he, hee.*	*heo, she, sche, sheo.*	*it, yt, hit, hyt.*
G.	*my, myn, myne.*	þy, þyn, þyne.	*his, hys, is, ys.*	*her, hir, hire, hur, hure, hyr.*	*his.*
D.	*me.*	þe.	*him, hym.*	*hir, hire, hure.*	*him, hit.*
Acc.	*me.*	þe, þee.	*hem, him, hym, hymme, em.*	*her, hur, hure.*	*it, yt, hit, hyt.*

PLURAL.

	1st Pers.	2nd Pers.	3rd Pers.
N.	*we, ous.*	ȝe.	*hee, hi, hy, hymen, þai, þay, þaye, þei, þey.*
G.	*our, oure.*	ȝour, ȝoure.	*her, hir, hire, hure, hyre, þair.*
D.	*ous, us.*	ȝou.	*hymen, hem, hymyn, þaym.*
Acc.	*ous.*	ȝou, ȝow.	*hymen, hyme, hem, hemen, em, þeym.*

Ich, which is still retained in the Southern dialects of the present day as *uch, utchy,* occurs once in l. 389 of the original draft of the poem in combination with *wille* as *ich chille,* where the *ich* is unnecessary and the corrected copy reads *i wille.*

Ic, which is the Northern form, only appears once, l. 2799. The two forms, *ich* and *I, y,* are used without any distinction, except that if the pronoun follows the verb, the latter form is generally used.

The distinction between the singular and plural pronouns of the second person is regularly observed ; þou, þe, being used in sentences expressing contempt, inferiority, and affection, while ȝe, ȝou, imply inferiority or respect on the part of the speaker. This Balan addresses Floripas as þou, while she uses the plural ȝe. (But see l. 1998.)

A = he, which does not occur in any Northern writer, still survives in modern dialects in the South of England, and is the usual form in the present poem.

Heo is the **Southern pronoun** corresponding with the Midland *sche*, **she** (Northern *sco, sho*).

My self, him selue, &c., occur as well as *me selue, þe self, ous self*.

In the pronouns of the third person plural, *þai, þair, þeym*, are Northern forms: *þei* Midland, and the remainder Southern. *Em* is only used in coalescence with a verb, as *castem, affuldem*.

Me, ma, is used as an indefinite pronoun of any person.[1]

Hit, it, is usually referred to masculine nouns even in the plural number· thus (l. 1981) we read:—

"Hit beþþ kniʒtes y-sent to me."

See also ll. 3114, 3183, &c.

We also find such forms as *hure boþen; ʒour summe; þat summe; hur ayþer; hur everech; our on*.

The pronoun frequently coalesces with the verb; thus we find such forms as *leuet* (leave it); *shaket* (shake it); *taket* (take it); *affuldem* (felled them); *profryem* (offer them).

A very noticeable peculiarity of the poem is the reflexive use of the pronoun in conjunction with the noun before an intransitive verb. We commonly find such sentences as the following:—" þe nyʒt hure neʒhede faste" (l. 1494); "endelonges is side þat *blod him ran;*" "þat *blod him renneþ;*" "þat gret *host hym come;*" "on þe wal þat *fur him hent;*" "þe day *hym sprunge;*" "þe *day him is a-go;*" "forth *hem wendith* þes noble knyʒtes," &c.

Þat is commonly used as a relative, and *hwych, wich*, not infrequently is used indefinitely: see, for instance, ll. 514, 3101, &c.

The interrogative pronoun is *Ho, wat, what;* gen. *was;* dat. and acc. *wham*.

VERBS.

1. INDICATIVE MOOD. PRESENT TENSE.

The following are the personal endings:—

---

[1] It is frequently understood after the verbs *let, make, do*, in such phrases as "to don him sle" (= cause men to slay him, cause him to be slain); "let heweu hem flesch & bon."

[2] As to this last instance see Prof. Skeat's note to 'P. Plowman,' B. Prol. 7.

SINGULAR.

1. *-a, -e, -y, -n;* as *granty, thonky, ha* (I have).
2. *-st,* as *ledest;* very frequently contracted as *gest* (gettest); *abust* (= *abeodest,* tellest)¹; *hurst* (hearest).
3. *-th, -t, -es, -en, -n.*

The ending *-y* of the first person which is purely Southern is common in this poem. The ending in the third person *-t* is used where the original ending *-th* has been contracted, as *stent, stont* (stendeth)²; *calt* (calleth); *bygynt* (beginneth); *telt* (telleth); *lest* (loseth); *sit, syt* (sitteth). Such forms as *riʒdt* (he rides) and *typd* (betides) are noticeable.

Of the ending *-es, -s* (a West-Midland and Northern form) we have but very few examples; all that I am aware of are *wendes, ounlekes, strekes* (ll. 1364-5); *gas* (goes)³; *cryes* (l. 3079).

The ending *-en, -n* (Midland) only occurs in a few instances, l. 2195, *gon* (goes); l. 2782, *sen* (I see).

The *e* is very frequently omitted before the *-th* in the third person singular; thus we find *comþ, berþ, scherþ,* &c. In many cases this peculiarity, which still exists in Devonshire, serves to distinguish between the singular and plural.

PLURAL.

1. *-n.*
2. *-es, -n.* } *e, -th.*
3. *-en, -n, -es.*

The Midland ending *-en, -n,* occurs but seldom in comparison with the other endings; but yet is not uncommon. We find ʒe *sen;* we *han;* þay *comen,* &c.

Of the Northern ending *-es* there is only one instance, viz. *goes,* which occurs in the second and third persons.⁴

There are several instances in which the plural ending *-th* is preceded by an *a,* as þay *prikeath;* ʒe *loueath,* &c.

---

¹ Explained by Halliwell wrongly "arranges?"
² According to Dr Morris (*Specimens of Early English,* 1867, Introd. p. xxxv) the rule is that " *-t* is used for *-teth* or *-deth,* only in verbs having *t* or *d* for the last syllable of the root," but from the examples given above it is clear there are numerous exceptions to this rule.
³ See ll. 1975, 2145, &c.
⁴ On l. 5821, Mr Parker says:—"I think this *s* is added, though by the same hand."

PAST TENSE.

The past tense of weak verbs ends in *-ede, -de,* or *-te.*

We find instances of inflected verbs as þou slowe, &c., as well as of non-inflected; the final *-e* being as often as not omitted.

The third person singular and plural occasionally ends in *-n*, as *hoten* (he bade); *kemen* (they came); *beren* (they bore).

2. IMPERATIVE MOOD.

With one exception there is no instance of any but the Southern forms:—singular, *-e*, plural, *-eth: -ath* occurs in *prykeaþ* (l. 979); *confortiaþ* (l. 1154); and *harneyscheaþ* (l. 2929); *schewyaþ; herknyaþ* (l. 2072).

The Northern imperative ending *-es* occurs only in l. 2347, where we have *leteȝ*.

3. INFINITIVE MOOD.

Here we find a large variety of forms mainly Southern. Thus we have verbs ending in *-a, -y, -ye, -ie, -n, -ne, -o (on).* Very frequently the same verb appears in two or more forms; e.g. *sle, slee, slen, slo, slone; flee, flen, flene, fleo; be, bee, ben, bene, beo. Ha* and *prikea* (l. 3641) are the only instances of infinitives in *-a.*

The endings *-y, -ye, -ie* (representing older forms in *-ian*) are very common in this poem, but are *never* used by any Northumbrian writers.

The gerundial form of the infinitive occurs in three instances; to *tristyng* (= *tristenne,* l. 199); to *done* (l. 811); and to *donde* (l. 681).

The verb to *Have* appears under the following forms:—*ha, hab, han, hane, hauen:* while *dan* occurs twice as the infinitive of *do.*

4. PARTICIPLES.

In the present participle instances of the Northern ending *-ande* are not uncommon, the same verb sometimes using it as well as the Southern *-ing, -yng:* thus we find such double forms as *fleoyng* and *fleand; prikyng* and *prikande; liggynge* and *liggande,* &c., as well as the single forms, *lyuand, flyngande,* &c.[1]

5. PAST PARTICIPLE.

The past participles of weak verbs end in *-ed, -t,* or *-te,* and of strong verbs in *-en.* In the latter the final *-n* is frequently omitted.

The prefix *i-* or *y-* (peculiar to the Southern dialects, and never used by Northern writers,) abounds throughout the poem.[2]

[1] Query—Is *gonde* (l. 1890) a present participle?
[2] This prefix *i-, y-,* is not confined to the past part., but is used also in (*a*) other parts

Instead of the prefix *i-* or *y-* we sometimes find *a-*, as *a-slawe* (twice combined with *be* into the form *ba-sclawe*), *a-go*, *a-broke*.

Verbs in *-che* and *-ge* make their past participles in *-nt*, or *-nte*, a form peculiar to Southern dialects. Thus we have *i-spreynt* (*springe*, to sprinkle); *i-dreynt* (*drenche*, to drown), &c.

To *Be* has the forms *i-be, i-beo, y-ben, be, ben, bene, beo*; and to *Do*; *do, don, done, dow*.

Negative Verbs, which occur but very seldom in Northern writers, are here common, e.g., *nas, nel, nable, nyste, nam, nad, na*þ, &c.

The curious form *mixt* (mightest) occurs in l. 474, and *sysst* (seest) in l. 5809.

The following are examples of the pt. tenses of verbs:—*blan, bute, carf, to-chon, clef, dradde, floȝe, ful, gan, gun, glod, huld, keem, lowe, nam, nome, preynte, roȝt, schad, schar, schet, shette* (to shoot), *shitte* (to shut), *shutte* (to shoot), *seȝ, skryȝte, slowe, swarf, swer, sworn, swatte,* þ*raste, wep, ȝaf, ȝif, ȝoue*.

Hab occurs in the 2nd person plural of *have*.

The verb to *Be* in the present indicative has the following variety of forms:—

SINGULAR.	PLURAL.
1. *am.*	*are, beeth, bene, beo, buth, byth.*
2. *art, ert.*	*are, buth.*
3. *is, ys, ysse.*	*are, aren, arn, beeth, ben, buth.*

Of these *aren* and *arn* are Northern forms.[1]

It is not at all an unusual thing to find two different forms in the same line; thus (l. 2940)—"we ne buþ bote ten her now, & mo ne *beo* we noȝt;" and (l. 1070)—"my felawes þat her *beeþ*, knyȝtes þay *buþ* fol sure."

In the past tense we find the following forms:—

SINGULAR.	PLURAL.
1. *was.*	*were, wore, wern.*
2. *wer.*	*were.*
3. *was, wes.*	*war, ware, wer, were, wern, weore, woren, worne.*

In the imperative *beo* is the singular, and *beeþ, beþ*, the plural form.

of verbs, as *y-laste* (inf.); *y-knowe* (pres.); *y-lif* (imperat.); *y-saw* (pt.): (*b*) with adjectives, as *i-liche*; (*c*) with adverbs, as *y-fere, y-mone, y-same*.

[1] *Aren* occurs in 'P. Plowman,' C. xi. 155.

We also find numerous examples of the *verbal prefixes* peculiar to the Southern dialect. Thus we have :—

1. *An-* (*a-*); as *angrise* (*agrise*), to frighten : *anhonge*, to hang; *a-lacche* (catch).

2. *Of* (for, to); as *of-seche* (seek for); *of-sende* (send for); *of-take* (overtake).

ADVERBS.

With the exception of *algate* and *umtil*, which are purely Northern forms, the adverbs are mainly Southern. Thus we have :—

1. Adverbs in *-e*, as *longe, swyþe, hanne, henne* (= *hennene*); *whenne* (= *whanene*); *thenne* (= *thanene*), &c.
2. Adverbs in *-en*; as *suppen, wepen* (Northern).
3. Adverbs in *-es*: as *endelonges, willes, hannes, lyues, þannes, ones, wannys.*
4. *Ac* (but); *eke, eek, yke* (also); *so—so, as—so* (as—as).

The phrase *sone þas* (= soon thereafter, directly), which occurs several times in the poem, is noticeable. Dr Murray inclines to consider *þas* as the genitive of the article (compare " wel was him þas," in *Early Eng. Poems*, &c., ed. Furnivall, xii. 122); while Dr Morris thinks it is a corruption of *suþþes* afterwards.

PREPOSITIONS.

Til (to), a purely Northern preposition occurs frequently. Of peculiarly Southern forms we have :—

1. *An, a* (on, in); as *an-heȝ, an-honde, a þys* side. The corresponding Northern form *on-* occurs only in *on-lyue, on þe lift* (aloft), *on sonder*.
2. *Fram* (from).
3. *Mid* (with).

§ 9. To Mr George Parker, of the Bodleian Library, Oxford, who has always taken a very lively interest in this romance, is due the sole credit of deciphering the MS. Written as it is on bad paper, with bad ink, and with numerous interlineations and corrections, it is difficult for any one who has not seen the MS. to appreciate the difficulties under which he has had to labour—difficulties increased as they have been by his having to compare the proofs with the original in the dull, sunless days of winter, when, as I have already said, in some passages nothing but a strong sun-light is sufficient to render the writing legible.

To him my best thanks are due, as also to the Rev. Professor Skeat and F. J. Furnivall, Esq., who have rendered me assistance as to the meanings of some obscure words.

S. J. HERRTAGE.

SKETCH OF THE STORY OF 'SIR FERUMBRAS.'

CHARLES, at the head of his army, had encamped close to Morimond, when Ferumbras, a gigantic Saracen knight, appears and challenges any six of the French knights to single combat (p. 2). Charles requests Roland to accept the challenge, but he refuses (p. 5). Oliver, who is suffering from a serious wound, with difficulty obtains Charles's permission to accept the challenge (p. 10). Ferumbras, despising Oliver's youthful appearance, tries to frighten him (p. 12); asks him to describe Charles and the douzeperes (p. 15); and enquires his name (p. 16). Oliver declaring himself to be a poor knight, Ferumbras derides him, and bids him return and send Roland, or another of the douzeperes (p. 18). Stung at last by Oliver's language, Ferumbras prepares to fight (p. 22). The struggle lasts with varying success, till Ferumbras, in striking at Oliver's head, exposes his side, which Oliver pierces (p. 31). Ferumbras begs for mercy, promising to become a Christian (p. 32), and warns Oliver of an ambush of Saracens close by (p. 34). Oliver, finding himself obliged to abandon Ferumbras, tries to escape by flight, but is surrounded and taken prisoner (p. 36), as are also four others of the Douzeperes, who had come to his assistance (p. 38), and the five are bound, blindfolded, and led away to Balan, at Aigremont (p. 42). Ferumbras, being discovered by Charles, lying wounded, is taken to the French camp and baptised (p. 42). Oliver and the other French captives are brought before Balan (p. 43), who at first orders them to death, but afterwards throws them into a deep dungeon, without food or light (p. 45). Floripas, Balan's daughter, hearing their cries, comes to them, and offers to release them, if they will help her in gaining Guy to her husband (p. 47). They agree, and Floripas conducts them to her own chamber (p. 48). Charles determines on sending a messenger to Balan to demand the restoration of the prisoners (p. 51), and the seven remaining Douzeperes start (p. 53). On their way they meet seven kings coming from Balan on a similar errand, whom, with one exception, they slay (p. 57). By a trick they pass the bridge of Mantrible (p. 61) and arrive at Aigremont. They deliver their message in turn, and Balan in a rage orders them to prison (p. 66), from which they are saved by Floripas, who leads them to their comrades (p. 68). She then presents to them the Sacred Relics of the Thorns, Cross, Nails, &c., which Ferumbras had carried off from Jerusalem, and sent to his father Balan, the Emir of the Saracens (p. 71); and advises them to kill all the Saracens while unprepared (p. 75). They follow her advice, but Balan escapes (p. 76), and gathering his army, lays siege to the tower (p. 77). Provisions failing, the French sally out (p. 85), and capture a convoy, but are forced to abandon it. Guy is captured (p. 88), and is about to be hanged by Balan, when he is rescued by Roland (p. 96). The French capture a convoy of provisions (p. 99). Balan attacks the tower with a battering ram (p. 103). The tower is set on fire, but the flames are extinguished by Floripas (p. 104). The French Knights in default of stones throw Balan's gold at their besiegers (p. 105). In a sally by night Roland captures Aspayllard (p. 107). Provisions running short, the French determine to send Richard of Normandy to the Emperor Charles the Great for aid (p. 110). Balan, however, besets the bridge so that none can leave the tower (p. 111). After eight weeks he escapes, pursued by King Clarion, whom he slays (p. 116), and crossing the river Flagot by a miracle (p. 123), reaches Morimond, just as the French are starting for France, Charles having given up all hope of his knights (p. 131). By a stratagem the bridge and town of Mantrible are taken (p. 150), and Charles presses on to Aigremont (p. 152). Balan, instigated by the devil, ventures on battle (p. 170): he himself is defeated by Charles, and captured (p. 175), and the Saracens utterly routed (p. 176). Balan, in spite of the entreaties of Ferumbras, refuses to be baptized, and is slain by Ogier (p. 182). Floripas is baptized, and wedded to Guy (p. 183), between whom and Ferumbras Spain is divided; and Charles returns to Paris, where he distributes the Sacred Relics (p. 188).

ERRATA.

Page 209, *note to* l. 2034, *for* gayme *read* gayne; *and for* amuse *read* profit.

xxxi

ADDITIONS.

Introd. p. xxii, to forms of 3rd pers. pron., acc. pl., add ʒam (l. 2650; cf. Laʒamon, l. 763).

Introd. p. xxvii, l. 15, "*sone þas:*" compare Laʒamon, l. 1787: "wel was Brutus þas:" and the Peterborough Chronicle, sub ann. : "Ða com se arcebiscop . . . . . and sona þæs to þam cyng gewænde."

p. 38, l. 971. I have since found an instance of this use of *acre*: see *Morte Arthure*, l. 3849 :—

"Ane *akere lenghe* one a launde, fulle lothely wondide."

So also Allan Ramsay in his poems, ed. 1844, p. 73, says :—

"By ane *akerbraid* it came nae neer him."

To Glossary add—ABYE, 176/5657, *vb.* bend, bow. A.S. *abégan*, the trans. form corresponding to the intrans. *abúgan*. The two forms appear to be confused by Stratmann under *abeʒen*, where the first two examples should be referred to *abáʒen*. See the *Saxon Chronicles*, ed. Earle, sub ann. 1073 (p. 212) :—"swiðe þet land amyrdon. and hit eall *abegdon*. Willelme to handa" (completely devastated that land, and subdued it all under the power of William), and *ibid.* p. 223 :—"mycel *abegdan* to heora anwelde" (subdued much of it under their power).

DONE MAN, 109/3445, *pp.* For the explanation of this phrase I am indebted to Prof. Skeat, who refers to *P. Plowman*, B xviii, 298 : "to warne pilates wyf what *dones man* was ihesus." The phrase is very rare and singular. Prof. Skeat, in his notes to *P. Plowman*, shows that "*dones* is the pp. *don*, made, used as a substantive, and even taking a genitive suffix, such as we see in the phrase *what kynnes man.*" He refers to three other instances of the phrase, two being from the B. fragment of the *Alexander Alliterative Romances*, ll. 222, 999 (MS. Bodley 264).

Since the footnote (¹) to p. xiii of the Introduction was written, a paper MS. of the early part of the 15th century has been purchased by the authorities of the British Museum. This MS., amongst many other poems, contains two Charlemagne Romances, the first, which is entitled "The Siege of Milan," being unique, while the second is a version of "Sir Otuel" (No. 2), but varying so much as to be practically an entirely different poem. Both these romances are now in the press for the E. E. T. S.

☞ The cost of the *Gesta* and *Sir Ferumbras* being over the income of the Extra Series for 1879, the Committee give notice that *Sir Ferumbras* must be lookt on as partly an 1880 book, tho included in the 1879 issue.—F.

CHARACTERS OF THE ROMANCE.

Charlemagne, Emperor of France, &c.
Balan (Laban), Emir of the Saracens.
Ferumbras, Balan's son; defeated in single combat by Oliver, and converted to Christianity.
Floripas, daughter to Balan; in love with Sir Guy, to whom she is finally married.
Reyner, a French Knight, father of Oliver.

Roland. ⎫
Oliver.
Terry (Thierry).
Geoffrey.
Ogier.
Basyn.   ⎬ Charlemagne's *douzeperes*.
Naymes.
Richard of Normandy.
Berard.
Aubrey.
Gwylmer.
Guy of Burgundy. ⎭

Raoul. ⎫
Howel.
Alorys.
Gerard.
Hugo.   ⎬ French Knights.
Gwenylon (Ganelon)
Hautefulle.
Malkare.
Hardree. ⎭

Turpin, the Bishop.
Alagolofure, a Saracen giant; warden of the Bridge of Mantrible.
Brytamon: Balan's gaoler at Aigremont.

Turgys. ⎫
Kargys.
Lucifer of Bandas.
Lampatrys.
Moradas.   ⎬ Saracen Kings.
Clarion.
Sortybran.
Bruyllant.
Aspayllard.
Tenebre. ⎭

Bruyllant, King of Persia, brother to Balan.
Maubyn, a Saracen thief.
Enfachoun, a Saracen giant.
Amyote, a giantess, wife to Enfachoun, slain by Charles.
Malyngras, Balan's messenger.
Maumecet: chamberlain to Floripas.
Maragounde: governess to Floripas.

Sir Ferumbras.

[*Ashmole MS. 33, Bodleian Library.*]

(As the first leaf of the Ashmole MS. is lost, the missing introductory lines are here given from the edition of "Fierabras," published in the Series of "Les Anciens Poêtes de la France," from the MS. in the French National Library, No. 180.)

[S]eignour, or faites pais, s'il vous plaist, **escoutez**	Listen to me,
Canchon fiere et orible, jamais meilleur n'orrez,	
Ce n'est mie menchoigne, mais fine **verités**.	and I will tell you a
A Saint Denis en France fu li raules trouvés : 4	wonderful and true story of Charles,
Plus de cent cinquante ans a yl esté celez.	
Or en ores le voir, s'entendre me volés,	
Si com Karles de Franche, ki tant fu re̱doutés,	the doughty king
Reconquist la coronne dont Dix fu couronnés, 8	who recovered the crown of thorns, the nails,
Et les saintismes claus, et le signe honneré,	and the other sacred relics,
Et les autres reliques dont ill i ot assés.	
A Saint Denis en France fu li tresors portés ;	and brought them to
Au perron, au lendi, fu partis et donnés. 12	St Denys.
Pour les saintes reliques dont vous après orés,	
Por chou est il encore li lendis apelés.	
Ja n'i doit estre treus ne nus tresors donnés ;	
Mais puis par convoitisse fu cis baus **trespassés** ; 16	
Moult par est puis li siecles empiriés et mués ;	
Se li peres est maus, li fix vaut pis assés,	
Et du tout en **tout** est li siecles redoutés,	
Ke il n'i a un seul, tant soit espoentés, 20	
Ki tiegne vraiement ne foi ne loiautés.	
N'en dirai ore plus, s'arai avant alé.	

FERUMBRAS.   B

Charles had collected all his barons,	Karles ot ses barons semons et demandés
	De par toute sa tere où est sa poestés ; 24
	Moult fu grans li barnages quant il fu assanles.
and advanced ou Morimond.	Tant les a l'enpereres et conduis et menés,
	K'es vaus sur Morimonde a fait tendre ses trés.
Oliver, who commanded the advance-guard,	Oliviers li jentieus, ki tant fu alosés, 28
	Icil fist l'avangarde à .v^e. fersarmés ;
is suddenly attacked by the Saracens in the valley of Rayer. He himself is wounded, and the French are on the point of being put to flight, when Charles with his old knights comes to their aid.	Le val Raier garda tout contreval les prés.
	Et paien lor salirent à l'issue des gués ;
	.L. mile furent, les gonfanous fremés, 32
	Pour calanger les teres et les grans yretés.
	Olivier li gentius i fu le jour navrés.
	Desconfit fuissent Franc, c'est fine verités,
	Quant les secourut Karles o les viellars barbés, 36
	Et paien s'en tournerent les frains abandonés.]

[leaf 1]   . . . Charlis doghti [knyȝtes] . . ta . le as þay a waywarde spedde
Mo þan a þausend wiþ out . . . . slowe þai as þay fledde
& drow hym . . . . wiþ on . . are ? wiþ his host þat was þere.   40
Ac Olyuer was a-woundede sare ! at þat tyme wiþ a spere.

That night Charles said that his old knights had borne them better than the young barons. Roland heard, and the boasting grieved him. Next morning, after mass,

¶ Þat nyȝt was Charl[es proude] y wet ! & auaunted his kniȝtes olde.
& sayde þat þay had [boren] hem bet ! þan ys ȝonge barouns bolde.
& [Rolan]d iherd hit euery del ! & his auaunttyngge hem greuede sore,
Ac þoȝ him self had born him wel ! þanne spak he no more.   45

ERlich on þe morrwenyng þe kyng aras ! & al his chiluelarie,
    & hurd is masse wan hit was ! & so to þe mete gan hye,
& al on murȝþe was he y-sete ! wiþ a fair baronye ;   48
Ac or he hadde þane half y-ȝete ! on herte him gan to nuye,

comes a Saracen knight.

Wan cam þer a Sarsyn [werreour] þere ! by-fore is host al-one :
Of such anoþer herde ȝe nere ! nowar þar ȝe han gone,
Of Strengþe, of schap, of hugenys ! of dedes of armes bolde.   52

Alexandria was his, and all from Babylon to the Red Sea.

Þe kyngdom of Alysandre was al his ! & fro babyloyne, þat holde,
Riȝt in to þe rede see ! lord was he and syre.
To ma[r]trye cristen men & slee ! þat was his desyre.

Apulia, Palermo and Russia were his subjects.

Poille, palerne, and russye ! he putte to seruage,   56
To holde of hym by maystrye ! & to do til hym homage.
But for þay of Rome in such a cas ! wolde noȝt grantte ys [wille]

He slow þe Pope þat þo was ⸳ and alle þat he myȝt tille :   He had slain the Pope,
Cardynals, Abbotes & Pryours ⸳ monekys & frerys eke,   60
& alle clerkes of honours ⸳ boþe pore & reke,
Saue nunnes ⸳ sloȝ he sykerly ⸳ þe relygyous þat þar war.
Wymen he tok, & lay hem by ⸳ & afterward duden hem [slee]
þat Cite a struyede, & þanne beer ⸳ þe relyqes fayre & free,   64 and destroyed the city of Rome.
Of wham y tolde ȝow of eer ⸳ þe croune & þe nayles three.
Of ierusalem & of al þat lond ⸳ lord he was aboute,   He was lord of Jerusalem.
þer-for þer duden vmtil his hond ⸳ many a sarsyn loute ;
Of turkys, persans & arrabyen ⸳ gret puple had he wyþholde.   68 He had fought with Turks, Persians and Arabians,
He ne doutede þer-for non cristen men ⸳ so riche was he of golde.
He was departid fram ys host ⸳ þat was ful gret of nombre,
& soȝte þat contree & al þat cost ⸳ cristenmen to encombre.   and had come to that country to harass Christians.
Wan he with non ne may ymete ⸳ on herte him greueþ sare ;   72
To Charlisward rod he wiþ herte grete ⸳ & fyndeþ hym loged þ[are]
In pauylons riche & wel abuld ⸳ a fair host him aboute.
. . þe¹ feldes wern al y-fuld ⸳ wiþ hym & wiþ his route.   (leaf 1, back)
¶ Wan he was war of þe frenschemen ⸳ on h[ert] him likid ille   76
He stynte & þoȝte noȝt remuye hem ⸳ þere til he ha foȝt is fille.
By þo egle of gold þat briȝte schon ⸳ vppon charlis pauyloun   By the standard he knows the king is there.
knew he þer-by þe kyng, was on ⸳ þat was of gret renoun :
& ful wel saw hym whar he sat ⸳ & knew him by his araie.   80
for angre þat he toke of þat ⸳ he wax so pal so clay—   He grows pale with anger,
By Mahonet ys oþ þanne a swer ⸳ as he was þar al-one   and swears to take or slay Charles.
þat he ne wolde for no fer ⸳ out of þat felde gone,
Er Charlis wiþ þe hore berde ⸳ wer take ouþer a-slaȝe,   84
& discoumfit were al his ferde ⸳ þat lyuede on þe cristene lawe,
him self schelde þer ben is bane ⸳ he swor þan by his driȝte.
now wil ych to ȝov telle ys name ⸳ & sigge ȝow wat he hyȝte
¶ Syre Fyrumbras of Alysandre ⸳ me calde þat Sarsyn.   88 Fyrnebras [Ferumbras] of Alexandria was his name.
His body wold he putte in auntre ⸳ for þere riȝt þoȝte he lyn
& liȝt hym doun an vndre a tree ⸳ a boȝe-schot fram þat host :   He alights under a tree,
þar-to ys stede þan tyeþ he ⸳ & gan to blowe bost.
He seȝ Charlys sitte & ete ⸳ þan þoȝte he as a stod,   92
If he may let him of his mete ⸳ ys herte hit wold do gode.

¹ *Originally* [Al] þe. *the Al having been erased.*

CHARLES HAVING ENQUIRED HIS NAME, WISHES ROLAND

and cries to Charles, 'Send thy best knight	þanne cryede he "Charlis, with þe berde! herkne what y speke: [S]end me þe beste knyȝt of þy furde! myn anger for to wreke, Duk Roland, oþer Olyuer! ovþer any of þy route,	96
to fight with me.	& fiȝte y wile wiþ hem her! beo þay noȝt so stoute: & if þat on of hem ne dar him self! wiþ me fiȝte al one Send hem boþe on þyn helf! to fiȝte wiþ me ymone;	
If two are afraid, send three;	[&] if þay two ne buþ noȝt bolde! aȝen me to fiȝte on stoure, [Of] such þre y ne ȝyue auelde! & þoȝ þer come foure,	100
and though there come twelve	[&] þoȝ þer come twelue! þe beste of þy fered, [B]ot if y slee hem sone helue! ne kep y neuere ete bred.	
I will pound them to dust.	[I] wil kuþe on hem my miȝt! & dyngen hem al to douste. Wheþer þay wille on fote fiȝt! ouþer on horse iouste, Send hem hider to me anan! for ich hymen her diffye, Ouþer by Mahoun þat made man! þou schalt wel sore a-bye.	104
I have slain ten kings,	Y haue wyþ myn handes two! y-slawe kynges tene,	108
and so shall I thee.'	So schal y þe now or þou go! þat al men schal it sene."	
He takes his helmet off to wait for an answer.	he dude his helm þan of is hed! & set him doun þat tyde; Of þyng he haueþ þer y-sed! an answer he þoȝte a byde.	111
[leaf 2] Charles is angry,	**K**yng Charlys þe Sarsyns speche y-hurde¹! & so dude al his host, & how foule þat þe freke him furde! blowyng such a bost; He was atened of his envy! he tok of hym so liȝte,	
and asks Richard of Normandy if he knows that knight.	And asked of Rychard of normandy! if he knew þat knyȝte þat mad hem þer so peryllous! & auauntid him þo so ȝerne. "He ne telleþ bote lyte of ous! be his wordes sterne; Proutelich he auaunttep hem! wiþ xij. for to fiȝte. Wiþ þe beste þat buþ of al my men! & to dulfulle deþe hem diȝte."	115 118
'Yes,' says Richard, 'it is the greatest king in heathenesse.'	¶ "ȝea," quaþ Ri[chard], " with outen oþ! y knowe him wel to wisse; Hit is on þe grettest kyng for soþ! þat dwelleþ in heþenisse. In al paynye nys prynce ne kyng! þat berþ so gret a name: þorȝ out þe werld of is beryng! spryngeþ los & fame. Ne douteþ he kyng ne Emperour! þe value of a ryssche, þar for hem folwyþ al þat flour! þat in paynye ysse."	121 124
Then the king swears he will eat nor drink more till one	¶ þanne þe kyng gan waxe wroþ! & aboute him gan be-holde, & by seynt dynys a swer is oþ! þat after þat tyme a nolde Ete ne drynke no more þat day! for none kynnes þynge,	128

¹ Charlys [sat &] hurde.

TO ACCEPT THE CHALLENGE; BUT HE REFUSES.

Or on of hys¹ in god aray ⸱ had foȝt with þat kynge. *of his has fought with that king.*
¶ þe Emperour, sir Charlemayn ⸱ a wondrede of þat man :
More wolde he wyte fayn ⸱ & of Richard askeþ þan
What ys riȝte name was ⸱ þat made such a slaundre. 132
"Sire," said he, "sir Fyrumbras ⸱ þe kyng of Alysaundre : *'And the man's name?' 'Sir Ferumbras,' says he,*
þys ys he þat be-lay ⸱ Rome þy gode Citee,
& þyn relyqes bar away ⸱ þe croune & þe nailles three, 135 *'the King of Alexandria.'*
þat þou & þyne with strengþe of hond ⸱ in heþnisse sum tyme wonne.
To cristenmen in many a lond ⸱ gret sorwe be haþ by-gonne." *The French are*
¶ Wan þe frensche i-hurde þys ⸱ sore þay wern afriȝte, 138 *frightened.*
Was non of hymen þat wolde y-wys ⸱ profryem with him to fiȝte ; *None would fight with him.*
Euereche behuld on oþer tho ⸱ bot ech man held hym stille.
Charlis bot is lippen tho ⸱ for he nad noȝt is wille,
¶ He clipede is neuewe duk Roland ⸱ þat was aman of myȝte, 142 *Charles prays Roland to take the fight in hand,*
& prayede him faire to take an hond ⸱ aȝen hym to take þe fyȝte.²
Roland answerede wyþ egre mod ⸱ & sayde so most he þe, *Roland refuses,*
Leuere him were he were wod ⸱ oþer hanged on þe tre,
Or he wolde euere after þan ⸱ for hys prayere fiȝte 146
Wyþ Sarasyn ne with cristen man ⸱ noþer in wrong ne riȝte.
"For ȝester neite wan we had fiȝt ⸱ ȝonder out on þᵉ playne, *[leaf 2, back]*
A þousent þer we putte to fliȝt ⸱ & x þousent þer wern sleyne,
& My³ felawe Erld Olyuer ⸱ was þar y-wounded sare ; 150
Alle ȝe hadden be a-slawe ther ⸱ with sarsyns þat þer ware,
Ne had þyn do[ȝȝ]epers þe bet i-swonke ⸱ ich & my felawes :
& to-niȝt wan þat þov were dronke ⸱ þan þou laidest þy lawes,
& saydest þat þyn knyȝtes hore ⸱ hadden wel betere ifyȝt⁴ 154
þan we þat ȝonge knyȝtes wore ⸱ þat disconfitedem alle with myȝt.
þyn angre⁵ ous greuede sore ⸱ wan þou toke of ous so lyȝt ; *because Charles had insulted him.*
At al men know⁴ þat þar weore ⸱ þat þov saidest ounriȝt,
þou madest þat auaunt, soþ to saye ⸱ for to preyse þe selue. 158
Ac⁶ Be-hold aboute now y praye ⸱ ouer and on euery helue. *'Look about who will take the fight,*
Hwych of him wil take þe fiȝt ⸱ aȝen þat Sarsyn strong ;

¹ hys [pers] in.   ² Aȝe [þe sarsyn to] fyȝte.
³ My [owe].   ⁴ MS. altered (?) to ifoȝt.   ⁵ þyn [speche]
⁶ The MS. has a line drawn from Ac to At above ; the Ac being added before Behold. The line originally ran :—Be-hold aboute y þe praye ⸱ her by euery helue.

for I will not.'	For y ne wil noȝt by god almyȝt ! & wyt þat þyn owen wrong,
	& ho so takeþ hit on þy part ! y swere by cryst in trone, 162
	Of me neuere after-wart ! loue ne get he none."
	¶ "A ! glotoun," saide þe Emperer ! "entempre þou beter þy tonge¹,
	If þow nere my cosyn þe neer ! wel heȝe scholdestou be honge." 165
Charles, with his gloves, smites Roland in the face. Roland draws his sword, but the others separate them.	Wiþ gloues² þat he þan had an hond ! þat with gold ibotened were,
	In þe face smot he duke Rolond ! þat þe blod sprong out þere.
	þe duk a syde þanne gan to sterte ! & drow ys swerd anon, 168
	& wolde ys vncle þar-wiþ herte ! nad oþre betwen hem gon.
	¶ "Alas" ! quaþ Charlis þar a stod ! "wel sory now may y be,³
	Wan he þat ys my flesche & blod ! with wepne assaylleþ me :
	& he þat scholde me socoury ! to ȝen myn enymys 172
	Despyseþ me her dispytously ! & telt of me no prys.
	Now y pray to god of heuene ! þat al þyng knoþ & seeþ,
	Ne lyue he noȝt þys day til euene ! wyþ oute schentful deeþ."
Charles orders him to be put to death,	for wrappe þan him crieþ þe kyng ! & het to taken him sone, 176
	& swer he nolde ete ne drynk ! til he to deþe wer done.
but Roland swears whoso comes near him shall be slain.	¶ Roland huld ys swerd a-drawe ! & swer bi god al one
	Ho so neȝed him schold ba-sclawe ! & cloue doun to þe stone.
	Wan þe frensche men ihurde þys ! þay douted him for to fonde, 180
	þan was non sa hardy y-wys ! on hym to leyn no honde.
Ogier interposes.	¶ Oger spak for duk Roland ! & praide þe kyng to cesse,
	& saide "sire, ȝe doþ hym wrong ! to smyten him on þis presse.
	Wel ofte he haueþ socourd ȝow ! & of ȝour fon ȝov venged, 184
	Wer for y rede cessyeþ now ! til eft hit may be amended."
[leaf 3] Charles is sorry.	CHarlis be-huld þan how ys blod ! ran doun of ys face⁴
	þe lasse him wondrede þoȝ ys mod ! til anger gunne him chace,
	þoȝ he for him þan sory were ! no wonder for soþ hit nace 188
	Amonges þe lordes alle þere ! ofte he saide "alace !
	Fader, & sone, & holy gost ! wat schal y don," he⁵ sede,
	"Suþþe þe man y trist an most ! for-sakeþ me at my nede,
	& draȝþ ys swerd bi-fore my fas ! to sle me ȝif he miȝte ? 192
	þat y so longe scholde lyue alas ! to sen hit with my siȝte !"

¹ [mesure] þou beter þy [speche].
² Wiþ [þe] gloues.   ³ [Now] sory may y be.
⁴ These words, face, chace, nace, alace, are altered from a final s in a hand of the same date.   ⁵ MS. he [he.]

¶ Duk Neymes þan him spak anon ⁞ & sayde wordes wyse—   *Duke Neymes then said, 'Let him go,*
"At þis tyme, sir, now let him gon ⁞ he wil him betre auyse ;
ȝe habbeþ knyȝtes among ous her ⁞ þe beste þat moȝe be founde, 196
Sendeþ anoþer doþþeper ⁞ to fiȝte wiþ þat hounde."   *and send another.'*

¶ "By god," quaþ þe kyng, "now it is so ⁞ þat Rolond hit haþ for sake,
y knowe non oþre to tristyng to ⁞ bataił with him to take,[1]   *'I knowe none but Oliver,'*
Out-take hys felawe Olyuere[2] ⁞ & he were hol & sounde ; 200 *says the king,*
ac he lyþ hert now with a spere ⁞ & bereþ a gryslich wounde." *'and he is sorely wounded.'*

¶ As he þanne[3] stod & þoȝte ⁞ to wham he speke may,
þe tydyngge was to Olyuer broȝte ⁞ þer he on bedde lay   *Meanwhile Oliver had heard of the Saracen,*
Of þe sarsyn þat was y come ⁞ & of þe kyng al so, 204
& how Roland haþ Charlys vndernome ⁞ & wold noȝt þat bataił do.

¶ Wan þe Erld hit vnderstod ⁞ þat Rolond hit nolde take
To fiȝte aȝen þe Sarsyn wod ⁞ & al for wraþþes sake,
& non oþer ne profrede him noȝt ⁞ þat bataił to vnde[r]fonge, 208 *and how none would fight with him.*
Him was ful wo þan on is þoȝt ⁞ & ofte sekede amonge ;
Sone he arerd him after þan ⁞ & lokede oppon is syde,   *Soon he lifts himself up,*
& saw is blod how [doun] it ran ⁞ out of is wonde wyde :   *and seeing how his blood*
Hys wounde was þo in yuel aray ⁞ & for Angwys gan to chyne. 212 *runs from his wound,*
Olyuer tok his mantel of say ⁞ gold peynt hit was wel fyne, *tears his mantle to*
& rent hit al to peces smal ⁞ & þer wiþ is wonde he diȝte, *pieces,*
& stoppede is wounde þer wyþ al ⁞ & bond hure as he miȝte. *and stops his wound with*
Þan he clepede ys squyer ⁞ Garyn, & til hym he sayde : 216 *it.*
"Do þat myn armes sone be heer ⁞ & help me y were a-rayde : *Then calls for his arms.*
I wil fiȝte wyþ þat heþene kyng ⁞ as crist me helpe & rede.
ne langede me neuere more do þyng ⁞ þat toched mannes dede."

¶ Garyn þanne ansuerede aȝen ⁞ "sire, wat hast þow þoȝt ? 220 *His squire, Garyn, remonstrates*
Wilt þu silf willes lete þe slen ⁞ þy purpos ne preyse y noȝt. *with him,*
By-þenk þe how þy blod ys schad ⁞ & hast a grislich wounde ;
How scholdest þou fiȝte þat art so mad ⁞ wyþ þat heþene hounde ?"

¶ "Let of þy speche," þe Erld hym saide ⁞ "for no þyng wil y spare, *[leaf 3, back]*
Bot y made til hym abrayde ⁞ of blisse y were al bare. 225
To helpe my liege lord Charlou*n* ⁞ to bataił mot y fare,   *but Oliver insists.*
y wil hold vp his renou*n* ⁞ wyþ al my myȝt & mare.

---

[1] [þat battail] with him to take.   [2] Out-take [þe gode erld] Olyuere.
[3] As he [byþoȝte him] þanne.

If y him faillede on þys nede ⁚ wan Roland hit haþ for-sake   228
þer is non oþer, so god me spede ⁚ þat wil hit vndertake :
ne schal no man bet proue is frende ⁚ bot a-say hem on his nede,
y praye þe, Garyn, as þou ert hende ⁚ go bryng þou forþ my wede."
"Sir," said he wel delfolly ⁚ "þoȝ hit beo noȝt my wille   232
y wol þe armye sykerly ⁚ þy purpos to fulfille."

His arms are brought, and he puts them on,

his armes he bryngþ him þanne anon ⁚ & Olyuer gan him schride,
wiþ is hosen of mayle he by-gon ⁚ nolde he no leng a-byde :
& suþþe an haberke al of steel ⁚ on is body he caste,   236
Garyn hur lacede faire & weel ⁚ & mad hur sitte faste.
His helm he setteþ on is heuede ⁚ & fastnede þe auentaille.
Hautecler is swerd was noȝt be-leued ⁚ he gurd him with saun faille.
Garyn his gode stede hym fette ⁚ þat was in spaygne iboȝt ;   240

mounts his steed,

þe erld lep vp wyþ oute lette ⁚ his styrop trepede he noȝt,
And smot þe stede him to saye ⁚ wiþ is spores of golde.
þe stede was god & lup a waye ⁚ wel fifty fet i-tolde ;
þat gode hors blessede he þo ⁚ & louely strek ys mane,   244
He miȝte sikerly hym triste to ⁚ hym semede wel by þane.
"Garyn," quaþ Olyuer, "wel þe be ⁚ þou hast wel kept my stede,
If y may lyue & come aȝe ⁚ ȝelde y wil þy mede."   247

takes his shield and spear,

¶ Garyn him þankede & tok hym als ⁚ his scheld with hym to bere,
& Olyuer hit heng a-boute is hals ⁚ & til him tok a spere.
wan he was armed on horses bak ⁚ a fair knyȝt a was to see,
a iolif on wyþ oute lak ⁚ boþe strong & fers was hee.
God him spede for his miȝt ⁚ now he takþ ys waye,   252
wiþ þe werste Sarsyn wil he fiȝt ⁚ þat he dude euere a-saye.

and rides to Charles' tent.

¶ fforþ þan rod he stoutely ⁚ wel i-armed oppon his stede,
ys herte was god & sykerly ⁚ serued him to do þat dede :   255
he lifte vp ys hond & blessed him þan ⁚ & recomandedem to god almiȝte,
To Charlis pauylloun þe way he nam ⁚ til hym rod ful riȝte.

A S Charlys was in his greuance ⁚ stondyng among his feren, 258
& counsailede with þe grete of fraunce ⁚ & with ys doþþeperen,
Roland drow him a-side þare ⁚ among hem he ne keem,
& þan he by-gan repentye sare ⁚ þat he haþ greued his Eem.   261

[leaf 4] Roland is sorry that

Wel sore him greuede þat þe kyng ⁚ was angred for ys sake,
þan had he leuere þan eny þyng ⁚ had he þat batail take :

þer to wolde he þanne be fayne ⁘ for schame ȝif he miȝte   *he offended Charles.*
ffor þat batail to dereyne ⁘ profry hym forþ to fiȝte.   265

¶ Olyuer rideþ wyþ sper & scheld ⁘ in-to þe pauylloun,
Many was þe knyȝt þat him beheld ⁘ wan he spak ys resoun:
To þe kyng said he among þe pres ⁘ "y haue þe serued ȝore   268 *Oliver reminds Charles of his long services,*
In werre & eke in lond of pes ⁘ wel seuen ȝer' & more,
& euere suþþe y haue me raid ⁘ redely to þy seruyse,
& ȝut i holde me wel apaid ⁘ to don þe same gyse,
for y haue me preued on þy werre ⁘ to fiȝte aȝen þy foes.   272
In many a lond boþ ner & ferre ⁘ y gete me prys & loes;
y þank þe þat in many a lond ⁘ my name ys kud aboute.
& namliche be cause of duk Rolond ⁘ þe more me doþ me doute,
for siþþen to gaddre we furstly knewe ⁘ neuere ous two to sterte. 276
We habbeþ be felawes gode & trewe ⁘ in body & eke on herte;
he haþ me holpen in many plas ⁘ syn we to-gadre come.
y þonky þat ȝow & godes gras ⁘ þat he tok frendschip to me.
for al my seruyse y haue þe don ⁘ y pray þe now a bone,   280
Oþer sond ne kep y non ⁘ so þow hit grante sone."

¶ þe kyng ansuerede him a-ȝe ⁘ "dure frend, say þy wille,
be it castel, burgh, outher Cite ⁘ & ich hit wol ful-fille.
And wan we comeþ to fraunce ⁘ more miȝt þou craue,   284
As god ȝyue þe gode chaunce ⁘ ask on & þou schalt haue."

¶ þe Erld hym þonkeþ lome ⁘ & til him gan to sayne: *and asks to be allowed to accept Ferumbras' challenge.*
"Graunte, sire, þe batayl to me ⁘ þe sarasyn to fiȝte agayne,
for al þe seruyse y haue þe do ⁘ y aske non oþer þyng."   288
Alle þat herd him wondrede þo ⁘ of is bold askyng;
& for he was wonded so sore ⁘ þat is colour was neȝ a-go,
hymen wondrede wel þe more ⁘ þat he therste hym profry to.

¶ þan saide Charlis kyng ⁘ "Olyuer, what hast þou þoȝt?   292 *Charles remonstrates with him.*
By-þenk þou art y-woundȝyng ⁘ & neȝ þe deþe ybroȝt,
& art now al pal of hewe ⁘ for þe blod þou hast schad,
& þy wounde ys ȝut al newe ⁘ & no medecyn naueþ ihad,
how miȝtest þou now fiȝte þanne ⁘ þy miȝte ys þe be reued,   296
wyþ þat myȝty heþene manne ⁘ y rede þe þat þou leuet."

¶ "Nay," quaþ O[liver], "be god of heuene ⁘ for no þyng wil y spare,
noȝt for grete Citees seuene ⁘ in what lond þat þay ware.

| | & if ȝe been a trewe kyng ! þat batail wil y haue." | 300 |

[leaf 4, back] ¶ "Noȝt by my wil for noþyng" ! said he so god him saue.

Then Gwenelon and Hardree come before Charles. They were traitors, and ere three years they betrayed the king and were hanged.

þanne þer come bi fore Charloun ! Gweneloun & hardree.
Cristes cors come on hure croun ! for traytours wern hee!
As ȝe schul huren after þys ! or passede ȝeres three   304
þay be-traiede þe kyng & his ! war-for þai had hure fee,
an honged þai weren & to-drawe ! þer after boþe two,
As for traytours ȝaf þe lawe ! for traysoun þay had ido[1].

þanne wolde þay wel faȝe ! ȝif þei miȝt helpe to   308

They say to the king, 'According to the law of parliament, it has been determined by us two that Oliver shall engage the Saracen.' The king answers, 'Evil befal you; he shall go to the battle, but woe to you if he fall!'

þat sir Olyuer hadde be slaȝe ! & to þe kyng þay saide þo :
¶ "Syre, hit ys ordeynt be parlyment ! among ous to ben yholde,
þat wat be rewarded be tweyre assent ! þᵉ þridde assenty sholde : 311
Hit ys rewardet ous two be twyne ! þat Olyuer schal wende & take
þe batayl wiþ þe ȝond Sarsyne ! & do hit for þy sake."
¶ þe kyng answerede þis traytours ! "Gweneyloun & hardree,
For ȝour iuggiment out of cours ! haue ȝe muche maugree!   315
Now schal he to þat batail fare ! on him ȝe hit habbeþ ypilt ;
& if þe sarsyn ouercompþ him þare ! certis ȝe bereþ þᵉ gilt.
Body & saule mot y forfare ! ȝif hit be falleþ so,
Bot if ȝe boþe for-þynk hit sare ! ȝour lyues schul ȝe for-go."   319

'Christ shield us,' they say.

"So crist," quaþ þay, "scheld ous fram care ! þat batayl mot be do,
& alþoȝ he ben a-slawe þare ! what mowe we do þer-to?"

'May he never return.'

By twene hem þan þay sede stille ! "ne come he neuere aȝen!"
For þat was al hure herte wille ! þat þe sarsyn schold him slen.

Charles wishes him God speed.

¶ Charlis to Oliuer saide þo ! "god help þe, dere herte,   324
þat þou mote ouercome our fo[2] ! & come aȝeyn in querte.
y hope þe scholde spede wel ! nere þy greuous wounde,
ȝut trist y to god þat so þe schal ! for þyn herte is hol & sounde."

Reyner,

¶ Wiþ þat com forþ Duk Reyner ! þat of Genyue duk was þo,   328

Oliver's father,

Olyuers fader, a knyȝt ful feer ! for him his herte was wo :

says, 'My son is wounded sore ; how can he fight?'

"Mercy, quaþ he to kyng Charloun ! my sone ys wonded sore,
Fram hym ys falle ys blod adoun ! how miȝte he fiȝte more.
He ys boþe paal & feynt ! & ȝut me greues more,   332

---

[1] [god] for traysoun, &c.   [2] ouercome [þy] fo.

Original draft. From him ys falle his blod adoun . how miȝte he fiȝte more?"   331

þat if he beo þer in batail atteynt ⁝ þou lest þy los þerfore."
¶ þan him answerede Gweneylloun ⁝ & Hardre in hure scorn: *Gwenelon and Hardres insist.*
"þov hast y dremed of venesoun ⁝ þov mostest drynke a torn.
He schal do now þat he be-soȝte ⁝ for we assentieþ to : 336
ho so wil or wil hit noȝt ⁝ þat batail he mot do."
¶ "ȝif hym þy blessyng, swete Reyner ⁝ saide Charlis kyng, *'Give him thy blessing,' says the king.*
For fiȝte he mot wyþ þat sarsyn feer ⁝ me semeþ bi hure tellyng."
þe duk hef vp an heȝ his hond ⁝ & blessede his sone þare, 340 [leaf 5] *The duke blesses his son;*
& O[liuer] þat was wel fre to fond ⁝ tok is leue to fare. *many pray God speed him.*
for him praiede many a wyȝt ⁝ þat god him scholde spede,
boþe kyng, duk, erld & knyt ⁝ scholde help him in þat nede.

DVe Oliuer him rideþ out of þat plas ⁝ in a softe amblere, 344 *Oliver rides away,*
ne made he non oþer pas ⁝ til þey wern met y-fere[1] :
And wan he cam þer as he was ⁝ þyderward he caste ys chere,
& fyndeþ þer sir Fyrumbras ⁝ liggyng on þe erþe there. *and finds Ferumbras lying down,*
¶ Wan he saw erld Olyuer ⁝ a tornþ him þat oþer side ; 348
Aȝeyn him for to arise þer ⁝ dedeygnede he þo for pride.
þo knyȝt him neȝede þanne neer ⁝ & spak til him þat tide :
"Arys vp, Sarsyn, þat ert so feer ⁝ no lenger ne miȝtou bide ; *Oliver calls to him, 'Arise,*

[1] til þey [come], &c.

[þan him answerede Gweneylloun] & Hardre in hur scorn : 334 *Original draft.*
þou [ha]st y met of venysoun [þou mostest] drynke a torn
[He moste] ytake þat he bi-soȝt [for] we assentieþ to 336
Ho so wil or wil hit noȝt . he [mot þat batail do]
. . . . . saide charlis þou ȝif hym þy blessynge . . .
Siker he . . . .
þe duke hef vp an-heȝ his hond & blessid is sone þare ; 340
& Olyuer was fre to fond & forþ he gan to fare.
For him prayede many wiȝt þat god him scholde spede,
Boþe of baroun & eke knyt ⁝ & holp him in þat nede.
Oliuer torneþ him þanne wiþ an hardi chere,
Toward þat heþene manne he rideþ a softe amblere ; 344
Til he cam þer þat he was him þoȝte ech stap was þre,
At þe laste he fyndeþ Fyrumbras liggyng vnder a tre.
Whan he of saw[1] Sir O[lyuer] he turneþ þat oþre side, 348
Him dedeygnede to him arise þer, so ful he was of pride.
þe knyȝt him neȝeþ ner & ner, & spake to him as he lay,
& askude of him what he were þat made such affray,

[1] of saw *added above the line.*

	& þat auantyngge þat þou hast mad ⸝ & þou hit meyteyne wolle	352
and defend thyself;	Loke þat þou be armed sad ⸝ & hele þy bare scolle :	
I am come to fight with thee,'	y am come her .o. semple knyȝt ⸝ y-redy with þe to fiȝte,	354
	yf þou þyn auaunt performy myȝt ⸝ a-rys vp anon & diȝt þe."	
Ferumbras says scornfully, 'If thou knewest me thou wouldst not offer to fight me,	¶ Fyrumbras on him glente ys eyȝe ⸝ scornfullich & low : " Lef," saide he, " þy grete foleye ⸝ y rede þe for þy prow, For if þou yknewe me ariȝt ⸝ my doynge & my creaunce, þou noldest profry me no fiȝt ⸝ for al þat gold of fraunce.	358
altho' I am alone.	Al þoȝ y ben her my self al one ⸝ a gret lord am y holde, A kyng ycrounede on my trone ⸝ þe richeste man on molde.	
I am Ferumbras of Alexandria, the troubler of Christendom.	Fyrumbras is my name ⸝ of Alysandre kyng y-tolde, In tal þe worlde sp[r]yngeþ fame ⸝ of myne dedes bolde. ¶ Wyþ my werres y haue a-nyed ⸝ muche of cristendome, & spayne & poyle y haue distryed ⸝ þe Citee eke of Rome ;	362 365
I slew the pope and all his cardinals,	þer slow ich þaň [þe] pope prout ⸝ & al his Cardynales þat yfond, & alle þat wern of þe rout ⸝ y slow hem with myn hond.	
and took the Crown of Thorns and the Nails	¶ þanne tok ich þe croune of thorn ⸝ & þe nayles three, þat paynede crist wan he was born ⸝ on þe rode Tree,	
and sent them to the Emir Balan, my father.	& send hem to þe Amerel Balaan ⸝ my fader to present. Muche del of cristendam ⸝ y haue y-slawe & brent :	370

Original draft.	& þat auaunt þat he gan make ȝif he metenye wolde	352
	A preydem army him for þat sake for with him fiȝte he scholde. Fyrumbras on him glent his eye scornfuly & low : "Lef þou," seid he, " þy foleye, y rede þe for þi prow ; If þou yknewe me ariȝt & wat is my creance, þou woldest profrie me no fiȝt for al þat gold of fraunce. þoȝ y be her now al-one a gret lord ich am iholde, A kyng [y-]crouned on my trone, þe richest man of molde. Fyrumbras ys my name, of Alisandre ich am kynge, In tal þe world spryngeþ fame of my wel berynge. ich am þilke þat haþ destruied¹ muche of cristente : Al Spaygne an[d] poile y haue anuyed, & Rome ȝour oȝe Cite. þar y slow þe pope of Rome & alle his cardinals, & alle þat wolde noȝt loute to me þanne slow ich als : þar tok ich þe croune of þorn & þe nailes þre, þat peyne crist wan he was born on þe rode tre, & sende hem my fader Balahen & ȝif hem to present. Miche puple of cristen men me self y haue i-schent.	358 362 366 370

¹ destruied [Rome].

Fram babylony þat ys my owe tour ⁊ in to [þe] rede see
Al þe lordes of honour ⁊ hure londes holdeþ of me.
Ierusalem, naym, & ierico ⁊ ich wan wyþ my prowesse,   374
& alle þe tounes aboute al so ⁊ boþe more & lesse.¹
þe croys þat ihesus deyd an ⁊ & þe sepulcre al so,
With dede of armes ich hem wan ⁊ & relyqes many mo."
¶ þanne saide Olyuer "by my croun ⁊ y hure wel by þy sawe   378
þow hast y-do distruccion ⁊ myche to cristen lawe ;
& hast al so y-mad envy ⁊ wiþ christene men to fiȝte,
of alle oure ȝonder company ⁊ wiþ .xij^e. þe moste of miȝte.
& y am her bote a demeyne kniȝt ⁊ of þe realme of fraunce,   382
& am y-come wyþ þe to fiȝt ⁊ for al þy grete bobbaunce.
Arys vp raply & þyn helm do on ⁊ & aray þe on þy stede,
& grayþe þe to fiȝte wiþ me anon ⁊ or elles y make þe blede."
¶ þe Sarȝyn gan to lawe smere ⁊ & to O[lyuer] sayde þan :   386
"Wat wendest þou now so me a-fere ⁊ þov art an hastif man,

[sidenote: From Babylon to the Red Sea all is mine. I won Jerusalem and all the towns about, [leaf 5, back] the cross and sepulchre and many more reliques.' Then says Oliver, 'Thou hast done much harm to Christians. I am here but a lowly knight to fight with thee. Arise, and prepare to fight with me.' The Saracen says,]

¹ At the bottom these lines (the 3rd and 4th in a different hand)
    Duk O[lyuer] priked in-to þe feld þer þe Sarȝyn lay,
    Wel y-armed with sper & sheld his harneys was so gay.
[*These are crossed through and were probably a substitute for lines* 314,
345, *between which a line is erased, though written in the margin.*]
    Do on þyn helm oppon þyn hed . & lep oppon þy stede
    If þou miȝte proue þat þou hast sed . let se hit now in [dede]
which seem to be a substitute for lines 384-5.

Fro Babalony þe heȝe tour in-to þe rede se
Al þe lordes of honour alle pay holdeþ of me ;
Ierusalem & ierico ick wan with my prouesse   374
& al aboute tounes mo boþe more & lesse.
þe croyȝ þat ȝour god dayd an¹ & þe sepulcre also
Wyþ dede of armes ich am wan, & reliqes many mo."
O[lyuer] saide, "by my croun y haue y-herd þy sawe :   378
þou hast do muche distruccioun to oure christene lawe
& hast mad² þy avy wyþ xij men for to fiȝte
Of al oure ȝonder company þe alre beste knyȝte.
Y am her a meyne knyȝt y-comen out of³ fraunce,   382
Al-redy now with þe to fiȝt for al þy gret bobaunce.
Arys vp & anon do on þyn helm & lep oppon þy stede,
& rap . . . redy my þe wel & elles y make þe blede."
þe Saraȝyn law . . . smere & to Oliuer sayde þan :   386
"Wenist þou so me a-fere ? þou ert an hastife man,

Original draft.

¹ ȝour god [was] an [ido].   ² & [now] hast mad.   ³ MS. of of.

'Who art thou, and who sent thee here,
and what is thine intent?'

Er y remuvie me of þys place ⁞ þat soþe þou schalt me telle, 388
Of wat kunne comen þov wace ⁞ & þy name wyten i wille,
& of þy comyng whar for it ys ⁞ & ho þe hiderward sente.
y wol wyten¹ þat soþe of þys ⁞ & wat is þyn entente :
& wan þat y know it wyterly ⁞ þe soþe þat þou saye, 392
þan schal y sykerly ⁞ arise vp and me arraye."

Oliver answers, 'I am sent by Charles
to say, Turn to Christendom, or else
fight, or flee.'

¶ þan him ansuerede Olyuer ⁞ wyþ sterne contynaunce :
" y am y-sent to þe heer ⁞ by Charlis kyng of fraunce.
Charlis þe sente be me to say ⁞ þov torndest to crestendome, 396
& for-soke þy false lay ⁞ & to folloȝt sone þov come :
belyue þou scholdest on god almiȝt ⁞ þat for ous gan blede,
& elles y chalenge wiþ þe to fiȝt ⁞ outher y schal haue þy stede,
& fleo þov schalt of þis lond ⁞ as a ladde doþ on þy fote. 400
Charlis sent to þee þis sond ⁞ þou ne ge[te]st non oþre bote."

'Christian knight,' says Ferumbras, 'there is no haste.

¶ " Christene knyȝt," quaþ Fyrumbras ⁞ " þou art a wonder gome :
þer is non haste in þys cas ⁞ to fiȝt ȝut mowe we come.
Ac for þou tellest so litel of me ⁞ ne were it for repreue, 404
By Mahoun, þat ys my vowee ⁞ of þyn heued y wolde þee reue.

Tell me one thing, before we fight,

Ac tel me o þyng noþeles ⁞ er we to-gadre fiȝte,

¹ MS. wynten, *marked for correction.*

Original draft.

Or ich remuwy of þys plas þat soþe þou schalt me telle 388
Of wat kyn y-come þou was, & þy name wyte ich chille,
& war-for þy comyng is, & ho þe hider sente.
Y wil wite þat soþe of þis & what is þyn entente.
& wan y knowe hit wyterly þat hit is soþ þat þow saye, 392
þan schal y sykerly arys vp & me a-raye."
¶ þan him ansuerede olyuer wyþ sterne continance :
" Y am y-sent to þ⁰ her by Charlis kyng of fraunce ;
Charlis þe sente by me to say þou torne to cristendome, 396
& reneye þy false lay & to folloȝt sone þou come ;
by-lyue þou scholdest on god almyȝt, þat for ous gan blede,
& ellis ich chaulange with þ⁰ to fiȝt, oþer y wil haue þi stede.
Fleo þou a-way out of þis lond as an harlot al afote. 400
C[harlis] sent þe such a sond, þou getest non oþer bote."
¶ " Crestene knyȝt," quaþ F[yrumbras], " þou ert a wonder gome.
Ne haste noȝt me myche in þis cas to fiȝte þou myȝt wel come.
Ac for þou letest so lite of me, nere hit for repreue, 404
By Mahoun þat ys my vowe of þyn heuede wold y þe reue !
Ac tel me o þynge noþeles or we to-gadre fiȝte,

& say me soþ & no lees ! as help þee þy god almiȝte.
of C[harlis] þat ys ȝour Emperer ! of whame men stondeþ aye,   *of Charles*
& of duk Roland þat ys so fier ! þe soþe þou me saye,   *and Roland,*
& ek of is felawe, Erld Olyuer ! tel me y þe praye,   410 *and of Oliver,*
And of duk Berard of moundisdier ! what manere men buþ þaye."   *and Berard.'*
¶ "Sarsyn," saide þe gode knyȝt ! "þat soþe schaltou here.
Charlis ys so strong in fiȝt ! he fyndeþ nowar is pere :   [leaf 6]
                                                          Oliver says,
& Rolond ys so muche of myȝt¹ ! so coraious & so fere,   414 'Charles is so
                                                          strong he has
þat nowar nys founde non so wyȝt ! wan he ys on ys gere.   no equal,
                                                          and nowhere
Olyuer þͤ erld ys noȝt so god ! þe soþe for to saye,   is such a
                                                      knight as
                                                      Roland.'
Ac he ys a man heȝ of mod ! Sarasynȝ to yule arraye.   Oliver is not
                                                      so good, but
Onys y wiste oppon a day ! þat he slow kynges three   418 once he slew
                                                          three kings,
þat lyued on ȝour false lay ! & tweyne mad he flee :   and made
                                                       two to flee.
Ac he slow Sarazyns on þat place ! [so doȝtilich þat t]yde
þat al þe feld y-strawed wace ! of hymen on euery syde.
Terry is sone duk Berard ! ys a noble knyȝt.   422 Berard is a
                                                   noble knight.
Þer ys no doþþeper þat nys hard ! & strong iholde & wyȝt.
Now haue y told þe þyn askyng ! for þy fer arys vp sone   Now I have
                                                          told thee,
                                                          arise and put
¹ & Rolond ys so [noble a kni].   on thy gear.

& say me soþ & no les, so helpe þe þy driȝte !   *Original*
Of þi lord kyng Charloun, of wam men stondeþ aye,   *draft.*
& of Roland þat knyȝt of gret renoun þe soþe þou me saye ;
& of his felawe oliuer tel me, y þe praye,   410
& eke of Berard of moundisder, wat maner men buþ þaye."
"Saraȝyn," saide þe gode knyȝt, "þat soþe y telle þe here.
Charlis ys so stronge in fiȝt he fyndeþ no-war is pere,
& R[oland] is an hardi man, so strong man & so wiȝt,   414
þat in no batail þer he cam . ne fond he neuere knyȝt,
þat onys a strok hym astod þat he on him leide,
þat he ne affuldem were wod, ouþer slowe at a braide.
Olyuer his felawe is noȝt so god, to soþe i þe telle,
Ac noþeles he is a man of mod heþene men to quelle.
Y wiste onis on a day war he slow kynges þre,   418
þat bi-leuede on þe false lay & tweye he made fle ;
He laide on Saraȝyns on þat plas so doȝtilich with wille   420
þat al þe feld y-strawid was of Sarsyns þat weren ille.
Terry is sone, sire Berard, is a noble knyȝt,
& alle þe oþre doȝepers buþ doȝty men & wiȝt.
Now y haue þe al itold ne tarie þou me no mere ;   424

And do on þyn helm þou heþene kyng ! & let se wat þou canst done,
& bot þou þe raþere gynne to spring ! y swere by crist on trone   426
Sone getest þou euyl endyng ! with my swerd y wil þee slone."

The Saracen says, 'Thou art a fool.

¶ þan þe sarsyn huld vp ys hed ! after þes wordes felle,
& sayde, "knyʒt þou art a qued ! to make me such a spelle,

Little prowess were it for me to fight with a vassal.' 'Saracen,' says Oliver, 'ere the sun set thou shalt yield.'

Litel prowesse for me it were ! wiþ a vauasour for to melle,   430
Wiþ my swerd þat ys here ! ellis y wolde þe quelle."
¶ "Sarsyn," quaþ Olyuer, "let now ben ! þy prude & þy manace;
Or þe sonne hure sette þou schalt sen ! of þy blod ful þis place.
þow schalt þe ʒelde recreent ! ouþer her riʒt schaltou dye."   434
þe Saraʒyn saide "verament ! y hope þov schalt lye."
His scheld tok he þo til hym ner ! & laide vnder ys hed an hye:

The Saracen dreads Oliver no more than a fly.

Hym dredeþ noþyng of Olyuer ! no more þan of a flye;
For he was strong & coraious ! & heʒ man of parage,   438
Him semede it nas noʒt worþ a lous ! batayl wiþ him to wage.

'Christian,' says Ferumbras, 'tell me thy name and kin.'

¶ "*Christ*ene kniʒt," quaþ Firumbras ! "y haue of þe god game,
Tel me nov riʒt in þis plas ! what ys þy riʒte name;
& of wat kyn þou ert y come ! tel me al þat soþe."   442

'Garyn,' says Oliver, 'at Perigot was I born.'

"Garyn," quaþ O[lyuer], "Gwylmynes sone ! y tel þe wyþouten oþe:
At Perigot ich was y-bore ! a borgeys dude me gete.
y haue trauayld her be-fore ! wel herde for my mete,

At Court

Til ich me droʒ to courte-ward ! & an seruise diʒte me þare;   446

Original draft.

If þou ert to fiʒte bold, arys; & do on þy gere,
& bote þou þe raþer haue y-do y make myn be-heste,
'With my swerd y schel þe slo ʒif þat hit wil leste."
þan þe Saraʒyn held vp ys hed . wanne he had herd him telle
& saide, "knyʒt, þou ert a qued to make such a spelle.
Litel prouesse for me hit were. with a uauysour for to melle,   430
With my swerd þat is here ellys y wold þe quelle."
"Saraʒyn, quaþ O[lyuer], let þis ben, þy prude & þy manace;
Or sonne . . . sette þou schal y sen of þy blod ful þis place.
þou schalt þe ʒelde   434

[(?) 10 *lines missing.*]

[top of col. 2] . . . . saie with-outen [oþe]   443
[At Perigot ich] was [y-bore, a borgeys dude] me gete
y haue trauayled her bifore many many for my mete
At . . . y drow to courtward an seruise ich þer me diʒte,   446

þan serued ich þe kynges¹ styward ! [seuene²] ȝer & mare : I served the high steward 7 years.
He bar my los to Charlis kyng ! for my gode seruyse, He bore my praise to Charles,
þat he ȝaf me lond & oþer þyng ! & halp me in þis wyse : who made
þe kyng suþþe mad me knyȝte ! to seruie him in is werre,   450 me knight.
& he me sente wiþ þe to fiȝte ! com on ȝif þou derre."   [leaf 6, back] Come on
¶ Wan O[lyuer] hym haueþ al itold ! Fyrumbras gan to smyle : now, if thou dare!'
"Garyn," quaþ he, "þou art ful bold ! bot lust to me a wyle :   Ferumbras smiled.
Why ne sendeþ he duk Rolond ! with me for to fiȝte,   454 'Why send-eth he not Roland,
Ouþer olyuer with þe harde hond ! þat is so god a kniȝte ;   or Oliver,
Oþer duk bera[r]d of montdisdier ! ouþer Ogeroun þe wiȝte ?"   or Berard, or Ogeroun ?'
"Parfay" ansuerede erld Olyuer ! " þay han of þe dispiȝte   'Faith,' answers
þar-for y am to þe y-sent ! to spelie þai doȝty men :   458 Oliver, 'they despise thee.
for þoȝ y ben in batail schent ! it ys no lest for hem.
Arys vp now & don þyn helm ! þy scheld & [eke] þy gere,   Arise, now ; arm thyself.'
& kep þe silue with oute herm ! & be-þenk þe self to were.
Ouþer be þe deþ þat y schel deye ! y ȝeue þe such a stroke,   462
þat þou him neuere schalt clowe a-weye ! wile þou þy lyf miȝt broke."
¶ " By my fayþ," quaþ Firumbras ! " haue þis wel in mynde,
Neuere ne faȝt y ȝut in plas " with man of lowe kynde,

¹ þe [heȝ] styward. ² MS. sone.

& serued . . . . styward & memden with al my miȝte :   Original draft.
He [bar my los to Charlis kyng] þat he me gan auaunce,
& ȝaf me beste lond [& thyng] þat be in þe realme of fraunce,
Charlis [suþþe mad me] knyȝt to seruie him on his werre,   450
He se[nte] me hider with [þe] to fiȝt, asay now [if] þou derre."
Wan O[lyuer hym] haueþ [al i-]told F[yrumbras] gan to smyle :
he [said] " Garyn, þou ert ful bold, but lust to me a while :
Wy [ne] sendeþ he hider sir Roland with me for to fiȝt,   454
[Ouþer] O[lyuer] with þe herde hand, þat ys so noble a kniȝt,
[Ouþer Be]rard of moundisder, oþer sir Oger þe wiȝt ?"
" Parfay," þan said Olyuer, " for þay han of þe dispiȝt,
þarfor y am to þe y-sent to spelie þai doȝty men,   458
þoȝ y ben in batail schent : it is ne lest for hem.
Aris vp now & do on þyn helm þy scheld & þy gere,
& lep vppon þy stede ariȝt & by-þenk þe for-to were ;
Ouþer by þe fayþ þat y schal to kyng Charlemeyn   462
On þyn heued y ȝeue þᵉ a knal & cleue þe in-to þe brayn."
" By my . . faiþ," quaþ F[yrumbras], " haue þis wel in mynde,
Neuere ne fauȝte y ȝut in plas with no man of so lowe kynde

FERUMBRAS PROPOSES A MOCK JOUST, BUT OLIVER REFUSES.

> Bote wyþ duk ouþer Erld of myȝt / ouþer kyng y-crouned free. 466

'If I slay thee,' says Ferumbras, 'what honour would it be?'
> þoȝ y slowe þe her in fiȝt / what prys were þat for me?
> Men wolde sayn y were to blame / wyþ such on for to fiȝte,
> Bote þou haddest a betere name / þan Garyn a pore kniȝte.

However, one thing I will do;
> Ac o þyng y schal now for þe do / i dude it neuere to wiȝte. 470
> ȝyf þov wilt assenty to / in armes y wil me diȝte,
> & lepe y wol now on my stede / & bere to þe a spere,
> with anoþer ryd þou to me / wyþ a cors of werre,
> Als so harde as þou mixt flynge on / a-rede me on þe schelde ; 474
> y schal þe harmles lete gon / & falle y wil on þe felde ;

I will yield thee my steed. Lead him to Charles,
> Tak þou þanne my gode stede / & þy beste þer-wyþ þou do,
> & to Charlis þou him lede / & eke my scheld al-so.

and tell him to send Oliver, or Roland, or Gwylmer the Scot, or Terry, or Guy, or Berard, or Ogier, or all together ; I shall not
> Say him þanne as þy god þe saue / þat þov hem y-wonne heer, 478
> & ȝif he þenkeþ more to craue / ¹to me send he¹ Olyuer,
> Ouþer Roland, þat is so strong in fiȝt / oþer þe scot Gwylmer,
> Terry, ouþer Gy þe hardy kniȝt / Berard, ouþer Ogier.
> & if it [be] so þat on al-one / ne dar noȝt þat batail take, 482
> þeyȝ þay come euerechone / nel ich hem noȝt for-sake."

¶ "þov spekest folie," saide Olyuer / "& makest muche delaye,

¹—¹ [þanne] send he.

Original draft.
> Bote it wer duke or erld ful wiȝt, ouþer kyng y-crouned fre. 466
> þoȝ y sle þe in such a fiȝt, what pris wer þat for me?
> Men wolde sayn y were to blame wyþ such on for to fiȝte,
> Bote þou haddest a better name þan Garyn a pore knyȝte.
> ¶ Ac o þynge y schal for þe do, y dude hit neuere to wiȝte : 470
> If þou wolt assenty to, in armes i wil me diȝte,
> & take y wol my stede & bere to þe a sperre,
> Wiþ an oþer rid þou to me with a gret cors of werre
> As harde as þou miȝt flyng [on a-]rede me on my scheld. 474
> y shal þe harmles lete gon, & falle y wil on feld,
> & take þou þanne my gode stede þy best þer with to do;
> & To C[harlis] þou him lede & eke my scheld al-so ;
> Say him as þy god þe saue how þou hit getest her, 478
> Bot ȝyf he þenkeþ more to craue sende hider Oliuer,
> Ouþer Roland þat ys so strong in fiȝt, oþer þe scot Gwilmer,
> Terry, ouþer Gy þe hardi kniȝt, berard, ouþer Ogier.
> & if hit ys so þat on al-one wil noȝt þe batail take, 482
> þeyȝ þay come euerechone nel ich noȝt hem for-sake."
> "þou spekest as fol," qua[þ] O[liuer], "& makest mocho delaye ;

Wiþ þyn auaunt þou makest heer ⁝ þou ne miȝt noȝt me amaye. 486 'run away.' 'Thou speakest like a fool,' says Oliver;
þy stede ys myn, y haue y-poȝt ⁝ wather þou wile or no,
þer-of schalt þou me lette noȝt ⁝ þat hit ne schal be so.
þyn auaunt worþ dere aboȝt ⁝ þyn heued þou schalt for-go.   'thy boasting will cost thee thy life.'
To do þat batail þou hast i-soȝt ⁝ al redy am y þarto.

¶ Arys vp þer-for hastely ⁝ & aray þe wel to fiȝte, 490 [leaf 7]
Ouþer y swere be þat Mary ⁝ þat bar þat child of miȝte,
no lenger wil y spary þe ⁝ for al þy grete bostyngge:
bote liggyng her y wol þe sle ⁝ with-oute more drecchynge."

¶ Fi[rumbras] gan to waxe wroþ ⁝ & vp bi-gan to sitte : 494 'In spite of it all I will slay thee.' Ferumbras begins to be angry, and sat up.
Were O[lyuer] lef, oþer wer him loþ ⁝ þannes nolde he flitte
Egrelich he be-huld aboute ⁝ & lokede on þe kniȝte,
& saw þe red blod russchen out ⁝ þorw is armure briȝte :   He sees the blood on Oliver,
endelonges is side þat blod him ran ⁝ & ful doun to þe grounde 498
þe sarsyn knew it wel by þan ⁝ he hadde a greuous wounde.
& þan he askede of Olyuere ⁝ þat houede þer him tabide ;   and asks if he is wounded.
If þat he any¹ wonde bere ⁝ in ys body þat tyde.
"Me þynkþ þou hast a wonde þere" ⁝ said he, "in þy syde." 502
"þer-of," quaþ . O[lyuer], "ne haue þou no fere," ⁝ & turnd him þat 'Trouble thyself not,' says Oliver:
  sor to hyde.
    ¹ he [a].

With þyn auaunt þou makest her þou schalt noȝt me amaye, 486 Original draft.
þy stede ys myn y haue ipoȝt, waþer þe wil or no,
þow ne schalt me lette noȝt þat hit ne schal be so.
þyn auaunt worþ ful dere a boȝt þyn hed þou schalt for-go.
To do þat batail þat þou hast soȝt me self am redi þer-to.
Go now . . . . . . & raye anon to fiȝt 490
Ouþer . . . . by my god of [miȝt]
. . . . þy gret bostynge
. . . schal . . þe sle as þou ert liggynge."
Ferumbras made him þane wroþ & vp he gan to sitte, 494
Were O[liuer] hem lef or loþ þannes nolde he flitte ;
Egerlich he be-huld aboute & lokede on Olyuer,
& saw þat red blod rusched oute out of his body þer ;
þorw-out his armure þe blod out ran riȝt doun to þe gronde, 498
þe Sarzyn knew it wel by þan he hauede a grisly wonde :
He askede þanne of Olyuer, þat houede þer him to byde :
"Me þenkþ þou ert y-hert ful sere & berest a wonde wyde
By þat blod þat renneþ doun by þyn oþer side." 502
O[lyuer] saide, "[þat] is noȝt so," & turnde him hit to hide ;

'the blood is that of my steed.'	" þat blod," quaþ he, " þov seȝe þo ⁖ it comeþ out of my stede,	
	For he scholde ȝerne go ⁖ his side y made blede :	
	Of þe hors it comeþ þat y sit on ⁖ þat blod¹ þat þou y-seȝe "	506
'Thou canst not so deceive me,' says the Saracen.	" þat ys lees," saide he anon ⁖ " þou blerest noȝt so myn eȝe,	
	Ac if i can þat riȝt arede ⁖ þat blod him compþ of þe,	
	Fram vaste be-side þy nauel-stede ⁖ as it semeþ me.	
'But at my saddle hangs a vessel full of the balm with which thy God was anointed.	Ac by myddel þer hongeþ her ⁖ a costrel as þou miȝt se,	510
	hwych ys ful of þat bame cler ⁖ þat precious ys & fre,	
	þat ȝoure god was wiþ anoynt ⁖ wan he was ded & graued,	
	y wan hym wyþ my swerdes poynt ⁖ many man haþ he saued.	
It will heal any wound.	For hwych man þat haueþ any wounde ⁖ & beo þer-wiþ enoynt,	514
	it wil don him be hol & sounde ⁖ & maky him in god poynt :	
	& if he þer of drynke may ⁖ beo þe deþ him noȝt so neere,	
	Sone he schel be on god aray ⁖ & beo al hol & feere.	
Drink a little,	Go tak him now þer he hongeþ ⁖ & dr[i]nk of him a stounde,	518
	þan schaltou noȝt a-bide longe ⁖ til þou be hol & sounde ;	
then thou wilt fight all the better.' 'No,' says Oliver, 'I need it not.'	& wan þou felest þy body feer ⁖ þe better þan miȝt þou fiȝte."	
	þan him answerede Olyuer ⁖ " y wil noȝt by þis liȝte ;	
	& or we departye henne ⁖ al hool þou schalt me vynde."	522

¹ þat [rede] blod.

Original draft.	" þat blod þat þou y-seȝe þo hit comeþ out of my stede,	
	For he schold faste hider go his sides y makede blede :	
	Hit is þe hors þat y sit on þat blod him renneþ fro."	506
	" þou lyest," he saide, " by Makeron ! hit miȝte neuer be so,	
	Ac If y can þe riȝt arede þat blod him renneþ of þe.	
	Fro Faste by-sydes þy nauel stede, so ymote y þe !	
	But ȝunder at my sadel boȝe hongeþ o botel,	510
	Ful of baume oun y loȝe ys he euery del,	
	þat ȝour god was anoynt þer-with wan he byried was :	
	Ich hem wan with swerdes poynt at rome ȝour oȝene plas,	
	þe man þat haueþ wonde & is þer-with anoynt	514
	He schel be hol & sonde & waxe on god poynt.	
	Ac If he þer-of drynke, beo þe deþ noȝt so neer,	
	Anon riȝt he may swynke & beo hol & fer.	
	Take him þer he honge and drynke þer-of a stonde,	518
	þou schalt [noȝt] abide longe or þou be hol & sounde,	
	& wanne þ[y] hert [ys] hol & fer þe surlokere þou miȝt fiȝte."	
	þan him ansuerde Olyuer, " y wil non bi þis liȝte ;	
	Or we departe a-twynne al hol þou schal[t] me fynde."	522

þe Sarasyn sayd til him þanne ⸭ "þyn heȝ herte wil þee schynde."
¶ Fyrumbras of Alysandre ⸭ to Olyuer spak & lowȝ : 524 Then Ferumbras asks Oliver to describe Roland,
"Of what schap ys duk Rolandre ⸭ tel me y pray þe nowȝ,
& ek of Olyuer þat is so wiȝt¹ ⸭ of what schap ys hee y praye,
As þou art a iantail knyȝt² ⸭ þat soþe þat þou me saye."
¶ Olyuer him answerede þan ⸭ "be-hold me þat am heer! 528 and Oliver answers,
for In al þyng þat þou auyse can ⸭ such schap ys Olyuer. (leaf 7, back) 'Look at me; such is Oliver.
Roland ys noȝt so long as hee ⸭ ac more is he of myȝte, Roland is not so tall, but
& doȝtyere man on to see ⸭ & sternere man in fiȝte : stronger and mightier.'
ne faȝt he neuere ȝet in felde ⸭ wyþ kyng ne Ameraunt, 532
þat he ne asloȝ ouþer madem ȝelde ⸭ ys body to him creaunt."
¶ Fyrumbras ansuerde him agayn ⸭ prouteliche & sayde :
"þoȝ þay wern her boþ* twayn ⸭ þay scholde me noȝt dure abraide, 'Though they,' says
& þoȝ suche foure were here ⸭ be Mahoun & ternagaunt, 536 Ferumbras, 'or four such
Ich hem wolde wel conquere ⸭ wiþ my swerd trenchaunt." were here I should not fear them.'
¶ "Sarsyn," saide Erld Olyuere ⸭ "al day þou makest bost ; 'Thou art ever
Wer al þyng soþ þat þou saist here ⸭ þou were a grymly gost. boasting,' says Oliver ;
Arys vp anon & arme þe ⸭ y ne wil no lenger duelle, 540 'arise, or else
Oþer be þe lord þat schep lef and tree ⸭ heuene & eke helle,
Bote þou arys vp on þy fet ⸭ & schippe þe a-non to fiȝte,
A tweyne i wol forcleue þyn hed ⸭ with my swerd her riȝte." I will cleave thy head.'

¹ { And ek of [þe Erld] Olyuer.
² { As þou art iantail knyȝt [& feer].

þe Saraȝyne saide þanne, "þy prude wol þe schynde." Original
¶ Ferumbras of Alisandre to O[liuer] spak & low, 524 draft.
"Of what shap ys Roland, tel me y praie þe now,
& of þe Erld Olyuer, of what facioun is he :
As þou ert iantail kniȝtes peer anon riȝt tel þou me."
Oliuer him ansuered þan, "be-hold me fer & ner, 528
In alle þyng þat þou can, riȝt such ys Oliuer.
Ro[land] is noȝt so long as h[ee] [Ac] more he is of miȝt,
& doȝtyere man y w[iste to see] & sternere man in fiȝt.
Ne fauȝt he neuere in fylde with kynge ne Amerant, 532
þat he [ne] made him ȝelde [ys] body to him creaunt ;
& if he him ȝelde nolde, & putte him to ys grace,
Sle him [þanne] he wolde [for] he went out of place."
F[yrumbras] ansuerde h[im agayn, prout]fulich & saide, 534
"þoȝ þei were her boþe tweyn, þey scholde me noȝt dure abraide,
& þoȝ suche iiij wer her, by Mahon & ternagant,

Ferumbras is wroth, and starts up.
¶ Wiþ þat þe Sarsyn þat was þor ! wax wroþ on his herte 544
& bente hym brymly as a bor ! & vp hym gan to sterte ;
& wan he stod appon þe ground ! huge¹ was he of lengþe,

He is 15 feet high, wonderfully strong
Fifteuene fet hol & sound ! & wonderliche muche of strengþe. 547
Had he ben in cryst be-leued ! & y-vollid on þe haly fant,
A bettre knyȝt þan he was preued ! þo was þer non lyuand :

and broad-shouldered.
Fyrumbras of Alysaundre ! was a man of gret stature, 550
& ful brod in þe scholdres was ! & long man in forchure.
Oppon is armure was he clad ! wyþ a cote-armure clene,

He is clad in cloth-of-gold.
Of cloþ of gold it was mad ! & enbrouded with perlis schene.
He be-holdeþ oppon Olyuer ! egrelich ! as lyoun, 554
And by-gan to gon him ner ! & siggeþ þys resoun ;

He says, 'I marvel at thy daring and pity thee.
"Garyn, me meruaylleþ myche of þe ! þat art so meyne a knyȝt,
How þou darst entremetrie of me ! a-ȝen me to take fiȝt.
A ful gret pite me þenkþ it were ! for þou art so bold 558
To sle þo in fiȝte here ! oþer to take þe, if y wold.

I will fight with none except he be noble and mighty.'
Hit nys noȝt on my porpos her ! with no man to² fiȝte
Bote he ben a kyngis peer ! & strong man eke of miȝte.
Wend a-wey þou vauasour ! & say so Charlis kyng, 562

¹ [ful] huge.   ² [for] to.

Original draft.
Ich hem wolde alle sone wiþ my swerd trenchant
. . . . makest bost
          [*Bottom of sheet. ? 8 lines (long) wanting.*]
. . . hol & sond . . . he
Had he beo in crist be-leued, & fulled in holi fanston,
A betere knyȝt þan he was preuid liuande nas þer non.
Fyrumbras of Alisandre was a man of gret stature, 550
Wel brode were his sholdres & long was his forchure
Vppon his armes he was clad wyþ a mantel . . .
Of a cloþ of gold [it was] ymad . . . . . one
He beholdeþ O[liuer] egrelich as lyoun, 554
& by-gan to gon him ner, & siggeþ þis resoun,
"Garyn, me meruailleþ muche of þe þat ert so comune a knyȝt,
þat þou þerst þe sette to me a-ȝen me for to fiȝte ;
Gret pite me þenkþ it were for þou ert so [meyne a kniȝte] 558
To sle þe her wyþ my gere, ouþer take þe to . . . .
Hit is noȝt to fiȝte myn entente . . . .
Bote he beo of londe & rente, gret & eke of miȝt.
Wend a-wey, þou vauasour, & tel so [Charlis kyng] 562

'þys day he falleþ in deshonour ‡ for is fol sendyng.'"
¶ "What! ys," quaþ O[lyuer] " þy prechyng ‡ icome to such an ende?   Oliver answers,
I ne schal neuere, by heuene kyng ‡ a fot ferther wende   'I will not move till I
Or y haue of þe þe heȝere hand ‡ ouþer sleyȝ þee on þis felde,   566   have conquered thee.'
Outher þov schalt be recreant ‡ & maugre þy teþ þe ȝelde.
Tak þyn armys if þou wilt ‡ no lenger nel y þe spare ;
On yuel deþ mot y be spild ‡ if ich þe byde mare."   (leaf 8)
A lefte ys sper & drow ys swerd ‡ & smyteþ til hym-ward sare,   570   He draws his sword and strikes at Ferumbras,
& poȝte cleue him vn-to þe berd ‡ & til his hed hit bare.
þe Sarsyn anon bar of þe stroke ‡ with ys scheld þat a held an honde   who wards off the blow with his shield, which
& a¹ quarter þer-of a smot ‡ þat it fel doun on þe sonde.   is broken.
¶ "Arme þe, Sarsyn," saide Olyuer þan ‡ "hit wil be for þyn prow."
"þou saist soþ," quaþ he, "by ternagan ‡ þou haddest neyȝ slawe me now.
Hadd y þat stronge strok y-take ‡ þou haddest to me² ymynt,   576   'Had that stroke hit me,' says Ferumbras,
For euere my bred had be bake ‡ myn lyf dawes had be tynt ;   'my bread had been baked for ever.'
Ac for þou mentest me þilke stroke ‡ or ich ful armed were,
þov schalt abigge it al so hot ‡ or þat y take my gere."
¶ þe Sarsyn þanne a drow ys brond ‡ þat was so gret of strengþe,   580   He drew his sword,

¹ [noþeles] a.   ² MS. mo.

To day he falleþ in de[s]honour for his fol sendyng."   Original
"Wat! is," quaþ O[lyuer], " þy prechyng icome to such an ende?   draft.
I ne schal neuere be heuene kyng, [a fot ferther] wende,
Or ich haue þe ouer hand y-slawe þe in þis felde,   566
Ouþer þou schalt to me creant¹ maugre þy teþ þᵉ ȝelde.
Take þyn armis ȝif þou wilt no lenger y nel þe spare,
In yuel deþ worþ y spilt if y þe bide mare."
He lefte ys sper & drow is swerd, & smot til himward sare,   570
& haued y-poȝt to cleue ys hed in-to þe bar[de þa]re.
þe Sarsyn þan bar of þe stroke wyþ his scheld [þat a] bar an honde,
Noþeles a quarter þer-offe he smot ful doun [oppon þe so]nde.
"Arme þe, Sarsyn!" saide O[lyuer], "hit wil be for þi prow."
"þou sayst soþ, by Iubiter, þou haddest neyȝ . . . c now.
Hadde y þat ilke stroke y-take þou haddest [to me y-ment]   576
For euere my bred hadde ben bake, my lif dawes hadde ben spent.
Ac for þou mentest me þylke stroke or ich all armed were,
þou schalt a bie hit al so hot or þat y take my gere,"
þe Saraȝyn þan a drow his brand þat was so gret of strengþe,   580

¹ MS. to [re]creant.

7 feet long,	& wan it was nakede on his hond ! vij. fet it had of lengþe,
	Him self was eke strong & feer ! & is herte gan vp sprynge,
and showers blows on Oliver, who defends himself well.	So þikke he smot to Olyuer ! as he miȝte flynge.
	þe erld was war, & kepte him wel ! & laide til him with miȝte, 584
	Ac þe Saraȝyn was ful fel ! & kepte is heued ariȝte.
	His heued he kepeþ with is schelde ! þat ounhelid was & bare ;
	Bytere he þoȝte is whyle ȝelde ! þat hadde a-greued him þare.
Ferumbras then smites Oliver on the helmet, but the sword glances off,	To Olyuer þanne smot he a stroke ! riȝt on þe helm an heȝ ; 588
	þoȝ þat swerd wer god it noȝt ne bot ! bot doun by is chyn it seȝ,
	& before ys scheld a-doun it glod ! & oppon is sadel it ran,
and kills his horse.	þorw sadel & hors þat swerd him wod ! þan ful doun hors & man.
	þe Sarȝyn drow him þanne a-part ! & to O[lyuer] saide sanȝfaille 592
	"þou ne schalt me fynde no cowart ! a liggeng man to saille."
	A sterte to his helm, & pult him aan ! & to O[lyuer] þanne a sede,
	"If þou with me wilt fiȝte aȝan ! by Mahoun þou gost to dede."
Oliver starts up un- wounded, defies Ferum- bras, and abuses him.	¶ Olyuere stert vp hol & sound ! & spekeþ til him wyþ grame, 596
	" Y diffye þe nov, þou heþene hound ! crist ȝyue þe muche schame !
	Why hast þou my stede a-slawe ! wat hadde þat hors mysdo ?
	þy stede for hym now wil y craue ! & haue him er þou go."

Original draft.	Wan hit was naked on his haund vij fet hit had of lengþe ;
	& him-self was strong & fer, his herte gan vp sprynge,
	So þylke he smot to Olyuer as þat he miȝt flynge.
	þe duk was war & kepte him wel & laide to him with miȝt, 584
	Bot þe Saraȝyn was ful fel & kepede his heuede ariȝt.
	He kepeþ his heued al with his scheld ounkeuered it was & bare ;
	Bytere he þoȝte his wile ȝeld þat hadde agreued him þare.
	To Oliuer þan ment he a stroke, on his helm he dud bi-gynne ; 588
	þoȝ þat swerd wer god hit noȝt ne bot, bote ran doun be his chyne.
	A-fore his scheld a-doun hit glod, vppon his sadel hit gan renne,
	þorw hors & sadel þat swerd forþ wod, & O[lyuer] fel doun þenne.
	þe Saraȝyn drow him þanne apart & to O[lyuer] said, "sanȝ faille,
	Ne schalt þou fynde me no coward, A liggynge man to saile." 593
	A sterte to ys helm & putte him an, & saide, "ich rede þou fle,
	for If þou[1] fiȝtest with me aȝan, by Mahoun, y wil þe sle !"
	O[lyuer] sterteþ vp hol & sond [& spekeþ] to him with [grame]
	" y dyffie þe heþene hond 597
	(2 lines illegible)
	[1] MS. þou þou.

A leyde to þe Sarsyn strokes smerte ⁝ riȝt als til his dedly fo ; 600
& grete dyntes þanne þay gerte ⁝ hir eyþer til oþer þo.
¶ NOW by-gynt a strong batayl ⁝ be-twene þis knyȝtes twayne ;   *Now begins a deadly duel,*
Ayþer gan oþer harde assayl ⁝ boþe wyþ myȝt & mayne
þey hewe to-gadre wyþ swerdes dent ⁝ faste with boþen hondes, 604
Of helmes & sheldes þat fyr out went ⁝ so sparkes doþ of brondes ; *fire flies out of their helmets and shields.*
So sterne strokes þay arauȝte ⁝ eyther til oþer with strenghþe
þat al þe erthe þer-of quaȝte ⁝ a myle & more on lenghþe.   *So mighty are their blows that [leaf 8, back] the earth shakes for a mile round or more.*
þey weren so eger boþe of mod ⁝ & eke so fers to fiȝte,   608
þat eyþer of hem þan þoȝte god ⁝ to sle oþer if he miȝte.
Hit ne miȝt noȝt longe endure ⁝ þe batail betwene hem two,   *The fight is too hot to last.*
for neyþer ne knew of oþer mesure ⁝ bot euere þay foȝte so.
¶ Olyuer hym by-þoȝte þan ⁝ his los was lost in londe   612 *Oliver exerts himself,*
Bot yf he sleȝe þat heþene man ⁝ & þer-for he gan him fonde,
& smot him on þe helm an heȝ ⁝ & a gobet away a bar ;   *smites Ferumbras on the helmet,*
Ys chyke þat swerd þo cam so neȝ ⁝ þat sum of is berd yt schar ;   *and cuts off some of his beard.*
þe strok a doun him glente anon ⁝ ac he wiþ is scheld him hente, 616
& elles had he his schuldre bon ⁝ for-coruyn wyþ þat dente.
Fyrumbras saide til hym þan ⁝ " maugre mote þou haue !   *'A curse on thee,'*

. . . . on him strokes smerte   *Original draft.*
. . . wel," quaþ he, " wilt þou so haue at þe wyþ herte."
¶ Now by-gynneþ strong batail by-twyne þe knytes tweyne,
Eyþer oþer gan to assayl wyþ miȝte & with mayne.   603
þey hywe to-gydre with swerdes dynt, with miȝt of boþe hir honde,
of helm & scheld þat fur out went So sparke doþ of þe bronde.
So Sturne strokes þay a-raȝte eyþer til oþer þe whyle
þat al þe erþe aboute quaȝte men miȝt hure a myle.
þey wer so fers on hure mod, & eger on hure fiȝte,   608
þat eyþer of hem þoȝte god to slen oþer if he miȝt.
Hit miȝt noȝt lange dure such fiȝt by-twene hem two,
for Neyþer ne couþe no mesure bote euere foȝte so.
¶ O[liuer] by-þoȝte him þo is los wer lost in londe   612
Bote he miȝte þat Sarsyn slo anon a gan him fonde,
He smot him on þe helm an heȝ, a gobet away he bar ,
His cheche þat swerd cam ful neyȝ, sum of is berd he schar.
þe stroke adoun him glent anon, & he with is scheld him hente, 616
& elles had he¹ is scholder bon for coruyn at þat dente.
Fyrumbras saide to O[liuer] þan, " maugre mote þou haue ;

¹ MS. he had he.

exclaims Ferumbras; 'never was I so shaved.'

Suþþen y was furst i-bore to man ! my berd nas noȝt so schaue."
¶ þe Sarsyn by-gan to waxe wroþ ! egre, & eke fere,   620
& hef vp ys swerd, & til him a goþ ! & smot to Olyuere ;

Then he cuts the crest off Oliver's helmet.

Al anoneward þe helm an heȝ ! ys crest a bar adoun,
& þe cercle of gold þat sat þer-bey ! þe perles wer worþ a toun,
& of ys auantaile wyþ þat stroke ! a carf wel many a maylle.   624
þan olyuer profrede til him a st[r]oke ! & gan him for to saylle,
& þan by-gan þe stronge fiȝt ! betwene þes kniȝtes tweye ;

They fight like two lions.

As twey lyons þay furde riȝt ! þat wolde slen his preye.
þe Sarasyn sayde to þe knyȝt ! "by Mahoun þou schalt deye !'   628
þan said O[lyuer] "by god almyȝt ! y hope þou schalt leye !"
¶ Aȝeyn þey wente to-gydre thare ! & hur armure hewe a-sonder ;

Their strokes resound like thunder.

Hure strokes fulle so styþ & sare ! þay schulde so doþ þe þonder.
Helmes & hauberkes þay kutte a two ! wiþ hure strokes rounde,   632
& eyþer enpaynede him other to slo ! ac ȝut nad þay no wounde.

Ferumbras is vexed and wonders who Oliver can be.

¶ Fyrumbras was aggreued sare ! þat O[lyuer] hym stod so longe,
& þan him wondrede wat a ware ! for he was so stronge.
He drew him þanne apart & sayde ! " y pray þe, iantaile kniȝt,   636
As þov louest þat ilke mayde ! þat baar þy god almyȝt,—
Wel y wot þou art ful gret of fame ! a bettere kniȝt wot y non,—

Original draft.

Syþ y was i-bore to man my berd was noȝt so y-schaue."
¶ þe Saraȝyn by-gan to waxe wroþ, egre & eke fere,   620
& hef vp ys swerd & to him agoþ, & smot to Olyuere,
Riȝt oppon is helm an heyȝ þe crest he bereþ [adoun],
& þe cercle of gold þat sat þer-by, þe perles were worþ [a toun];
of his auentaille wiþ þat stroke he carf wel [many] a maile.   624
þan O[liuer] profrede him a st[r]oke & gan him for to assaile,
& þo by-gan ynewe fiȝt be-twene þis knyȝtes tweye ;
As lyons þey furde boþe riȝt þat folhode on ys preye.
þe Saraȝyn saide to þe knyȝt, "by Mahoun, þou schalt dye !"   628
þan saide O[liuer], "by god Almyȝt, y hope þou schalt [lye].'
þan þay foȝte to-gydre mare, hur armure þay k[utte ason]der ;
Hure strokes wer so dedly sare þay schulde so doþ þe þonder.
Helm & haberke þay kutte a two wiþ hure strokes rounde,   632
& eyþer enpeyned him oþer to slo. Ac ȝut nad [þay no wounde].
Ferumbras was an angred sore þat O[liuer] hym stod [so longe] :
Him wondrede myche what he were for he was [so stronge].
Adrow him apart þanne and saide, " y praye þe [iantail] kniȝt,   636
As þow louest þat ilke maide þar bar þy god of miȝt,
Tel me þy riȝte name for bettre knyȝt w[as] non.

Tel me þer-for þy riȝte name ! Wat calleþ me þe at hom. He asks him his name, and
Wyþ many a man y haue y-fauȝt ! fond y neuere þy peer ; 640 praises him.
þe grete strokes þov hauest me rauȝt ! sitteþ my bones neer.
þou toldest me to day or þys ! þy riȝte name was Garyn ;
Hit is noȝt so, y wot to wys ! by Mahoun & Appolyn ;
If þat Garyn were þy name ! y knewe it wel apliȝt 644
In tal þe world scholde sprynge fame ! of such a noble kniȝt.
Tel me now þer-for þat soþe ! as þou art gent & free, [leaf 9]
& suppe schul we to-gadre boþe ! falle to fiȝt a-ȝe." 'Tell me the truth, and then we will
¶ þe iantail knyȝt with-drow him þan ! & spak with-oute duelle, 648 fight again.'
"Herkne now, þou heþene man ! & þat soþe i wol þe telle. Oliver tells
Olyuer ys my name riȝt ! a doþþeper y am of fraunce, him that he is one of the
& am an erld & a knyȝt ! as haue ich gode chaunce. peers of France, and of royal
Y am Charlis Emys sone ! y-come of men of gode, 652 descent,
& in my moder half i am y-come ! al-so of kynges blode.
nov haue y to þe her itold ! my name with-oute lye,
If þov art to fiȝte bold ! com on · y þe diffye !" and chal-
¶ þan ansuerede fyrumbras ! & saide to Olyuer, 656 lenges him to renew the
"Y am now gladdere þan y was ! for now y haue my per." fight.
þan aȝen þai toke þe fiȝt ! with swerdes sherpe & kene, They begin
Eyþer til other wiþ mayn & miȝt ! þe strokes were wel sene ; again
Harde þay foȝte to-gadre þo ! þus miȝty men of mayne, 660 and fight
þer was no reste betwene hem to ! bot laide on ȝerne beyne. even more fiercely than before.

---

for þou ert a knyȝt gret of fame wan þou ert at hom. Original
Wyþ many a man y haue i-fauȝt fond y nere [such] an oþer, 640 draft.
Euery strok þat þou me rauȝt falleþ doun as a foþer.
þou toldest to me to day or þys þy name was Garyn :
Hit is noȝt soþ, so ȝyue me blys, Mahoun & Apolyn !
If þat Garyn were þy name y knowe it wel ariȝt 644
In tal þe world schold springe a fame of such a noble kniȝt.
Tel þou me, kniȝt, al þe soþe as þow art gent & free,
& suppe schalle we to-gadre boþe falle to . fiȝte aȝe."
þe iantayl knyȝt with-drow 648
        [7 long lines cut off.]
"Ich am gladder þan y was now 657
þan aȝen þay toke þe fiȝt wyþ . . . . .
Eyþer til oþer wiþ al hure miȝt . . . . .
Wel hard was þat batail þe 660
þer nas no reste be twene . . . . .

Wan eyþer knew what oþer was ⁘ þe hardere þay gunne to fiȝte,
& to slen eyþer oþer in þat plas ⁘ eyther dude ys miȝte.
¶ Firumbras þe heþene kyng ⁘ was a man of gret fertee, 664
& anpeynedem þanne þorȝ al þyng ⁘ erld O[lyuer] þer to slee :
Siþþe þe tyme þat he was bore ⁘ on batail ne com he non,
In-to þe day þat he com þore ⁘ þat he ne ouercom his fon ;
ne a-ȝen no man ne tok querel ⁘ by-for þat in no lond 668
þat he ne hadde þe betere deel ⁘ & eke þe heȝere hond.
ac now haþ he so longe y-soȝt ⁘ ys peer he haþ i-founde,
& þat til hym worþ hard iboȝt ⁘ wiþ-inne a litel stonde. 671
þey foȝten to-gadres þanne ȝerne ⁘ þys wytherwyns wilde & wroþe,
& smyte strokes smerte & sterne ⁘ in haberkes & helmes boþe.
Wiþ þe strokes þat þis frekes slente ⁘ flyngande to-gader in fiȝte,
Hur helmes & haberions þay to-rente ⁘ þat arst wer fair & briȝte,
& hure scheldes stronge & grete ⁘ þey were al to-hewe ; 676
Vnder hure boþen fete ⁘ þan miȝte me þe peces schewe.
¶ Olyuer laid on þikke y-now ⁘ so dude Fyrumbras,
Bot with enterlas þat a þrow ⁘ to þe Sarasyn bi-tid a cas :
Olyuer smot is swerd away ⁘ fer out fram ys honde : 680
þan was þe Sarsyn in gret affray ⁘ & niste wat · was to donde.

Original draft.
Wan eyþer yknew wat oþer was . . . .
& To slen ys felaw in þat plas 663
Of Alysandre ser F[erumbras] was . ful . . . .
In no batail neuere he nas þat . . . .
Ne aȝe no wiȝt ne tok querel 668
þat he nadde þat betere del & e . . . .
Ac now he haueþ so longe ys[oȝt] . . . .
& þat worþ ful hard iboȝt wiþ . . . .
þay foȝten to-gaddre ȝerne þy 672
& smyten strokes harde sterne in he . . . .
Wiþ strokes þat þay to-gadre slent w . . . .
Hure hauberions weren alto·rent þat erst . . . .
& hure scheldes strong & gr[et] 676
þe peces ley doun at hire fet . . . .
Olyuer laid on þikke y now . . . .
Bot with enterlas þat he þrow . . . .
Olyuer smot his swerd aw 680
þan was þe Sarasyn in gret a . . . .

Ac O[lyuer] was a corteys kniȝt ⁏ & a-syde by-gan to stonde. *but chivalrously*
"Tak vp," said he, "þy swerd ariȝt ⁏ & to kep it beter þou fonde." *tells him to take it again.*
¶ Fyru[mbras] was glad, & toke vp þat brond ⁏ quiklich at a brayde, 684 *[leaf 2, back] Ferumbras*
& wan it was on is hond ⁏ to O[lyuer] he spak & sayde, *picks it up, and says,*
"þou hast y-lyued þy lif to longe ⁏ to do me such a spyte,
y wil wiþ þat selue bronde ⁏ þy whyle wel a-quyte :
þyn outrage schal be dure a-boȝt ⁏ by Mahoun, my god al-one ;   688
þy god ne may þe helpe noȝt ⁏ þyn heued þou schalt for-gone.
A-fore þis day ne toke y nere ⁏ of no man such a schame." *'Never before have I*
"ne make it noȝt so," quaþ Olyuere ⁏ "for oþer weys þee schal grame. *suffered such a disgrace,*
Or we departe þis ilke day ⁏ such tyme schalt þou sene   692 *but before we part thou*
þat þow schalt sayn a weleway ⁏ þat y cam in þis grene ! *shalt repent it.'*
ne schaltou by þat tyme noþyng ȝilpe ⁏ of þy doynge here ;
þy Mahoun ne schal þe noþyng helpe ⁏ þat þov ne a-biest dere."
¶ & þan þey waxe wonder wroþe ⁏ þys knyȝtes styþ on stoure,   696 *They both wax wroth,*
& eyþer of þis frekes boþe ⁏ til oþer ȝaf many a schoure.
þey fouȝte to-gadre þar so longe ⁏ & ȝyue strokes sore,
þat þe fom of hure mouþ out spronge ⁏ so doþ out of þe bore. *and foam like*
þe Sarsyn þat was noþyng feynt ⁏ smot Olyuer in þe side,   700 *wild boars. Ferumbras*
þorȝ is scheld wyþ gold ypeynt ⁏ þe sterne strok gan glyde ; *smites Oliver in the side.*

Olyuer was wel corteys knyȝt . . . . *Original draft.*
"Takᵗ vp," quaþ he, " þy swerd ar . . . . . .
F[erumbras] tok vp ys longe brond   684
& wan it was on hys honde to . . . . .
"þou hauest y lyued wel to longe . . . .
Y schal þer-for wyþ þis bronde þ . . . .
þyn out-raȝe schal beo dur   688
þy god ne may þe helpe noȝt . . . .
Y ne tok ȝute neuer er of no . . . .
"Ne make noȝt so," quaþ Oliuer, "for oþer . . . .
Er we departe þys ilke daȝe So tyme . . .   692
þou schalt sayn a weleway þat y cam.
Ne schelt þou noþyng ȝilpe of . . . . .
þy Mahoun ne may þe helpe þat þou ne abi . . .
þan þey waxe wonder wroþe . . .   696
Eyþer of hem þanne boþe to oþer . ȝ . . . . . .
þei foȝte to-gadre so longe with . . . .
þe fom of hure mouþ out spronge . . . . . .
þe Sarȝyn þat was noþyng   700
þorw his scheld þat with golde y-pe . . . .

	of scheld & haberk a-wey a schar ⁏ al þat he arauȝte,	
	& al þat side he made baar ⁏ wiþ þe selue drauȝte,	
	nad he stert þan a side ⁏ wiþ-oute wordes mo,	704

Wiþ þat stronge stroke vnride ⁏ is lifdawes had be do.

The Saracen thinks he has wounded him. ¶ Þe Sarsyn þan him vnderstod ⁏ he had ihert him sore,
& saide, "þou lesest þyn herte blod ⁏ þou turnest agayn no more!
Charlis wiþ þe hore berde ⁏ doþ þe lite Auaylle, 708
Suþþen þat y schal wyþ my swerde ⁏ sle þe in bataille."

but Oliver says no, and defies him. Oliuer ansuerede & swor ys oþ ⁏ "bi god, þou spekst folie;
Arst y wol þe make wroþ ⁏ ȝut her y þe diffie.
for ȝut am y sond & heyl ⁏ & ne fele no maner sare; 712
y schal acquite þy trauayl ⁏ hennes or þou fare,

I will make thee yield to me, and to Charles I will hand thee over. Then began a fearful fight; þow schalt ȝulde þe creaunt ⁏ to me in þys felde;
To Charlis suþþen y wil þe graunt ⁏ & to hym y wil þe ȝelde."
¶ Þan by-gan a ferly fiȝt ⁏ be-twene þis two baroun, 716
Eyþer enpeynede him wiþ al ys miȝt ⁏ to dyngen oþer adoun.
þay smyte to gadre þo so feste ⁏ wiþ grisly dentes grete,

the sweat runs down their faces; þat þe soot fram hem gan breste ⁏ & made hure chekes wete.
¶ Kyng Firumbras þe stronge ⁏ O[lyuer] ascriede þo, 720
"þov endurest me to longe ⁏ þy lif þou schalt for-go,"

Original draft.

    Scheld & haberke a-doun he sch . . . .
    & al þat side he makede bar . . . .
    Nadde he stert þan a-syde y 704
    Wyþ þat strong stroke [vn]ride he h . . . .
    Þe Saresyn þanne him vnder . . . .
    & sayde, "þou lesest þyn herte blod . . . .
    Charles wiþ hore berd 708
    Suþ . . . .
    O[liuer] ansuerden . . . .
    "Arst þou schalt þe make wroþ . . . .
    ȝut am y boþe quert & heil 712
    y schal a-quyte þy trauail hen . . . .
    þou schalt ȝelde þe recreant to . . . .
    To C[harlis] suþþe i wille þe grant . . . .
    Þan bi-gan þer a ferly fiȝte 716
    Eyþer enpeynedem wiþ is my[ȝt] . . . .
    Þey laide on þan so feste wyþ . . . .
    þat þe sot of hem gan out berste & mad . . . .
    Sir Fyrumbras þe stronge Olyuer 720
    "þou durest me alto longe . þ . . . .

þan him spak erld Olyuere � "þou ne afferest me noȝt so ! [leaf 10]
Other tydyng schalt þow here � er we departe a-two."
¶ Al so scharply þes men of mayn � þan smyte to-gadre aȝy   724 their strokes are like flashes of lightning;
So doþ þe fyr & wynd & rayn � an heȝ al on þe sky,
With wilde strokes þat þay streken � eyþer on oþer asonder,
Helmes & scheldes þar-wiþ to-breken � & schilde, so doþ þe þonder.   their helmets and shields are shattered.
¶ Firumbras wax wod on Olyuer � þat he hym wiþstonde miȝte ; 728 Ferumbras is angry,
A toke is swerd, & ȝude him neere � to slen him had he tiȝte ;
A smot him on þe helm an heȝ � þat was of god entaille,   smites Oliver on the helmet,
A qua[r]ter þer-wiþ a-way þar fleȝ � & for-carf ys cappe of maille ; and cuts through his
Wyþ þat stroke a schar away � a gret del of ys hare ;   732 cap-of-mail.
Ac god halp O[lyuer] þat best may � þat he nas wonded sare.
¶ O[lyuer] egerlich[1] þo gan to lok � & smot til him wiþ ire,   Oliver aims a blow at
& eymede ful euene to ȝyue þe strok � þe sarsyn on is swyre.   Ferumbras's neck.
Wan Fi[rumbras] þe strok come seȝ � þat Oliuer til hym mente,[2] 736
His scheld held he vp an heȝ � to kepe hym fro þat dente ;   Ferumbras guards too high,
Ac As he huld is scheld vp so � discouert was al ys side,   and leaves his side un-
& O[lyuer] aperceuede ful wel þat þo � & no lengre nolde abide, covered.
Bote Til him a gerte a stroke anon � & egerlich he hym sette : 740 Oliver thrusts

[1] In the margin 'sturnelich.'   [2] þat til hym [þo was] mente.

þanne him saide O[lyuer] "þou afferest . . . .   Original draft.
Oþer tydyng þou schalt here . . . .
Als so scherply þys knyȝtes 724
So doþ þe fur wynd & rayn . . . .
With wylde strokes þat þey . . . .
Helmes & scheldes þer-with . . . .
F[erumbras] wax wod on O[liuer] þat he him 728
A takeþ ys swerd & com him n[eer] . . . .
& smot him on þe helm an heȝ . . . .
A quarter þer-of he to clef & eke . . . .
With þat stroke he schar a-way 732
Ac god hym halp þat best may þat . . . .
þan wax he ful egre of mod & . . . .
& eymed to ȝyue him a stroke . . . .
Wan F[erumbras] þat stronge stroke y[-seȝ] 736
Hys scheld he held vp þanne an [heȝ] . . . . . .
As he huld his scheld vp so . . . .
O[lyuer] þat perceyuede þo, no len   , ...
To him he a gerte a strok a 740

at his breast,	Vnder ys brest þe dent him com ⸵ ac ys costrel fferst him mette;	
	þe costrel þat was with yre y-bounde ⸵ þer-with a-two he carf[1],	
	& þat lykour þer-on schad on þe grounde ⸵ & þat swerd on ys syde swarf[1],	
cuts his hauberk	& Oþer half spanne for carf[2] a two ⸵ of is hauberke ymad of maylle,	
	& of is Iupoun hit[3] dude al-so ⸵ þat was of riche entaylle,	745
and 5 of his ribs in two,	& wiþ þat strok doun hit do (?) nam ⸵ v. ribbes of ys syde,	
	& wel neȝ ys guttes þat swerd him ran ⸵ & made hym a wounde ounride.	
and his guts begin to fall out.	His guttes þer-with gunne out falle ⸵ & doun gan renne þat blod;	
	& ȝut stod he strong & stif with-alle ⸵ & ne batedede noȝt is mod;	749
	Of herte was he hol & sound ⸵ & pleynede him þe ȝute no þyng,	
He kneels down, and	Ac sone he knelede oppon þe grond ⸵ & þankede heuene kyng,	
	¶ Þanne clypede til hym ryȝt ⸵ erld Olyuer and sayde:	752
prays Oliver not to kill him,	"Haue mercy of me, iantail knyȝt ⸵ for Marie sone þat mayde.[4]	
	& For his loue þat al may see ⸵ y pray þe, sle me noȝt;	
as he will be christened,	Hit is my wille cristned to bee ⸵ certis þat is my þoȝt.	
	My godes þat y me affied on ⸵ buþ noȝt to haue on mynde,	756
	Þay moȝe no more do þan a ston ⸵ & þat y now auynde,	
	ȝif hit by-tideþ so þat y may ⸵ be y-wareschid of my wounde,	
persecute Mahomedans,	y schal scaþye hem niȝt & day ⸵ þat bileueþ on Mahounde;	
	Cristendom by me schal encressed be ⸵ sykerly if y may scape;	760

[1]—[1] These two lines in margin.   [2] spanne [he] carf.
[3] he *altered to* hit.   [4] for [loue of] Marie sone.

Original draft.	Faste vnder is breste he com	
	Oþer half spanne he carf at[wo]	
	& of his iupoun he dude also þat w	745
	With þat stroke a doun he carf his rib	
	Neȝ þe guttes þat swerd doun	
	Ac þow he seȝ his guttes fall a	
	He stod als-so stif for al as h	749
	Of herte was he hol & sound &	
	Bott knelede him doun on þe grond &	
	Sone he clepede to him riȝt E	752
	"Mercy," he saide, "iantail knyȝt for loue	
	For his loue þat al may se y p[ray]	
	For y þenke to cristened be ce	
	My godes þat y affied on beþ	756
	Þay mowe . . . . . . ston	
	. . . . may be	
	[6 or 7 *lines cut off* ?]	
	y schal boþe niȝt & day	759

& for payenye, so mot y þe ! ful yuele wil y schape ;
þanne schulleþ peynymes cristned be ! & hure lay for-sake.   and make Pagans be christened. [leaf 10, back]
& þe croune of þorn & þe naylles pre ! aȝen þanne wil y betake,
& al þe relyqes þat y haue ! y-take aȝeyn þe riȝt,   764   He will restore the reliques he has,
Y wil ȝeld op, so god me saue ! & bileue on god almiȝt.
¶ y ȝylde me her to Charlis kyng ! þe beste knyȝt y-core   and yield to King Charles.
þat is owar now lyuyng ! oþer euere was her be-fore.
for þou me hauest conquerid her ! i put me in-to þy grace ;   768
y pray þe iantail Olyuer ! for-ȝyf me my manace ! "
¶ Wan Olyuer had him al yherd ! is herte gan vp sprynge,   Oliver pities Ferumbras,
In-to is scaberke he potte his swerd ! & went him to þat kyuge,
& huld him vp, for he wax paal ! bi-twene ys armes rounde,   772
& laid him doun þar-wiþ-al ! ful softe oppon þe grounde
& pulte is bowels in ageyn ! & is goffanoun he gan to berste ;   pushes his bowels in,
To make a bond he was ful feyn ! & bond hem in wel feste.   775   and binds them up with his flag. Ferumbras asks to be carried away.
¶ þan saide Fi[rumbras] til him aȝe ! " do let me hennes bere,
þat y ne daye in þis degre ! cristned y wolde y were."
" Certis," saide þe ientail knyȝt ! " y wolde wel fayne fonde, 778 Oliver says he is afraid to move him.
If y wiste how ymyȝt ! make þe vp to stonde ;
Ac þow hast so myche y-bled ! þat paal ys al þy face,
Wharfor y am sore adred ! to remuwe þe of þys place."
¶ þan Fi[rumbras] enforcede hym þer ! to arise vp-on ys fete, 782 Ferumbras asks
& stod hym vp by Olyuer ! & saide wordes swete :
" Iantail knyȝt, of me tak rewþe ! as þow art god & hende,   him to
& help me hannes for þy trewþe ! for y am neȝ myn ende.
Myn herte him ys a-go ful ner ! ychaunged is al my chere ;   786
y pray þe, iantail Olyuer ! let me noȝt daye here.
¶ Go now, tak my gode stede ! þat tyed ys at þis tree,   fetch his steed,
& he schal wel in thys [my] nede ! bere boþe me & þee.
& tak al-so my swerd plouraunce ! þat hongeþ her by my side,   790 and take his sword Plouraunce from his side, as it hurts his wound,
þe hefþe of hym doþ greuaunce ! to my wounde wyde ;
& help me y were on hym an horce ! y pray þe, ne spare þou noȝt,
& y wil me selue enforce ! þat y wer on hym broȝt.
Set me be-for þe on is bak ! & þe silue be-hynde þanne,   794 and to lift him on to his horse.
& so schalt þou wyþ-oute lak ! safly haue me hanne.
¶ Ac y warne þe of a torn ! war-for y wolde þow spedde :   Ferumbras warns Oliver

	þys dai erly by þe morwn ! wan y ros of my bedde,	
of an ambush of 15,000 Saracens	y leuede ʒond on a buchyment ! sarasyns wonder fale,	798
	In þe wode þat ʒonder stent ! ten þousant al by tale ;	
	& in þat ilke brusschet by ! v. þousant of oþre and mo,	
[leaf 11]	y-horced & y-armed ful sykerly ! fro þe top in-to þe to.	
waiting	Ac y for-bed hem alle þere ! wan y departede hem fro,	802
	þat non of hem so hardy were ! fro þenne þay ne scholde go,	
for his return.	Or ich hadde sum viage done ! & til hem come a-geyn.	
	Go we hanne þer-for sone ! & elles þow worst beleyn."	
	¶ Wan O[lyuer] y-hurde how he spak ! in herte a was agreued,	806
Oliver lifts him on to his horse,	A tok þe stede þat was colblak¹ ! & softly vp him heued.	
	Fir[umbras] was hard, & suffrede wel ! þoʒ hit him greuede sare,	
and leaps up behind him,	& O[lyuer] lep vp be-hynde hym snel ! & forþ wiþ him gan fare.	
	Ac al þat trauayl he cast away ! as ʒe schul here sone,	810
	For or þat he eft kyng Charlis say ! ful miche had he to done.	

but the Saracens in ambush break out.	OF þys anbuschymenʒ þan brek out ! Bruyllant of Mount mirree, & Sortybrant of Combles with hure rout! & þᵉ kyng of Mantrebleo,	
	Arrenor · Gwychard · & Moredas ! Gayot and Angwyree,	814
	Wyþ al þe power þat þeer was ! xv. þousant & three.	
	Olyuer sone y-seʒ þat cas ! & swyþþer bi-gan to haste.	816
	But he was encombred wiþ Fyrumbras ! þat he ne may ride faste.	
The French blow the assembly.	Ac wan þe frensche men hitseʒe & knewe! how þe Sarsyns come with host,	
	Hure commune horn þanne þay blewe ! to assemblie to-gadre hure host.	
	¶ Charlis neuew duke Roland ! þan was sore amayed,	820
	So wern þe doþþepers y vnderstand ! for þay wern oun-araid,	
Charlemagne and his peers arm.	Ac as ʒerne þay miʒte ! þay caste þanne on hure gere,	
	Boþe kyng, duk, erld & knyʒt ! & al othere þat þar were.	
Oliver being surrounded, sets down Ferumbras,	¶ þe Sarsynʒ gun prykie a-raundoun ! & Olyuer bi-sette aboute,	824
	þe woundede man þan he set adoun ! & þouʒte askape þe route.	
	& þan he prayde to god almiʒt ! schold saue him þat ilke day,	
	As wys hit was in trewþe & riʒt ! þat he tok þat iornay.	
	& al-so he prayde for Fyrumbras ! þat no man him be-reue	828
	Til he wer cristned þorʒ godes gras ! & y-broʒt to þe riʒt beleue.	
	¶ & þan he be-gan to prykie bet ! & nolde no leng[er] abide,	
but finding he cannot escape,	Ac wiþ Sarsyns he was bi-set ! þat come on euery side,	
	þat he ne miʒte a-scape þe ferd ! so þikke þay fulle him aan ;	832

AND SLAYS GREAT NUMBERS OF THEM. 35

& þanne at arst drow he is swerd ! & defendede him as a man. *draws his sword,*
¶ þanne was O[lyuer] þat sembbly knyȝt ! al-one among is fon; *and cuts down numbers of the Sarasens.*
He hewþ on Saraȝyns with al is myȝt ! & sleþ of hem manyon.
Wham he smyteþ wyþ his dent ! to deþe a leyþ hem doune, 836
Helmes & haberkes he al-torent ! & doȝtylich scherth hure croune.
¶ þan O[lyuer] **bleynte hym a-side** ! & þoȝte a-scape þᵉ route, [leaf 11, bk]
Bot þanne þer cam til him ride ! lampatrys þe proute : *Lampatrys charges him,*
þe sarsyn bar til **him a spere** ! ac for O[lyuer] haþ no schelde 840
þe strong strok awey to bere ! is bodi a-side he felde, *but Oliver dodges,*
& ferlich til him a rod a-gayn ! wiþ wel egre mode,
& wiþ is swerd a clef is brayn ! þorw-out helm & hode : *cleaves his skull,*
þe sarsyn ful doun ded anon ! & Olyuer tok is spere 844 *and taking his spear,*
& eke ys scheld & heng hit on ! þer-wiþ him-self to were,
And meteþ with Turgys on þe feld ! & rideþ til him for tene, *runs Turgys through ;*
& ȝaf him a strok on þe scheld ! þat was ful wel y-sene ;
þorw scheld, haberke, & aketoun ! þat sper him gan to glyde, 848
þorw-out is body he bar him doun ! & ded he ful þat tide.
¶ & þan he drow out hautecler ! is swerd ful scharp igrounde, *then draws his sword Hautecler,*
& smot a saraȝyn þat cam him ner ! & ȝaf him deþes wounde :
Wiþ four othre meteþ he þan ! þat of is way him lette, 852
& smot him boþe þorw hed & pan ! & fuld hem on þe flette. *and slays five Saracens.*
Alle þat O[lyuer] areche miȝte ! wiþ hautecler he dust him doun.
þanne þe sarsyns waxe afriȝte ! & flowen him what þay mowñ.
¶ To himward come þar ride þan ! Moradas & kyng Kargys, 856 *Moradas and three kings*
& þe kyng of Combles, sir Sortybran ! & eke þe kyng Margys,
þus kynges a-scried erld Olyuer ! & gradde til him ful hye, *charge Oliver.*
" þou ne askapest noȝt ous, pautener ! bot her riȝt þou schalt dye."
¶ þan Olyuer gan drede hym sare ! & faste prikede away, 860 *He flies*
And com þo wel neȝ him þare ! Firumbras as he lay. *past Ferumbras,*
By þat tyme hadde sir Firumbras ! ys haberioun y-caste,
& to Olyuer clepede in þat cas ! & said til hym an haste :
" þys hauberk y rede tak of me ! & cast it oppon þyn owe, 864 *who says : 'Take my hauberk,*
þe sikerlukere þer-inne moȝe ȝe ! defendy ȝour body aþrowe .
þow hast þer-to grete nede ! wyþ sarsyns þow art enclos,
þe grete god þe helpe & spede ! & kepe þe fram þy fos ! " *and may God save thee !'*
¶ þan Olyuer hym þonkede ȝerne ! & schridde him with þat gere, 868 *Oliver puts it on.*

D 2

36 OLIVER IS AT LAST OVERCOME BY NUMBERS AND TAKEN PRISONER.

& anoþer way gan he terne ⁄ þat Firumbras y-founde nere.

The Saracens press on him. Aboute Olyuer þan ful faste ⁄ þay prikede wiþ spers & scheldes
& sturnelich on him þay þraste ⁄ Sarasyns in tal þe feldes.
Ac euere he meteþ hem with is brond ⁄ & deleþ strokes sounde, 872
Wham so he hitteþ wyþ ys hond ⁄ a ȝaf hem deþes wounde.

Kargys with 10,000 men attack him. ¶ Kyng Kargys wes sturne & prout ⁄ & Olyuer gan ȝerne assaille
With ten þousant sarsyns stif & stout ⁄ wel y-armed with-oute faille.
Olyuer gan hym sturie about ⁄ & for-hewþ hem plate & maille 876

Oliver slays 20, xx^{ti} slow he of þat rout ⁄ þat non armure ne miȝt hem vaille ;
& þan he meteþ wiþ þat kyng ⁄ & rideþ til hym wyþ mod,

[leaf 12] & smot him wiþ is swerd keruyng ⁄ a sterne strok & a god ;

and then the King himself. þorw helm & scolle he clef him doun ⁄ & þorȝ auentaile & þorȝ hod 880
þorw haberke & þorw is aketoun ⁄ attes nauel þe dent a-stod.
¶ þan laid he on þe Sarsyns wykke ⁄ faste be euery helue,
Ac euere þay fulle on him so þykke ⁄ þat ouneþe he kepte him-selue.

The Saracens swarm round him. þe sarsyns wente til hym wiþ strengþe ⁄ & laid on him al aboute. 884
Ac O[lyuer] kepte hymen¹ is swerdes lengþe ⁄ euerechone wiþ-oute,
& smyteþ til hymen with myȝt & mayn ⁄ & kepþ him be euery syde ;
Summe he smyteþ in-to þe brayn ⁄ & summe ȝaf woundes wyde ;
A sterne gret schour a ȝaf hem þar ⁄ & laide hem a doun ful þykke.
Neuer nas o man þat bettre him bar ⁄ amonges so mony wikke. 889

His horse is killed. ¶ þan cam til him a Sarsyn prout ⁄ prikyng wiþ rendoun,
& smot his stede wiþ a sper þorw-out ⁄ þat he ful ded adoun.
O[lyuer] stert vp . & til hym wond ⁄ & ȝaf him a stroke wyþ miȝte,
Wyþ al þe strengþe of boþe ys hond ⁄ & to-clef ys body riȝte. 893
¶ þe Saraȝyns wroþe gunne to waxe ⁄ & as wode men þanne þay furde,
& layde til him wiþ sper & axe ⁄ wyþ Gysarmes & with swerde.

His shield, ys scheld þat was wyþ golde y-batrid ⁄ & eke wyþ ire y-bounde, 896
Sone þay had hit al to-clatrid ⁄ þe peeces leye on þe grounde.

his helmet, ys helm, ys coyphe, ys habryioun ⁄ alle þay hadde to-rente,

and his jacket are in pieces. & eke ys noble aketoun ⁄ was [al] for-hewe & schente.
Ac al þe whyle þat he was sounde ⁄ he delte dentes sare, 900
Til he hauede so many a-wounde ⁄ þat he ne miȝt fiȝte no mare.

The Saracens overpower him, ¶ þan þe Sarsyns on him runne ⁄ & set on him hondes fale,
To þe erþe þay habbeþ him wonne ⁄ & broȝt is body on bale.

¹ MS. hymem.

His hondes þan þay toke riȝt ! & leyden him on his bake be-hynde, 904 *tie his hands,*
& al so harde as tweyne myȝt ! wiþ a corde þai duden him bynde.
& suþþe þay han y-take a clout ! & duden him more tene, *blindfold him,*
& byndeþ þer-wiþ is eȝene about ! for he ne schold noȝt sene.
An hakenay þay toke þat þay founde ! & set him þer-on god spede, 908 *set him on a horse,*
& vnder ys wombe ys legges bounde ! þe sykerluker hym to lede. *and tie his legs under its belly.*
¶ þan þe knyȝt is mone gan make ! & sayde, "alas ! alas !
Charlis kyng, for þy sake ! me is bi-tid þys cas."
He saide, "Charlis, whar ert þou ! in hwam my trist was euere ? 912
A ! Rolond, felawe, help me now ! ! for þou ne failedest me neuere."
Til hym þan saide kyng Moradas ! "a-noþer schal be þy songe, *Moradas mocks him,*
y ne schal noȝt ete, by Mahoun is fas ! til þow be heȝe an honge."
NOW ys Olyuer þus ytake ! among is enymys.   916 [leaf 12, bk]
Moradas þe kyng of wham y spake ! clipeþ his companys,
L. Saraȝyns þanne a chees ! among hem þar and sede: *and orders him*
"Wendeþ bi-fore & ledeþ þees ! to Egremoyneward with god spede ; *to be taken to Aigremont.*
Fareþ faste on ȝour way ! bote euere habeþ on mynde, 920
þat he be kept in yuel aray ! & we willeþ ȝow kepe behynde."
þay went hem forþ on apendant ! with olyuer þat was ibounde,
þat hewles was of semblant ! for he bar many a wounde.
His blod gan renne a-doun ful toȝt ! by þe waye as he gan ride, 924
& ȝut þe sarasyns ne spared him noȝt ! bote beten euere & cride, *His escort torment and threaten him.*
"Turmentye we wel þes cristene þef ! þe wile he is ous amonge,
For he hath don ous gret reprefe ! to morȝe schal he ben honge."
¶ By þat was araid duke Rolant ! & saw hymen awayward schake, 928 *Roland sees them,*
"Alas," said he, "god vayllant, ! "Olyuer my felaw ys take !
y-seeþ þat ȝonder company ! how þay him ledeþ away;
now spede we him to socoury ! for godes loue wat ȝe may !" *and calls for a rescue.*
Roland prikede is stede of prys ! so dude scot Gwylmer, 932
So dude Geffray and Aubrys ! & Berard of Montdisdier ; *The French knights*
So dude þe duk of Borgoygne · Sir Gy ! þat hardy was & wys,
& eke Richard of normandy ! & eke sire Alorys ;
& duk neymes of Baueer ! Wyþ þe gray hore berde, 936
Iksyn, Terry, and Ogier ! & Charlis wiþ al · his ferde.
þay criede "a mont ioie ! seynt dynys !" after hem as þay gunne ryde, *ride to rescue him.*
"Ȝe token yuele þe knyȝt of prys ! & yuele ȝou schal be-tyde."

38 BUT THE SARACENS RALLY AND CAPTURE FOUR OF THE DOUZEPERES.

¶ Rolant ran to Cornybourgh ፡ & smot him with a spere, 940
A persched ys scheld & bar him þorwh ፡ & slow hym for al ys gere.
Berard in þe same plas ፡ mette wyþ Turgys,
& Oger deneys wyþ Athenas ፡ & Richard wyþ Margys,
& sireᵢGyoun of Borgoygne ፡ wiþ Brudelan of mountbys, 944

Each slays a Saracen.
So þat euerech with-oute ensoygne ፡ haþ a-slawe his.
To þe Sarasyns ȝyuen þay hard batail ፡ & slowe him alle aboute;
Wan hure speres gunne to faille ፡ hure swerdes þay drowen oute. 947
Of summe þay smyte of legges & armes ፡ & of sum þe heuedes þay gerde,
& summe þay stykede þorȝ guttes & þearmes ፡ so foule with hem þei ferde.

They are like wolves in a flock of sheep.
Als furde þay wiþ þat ilke hepe ፡ wiþ-oute tales mo,
As doþ wolues among þe shepe ፡ wan þay comeþ hem to.
Al þe feldes þo wern y-fuld ፡ of dede men on þe grounde, 952
Saue an vewe þat leye & ȝulde ፡ & abide hure deþes stounde.

[leaf 18]
¶ þe whyle þys batail was don þer ፡ as y ha told ȝow here,
Oliver's escort hurry him on,
þe oþre of wyche y tolde of eer ፡ chacyeþ forþ Olyuere,
And leggeþ on hym strokes harde ፡ as he riȝdt y-bounde, 956
þe wyles þay of þe rerewarde ፡ buþ y-laid doun to grounde.

and take to flight;
¶ Wan þay y-seȝe þat þes frensche men ፡ ȝyue hem so scherp a schour,
Faste a-wayward gunne þay flen ፡ þay sparede no deshonour.

but Sortybran
Ac þe kyng of Combles, sir Sortybran ፡ þat was hure gouernour, 960
þanne cryede, "lordes, comeþ aȝen ፡ & schewyaþ ȝour vygour!
We wolleþ sle þus frensche her ፡ riȝt in clene bataille."

rallies them, and they attack the French.
Wiþ þat þe Sarsyns reliede hem þer ፡ & þe frensche men gunne tassaille.
¶ þe Sarsyns þanne with gode herte ፡ foȝte & sparede hem naȝt, 964
Harde strokes & eke smerte ፡ to þe frenschemen þanne þay raȝt.
þay caste til hem gleyues & launce ፡ falsarȝ & feþerd dart,
& slowe þer-wiþ kniȝtes of fraunce ፡ & ȝaue hem batail hard.

Gwater, Gwylmyn, and others are slain;
Gwater þay a slowe þen ፡ & Gwylmyn þay duden al-so, 968
And of othre frensche men ፡ wel thre score & mo.
So sherplich þo on hem þay fulle ፡ þes Sarsyns al wiþ strengþe,
þat þe frensche men þai made reculle ፡ wel an akers lengþe.

Gwylmer, Berard, Geoffrey, and Aubry are taken,
þanne þay asayllede Scot Gwylmer[1] ፡ & toke him a-force fyne, 972
& eke sir Berard of Moundisder[2] ፡ & Geffray of Langeuyne;
& þe ferþe þay token al-so þere ፡ sir Aubry, a noble knyȝt,

[1] þay asayllede [Berard of montdisdier].   [2] Some words erased here.

& alle þay arn of þe doþþepere ! þat þo buþe taken in fyȝt.
¶ þus barons weren take wiþ force ! & harde y-bounde y trowe,   976   tied on horses, and carried away.
And suþþen y-set alle an horce ! & awayward with hem þay drowe.
Ac wan Charlis hit wiste & seȝ ! for hymen hym gan to maye :   Charles laments for his knights.
Ofte a cride to his host an heȝ ! "now prikeaþ knyȝtes, y praye ;
If þay hymen ledeþ þus away ! my doþþepers þat buþ y-take,   980
þanne ys my worship lost for ay ! certes for þat sake."
þanne miȝte me sen þe frensche men ! after þis Sarsynȝ chace,   Then the French pursue the Saracens,
þay huld hur scheldes bi-forn hem ! & harde hem bi-gunne enbrace.
At aualyng of an hulle ! þe frensche han þey of-take,   984   and overtake them.
& wanne þe frensche men on hem fulle ! þe Sarasyns gunne to quake,
¶ þan comencede a batail newe ! by-twene þes hostes two,   A fresh fight begins.
þe Sarasyns sone þay al-to-hewe ! þat þay of-token þo.
Rolond drow out durendal ! þat schon so siluer briȝt,   988   Roland draws his sword Durendal
For O[lyuer] hym was wo wyþ al ! þat he ne had him in siȝt.
Ac suþþe þat he ne may hym seen ! a þoȝte þan or he wente
Amonges hem þer a-wreke is teen ! sone wyþ swerdes dente.
¶ þe furste he mette hiȝt engwylard ! a Sarsyn of gret renoun,   992   [leaf 13, back] and cuts down Engwylard.
þorȝ helm & coyphe þat wern hard ! he clef ys hed a-doun ;
He fel doun ded oppon þe ground ! is lifdawes wern ido ;
"Rest," quaþ he, "þou heþene hound" ! & anoþerne he lawte þo,
& ȝaf him a strok al on ys yre ! with durendal is brond :   996
His heued gerte he fro þe swyre ! þat it tomblede on þe sond.
Al þat he areche miȝte ! a dust hem doun to dede.
þe Sarasynȝ wern of him affriȝte ! & prykede away god spede,   The Saracens fly with their prisoners.
& ledeþ wiþ hem þe ryche prysouns ! þat þay habbeþ y-take,   1000
& þay folȝyeaþ after wiþ rendouns ! wel sory for hure sake.
¶ Roland prykede after blyf ! for þe loue of Olyuer þan,   Roland and
& potte an auenture ys owe lif ! to rescuwy þat doȝty man.
Ogier deneys on Bryafort ! wiþ him prikede al-so,   1004   Ogier
And ȝaf Roland god coumfort ! þat chyuachee for to do.
¶ Now chacieþ þay þe Sarseneys ! þis noble kniȝtes tweye,   chace the Saracens over hill and dale,
Ouer mountayns & ouer valeys ! ne dradde þai for non aye.
To rescuwe þis barouns gode ! euere þay prykede faste,   1008
As noble men & heȝ of mode ! þat of noþyng wern agaste.   slaying all they can catch,
Ac al þat þay of-take miȝte ! as þay prikede þo,

With dent of swerd þay sloȝen him riȝt ! & prikede forþ after mo.
þus þay prikede, þuse two baroun ! hure frendes to rescowe, 1012

till nearly sunset,
Til þe sonne was neȝ go doun ! & gan to sitte lowe.
Sory wer þey for hi ne miȝt ! hure pruwesse fulfille þore.

when they turn back.
To Charlis host aȝen þay tiȝt ! be-hynde hem fer þoȝ þay wore.
¶ Wel longe hadde þys chas y-lest ! of þys knyȝtes tweyn, 1016
þe Sarsyns fleȝe & noȝt ne sest ! war-for þay turnde aȝeyn.
Al ful were þe weyes almost ! of sarasyns þay han-a-sleyn,
Ac for Rolond haueþ is purpos lost ! þan was he noþyng fayn.

Charles at sunset retires to his camp,
¶ Charlis saw þᵉ sonne neȝ set ! þat red þan schon & lowe, 1020
In his pauillouns to haue recet ! þiderward gan he drawe.
& wiþ his host he tornde aȝeyn ! wiþ a wel yuele chere,

grieving for Oliver.
& ouere he siȝto & gan to seyn ! 'Alas' ! þat he cam theere :
"Alas ! Olyuer, my gode kniȝt ! for þe myn herte ys cold. 1024
Alas ! þe tyme þou scholdest fiȝt ! with þat Saraȝyn bold.
Alas ! now buþ myn barouns wyȝt ! fro me y-take in hold.
Alas ! þe tyme þat in mi siȝt ! þis mischef falle schold."

Neymes comforts him.
¶ Duk neymes ihurde ys mone ! & saide to þe kyng, 1028
"Auenge þe her-of eft sone ! & let now þy mornyng.

[leaf 14]
þyn barons schulleþ be delyuered wel ! wiþ þe hilp of god almiȝt,
& þe Sarasyns, be þay noȝt so fel ! schullaþ abigge þys ounriȝt."

Charles vows vengeance.
þan kyng C[harlis] swer is oþ ! ne schokle he neuere be fayn, 1032
Til he had him mad hem wroþ ! & his barons gete aȝayn.

As they ride they find Ferumbras.
¶ As þey ride so¹ on þe way ! sechyng on þe playne,
þey founde Firumbras þar a lay ! vnder a tre of frayne.
Wan Charlis y-saw him war he was ! he neȝhedem & sayde, 1036

Charles curses him.
"Maugree haue þou, Fyrumbras ! for þy foul mysbrayde ;
y haue y-lost Erld Olyuer ! þys day for þy sake,
& duk Berard of Moundesdier ! & oþre þat buþ y-take."

Ferumbras sighs deeply and humbly answers :
¶ Fyr[umbras] herde what Charlis saide ! & made a grete syȝyng, 1040
oppon ys arm ys heued a layde ! & humbliche answered þe kyng,
"A ! charlis, kyng of fraunce ! ne spek þer-of no more ;

'I have sorrow enough. Oliver has conquered, and I am pledged to become a
y haue ynow of greuaunce ! & ȝut me ys wers þer-fore.
Erld Olyuer with strenþe in fiȝt ! haþ me her conquered, 1044
& y til him am trewe y-pliȝt ! & haue myn oþ y-swered,
þat y schal euere fro þys day ! þe heþene lay for-sake,

¹ MS. ride [forþ].

And beleue in *cristene* fay ! & folloht to me take.   Christian;
y suffrie ynow of sorwe & pyn ! my syde ys al to-tore,   1048 I am sore wounded.
& if y daye her sarsyn ! y wot y am y-lore.
For þe loue of þilke crist ! þat þou lyuest on,
Help me þat y were baptist ! in þe holy fanston :   Help me now and I will
For wer ich mad a cristenman ! & my wounde faire y-helid,   1052 make all Saracens become Christians.
Heþemen schold y so greue þan ! þat þay shulle sore y-felid,
& þay þat now buþ Sarasyns ! schold turne to *cristene* lay,
& elles þay scholde þolye pyns ! for hure false fay.
¶ þe croune of þorn schal y ȝeld vp ! & þe naylles three   1056 I will give up the crown of thorns, and the three nails and other relics.
þat pyned ȝour lord wan he was put ! on þe rode tree ;
& oþre reliques riche y-now ! whar-of y haue plentee,
y schal hem ȝelde aȝen to ȝow ! Charlis kyng so free.
Be þe saule þat y bere ! & as god lese me of my greuaunce,   1060
Me greueþ more for Olyuere ! þan of my owe penaunce ;   I grieve more for Oliver than for myself, but I will avenge him.
Ac If y be helyd by help & cure ! of my wounde wyde,
Alle þey schulle abbigget dure ! þat token him in þat tide.
For godes loue, sir Emperour ! tak pite of me here,   1064
It turneþ ȝow to gret deshonour ! & y daye in þis manere."   [leaf 14, back]
¶ Wan Charlis had herd þis answere ! is herte to himward feld ;
He het .iiij. kniȝtes him arere ! & bere him forþ on a scheld.   Charles orders four
Softe þus knyȝtes þan him bere ! to þe kyngis pauylloun   1068 knights to bear him to his tent,
& of hur handes ne let him nere ! til Charlis het set him doun.
¶ Charlis hemself & sire Oger ! ounarmede him þo anon,   and takes off his armour.
& wan he was sengle amoung hem þer ! hy auysed is schap echon.
Brode scholdres had he with-alle ! & brustes ful quarree,   1072 A well shaped man he was, with broad shoulders, and eyes like an eagle.
Wyþ longe sydes & middel smalle ! a wel schape man was hee.
With Browes bente & eȝen stoute ! and lokede so þe facoun :
To seche þe worlde al aboute ! ne was man of fairer fasoun.
Alle þat him be-hulde þan ! among hem þai saide þere,   1076
þat Olyuer was a doȝty man ! wan hym he miȝt conquere.
¶ A wel fair kniȝt was Firumbras ! ounarmid wan he lay,
Ac ys Fysage al discolourid was ! for is blod was gon away ;   Thrice he faints with
thre siþes a sounede afforn hem þere ! for angwys of ys wounde,   1080 pain.
By-fore þe lordes þat þar were ! wiþ-inne a litel stonde.   Charles orders an
¶ Charlis tok pite of þat siȝt ! an archebisschop a clepede anon,   Archbishop

to baptise him that night.	And het him sone þat he wer diȝt ⁂ to blessy þe holy fanston,	
	þat he were fulled þat ilke niȝt ⁂ & ymad cristenmon.	1084
	þe prelat dide al so he hiȝt ⁂ & plungede him sone þer-on.	
He is baptised, and his name changed to Florens, but he is always known as Ferumbras.	¶ Þan was cristned sir Firumbras ⁂ a man of gret deffens,	
	ys name ther y-chaunged was ⁂ & was ihote Florens,	
	ac þoȝ me tornde þar ys name ⁂ as þe manere was,	1088
	Euere ȝut after a baar þe same ⁂ & men cliped him Firumbras.	
	¶ Wan he was cristene man ymad ⁂ on a bed þan was he laid,	
	þat with riche cloþes was y-sprad ⁂ & ful faire araid.	
Charles' own physicians attend to him.	Charlis clipede ys leches þo ⁂ & ȝerne gan him praye	1092
	þat þai scholde til him go ⁂ is wounde to enserche & saye.	
	¶ At is heste þey wente þer-to ⁂ & softe gunne taste is wounde,	
	His lyure, ys lunge & is guttes al-so ⁂ & found hem hol & sounde.	
They declare they can cure him within two months,	Þan saide þay to Charlemayn ⁂ þay wolde him vndertake,	1096
	þay wolde with-inne monþes twayn ⁂ hol & sound him make.	
at which Charles is pleased.	"Doþ," quaþ he, "þat faire cure ⁂ & siker ynow ȝe beo,	
	Of ȝour warysoun ȝe schul be sure ⁂ wan þat ich it seo."	
[leaf 15]	¶ Þanne saide þe Emperour ⁂ "iherid beo god almiȝt!	1100
	Had y now erld Olyuer ⁂ myn herte were al lyȝt :	
	& myne oþre barons gode ⁂ þat þe Saraȝyns han y-take."	
	Þan set he him doun drurymode ⁂ & dropede for hure sake.	
Meanwhile Oliver and his fellow-prisoners	TOrne we aȝen in tour sawes ⁂ & speke we atte frome	1104
	Of Erld Olyuer & his felawes ⁂ þat Saraȝyns habbeþ ynome.	
	þe Saraȝyns prykyaþ faste away ⁂ as harde as þay may hye,	
are hurried on	And ledeþ wiþ hymen þat riche pray ⁂ þe flour of Chyualarye,	
	By hilles & roches swyþe horrible ⁂ on hur cors þay wente,	1108
to Mantrible,	And er þay come to Mantrible ⁂ neuere þay ne astente.	
	Ouer þe brigge þay gunne ride ⁂ þat was ful huge of lengthe,	
where they pass the night.	In þe Cite þat nyȝt to abyde ⁂ to kep hem þer in strengthe.	
	Wiþ hure prisouns þay comen in ⁂ þat were ytake be chaunce ;	1112
	þe draȝtbrigge was drawe vp after hem ⁂ for drede of þe host fraunce.	
Next morning early they start to Aigremont.	Sone þay ryse vp-on þe morwe ⁂ & to Egremoygne þay toke þe way.	
	God kepe þe prisouns out of sorwe ⁂ for carful þay were þat day!	
	Wanne þay come to þe castel ȝate ⁂ hure hornes þay blewe faste,	1116
	þe porter alredi was þer-ate ⁂ & let hym in an haste.	
The Emir, Balan,	¶ Þe heghe Amerel sir Balan ⁂ þat was on his halle an heȝ,	

Faste þyder þanne he ran ⁘ wanne he hymen come y-seȝ, *runs to meet them,*
& wiþ hem al-so sir Lamaȝour ⁘ a kyng of heþene londe, 1120
& wan þay comen doun of þe tour ⁘ after tydyngges þay gunne to fonde.
¶ Bruillant, þᵉ kyng of mountmirres ⁘ of is stede him liȝte adoun,
þan amyral þanne saluede hee ⁘ in þe name of sire Mahoun,
þe Amyral of hym axeth sone ⁘ wat tydynge þay had y-broȝt; 1124 *and enquires what tidings they bring.*
"Tel þou hem me riȝt anone ⁘ and for no-þyng hele þou noȝt.
haue ȝe taken duk Roland ⁘ & Olyuer his felawe,
& wyþ Charlis foȝt wyþ hand ⁘ & hys doþþepers a-slawe?"
¶ "Nay," seyþ he, "by seynt Mahoun ⁘ it is noȝt as ȝe sayn; 1128 *Bruillant says: 'We have been beaten by Charlemagne, and Ferumbras*
We buþ discomfyt & sleyn a-doun ⁘ wiþ þe kyng Charlemayn,
& þy sone sir Fyrumbras ⁘ þat fauȝt with a knyȝt of fraunce,
Be name ne know y noȝt wat he was ⁘ ac þar is betid a chaunce,
þat Fy[rumbras] by him ys ouercome ⁘ as þay foȝte in felde, 1132
& to cristendom haþ him nome ⁘ & to Charlis kyng is ȝelde." *has become a Christian.'*
¶ Wan þe Amyral haþ iherd þe kyng ⁘ in sowenyng gan he falle; *The Emir*
Ac wan he awok of his soȝnyng ⁘ loude he gan to calle, *grieves*
& wrong ys hondes & saide, "alas ⁘ ys my sone y-nome? 1136
My ioye ys lost For Fyrumbras ⁘ wat man is he bi-come. *for Ferumbras,*
¶ Alas! what sorwe haþ he don ⁘ þat was so hardy & wiȝt, *[leaf 15, back]*
þat he was encombred so for on ⁘ to yeld him to such a knyȝt?
V. hundred y saw aȝen him gon ⁘ & he slow alle in fiȝt, 1140
& now ys he take among is fon ⁘ y-lost ys al my miȝt.
& if he is turnd to cristene lay ⁘ alas! þanne is hit wers,
Leuere me were by my fay ⁘ he were to-drawe wyþ hors."
¶ þe Amyral saide þanne aȝeyn ⁘ "tel me what is þe knyȝt, 1144 *and asks who conquered his son.*
þat was so miȝty man of mayn ⁘ to ouercome my sone in fiȝt."
Bruyllant saide, "so mot y þryue; þes moste man in siȝt, *Bruillant points out Oliver.*
þat stent ibounde among hem vyue her by-fore ȝow riȝt."
¶ "Aha!" quaþ he, "is þes þe þef? ⁘ þe deuel him mote for'-gnaȝe,
þat ouercom my sone þat was me lef ⁘ & broȝt him to is lawe! 1149
By Mahoun, þat is my god in pref ⁘ ne schal y noȝt be fawe, *Balan swears Oliver shall be hanged and drawn.*
Er y sen him haue mischef ⁘ an-hanged & to-drawe."
¶ Wan þay herd him prete þus ⁘ þe frenschemen þar þay stode, 1152
Olyuer saide, "help, iesus ⁘ þat boȝtest ous wiþ þy blode! *Oliver warns his*
& felawes," he saide, "confortiaþ ȝow wel ⁘ & for noȝt þat may be-falle, *companions*

not to tell their names, or else	þat non of ous is name ne tel ⸲ auysyeþ ȝow wel with-alle:
	for wiste þe Ameral sykerly ⸲ of þe doþþepers þat we were, 1156
	for al þe gold in cristenty ⸲ non of ous wolde he spare,
they will assuredly be hanged.	þat we ne scholde to deþe gon ⸲ be hangid & to-drawe,
	Ouþer be demembrid euerechoun ⸲ & broȝt of lyues dawe."
	¶ "As þy wil is," saide þay þo ⸲ "we willeþ alle heere." 1160
The Saracens unbind them.	To hem þan wente Sarsyns two ⸲ & ounarmide Olyuere;
	þe bond þat is fysage was bounde wyþ ⸲ to stoppen is louely siȝt,
	þay ounbounde & is felawes siþ ⸲ þat were al men of miȝte.
Oliver is pale.	¶ þan was Olyuer al colourlees ⸲ for þe blod þat he had schad. 1164
The Emir asks his name.	Wan þe Amyral y-saw al wat a was ⸲ for wrappe he wax neȝ mad,
	And til him a wente anon ⸲ & askede hym what he hiȝt:
Oliver says, 'Angwyron.'	"Sire," said he, "Angwyron ⸲ of france a pore knyȝt,
	To serue Charlis in bataille; him self me dobbede riȝt; 1168
	y ne haue no þyng with-oute faille; bote wat y may wynne in fiȝt.
and that they are all poor knights.	& my[1] felawes þat her beeþ ⸲ knyȝtes þay buþ fol sure,
	Ac þay ne haue namore þan ȝe seeth ⸲ hure hors & hure armure."
'Alas!' said the Emir, 'this is a sorry chance:	¶ "Alas," þan sayde þe Amyral ⸲ "how is þys afare? 1172
	For my sone þat y louede wel ⸲ of blisse y am al bare.
[leaf 16] I had hoped these were dukes or earls.'	& now y hopede þat þuse had y-ben ⸲ dukes & Erldlis of fraunce,
	& [þay] ne buþ bote demeyne men ⸲ þis is a sory chaunce!
	noȝt for þat ȝe schul wel sen ⸲ þat þay schul haue greuaunce." 1176
	Quyke he het þay scholde hem flen ⸲ with-oute more distaunce.
Lamasour advises him not to slay them,	¶ þanne saide kyng Lamasour ⸲ þat stod him faste bye,
	"y rede þe, sire, for þyn honour ⸲ a-staunche þyn herte hye;
	For to slen suche vauasours ⸲ what miȝt hit profetye? 1180
but to imprison them. The Emir agrees, and orders his gaoler to	Enprisone hem her wiþ-inne þy tours ⸲ & so þer let hem lye."
	¶ þe Amyral þo wiþ-drow ys mod ⸲ ys herte was ful of grame;
	& clepede ys iayler þer a stod ⸲ brytamoun bi is name:
	"Tak," he sayde, "þys vauasours ⸲ & to prisoun þou hem lede, 1184
	& pote hem to sorwe out of cours ⸲ y hote þe oppon þy mede.
bind them strongly and surely,	Bynd hem herde wyþ yre & steel ⸲ & pote hem in stokkes of trow,
	& loke þay fare noȝt to weel ⸲ bot kep hem harde ynow.
	And ȝe, lordes, þat han hem take ⸲ geþ now alle y-same 1188
	& helpeþ him for my sones sake ⸲ þat þay ben maked tame.

[1] MS. my my felawes.

& namlich þis ilke chef feloun ! þat haþ me þus anuyed,   *but especially Oliver.*
Lokieþ he be in such prisoun ! þat sone he be distruyed."

¶ þan wende forþ þe iayler ! & tok til hym socoure,   1192   *The gaoler*
& ladde wiþ hymen erld Olyuer ! & þe oþer barons foure.
Wan þey comen þer the prisoun wes ! wiþ yre þay bounde hem faste,   *binds them, and leaves*
& left hem þer al mete-les ! & so fro þeym þay paste.   *them without any food.*

¶ Wan þey wern in prysoun þare! þay criede & made hure mone, 1196   *They lament and pray.*
And saide, "lord, how schul we fare ! in prisoun her al-one.
As þow seest boþe fer & ner ! sittyng on þy trone,
help ous, lord, whyle we buþ her ! & kep ous fram our fone!"

Loryppe on hure chambre seet ! þe Amyral is doȝtre dere ; 1200   *Floripas, the Emir's daughter,*
Sche was a mayde fair & swet ! & hurde hure dulful bere,   *hears the cries,*
& þe grete noyse sche herde also ! þat among hem y-maked was.
Sche clepede hure maydens to hur þo ! wyte sche wolde þat cas.
Florippe, þat maide fair & gent ! hur maidens þan tok anon,   1204
& out of chambre doun sche went ! þar þat folk gan gon.   *and goes to find out the reason.*
Wan sche cam þar þay were ! sche askede of on & on,
Why þat noise was maked þere ! amonges hem euerechon.
¶ On ansuerede as it was ! & told hure al & some :   1208   *She is told of her brother's conversion,*
How hur broþer Fyrumbras ! cristen man was bi-come,   *and the capture of the French knights.*
& how þat þilke stronge knyȝt ! þat wan hym in bataile
Wyþ four othre men of myȝt ! wern put þo þer in baile :
And how þay criede, & made hure mon ! as þay in prisoun sete.   1212
Sone sche leuede hem echon ! & þan iayler gan sche mete,   [leaf 16, back]
For hure broþer sche gan to wepe ! ac sone sche had ido.   *She weeps for Ferumbras, but not long.*
¶ Wiþ hure maydens at an hepe ! to þe iayler is sche go ;
Sche takeþ a syde Brytamoun ! a conseil, & gan him frayne :   1216   *Then she asks Brytamion,*
& askeþ what buþ þay baroun ! in prysoun sche herde pleyne.   *the gaoler, who his prisoners are.*
"So Mahoun ȝyue me gode chaunce ! ma dame," gan he sayne,
"Hit buþ kniȝtes out of fraunce ! þat were wyþ Charlemayne.   *He tells her ;*
þus buþ þaye þat han oundo ! þy brother, sir Fyrumbras ;   1220
& many of oure þay habbeþ al-so ! y-sleyn on many a plas.
On þer ys amonges hem þer ! a bacheler fair of syȝte,   *and that one of them is the*
In þis werld ne saw ich er ! so fair y-schape a kniȝte.   *fairest he had ever seen.*
He conquerede sir Fyrumbras ! in batail þar þay fiȝte,   1224
now haþ he in prisoun herde gras ! & more til him is tyȝte."

She asks to speak with them.	¶ "Brytamoun," þanne saide sche ! "let me wiþ hem speke a þrowe For to wyte wat þay be ! & hure couyne y-knowe."
He says it can't be done.	"Dame," said he, "for drede of gyle ! y ne dar noȝt þat it be so : 1228 þy wyt wolde turne with-inne awhyle ! haddest þou leue þar-to. þy fader me for-bed al-so ! þat for þyng þat miȝte be-falle
His orders are strict.	þat to no man ne schold y þe dore vñdo ! with hymen to speke or calle; & y wil don ys commaundiment ! þy speche ys al in vayne. 1232 For þe ne wil y noȝt ben y-schent ! i tel þe in certayne."
'Thou vile rascal,' said she, 'thus to answer a lady!'	¶ "Wat! harlot gadelyng," saide sche þan ! "mote þou be heȝe an-honge! How answerest þow a iantail womman ! þat budeþ þe no wronge! þou schalt abye it · if y can ! ȝe ȝut or come oȝt longe. 1236 þe meede þat þou schalt her for han ! wel sone þou schalt afonge!"
She winks at her attendant,	¶ & þan sche preynte with hureeȝe ! oppon hur chamberere þar sche stod. ¶ þat mayde was boþe wys & sleȝe ! & knew ful wel hur mod,
who runs to her chamber,	In-to þe chambre sche sterte anheȝe ! rennyng as sche wer wod, 1240 & tok vp a strong staf þat sche seȝe ! hwych was herd & god,
returns with a staff, and gives it to her mistress.	Vnder hur mantel sche hidde þe staf ! & turnde aȝe wel faste & hym to hur lady sone sche ȝaf ! & to-ward þe prisoun sche paste.
They try to break open the prison door.	Wanne sche was þe dore affore ! sche gan be-holde aboute, 1244 & sayw þer no man þat was bore ! with-inne ne with-oute, Saue Brytamoun abod þe iayler ! þat of hur þan tok wonder. þe prisoun dore þan wend heo ner ! & putte hure staf an vnder As sche wolde þe dore to-breke ! sche gan þo hebbe & pynge : 1248
Brytamon runs to stop her, but she knocks out his brains with the staff.	þe iayler þan þyderward gan to reke ! to letten hur of þat þynge ; Sche lefte þe dore & wend him ner ! & lifte vp þe staf with mayne, & so on þe heued sche set him þer ! þat out sterte al is brayne.
[leaf 17]	"Rest," quaþ sche, "þow sory wyȝt ! god ȝyue yuele chaunce! 1252 now schal y speke my fille riȝt ! with þes knyȝtes of fraunce."
She unlocks the door,	¶ þe keyes sche tok of him anon ! & ounlok þe dore an haste : By-twene hymen þanne euerechon ! þay lift vp þat bodi faste,
and they throw the body into the pit,	& in-to prisoun þay gunne hem gon ! with þat cors vnwraste, 1256 & in þe dupe pit þer þay wer on ! sone þas hit caste. ¶ þan were þus prisouns alle ! of þe fallyng i-pot in fere,
which frightens the prisoners. Floripas sends her maid for a torch.	So harde amongen hem hit gan falle ! þay wende þe deuel it were. Florippe het a damesel briȝte ! hastelich gon & fette 1260 A gret torche & hym aliȝte ! sone wiþ-oute lette.

FLORIPAS PROMISES TO RELEASE THEM IF THEY WILL HELP HER IN HER WISHES. 47

þe damesel dude asc sche hi3t ⁘ & com a3en ful sone,
& bro3te a torche brennyng bri3t ⁘ & sperde þe dore anone.
¶ Florippe hure drow to anoþer part ⁘ & þar an dore ounlekes 1264
þat drow to þe putte ward ⁘ & doun in the pyt sche strekes.   She goes
Wan sche to þe prisouns was y-come ⁘ of hymen sche asked þare,   down and asks the
What þay buþ þat þar buþ nome ⁘ & wannys þat þay ware.   French who and whence they are.
¶ "Damesel," saide erld Olyuere ⁘ "as god me 3yue god chaunce, 1268   Oliver an-
We buþ kny3tes alle y-vere ⁘ y-born in douce fraunce,   swers they are French knights,
And buþ Charlis men þe Emperere ⁘ & vnder his liegeaunce.
þe Ameral haþ y-put ous in prisoun here ⁘ & doþ ous gret greuaunce.
We buþ her wel herde y-bounde ⁘ with gyues & cheynes grete, 1272
Lyggyng on þys pittes grounde ⁘ with-oute drynke & mete.
By god þat made þis werlde rounde ⁘ me were leuere my lif for-lete
þan her to þolie þe stronge stounde ⁘ þer wormes doþ ous ete.
For honger our bodies waxeþ feynt ⁘ & þolieþ moche pyne, 1276
War-for damesel as þov art gent ⁘ 3yf ous sum what to dyne."   and begs her to give them some food.
¶ Flo[rippe] tok wel gret pyte ⁘ of þys iantaile kny3te,   Floripas promises to do so
& þus þanne answerede sche ⁘ "3ow be-symeþ to beo men of mi3te,
3e schul ha mete, so mote y the ⁘ & drynke y-now at ri3te : 1280
Ac arst þow schalt sykery me ⁘ & þy treuþe surly ply3te,
þat þou for me schalt don a þyng ⁘ þat y schal the saye,   if they will do one thing for her.
& ther-to ben myn helpyng ⁘ by the power þat þou maye."
"Certes," said Olyuer, "my derlyng ⁘ y wil don at þy paye, 1284   Oliver says
y nolde þe faile, be heuene kyng ⁘ in payne þar-for to daye.   he will do whatever she wishes:
3yf y schal for þe fi3te ⁘ 3yf me mete & drynke,
& supþe arme me at my ri3te ⁘ & y wol for þe swynke ;
& if y schal þanne gon & mete ⁘ wyþ þe Sarsyns þat buþ abowe 1288
Doggedlich y schal hem grete ⁘ swetyng for þy loue,   he will fight any number
þo3 þer be of hem two hundred ⁘ y wil slen hem heluc."   [leaf 17, bk] of Sarocens.
þat mayde þan gan wax awondred ⁘ & þo3te by hur selue 1292
þat he was do3ty man ynow ⁘ suche dedes to fulfille.
Flo[rippe] saide, "sir, for þy prow ⁘ y pray þe hold þe stille.   Floripas begs
To auaunt þe her in þis plas ⁘ it is ful gret folie,   him to be quiet,
It mi3te hermye 3ow alle in cas ⁘ if my fader mi3t it spie."   lest her father should
¶ þan him spak sir Berard ⁘ þe erld of montdisdier, 1296   hear him. Then Berard
þat was þe fairest kni3t of regard ⁘ of alle þe doþþeper ;

48   THEY AGREE, AND SHE TAKES THEM TO HER OWN CHAMBER.

says that if she will be their friend they will do anything for her.

"Comly mayde of kynges kende ⁘ þe corteyst þat i knowe,
Fayr of face now beo our frende ⁘ and we schul ben þyn owe;
& For þy loue þat art so hende ⁘ we schul boþe ryde & rowe,   1300
& þylke þat buþ to þe ounkende ⁘ þay schulleþ be broȝt ful lowe."
¶ "Certis," saide þat faire flour ⁘ "y þanke þe swete wyȝt,
þow couþest wel louye *paramour* ⁘ me semeþ a lady briȝt."
"ȝea for soþ," quaþ scot Gwylmer ⁘ "ȝe habbeþ aredid ariȝt,   1304
In many a lady fer & ner ⁘ his loue haþ he y-pyȝt."

Then Floripas

¶ þanne was þat mayde fayn ⁘ wan sche wiste hure wille.
After Maumecet hure chamberlayn ⁘ þanne sche sente stille,

sends for an anvil, tongs, and sledge-hammer, and orders the knights to be un-bound.

& het to brynge wiþ him anon ⁘ anuylt, tange & slegge.   1308
& sone he com wyþ euerechon ⁘ & broȝt hem on is rigge.
"Oundo þis prysouns on & on" ⁘ Floripþe til him gan sigge,
"þey schulleþ out of þis sory won ⁘ & her no longer ligge."
¶ Maumecet couþe ful wel þat craft ⁘ & put him anon þar-to: 1312

This is done, and the knights get up and follow Floripas, by an old disused passage,

Of al hure chaynes he haþ him raft ⁘ & ek hure vetres oundo.
Sone þay stode oppon hure fete ⁘ and god þay þankede þo.
And þe damesele fair & swete ⁘ wiþ hure sche made hem go,
¶ By an old for-sake ȝeate ⁘ of þe olde antiquytee   1316
Sche made þys barouns passye ate ⁘ þe damesele þat was so fre.
Maumecet þe torche afforn him baar ⁘ brennynge fayre & briȝte,

to her chamber,

And ful pryuyly ladde hem þar ⁘ in-to hure chambre riȝte.

FLorippe is in-to Chambre gon ⁘ pryuiliche & stille,   1320
& þys kniȝtes wiþ hure echon ⁘ as it was hur wille.
Wan þay were wyþ-inne ibroȝt ⁘ aboute þay gunne be-holde
So riche a chambre & so y-wroȝt ⁘ ne saw þay neuere on molde.

the walls of which are of precious stones, the windows of jasper,

¶ þe walles of þe chambre were ⁘ araid for þe nones,   1324
y-maked of ful riche gere ⁘ of coral & riche stones,
þe wyndowes wern y-mad of iaspre ⁘ & of oþre stones fyne,
ypoudred wyþ perree of polastre ⁘ þe leues were masalyne,

the beams and rafters of cypress,

Al þe coples cipres were ⁘ & þe raftres wer al-so,   1328
And þe bases þat hem bere ⁘ wiþ golde were bi-go:

[leaf 18] and the ceiling of silver gilt. It is built on a rock over the sea, and in it Floripas

þe celynge wiþ-inne was siluer plat ⁘ & wiþ red gold ful wel yguld.
ne sawe þay neuere by-fore þat ⁘ a place so faire ybuld.
þe chambre stod oppon þe se ⁘ amidward a roch of stone: 1332
þer-inne duelte þat maide fre ⁘ as chef of al þat wone,

& with hure maide Ioyaunce ! þe kynges doȝtre of Floyre, *lives with fifteen maidens.*
Clarymounde & mayde Floraunce ! & þat fayre may Baudoyre,
& oþre maydens elleuene ! burdes briȝte on boure ; 1336
xv. þar were of hem ful euene ! duellyng in þat toure.
¶ Ful noble was þe ryche aray ! þat in þe chambre was.
þat vessel was of golde gay ! þat scholde be tyn & bras.
þe dossers were of ryche pal ! y-brouded al wiþ golde, 1340 *The curtains are of rich cloth, embroidered with gold.*
& þe beddes of sente þorw-out-al ! as þarto falle scholde.
¶ To a wyndowe wente þes barouns fre ! & ther þay loked oute, *The knights look out of the window at the sea,*
þay seȝe þe waȝes of þe se ! harde to-gadre route.
As þay auysede a-boute oueral ! þe wardes þat þer wore, 1344
þe wawes walwede a-geyn þe wal ! a sper schaft lengþe & more.
" Parfay," þan saide erld Berard ! " þys tour is strong to wynne, *and admire the strength of the tower.*
For any kyng it were ful hard ! wyþ assaut to comen inne."
¶ þe wyle þis barouns ley out þan ! & tolde hure tales rounde, 1348
To Flo[rippe] com hure maystres gan ! þat hiȝte Maragounde, *Floripas' governess asks who the knights are.*
" Doȝtere," sche saide, " wat men buþ þeese ! þat þou hast of prisoun
  y-broȝt ?
þy fader loue þow schalt lese ! for hymen as y ha þoȝt.
þe longe man wyþ þe pale fas ! þat ys erld Olyuer 1352
þat ouercom þy broþer Fyrumbras ! ful wel y knowe hym þer :
þat other wyþ þe crollid her ! þat stent hym faste by, *She recognises the knights,*
þat ys Berard of mountdisdier ! & þe þridde ys Aubery :
þe ferthe þat stent hymen bytwyn ! þat is Scot Gwylmere ; 1356
þe fifthe ys Geffray Langeuyn ! of france a doþþepere.
ne schal y neuere ete no more ! bi Mahoun, þat ys my lord, *and declares she will tell the Emir.*
Or y ha told þy fader fore ! þy doyngge euery word."
¶ Wan þat mayde y-hurde hure speke ! chaunged was al hure blee ; *Floripas runs to the window,*
Til a wondowe sche gan to reke ! þat lay out to þe see ; 1361 *and leans out;*
& atte wondowe sche lynede out ! hure angre sche þoȝte awreke.
Hure maistresse þanne sche clipede aloud ! & bad hur with hure to speke. *then calls her governess to her,*
Marigounde compþ til hure renne ! & hure hed til hire gan layn, 1364
Flo[rippe] stod vp & preynte þenne ! to-ward hure Chamberlayn, *and winks at her attendant,*
& aȝen sche laid hur there ! & fur out sche bent hure þo,
& to whyte what hure wille were ! hure maistrasse dude al-so.
¶ þyderward þᵉ Chamberlayn hym faste ran ! þat hur cast y-knew ful wel, [leaf 18, bk]
    FERUMBRAS. E

| who seizes the governess, and throws her out of the window. | & By þe legges lifte he þe schrewe þan ⁊ & schef hur out ech del. 1369
þan ful doun þat olde trate ⁊ in-to þe salte see,
& Flo[rippe] þat was þanne þer ate ⁊ turnþ hure in faire aȝe,
& sayde : " Maumecet my mate ⁊ y-blessed mot þou be   1372
For aled þow hast muche debate ⁊ to-ward þys barnee."

| The knights are delighted. | ¶ Wan þys Frenschemen wiste of þis ⁊ al how it stod ariȝt,
In herte þay hadde ioye & blys ⁊ & þonked god almiȝt.

| Floripas bids them be of good cheer. | Flo[rippe] þanne til hem wendes ⁊ & spak til ȝam & saide :   1376
" Confortyeþ ȝow, my leue frendes ⁊ & buþ noþyng amaiede,
Syþe ȝe buþ her on þis clos ⁊ at my owe ledyngge ;
Ne drede ȝow noþyng of ȝour fos ⁊ bot leteþ away mornyngge."

| She sees blood on Oliver, and asks if he is wounded. Oliver says yes. | ¶ Sche caste hure eȝe on Olyuer ⁊ & saw him al be-bled ;   1380
þat mayde þan hym neȝed ner ⁊ & askede war he hed
On his body any wounde ⁊ & Olyuer sayde, " ȝee !
Wyþ swerdes and speres scharp igrounde ⁊ y haue take three."

¶ " Parfay," saide þat burde briȝt ⁊ " þou schalt be hol anon,   1384
& recuuer y al þy myȝt ⁊ maugre al þy fon."

| She gives him a warm draught, which | Sche fet him a drench þat noble was ⁊ & mad him drynk it warm,
& O[lyuer] wax hol sone þas ⁊ and felede no maner harm.

| heals every wound. | Muche him wondred of þat cas ⁊ & þan gropede he euery wounde, 1388
And founde hem þanne in euery plas ⁊ ouer al hol & sounde.

| Then she gives them food | ¶ & þan she dude hem to drynke and ete ⁊ of þe beste þat miȝte bee :
& seruede hem alle at þe mete ⁊ & tauȝte þat sche was free.
Sche confortede hem with Al hure miȝt ⁊ & bad hem be glad & blyþe,
And hy hure þankede faire aplyȝt ⁊ & ete & dronke swyþe.   1393
¶ Wan þay had ete & dronke ynow ⁊ þe bord sche het arere,

| and rich clothes. | Ryche garnymentȝ forþ sche drow ⁊ & by-tok hymen for to were.
þan said she : " lordes wel ȝe knawe ⁊ þat y haue do myche for ȝow

| Floripas then | Suþþe y haue ȝow of prysoun drawe ⁊ agayn my fader prow :   1397
y do hym wrong ȝow to saue ⁊ Syn Olyuer þat her ys now
My broþer in batail ouer-come haueþ ⁊ & is worschip per-with oundow.
y knowe O[lyuer] swyþe wel ⁊ he ne may noȝt to me be hud,   1400

| asks Oliver if he will keep the promise he had made her. Oliver asks what she wants done, | noþeles ne drede him neuer adel ⁊ for me ne schal he be kud.
Now wolt þou Oliuer þat couenant holde ⁊ hwich þov me be-hete ?
As þow saidest þat þow wolde ⁊ wanne þow in prysoun sete."
¶ " ȝe," said he, " þat wil y do ⁊ do say me now þy wille."   1404

FLORIPAS TELLS THE KNIGHTS THAT SHE LOVES SIR GUY. 51

"þat wil y noȝt," quaþ sche þo ! "til þou me han sakred tille."
þan O[lyuer] huld vp his hant ! trewely for to holde
By is power þat couenant ! þan spak she til hym & tolde,
þat a knyȝt þar was of fraunce ! þat sche hadde longe y-loued ; 1408
hwych was icomen of gret lyaunce ! & a noble knyȝt aproued.
þe knyȝt þat was so gret of fame ! was cosyn to kyng Charloun,
& Gy of Borgoyne was þe name ! of þat bolde baroun.
"Wan þe Amyral my fader, Sir Balan ! waste Rome Citee, 1412
þar saw ich þanne þat noble man ! to don a dede free.
Lucafer of Bandas ! a kyng of gret renoun,
On a stede y-armed was ! and rod to þat Baroun,
And bar til hym wiþ a spere ! to ha sleyn him in þe feld ; 1416
& þe knyȝt þe strok away gan bere ! manlich wyþ is scheld.
þe iantail kniȝt þan drow ys brond ! & ȝaf him a stroke wiþ mayn,
þat hors & man adoun he wound ! & leye þer-on þe playn.
Fro þat day in-to þys ! myn herte haþ he yraft, 1420
Ne kepte y neuere more blys ! were he to meward laft.
Wolde he be my worldly make ! & weddy me to wyue,
For his loue wold y take ! cristendom al so blyue.
As þou art a trewe knyȝt ! do & help now wat þou maye." 1424
Olyuer saide : " bi god al-miȝt ! damesele y schal a-saye."

Now let we be þis Barouns ther ! speke we of other þyng.
Olyueris fader, þe duk Reyner ! com to Charlis kyng,
Ther he was among is host ! & spekeþ on hys resoun : 1428
"For þy sake my sonne ys lost ! þat was a bold baroun,
To mo[r]ȝe erly wan it is day ! to sechen hym wil y fonde,
& bote ich him aȝeward gete may ! for sorwe y go to schonde."
¶ Wan þe Emperour haþ hurd him speke ! of him he toke pyte, 1432
On is fet sone gan he reke ! & Roland þan clipeþ he :—
"Cosyn," saide he, "poȝ hit be so ! þat hit falle in drede,
A message for me þow most do ! þat toucheþ a mannys dede :
To Egremoygne-ward scheltou fare ! to morwe wan it is day, 1436
To þe Amyral Balan þat is thare ! and belyfþ on þe false fay.
Loke for noþyng þat þow no spare ! to tellen him as y say.
On myn half say him þat he me restare ! þat he haþ mystaken away,
And specialiche myn barouns free ! hot him in myn helue, 1440

E 2

    þat he hymen hastelich ȝelde aȝee ⁑ as he wol saue hym selue.
    And if a doþ noȝt as y say ⁑ & tarieþ þer wyþ to longe,
    y wil do take hym on a day ⁑ & on galwys heȝe an honge."

Naymes ¶ þan hym spak duk Naymoun ⁑ that was his counseyller, 1444
    A gret lord was he of renoun ⁑ & of fraunce a doþþepeer.

remonstrates "Certis, sire, ȝe buþ noȝt sleȝ ⁑ to sende til him Roland :
    By-þenk þat he ys þy cosyn neȝ ⁑ and al þyn other hand.

[leaf 19, bk] Duk Ro[land] is a man of myȝt ⁑ þe doȝtyeste þat lyþ to fraunce ; 1448
    þanne the to lese suche a knyȝt ⁑ it were a[1] sory chaunce.
    Myn herte me ȝifþ þat ȝif he went ⁑ and takeþ þat iornee,

that they will never see Roland again. þat þou ne seest hym no more verament ⁑ & þer-for auyse þe."

Then said the King, 'He shall not go alone, thou shalt go with him.' "Wel depardieux," quaþ þe kyng ⁑ "ne schal he noȝt gon al-one ; 1452
    Wend þow wiþ hym, my derlyng ⁑ my message schul ȝe done."

Basyn intercedes, ¶ By-fore þe kyng com duk Basyn ⁑ þe þridde doþþeper,
    & of is speche by-þoȝte him ⁑ & neȝede Charlys neer.
    "Sir," said he, "me þynkeþ now ⁑ be þat ȝe goþ aboute, 1456
    þat riȝtself willes þou þenkst oundow ⁑ þe beste of al þy route."

and Charles says, 'Thou, too, shalt go.' "Certis," quaþ Charlys, "and þou schalt gon ⁑ wyþ hymen & be þe þridde,
    þat schal my message to þe Amyral don ⁑ and do now as y bidde."

Then Richard of Normandy protests, ¶ þan com forþ a doþþeper ⁑ Rychard of normaundye, 1460
    And sayde to þe kynge ther ⁑ "sire, þow dost folye
    In suche a message for to sende ⁑ of al þy lond þat prys,
    To don him sle ther & to schende ⁑ amonges þyne enymys."

and Charles says he shall go with them as their guide. "Aha"⁑ quaþ kyng Charlemayn ⁑ "now is þis wel by-þoȝt, 1464
    þat Rolond ne is felaws twayn ⁑ þe contreye ne knoweþ noȝt.
    þou schalt ben hure iantail gyde ⁑ & my furþe Messager ;
    For þou knowest by euery syde ⁑ þe contreys fer & neer."

Then starts up Terry of Ardane, and remonstrates, ¶ Vp a sterte after þane ⁑ a doþþeper of fraunce, 1468
    þe duk Terry of Ardane ⁑ A baroun of gret lyaunce.
    "Sir," said he, "what hast þow ment ⁑ wilt þow þyn barons spille ?
    If þay goþ, þan buþ þey schent ⁑ þay comeþ þe no more tille."

and Charles says he shall be the fifth. "Wel depardieu," quaþ Charlis þo ⁑ "greyþe þe on þy gere, 1472
    þow schalt be þe .v. þat schal go ⁑ my message for to bere."

Then Ogier ¶ Vp þan aros oppon ys fet ⁑ sir Ogier þe Denys,
    & spak to Charlis thar a seet ⁑ & sayde on his deuys ;

          [1] MS. y.

"Sir," saide he, "y ȝow praye ⸪ as ȝe buþ of kynges flour, 1476
Al þys doynge leteþ away ⸪ & kepeþ ȝour honour. *begs him not to send them.*
For if ȝour barouns þat buþ fre ⸪ wendeþ in þat message,
In aunture ys hure comyng aȝe ⸪ fram þat sory vyage."
Charlis saide to hym þan ⸪ wyþ a stordy chere; 1480 *Charles says he shall go too,*
"y knowe þe for an hardy man ⸪ & of my lond a pere,
Such a message for to don ⸪ ne ys non bettere here.
Go þou al-so with hem ecchon ⸪ & be my messagere.
Cryst of heuene ȝow alle saue ⸪ my messagers alle sixe! 1484
& ȝut þe vij schulle ȝe haue ⸪ ȝour felaschip to make wixe."
¶ Sir Gy of Borgoygne stod faste bye ⸪ þe vij. doþeper⸪ *Then he turns to Guy of Burgundy,*
Charlis on hym caste ys eyȝe ⸪ & bad him come neer:
"Sir Gȳ," quaþ Char[lis], "y loue þe wel ⸪ for þow art of my blod, [leaf 29]
& euere y hope þat y schel ⸪ for þow art wys & god: 1489
A doȝty knyȝt & hardy ynow ⸪ to don al mannys dede,
& canst ful wel as y trow ⸪ gon in such a nede.
þar-for Gyoun, by god of heuene ⸪ wyþ þes othre þou most gon; 1492 *says he shall be the seventh.*
þan haue y barouns seuene ⸪ my message wel to don."
¶ þe nyȝt hure neȝehede faste ⸪ þe day was neȝ ago, *The knights get ready.*
þe lordes buþ þan a-paste ⸪ wyþ-oute more a-do.
þys messagers agayn þe morwe ⸪ a-rayd hem for hure message. 1496
god saue hem alle fro sorwe ⸪ þay takeþ an hard vyage!
¶ On þe morwe wan it was day ⸪ & þe larke by-gan to synge, *At daybreak*
þys messegers come in god aray ⸪ alle by-fore þe kynge;
Wel y-armed þorw-out al þyng ⸪ euerechone þey ware, 1500
& toke hure leue of Char[lis] kyng ⸪ on hure message forþ to fare. *they take leave of Charles and start to Aigremont.*
Char[lis] bi-tok hymen god almiȝt ⸪ þe heȝ kyng of heuene.
Hure way toke þay þanne riȝt ⸪ to Egremoygneward ful euene;
To þe Amyral ward, sire Balan ⸪ on ys castel þar he lay. 1504

Many was þe iantail man ⸪ þat for hymen bad þat day,
þat god hem grauntede grace & miȝtes ⸪ to aȝe come in god aray:
& forþ hem wendeþ þes noble knyȝtes ⸪ & takeþ hure iornay.
Ete we now þys lordes fare ⸪ god leue hym wel to spede! 1508 *Meanwhile the Emir*
And turne we aȝen þar as we ware ⸪ & of þe Amyral y wol rede.
For his sone, sir Fyrumbras ⸪ & is Sarsyns þat wern a-slawe,
Sory & wroþ ynow a was ⸪ riȝt al so sayþ þe sawe.

54   BALAN SENDS SEVEN KINGS ON A MESSAGE TO CHARLES.

summons seven kings to his presence,

Vij. kynges þo made he come : afforn ys owe presaunce ;   1512
Peynymes þei were alle & some : & vnder his liegiaunce.
Among hem seuene on þar was : þat was chef of alle,
Ys name hote Moradas : þay comen to þe Amyralle.

¶ Moradas askede for wat nede : þat þay wern of sent.   1516

and tells them

þe Amyral ansuerede for a dede : "y-hyreþ now þantent.
Lordlynges, wel 3e wyteþ alle : how Char[lis] þe kyng of fraunce
now is oppon my lond afalle : with prude & gret bobaunce,
And he þenkþ my lond conquerere : & to don ous alle schame.   1520
Bot arst y þenke hym affere : & alle hise to grame.

to go to Morymond and bid Charles

Wendeþ þer-for to Morymond : y-logged þer he lys,
And siggeþ to þe cristene hoñd : Char[lis] of parys,

[leaf 20, back]

Ys cristene fayþ þat he for-sake : and be-lyue on Mahone,   1524

to give up Ferumbras, and become his vassal.

& hastelich myne amendes make : & 3ylde a3eyn my sone,
& eke al þe realme of fraunce : þat he hur holde of me,
þorw-out al in god liegeance : for euere-more in fee :
& þat he fle fro þanne a-way : & lete my lond in pees.   1528
& yf he ne doþ no3t as y say : þat neuere ne wil y sees,
Til y haue him distruyed : & alle þat y fynde of his ;
for he me haueþ so sore anuyed : wendeþ & siggeþ him þys ;
& 3if 3e meteþ with any cristen man : baroun outher kny3t,   1532
lokeaþ þat 3e legge hem an : & sleþ hem a-doun wyþ my3t."

This is a dangerous errand,' said Sir Moradas,

¶ Sir Mora[das] saide to þe Amerel : "þys message ys muche to drede.
þys frensche men buþ boþ lyther & fel : wan þay hereþ o3t of quede,
& if we schul don þys message : we ne comeþ no3t alle a3eyn.   1536

'nevertheless we will do it.'

We wolleþ nopeles do þat vyage : þer-fore to ben a-sleyn.
þat y ne say it for no drede : 3e mowe it wel deuyse,
Do we wolleþ wel þy nede : with-oute any feyntyse.
Me selue þy message y wil abede : in such a manere gyse,   1540
þat, bot y be taken oþer dede : an hundred hit schulleþ a-gryse.
Wiþ my swerd scherp[1] y-grounde : hure crounes wol y schaue ;
&, bot if my sawe soþ be founde : maugre mot y haue."

The other six said they too would go.

¶ þe sixe saide þay wolde al-so : & faste þay made bost   1544
þat to Char[lis] þay wolde werche wo : & eke to al is host.
Sone þay wern araid ari3t : þus vij kyngis y-vere,

[1] MS. schrep.

In stedes þat were fair of siȝt ⁘ & eke on riche armere.
Alday þai riden & noȝt ne aliȝt ⁘ to don þat ilke cure,   1548   *They ride all day till they come to Mantrible, and on the next morning,*
Til þai come to Mantrible at niȝt ⁘ & wolde abyde þere.
On þe morwenyng wan it was day ⁘ forþ wende þes kynges seuene,
To morymond-ward þay toke þe way ⁘ as he lay ful euene.
Faste þay passede ouer al þe weys ⁘ þey knew ful wel þe cost ;   1552
Ne sparede þay hulles, noþer valeys ⁘ bote prikede forþ with bost.

AS þese frensche men come ryde ⁘ on message fro Charloun,   *as the French ride along,*
Duk Naymes gan be-holde a syde ⁘ & saw hem & hure penoun.   *Naymes espies the Saracens,*
"Mercy god," quaþ naymes þan ⁘ "now buþ we betraied ;   1556   *and says,*
ȝonder y se come many a man ⁘ y-armed & wel araid.
Hit semeþ sarasyns as be siȝte ⁘ þat prikeaþ as wynd & rayn ;
Willeþ we wiþ hymen mete & fiȝte ⁘ oþer ȝe wollaþ turne agayn?"   '*Shall we fight them, or retire?*'
"Sir duk," quaþ Rolond, " what eyleþ þe ⁘ þer ne buþ noȝt xxx" þare ;   '*There are*
Ne .xx". neyþer, ful wel y se ⁘ why makest þou such a fare?   1561   [leaf 21] *not 20 of them,*' *says Roland,*
Mete we with hem on cristes name ⁘ & gowe to hymen afrount.   '*we shall soon tame them.*'
We schulleþ hastely make tame ⁘ alle þilke heþene hound."
Þay prykede hure stedes with hure spores ⁘ & þan þay runne away ;
Ne spared rigges noþer vores ⁘ til þay mette þat pray.   1565
¶ Wan þey come to-gadre neȝ ⁘ & Moradas þe kyng hem mette ;   *When they come near the Saracens Moradas challenges them.*
A cryede to hymen wel an heȝ ⁘ & þus he hymen grette :
"If ȝe lyueþ on þe heþene lay ⁘ Mahoun ȝov saue & kepe :   1568
& if ȝe ben cristene men of fay ⁘ y diffie ȝow al þe hepe."
¶ "Sarsyn," saide duk neymoun ⁘ " haue þou muche maugree,   '*We are messengers,*' *said Naymes.*
We wendeþ on message fram Charloun ⁘ to þe Amyral of nubbee.
Þow scholdest no messager bere a doun ⁘ for al þyn heȝ degree."1572
"Ȝus," quaþ he, " be Seynt Mahoun ⁘ & ȝut y ȝow diffye aȝee.   *Moradas defies them.*
Wolleþ ȝe ȝou defende ⁘ ouþer ȝe wolleþ flen?"
"Ȝea, so god me mende " ⁘ þe duk him sayde aȝen ;
"Hwych of ȝow wil wyþ me fiȝte" ⁘ saide þe Sarsyn þan.   1576
" y am," quaþ Naymes, " al-redy i-diȝte ⁘ a-ȝeyn þe for to gan."   *Naymes accepts the challenge. Moradas says he is too old.*
¶ "Fy," quaþ Moradas, " wat ert þow ⁘ þat telest of me so lyte?
For such a doȝeyne¹ y make anow ⁘ y nolde noȝt ȝyue a myte.
Al for elde ys hor þyn her ⁘ hit semeþ wel by siȝt :   1580
Send me anoþer þat ys my peer ⁘ on him to kyþe my miȝt.

¹ MS. doþeyne.

	A doȝty iolyf bacheler ⁊ a ȝong man & a wiȝt,	
	þat is of body fresch & fier ⁊ wiþ such on wold y fiȝt."	
Then he orders his companions to stand back.	¶ þanne bad he to þe company ⁊ þat wiþ him were þare,	1584
	þat non of hem ne come him ny ⁊ how so it by him fare.	
	"For al þes cristene conquere y schal ⁊ þis day me self al-one,	
	& hymen presenty to þe Amyral ⁊ to-morwe or it be none."	
Roland is indignant, seizes a spear and	¶ Wan Ro[land] hurd him how he spak ⁊ for angre a wax neȝ wod:	
	A tok a spere wiþ-oute lak ⁊ & rod til him wyþ mod;	1589
	"Whar to makest þow al þat bost, Saraȝyn?" Ro[land] sede	
	"Or þow passye out of þys cost ⁊ me self schal do þy nede.	
charges him.	War now of me, ich þe diffie" ⁊ & bar til him is spere,	1592
	And he anoþer tok an hye ⁊ & scherply til him gan bere.	
Their spears are broken,	So harde þay acoupede on hurscheldes⁊ þat broke buþ boþe hure schafte,	
	& þe peces fulle on þe feldes ⁊ þe hedes on þe tre by-lafte.	
and they draw their [leaf 21, back] swords.	Now haueþ þay hure speres tynt ⁊ hure swerdes out þay twyȝte,	1596
	On helmes & scheldes ful many a dynt ⁊ ayþer til oþer areȝte:	
	So harde þey hywe on helm & scheld ⁊ þat þay al to-rente,	
	Me miȝte y-sen in tal þe feld ⁊ how þe sparkes by-fore out-wente:	
	þe cercles þat were on hur helmes set ⁊ of perre y-mad & golde,	1600
	þey bern hem doun wiþ-oute let ⁊ ne miȝt þay noȝt with-holde.	
	What halt hit muche her-of to telle ⁊ to drecchen[1] ous of our lay?	
Roland cleaves Moradas through his helmet.	Ro[land] ate laste wyþ hym gan melle ⁊ & taȝte him a sory play.	
	Roland smot hym on þe helm an heȝ ⁊ & laid hit a doun with mayn,	
	Helm & coyfe ther wyþ a clef ⁊ þorw-out heued & brayn.	1605
	His auentaile ne vailede him noȝt ⁊ þat þe swerd ne clef him þanne,	
	Til it hadde in-to is bodi i-soȝt ⁊ by-nythe is brest a spanne.	
His followers	¶ Wanne his felawes þat y-sye ⁊ þat Moradas þe kyng was ded,	1608
	Loude þay cryede & skryȝte an hye ⁊ " Mahoun wat is þy red?	
	How schulle we now ous selue gye ⁊ now ous lackeþ our hed?	
	þus cristene houndes schulleþ sore abye ⁊ auengy we hym," þay sed.	
charge at Roland to avenge their leader.	¶ Agayn duk Ro[land] þan com þys route ⁊ wyþ hure swerdes drawe,	
	& heweþ til hym al aboute ⁊ to hauen hem þanne a slawe.	1613
Roland	& Ro[land] ȝerne him gan defende ⁊ wyþ durendale is brond,	
cuts Lambrok's head off, and	And sturne strokes til hymen he slente ⁊ þanne wiþ boþe ys hond.	
	Rolond smot þe kyng Lambrok ⁊ wan he was ameued,	1616

[1] MS. dracchen *altered to* drecchen.

In þe necke ⁘ þat wyþ þat strok ⁘ A wypede of his heued.
A-noþer strok þan a gerte ⁘ to Colbrant þe kyng with mayn,
& þorw-out is helm & ys coyfe him herte ⁘ & [al] for-clef is brayn. *cleaves Colbrank's skull.*
¶ þe foure oþre floȝen faste ⁘ wan þay seȝen hem falle, 1620 *The others fly, but the French overtake them, and slay all, save one.*
Ac þys frenschemen an haste ⁘ aȝe requilled hem alle,
& wan þay hadden hymen with-inne ⁘ alle þay sloȝe ⁘ saf on.
On was clouen in-to þe chynne ⁘ another to þe brust-bon ;
þe þridde was styked with a swerd ⁘ þe furthe a-scapede away, 1624
And prykede faste to þe furd ⁘ þar þat þe Amyral lay ;
Til he com to Egremoyne ⁘ neuere þat he ne blan :
þan wente he wiþ-oute ensoygne ⁘ to speke wiþ Balan.
¶ Wan þat þe Ameral y-saw him come ⁘ þilke heþene kyng, 1628
þan way aȝen him haþ he nome ⁘ & askede what tydyng. *The Emir asks what tidings he brings.*
"Certes sire," sayde þe kyng ⁘ "suche tydynges haue y broȝt
þat willeþ lyke þe noþyng ⁘ by þat þow art by-þoȝt.
ȝester day, so mote y thee ⁘ as we ryde forþ ryȝtes, 1632 *The messenger tells*
Wiþ seuen glotouns mette we ⁘ þat buþ of Char[lis] knyȝtes :
Al þyn Messagers þay han a-slawe ⁘ saue me þat am a-scaped, *[[leaf 22]]*
To schewe to þe þorw my sawe ⁘ how þat ous is hapid. *him what has happened,*
¶ þey vij. þe vyage han vndertake ⁘ hiderward fram Char[lis] kyng, *and that the French*
To þe a message for to make ⁘ & hiderward buþ now comyng. 1637 *knights are on their way with a message from Charles.*
Hure wyle miȝt þow now wel ȝylde ⁘ beo þai hider i-come,
Al quike y rede þan let hem hylde ⁘ þe glotouns alle & some."
¶ "Alas !" saide þe Amyral þan ⁘ "now am y broȝt in care, 1640 *The Emir laments his knights and Ferumbras.*
No lengre lyue y ne can ⁘ of blisse y am al bare.
Furst y loste Fyrumbras ⁘ my sone þat was me dere :

L& now haue y lost kyng Moradas ⁘ a knyȝt with oute pere :
And othre kynges manye ⁘ & muche of my socour ; 1644
Now my folkes doþ þus wanye ⁘ y-lost ys myn honour."
Eue we her þan Amyrel ⁘ liggyng in sorwe & care ; *The French knights*
& of þis barouns y wil ȝow tel ⁘ þat to hymward buþ a-fare. *consult.*
Wan þe vj. kynges wern y-sleyne ⁘ & þe vij^e. was a-go, 1648
þan were þay alle in wittes tweyne ⁘ what was best to do.
Duk Naymes þe furste was ⁘ þat spak of þys entent :
"How mowe do, lordes, in this cas ⁘ þat we buþ now y-sent ? *Naymes advises them*
If we goþ now to þe Amyrel ⁘ certis we buþ y-schent. 1652

to return,	Turne we aȝe, y rede wel ! & telle we how it stent."	
but Roland declares he will	¶ "Nay," quaþ Roland to þe duyk ! "þan [wer] we yuele spedde; Leuere me were to han be syk ! liggyng on my bedde.	
	If god send grace my wit to helde ! & my owe lif to saue,	1656
	And durendale my swerd to welde ! by-fore þis as y haue,	
never turn back till he has delivered the message to Balan.	Turne aȝeynward y ne schal ! for no mannis speche, Til y ha spoke wyþ þe Amyral ! whar ich hym euere seche: & lokeaþ ȝe lordes do al-so ! to kepe ȝou out of blame:	1660
	& certis, sirs, bote ȝe do ! ȝe doþ ȝow selue schame.	
He proposes that they	¶ And take we þe heuedes of þys Sarsyns ! & lede we with ous þader; Euerech trossye on at his dyuys ! to þe arsoun of his sadel.	
	we willeþ hym lede forþ boldely ! with ous wiþ-oute affray,	1664
	& if þar is any þat spekeþ oȝt by ! say we it is our pray.	
	& wan we comeþ to þe Amerel ! al-so mot y waxe,	
each present a head to Balan. Naymes dissuades them, but	y schal him presently[1] fair & wel ! þe heuedes alle sixe." ¶ "Ro[land]," quaþ neymes, "why spekestou so? þou ert of heȝe parage, Wilt þou þe selue & ous a slo ! þorw such a fol outtrage ? "	1669
Terry supports Roland, and	" Be dure god," quaþ Terry þo ! " it wil be riȝt god rage, Riȝt as he wil let it be do ! for þat is vassalage."	
[leaf 22, bk] each takes a head.	¶ Euerech of hymen þan tok an hed ! as it dyuysid was, & forþ þay riden wyþ-oute dred ! god help him for is gras !	1672
Naymes	Duk naymes be-fore þaym gan to fonde ! & afferrom lokede þo: þan saw he Mantryble afforn him stonde ! & þe brigge þat lay þar-to.	
points out Mantriblo, and says it is Aigremont.	" By-holdeþ now, syrs," quaþ duk Naymoun ! " þe ȝondre faire Citee: Me þynkeþ þat þat is Egrymoun ! þer we scholden bee."	1677
'Nay,' says Richard, 'it is Mantrible, with its bridge	"Nay," quaþ Richard of normaundye ! " soþely y þe sigge, Hit ys Mantryble þat þow sye ! wyþ þe grete brigge. A þes half Mantrible þe grete Citee ! ys þe brigge y-set,	1680
of marble with sixty piers.	Al of marbre y-mad ys sche ! wyþ a quynte iet. Sixty pers þar buþ þar-on ! þat buth grete & rounde.	
	þe werste piece of hem eechon ! cosnede a þousant pounde.	
	Oppon ech pere þar stent a tour ! enbataild wyþ queynte engynne,	1684
	Twenty knyȝtes of gret honour ! mowe wel beo loged ynne.	
The bridge is 100 yards long.	þe syd walles þat on þe brigge stondeþ ! buþ an hundred pas of lengþe; Bot how dup sche ys no man ne fondeþ ! þe ryuer is so gret of strengþe.	

[1] MS. prensenty.

þe brigge ys of fair entaylle ⁖ on brede fourty fete. 1688 and 40 yards wide.
An hundred knyȝtes wyþ-oute faille ⁖ þer-on affrount mowe mete.
.x. cheynes þar buþ ouerthwart adrawe ⁖ in stedes dyuers y-set, Ten chains are drawn
As heuye as twenty men drogy mawe ⁖ ys euerech wiþ-oute let, 1691 across it.
In tyme of nede þe chaynes buþ bent ⁖ & on othre tymes buþ oundo.
Wo wer him þat wyþ-inne went ⁖ ȝyf he þar hadde a fo.
Oppon þe tour aundward riȝt ⁖ þar stondeþ a iuwel gay, Upon the tower
An egle of gold þat schynaþ briȝt ⁖ so doþ þe sonne on may.
þar is þe wacche y-mad aniȝt ⁖ wyþ sarsyns of gret aray ; 1696 the watch is set.
Many ys þe gode cristene kniȝt ⁖ þat þar haþ be don of day.
þe fairnesse þar-of no man ne wot ⁖ to telle it al on sonder.
þe dotouse ryuer me calt flagot ⁖ þat raply renneþ vnder : The river is called Flagot.
A geant ys maked briggeward ⁖ þat symeþ þe fend to see ; 1700 A giant is keeper of the bridge.
Wyþ an hache an honde heuy & hard ⁖ þe brigge ay kepeþ hee.
þe geant ys so wonderly wyȝt ⁖ and so pereillous on ys pray, So mighty is he that
þat þoȝ þar come an hundred kniȝt ⁖ þar forþ to take þe way,
Bot if þay don as he wol riȝt ⁖ wyþ-oute more delay, 1704
Hastelicho wil he wiþ hem fiȝt ⁖ & don hem out of day. he would be a match for 100 knights.'
for wham he may with þe hache arede ⁖ þoȝ he be i-armed wel,
He clefþ him doun to þe gurdelstede ⁖ ouþer is body þorw echdel."
Euerech til oþer þanne sede ⁖ "ther by-gynneþ luther haunsel, 1708 The French are frightened, but
To don þe Message þat we buþ bede ⁖ to Balan þe Amyrel."
¶ "Lordes," quaþ Ro[land], "now hauy cast ⁖ to speken wiþ þat hounde. Roland says he will tackle the giant [leaf 23]
To knowe ys wil y wil him tast ⁖ & drecchen him a stounde.
Til ȝe alle be wel apast ⁖ & þan iwil him ȝyue a wounde 1712
Wyþ durendal by godes fast ⁖ þat he ne schel neuere be sounde." and slay him.
¶ "Nay," quaþ Naymys, "by myn hed ⁖ so ne schalt þow noȝt ; 'Nay,' says Naymes,
If þou dudest as þou sed ⁖ it miȝte be dure aboȝt.
Ac wan we seeþ him doþ after my red ⁖ & makieþ it noþyng toȝt, 1716 'leave him to me.'
& y wille ouercome þe qued ⁖ wyþ lesynges þat y ha þoȝt."
¶ Alle þay duden þanne assente · to þat ' þat he gan sigge, They agree,
& forþward faste on hure way þey wente ⁖ & entrede on þe brigge. and ride on to the bridge.
þe Briggeward was y-redy ther ⁖ at entre of þe ȝeate, 1720
Wyþ an hol hundred of sarsyns fer ⁖ þat y-armed stode þar-ate. Naymes tries to cross,
¶ Duk Naymes furst gan to entre ⁖ þe brigge aforewarde, but the bridgeward seizes his bridle.
Ac þe Briggeward sone him heute ⁖ by þe brydel harde ;

60   ALAGOLOFURE, THE BRIDGEWARD, DEMANDS TOLL OF THE FRENCH.

[Naymes says]
& sone he askeþ wyþ-oute ensoygne ⸱ wyderward he was boun   1724
"Sir," saiþ naymes, "to Egremoygne ⸱ þys day if me mown."
"Was men buth 3e," sayde he agayn ⸱ "þat comeþ in such aray?"

[they are on a message to Balan.]
"We buþ," quaþ he, "with Charlemayn ⸱ þe emperour, for soþ to say.
To Egremoyne we moste on his message ⸱ to þe Amyral sir Balan.   1728
Let ous no3t of oure vyage ⸱ y praye þe, gode man."

['Ye must first pay a toll,' said the Saracen,]
¶ "3e mote furst," quaþ þe Sara3yn ⸱ "syþþe 3e þyder fondeþ,
For þe truwage make fyn ⸱ þat to þis brigge longeþ."
& N[aymes] hym answerede sone ⸱ "do tel me wat is þe trow,   1732
& ful longe or hit beo none ⸱ þy pees schal wel be dow."
¶ þan Ansuerede þe wardeyn ⸱ "hit is no3t ly3t to fynde,
Ac noþeles y-hure me seyn ⸱ and haue it on þy mynde.

['of 100 maidens,]
Of grete hertes refet at al ⸱ y asky of 3ow an hundred,   1736
& clene maydens faire smal ⸱ al-so manye y-sondred.

[100 falcons,]
An .C. of gyrfacouns y asky bo ⸱ y-muwed ouer 3ere,

[and 100 white steeds; and for each hoof of your horses a carbuncle stone.']
& an hundred of whyte stedes al-so ⸱ þat neuere no sadel bere.
For ech fot of 3our stedes ⸱ þat 3e now rydeþ on,   1740
3e mote al-so her paye nedes ⸱ a charbuncle ston.
Quyclych payeþ þys truwage ⸱ þat 3e hau i-hurd me sigge,
And wendeþ forth on 3our viage ⸱ ouer þys iolif brigge.
& þo3 3e now wolde leue hit ⸱ & turne a3e as 3e come,   1744
For-gon 3ou tidde þerfor 3our heued ⸱ & þer-of nemaþ gome."

[Naymes says it shall be paid, that their baggage is following, and there he will find all he requires,]
¶ "Wel, depardieu," nemys said ⸱ "al þys y knew be-fore,
of Al þyn askynge schalton beo ipaid ⸱ siþþen it nys no more.
Oure harneys comeþ her be-hynde ⸱ wiþ to hundred men araid :   1748
Wiþ hymen schalt þou al þyng fynde ⸱ þat þov hast to ous y-said ;
Gyrfacouns y-muwed & white stedes ⸱ & hertes of gresse y wene ;

[(leaf 23, bk)]
And louely ladies on hure wedes ⸱ maydeyns þay buþ clene.

[and besides, coffers of gold and precious stones. The keeper agrees, and lets them pass.]
þey bryngeþ al-so cofres fyld ⸱ of golde & precious stones ;   1752
Tak y now þer-of wat þou wylt ⸱ and let ous gon at ones."
¶ "y grante wel," saide he þo ⸱ "suþþen þay schulleþ paye."
þe rayne þanne let he go ⸱ & let hem gon hure waye.
After him alle þan toke þe way ⸱ & Ro[land] gan lawe smere,   1756
And lawyng to Naymes gan he say ⸱ þat he was a gret lyere.

[As they cross Roland sees a Saracen leaning over the bridge;]
¶ As þay ouer þe brigge gunne ryde ⸱ Ro[land] him lokede aboute,
A Sarasyn saw he ful of pride ⸱ ouer þe brigge þat lyned oute ;

A boȝ adouṅ on þat tyde ꞉ and cauȝte hym by þe snoute, 1760 *stoops down, and pitches him over.*
& cast him on þe ryuer vnryde ꞉ & folghede þo forþ þe route.
¶ "Alas," quaþ Neymys, "wat man is þys ꞉ alas! why fareþ he so? *'Alas!' says Naymes, 'you will bring us into trouble.'*
Hys heȝe herte & his hardynys ꞉ schel brynge ous alle in wo.
y had leuere þan myn hors y-wys ꞉ were we fayre ago, 1764
Or we wern a-spyed of þys ꞉ god kepe ous fram oure fo!"
¶ þay wern þanne ful sore agaste ꞉ þe Citee to wende þorwgh,
Noþeles þanne þai prikede faste ꞉ til þay wer passed þe borwgh. *They ride on,*
til þey wer comen to Agremouṅ ꞉ neuere þey ne astynte. 1768
& bi-fore þe castel þay liȝte adouṅ ꞉ & at þe ȝeate in þay wente. *and arrive at Aigremont.*
¶ Wyþ a sarsyn þan þai mette ꞉ þus barouns gode & lel,
And askede of him wiþ-oute lette ꞉ war was hure Amyrel. *They enquire where Balan*
þe sarsyn hym answerede þer ꞉ þat faste þar-by was he, 1772 *is.*
Sittynge on a grene erber ꞉ & talkede wyþ kynges three.
¶ "Lorlynges," saide naymes þanne ꞉ "delyuerieþ me þe wryt, *Naymes says*
þat Char[les] sente to sir Balanne ꞉ for y wol presente hit.
y wolde fayne be þe furste ꞉ to tellen him oure message, 1776 *that he will deliver the message;*
Leste þe Amyral don ous burste ꞉ for any of oure outrage."
¶ "Let of, sir duk," Sir Ro[land] sede ꞉ "whar-to spekest þow so? *but Roland says*
þyn herte ys naȝt to such a dede ꞉ me self y wil hit do.
y schal be þe furste of alle ꞉ þat our message schal a-bede, 1780 *he will be the first to tell it,*
Wat so euere þar-of falle ꞉ y ne leuet for no drede
þe lettre þat ys til hym wryte ꞉ takeþ him me, y praye,
& þe heuedes þat we of smyte ꞉ ȝusterday by þe waye;
& als ȝe alle schul sen it wel ꞉ boldelich wil y gon, 1784
& y wil hymen to Amyrel ꞉ presenty vp anon: *and will present the heads to Balan.*
y schal it don apertely ꞉ be god þat me haþ boȝt :
For drede of him ne his maygny ꞉ nel ich spare noȝt."
Al was til hym þo by-take ꞉ be hure commun assent, 1788 *They give him the heads,*
& þat present to Amyral make ꞉ in-to þe erber þan þay went. *and enter the arbour.*
¶ þe A[myral] þan þay founde þer ꞉ conselyngge with kynges þre, *[leaf 24]*
And wyþ hymen a gret power ꞉ saraȝyns of hure meyne,
Ac noþeles þey of fraunce ꞉ affore þe Amerel ȝude 1792
And Ro[land] wiþ sterne continance ꞉ ys message þus gan bude : *Roland delivers his message 'God save Charles'*
G Od þat ys our Sauyor ꞉ þat al þyng knowþ & seeþ,
Saue Char[les] þe Emperour ꞉ & al þat wiþ him beeþ !

and the devil take thee, and all thine.	& þe Amyral þat sittest ther ! þe deuel þe for-drawe,	1796
	And alle þat buþ wiþ þe her ! & lyueþ on þe false lawe :	
	For þou mayntenest þef reyuours ! her ne3 to þyn honde,	
	To gon aboute & robby ous ! þat walkaþ on þy londe.	
Yesterday seven robbers of thine tried to rob us, but they were sadly deceived.'	¶ As we 3usterday at pryme ! hiderward comen cuene,	1800
	on þe gate we mette of þyne ! stronge þeues seuene.	
	þay þo3te ous þar haue be-reyued ! of our hors & of our gere,	
	Ac þay were foule deceyued ! hure heuedes þay lefte there ;	
	& if þou ne mi3t me þar-of ilyue ! be-hold her war þay beeþ."	1804
He throws down the heads,	a caste þe heuedes by-for him blyue ! þat he & hyse hit seeþ.	
	¶ "Herkne 3ut more," said he þan ! " þe cause of oure comyng.	
and says, 'We have been sent to demand the holy relics	We buþ y-sent[1] to þe, Balan ! be Charlis, þe Comly kyng.	
	By ous sente he þe to sayn ! to warnye þe by-forn,	1808
	þe nayles þow scholdest him 3elde a3eyn ! & eke þe croune of þorn,	
	& þe oþre relyqes þat buþ fre ! þat þou hast away y-born	
	Out of Rome ys owe Citee ! & elles þow gest a torn.	
and the five knights.	¶ þou scholdest hym 3elde a3e also ! ys barouns þou hast y-take,	1812
	And out of þy prisoun let hem go ! & for hymen amendes make.	
And if thou refuse we will	& certis he sayþ bote þow do ! after þat is lettre spake,	
	He wol þe chacy as ys fo ! & werche þe sorwe & wrake.	
	Whar ere þou be founde in londe ! of hym þou mi3t be adrad,	1816
take thee' and hang thee.'	for þe ty3d be-take .wyþ honde ! & to parys þou worst y-lad,	
	And thar þanne þe ty3d be an honge ! ys auow he haueþ y-mad.	
	So schel he quyte þe þy wronge ! & þer-of wil y be glad."	
Balan is enraged, swears he will have vengeance,	¶ þe Amyral wax þan wod & wroþ ! wan he haþ herd him speke ;	1820
	& be Mahoun he swor ys oþ ! þat he wolde ben awreke,	
	Of þilke þat slowe kyng Moradas & ys oþre kynges fyue :	
and specially on Roland.	& namlich of him þat so hardy was ! to fore him so to stryue,	1823
	& presenty til him with such outrage ! þay heuedes bi-fore him selue,	
	& so vylenly beode ys message ! & schamy hem in euery helue[2].	
[leaf 24, back] He orders him to stand aside,	He het Roland þan stonde a-side ! ther him self al-one,	
	Til he haude y-herde þat tyde ! þe speche of euerechone.	
	& be Mohoun þan swer þe schrewe ! þat he nolde ete no bred,	1828

[1] MS. of y-sent.
[2] This line at the bottom in the margin :—
for þy schrewed sake as he sayde & to ous spake.

Til he were al to-hewe ⁊ for þe message þat he abed.
"ȝif þow dost so longe faste" ⁊ Rolond to him sede,
"þyn herte þanne wil ouercaste ⁊ & ake wil þyn hede."

¶ Duk neymys com forth þan ⁊ & by-fore Balan ȝude, 1832 *and then Naymes courteously delivers Charles' message to Balan.*
And in þe fairest manere þat he can ⁊ þe Message he gan abude;
"Now list to me, sire Amerant ⁊ & tak it to non outrage,
War-for we buþ to þe y-sent ⁊ þoȝ y telle my message.
Charlys kyng & Emperour ⁊ sente þe to sayne, 1836
þat þou scholdet wyþ honour ⁊ ȝelde vp til him aȝeyne
þe ryche relyqes þat þou toke ⁊ in Rome ys owe Cytee :
& al-so þow scholdest loke ⁊ þat is barons were sent aȝe,
þat þow hast to þy prisoun take ⁊ & liggeþ among hure fone : 1840
& his amendes þou scholdest make ⁊ of þe harmes þou hast him done :
Outher such word he þe sent ⁊ þat he nel neuere a-stynte,
Or he þe habbe wyþ strengþe y-hent ⁊ outher slawe þe with swerdes dynte." *Balan tells him to stand aside till he has heard the others.*
"Wel," said he, "y knowe ys wille ⁊ fairer þou abust þy tale. 1844
Let anoþer ys message telle ⁊ & stond þou þer by þy fale."

¶ þan com forþ hym bi-fore ⁊ Rychard of Normaundye; *Richard of Normandy*
A strong knyȝt & a wel icore ⁊ was he wiþ-oute lye :
"Herkne," said he, "sire Balan ⁊ Amerel of nubbye : 1848 *repeats the message.*
& y wil her as y can ⁊ my message to þe ounwrye.

¶ Charlys þe noble kyng of fraunce ⁊ sendeþ to þe tydynge,
þou scholdest leue þy false creaunce ⁊ & belyue on heuene kynge :
þou also ȝelde him þe croune of thorn ⁊ & ys othre relyqes dere, 1852
þat þou dudest a-way be born ⁊ in Rome thar thay were ;
And eke ys barouns þat buþ y-take ⁊ þow scholdest hem ȝelde aȝeyn ;
And suppe to him amendes make ⁊ for hymen þat buþ y-sleyn.
Outher certis for þy wronge ⁊ he doþ þe now to seyn, 1856
þow worst ful heȝe an honge ⁊ wyþ-inne þes moneþys tweyn."

"Ȝea ⁊ haue þow yuele grace" ⁊ þe Amyral sayde an hye, *Balan*
"þou semest me by thy face ⁊ Rychard of Normaundye.
He þat slow myn owen Eem ⁊ þe kyng of Mandralye ; 1860 *tells him to join Roland and Naymes, and let the fourth tell the message.*
Were þou he by þys leem ⁊ sone þow scholdest dye.
Now haue y herd three of ȝow ⁊ þat wolde i were in bale.
Go thow to þy felawes now ⁊ & þe furthe let telle ys tale."

¶ þan com forþ a doppepeer ⁊ duk Basyn of Genueys, 1864 [leaf 25]

Basyn delivers the message.	& to þe Amyral he wente ner ⁊ & til hym þus he seys: "Wost wat word he þe sente ⁊ Charlis kyng by ous. As þou ne wilt be y-schente ⁊ to ȝelde him his barons, And þe scherpe croune of thorn ⁊ & þe nayles three, War wiþ cristes flesche was torn ⁊ on þe rode tree; & if þou tarie longe ⁊ her-wyþ þou worst y-schent Heȝe þow worst an honge ⁊ such word he þe sent."	1868
Balan tells him to stand aside with Boland, and let another speak, and after him Terry, of Ardennes, a stern, grim man, fiercely repeats it.	"ȝea, trupt" ⁊ quaþ þe Amyrale ⁊ "y set noȝt by þy sawes. let come þe fyfþe & telle ys tale ⁊ & go þou to þy felawes." ¶ Þe duk of Ardane, sire Terry ⁊ sterte forþ on is fet: Wyþ a sturne look & hardy ⁊ is herte was ful gret: Ys berd was long, & al whyt hor ⁊ a was [a] grymly freke. His brest he bend vp as a bor ⁊ & to Amyral gan he speke: "Now list to me, þow Saraȝyn ⁊ þat makest so gret bobaunce, What word þe sende Charlemyn ⁊ þe noble kyng of fraunce. Charlis þe kyng of fraunce ⁊ þe sende þis tydynge, To leue þy false creaunce ⁊ & belyue on heuene kynge; & ȝelde him þou scholdest þe croune of þorn ⁊ & þe nayles three, Hwych þou & þyne away han born ⁊ of Rome is owe Citee; & ek ys barouns þat þou hast y-take ⁊ þou scholdest hem sende a-gayn, & ys amendes fayre make ⁊ for þilke þow hast a-slayn: And ellis for þy wronge ⁊ or come þus monþes twayn, Wel heȝe þou werst an honge ⁊ he sendeþ þe þus to sayn."	1872 1876 1880 1885
Balan is frightened at him,	¶ Þe Amyral herknede hym ful wel ⁊ how he tolde ys tale: A-fryȝt he wax of hym sum del ⁊ so grym a was in gale: "Þow semest bet," quaþ Amerel ⁊ "a deuel gonde in dale, Þan a man of flesche & fel ⁊ so grym þou art a fale.	1888
and asks him what sort of a man is Charles.	Ac noþeles woldy of þe fayn ⁊ wyte wyþ-oute strif, Wat maner man ys Charlemayn ⁊ & how he let his lif."	1892
Terry tells him that he is a noble and religious man,	Terry him ansuerede þan ⁊ at schorte wordes & rounde: "Charlis ys a noble man ⁊ hys nowar is per y-founde: He loueþ god almiȝty wel ⁊ & eke al holicherche.	1896
and that with one blow of his fist he could knock out a man's brains.	Þat day come neuere ne schel ⁊ þat [he] ne wil almys werche. Gode knyȝtes wil he haue ⁊ goynge with hym aboute. Were a her so god me saue ⁊ þan wer þou broȝt in doute; With ys hond a wolde þe ȝyue ⁊ a such on on þe luste	1900

þat al þy breyn scholde clyue ꞉ al aboute ys fuste." [leaf 25, back]
¶ Wan þe Amerel herd him sigge so ꞉ in ys herte wax he wroþ : Balan is angry,
" þou ferly freke," saide he þo ꞉ " of o þyng say me soþ : vows to hang Terry,
And y wer now on þy mastrye ꞉ as þou art her in myne, 1904
Tel me be waye of companye ꞉ how wostou þan do by me."
" By þe cristendom þat y fong " ꞉ quaþ Terry þanne sone,
" þou scholdest be ful heȝe an-honge ꞉ þis day ȝut or none.".
" So schalt þow beo þe self " ꞉ saide þe Amyrel þanne : 1908 and calls the sixth.
" Go stand ther in þat other helf ꞉ & let come þe sixte manne."
¶ þan com forþ a doþþepeer ꞉ Erld Ogier þe Deneys, Then comes Ogier, and
& to þe Amyral he neȝeþ neer ꞉ & til him þan he seys : delivers the message.
" Charlemayn, kyng of fraunce ꞉ sente þe word be ous, 1912
þow scholdest, wiþ-oute more distaunce ꞉ ȝelde him his barouns,
& þe scherpe croune of þorn ꞉ & þe oþere reliqes dere,
þat þow & þyne away han born ꞉ of Rome ther þay were
& cristendom þou scholdest fonge ꞉ & leue þy foule entent ; 1916
& amendie hem of þy wronge ꞉ of al þyng þou hym hast offent.
& if þou tariest oȝt to longe ꞉ þan certis ert þow schent,
He þe wil don heȝe an-honge ꞉ & such word he þe sent."
" y haue y-hurd .vj. of my fon " ꞉ saide þe Amyrelle, 1920 Balan calls for the
" Do let come þe .vij. anon ꞉ and is tale let hym telle." seventh knight.
¶ Wyth þat com sterte þe gode Gy ꞉ þat duk was of Borgoygne, Guy of Burgundy next
þat bore was in normaundy ꞉ y-norschid in Sessoyngne. delivers the message,
He comeþ by-fore þe Amyrel ꞉ & ys message abed him þere, 1924
Riȝt as y ȝow now telle schel ꞉ ȝif ȝe me wolleþ here :
" Charlis, þat is of fraunce kyng ꞉ & of Rome Emperour,
Hoteþ þe þorw alle þyng ꞉ to leuen ꞉ þyn errour ;
& hoteþ þe þat þou for-sake ꞉ þy false god Mahone, 1928
& to cristendom þat þov take ꞉ and belyue on godes sone.
Such word al-so he sendeþ þe ꞉ Charles þe Emperour,
þat þou him scholdest sende aȝe ꞉ ys knyȝtes of honour[1] ;
And ȝelde · aȝe þe croune of thorn ꞉ and the naylles three, 1932
War-wiþ cristis flech was torn ꞉ on þe rode tree ;
& þe other relyqes ryche ꞉ wyche þov him hast y-raft ;
Oþer ellis certis he wil þe syche ꞉ whar þou euere be laft ;

[1] MS. hononour.

FERUMBRAS. F

	& take þe as a proued þef ! an do þe wel heȝe an-honge.	1936
and advises him, if he loves his life,	& þer-for if þy lif is lef ! ne tarie þou noȝt to longe :	
	Y wil þe techen how þow may ! abaty al þys strif ;	
[leaf 26]	& loke þou do as y þe say ! if þou wilt haue þy lyf.	
	Al þy cloþes þou schalt of don ! with wyche þou art y-shrid,	1940
	& eke þyn hosyn & þyn schon ! let don of þer myd ;	
to go barefoot and bareheaded,	Lef þou sengle on þy scherte ! & bar-fot þou most go,	
	Al open-her, & eke oungerte ! and be-for Char[les] com þow so,	
and beg mercy from Charles.	Wyþ a rop aboute þy nekke ! to Char[les] so wend an hye,	1944
	& loke þat þou þan mukly speke ! & to hym mercy crye.	
	& þus schalt þou gete þy pees ! & esye al þy lond :	
	& elles ne wol he neuere cees ! til þow beo broȝt to schond."	
The Emir is fearfully angry, and swears	¶ þe Amyral gan waxe wonder wroþ ! wan he herd him speken :	1948
	By Mahoun þanne swer he ys oþ ! þat sone a wolde be wreken	
	Of hymen þat hadde ys kynges slayn ! & dryuen him so to schonde.	
he will hang them all.	He swor he scholde neuere beo fayn ! til þey were alle an-honge.	
	¶ þe ȝeates were þanne sone y-schet ! & þe draȝt-brige vp y-drawe ;	
	Sone he þoȝte wiþ-oute let ! þus barouns lete don of dawe :	1953
He and his Council	þe Amyral bende ys browes rowe ! & clepede is consaile :	
	Kyng Sortybrant & oþre ynowe ! ther come wyþ-oute fayle.	
consult what is to be done with the knights.	"Barouns," sayd he, "þanne sone ! telleþ me ȝour purpos :	1956
	What is þe beste wyþ hem to done ! þat buþ now her enclos,	
	þat habbeþ þus my kynges slone ! & foule oundo my los?	
	Whar-for to ȝow y make my mone ! eniugieþ ȝe my foos."	
They advise	¶ Sortybrant spak þat word for alle ! wan þat þay were assent :	1960
	"Sleeþ hem wat so þer-of by-falle ! þat is our iuggyment.	
death by torture,	Hastely doþ þey be to-hewe ! & sleeþ hem wyþ such turment ;	
	& so þow schalt hemen alle schewe ! þat þay buþ al mys-went.	
and afterwards to go to Morymond and attack Charles.	& þar-after schalt þow wende ! to Morymond wiþ þyn host,	1964
	And take þe kyng þat is ounhende ! Charlys for al þis bost ;	
	& discoumfitye þar his ferde ! þat wiþ hym dar abyde.	
	þan do an-honge him wyþ þe berde ! Char[lys] for al ys pride.	
	& þus þow schalt a-wreke þe ! of alle þyn enymys."	1968
Balan is pleased, and orders Oliver and the others to be brought	"By Mahoun," þanne sayde he ! "þys ys a god deuys.	
	To my Gayhol goþ anon ! & þe fyue þat buþ ther	
	Bryngeþ hem out euerechon ! to hure falawes her.	

þys day ne wol y on myn halle ⁚ drynke whit wyn ne red,   1972   *that they may all be hanged together.*
Til y [haue] seen þe glotouns alle ⁚ on schentfule deþe be ded."

F Lorippe, his doȝtre þe cortoyse ⁚ in chambre þar sche was,   *Floripas hearing the noise comes to the hall,*
  In the paleys y-hurde noise ⁚ & þyder sone she gas ;
And er sche cam strauȝt in-to halle ⁚ neuere heo ne stente,   1976   *[leaf 25, back]*
& forþ sche þraste among hem alle ⁚ & to hur fader ryȝt heo wente.
By þe hond she tok him euene ⁚ & drow hym by þe oþre helue,
& askede of him what were þay seuene ⁚ þat stode þar by hem-seluc.   *and asks her father who*
¶ "Doȝtre dure," þan saide he ⁚ "as Mahoun me auaunce,   1980   *the knights are. Balan tells her,*
Hit beþ kniȝtes y-sent to me ⁚ fram charlis kyng of fraunce ;
Myne kynges þay han a-slawe ⁚ hyderward as þay come,
& avoweded wel wiþ hure sawe ⁚ & presented þe hedes to me.
And ȝut were þay noȝt apaid þer-by ⁚ bote wolde me greue more,   1984
Hure message þay abode dispitously ⁚ & schamede me ful sore,
Now, dure doȝtere, myn Al-one ⁚ wat ys þy gode red   *and asks her what she advises him*
Wyþ myn enymys for to done ⁚ þat habbeþ ido þis qued?"   *to do with them.*
¶ Þan him ansuerede þat faire mayde ⁚ sleȝ sche was & sad :   1988   *She recommends that they be*
"So þat ȝe þer-of be a-paide ⁚ my red schel sone be rad ;
Doþ þat hy be faste y-bounde ⁚ sonderliche euerechon,
& suþþen y-cast to þe grounde ⁚ euerech by hym on ;
& þanne wyþ swerdes sherp y-grounde ⁚ let hewen hem flesch & bon,   *hewn to pieces.*
þat no lym be laft y-sounde ⁚ & chaste ȝe so ȝour fon."   1993
¶ "By Mahoun, doȝtre," saide he ⁚ "parforny y wol þy red,   *Balan declares he will follow her advice.*
Ne schal no mete synke on me ⁚ or þat þaye beo ded.
& ek hure felawes for wham þay come ⁚ of pryson y wil do fecche,
& þay schulleþ haue þe selue dome ⁚ nel y no lenger drecche."   1997
¶ "Fader," quaþ sche, "let beo þyn haste ⁚ it is wel neȝ þe non,   *Floripas says, 'It is now near noon,*
Hit were ful longe ȝow to vaste ⁚ or þis were al y-don.
Takeþ hem to me al þe hepe ⁚ and goþ ȝe to ȝour mete,   2000
And sykerliche y wil hem kepe ⁚ þe wyle þat ȝe doþ ete.   *I will take care of them,*
After [þe] mete fol wel moȝe ȝe ⁚ al þys þyng ful-fille.   *and after thou hast eaten it can be done.'*
Now, fader, as ȝe louyeþ me ⁚ doþ ȝe as y telle."
¶ "Doȝtre," saide þe Amyrel ⁚ "þy counseil ys god & hende ;   2004   *Balan agrees,*
So tak hem to þe & kep hem wel ⁚ til y to þe sende."
Þan him spak kyng Sortybran ⁚ wordes wel ounkende :   *but Sortybran*
"Þow ert a-sotid, as y am man ⁚ þy doȝtre wil þe schende.

F 2

	By-þenk þe wel of þat brayde ⸵ þat touchide duke Myloun;	2008
warns him that Floripas will betray him, for	How ys doȝtre hym betrayde ⸵ þat hyȝte Saramoun,	
[leaf 27]	Wan sche tok out Godefrayde ⸵ þat was in his prysoun.	
	þe Duk þanne þay yuele arayde ⸵ to deþe þay duste him doun,	
	& she hym wedede after þan ⸵ þat was hure fader fo.	2012
women are not to be trusted. Floripas becomes pale with rage, abuses Sortybran,	Many ys þe manlich man ⸵ þat þorw womman ys by-go."	
	¶ Wanne þat mayde y-hurde þys ⸵ for wraþþe she was neȝ wod,	
	For angre sche wax al pal y-wys ⸵ & spak til him with mod;	
	"Say, þow gadelyng horesone ⸵ lecher, & stronge þef!	2016
	To speke yuele euere ys þy wone ⸵ Mahoun ȝyue þe euele þref!	
	Wy woldest þow letten wiþ þy speche ⸵ þat ys my fader lef?	
and threatens him.	If y may lyue y wol þe teche ⸵ a torn þat schal þe gref."	
Balan quiets her.	¶ "Doȝtre," quaþ Balan, "y þe pray ⸵ now let al þat be stille,	2020
	& tak þys prysouns & go þy way ⸵ for haue þou schalt þi wille."	
	"As ȝe willeþ," sche gan say ⸵ þe barons sche wendeþ tille:	
Floripas leads the knights	"Now comeþ wyþ me," quaþ þat may ⸵ "ȝut haue ȝe her non ille."	
	¶ Wyþ hure þan way forþ þay nome ⸵ þorȝ-out halle & bour,	2024
to her chamber.	Til þay in-to hure chambre come ⸵ þat y-buld was on a tour.	
	Wan þay weren alle yn y-paste ⸵ þe mayde & þay yfere,	
	Florippe het schitte þe dore [faste] ⸵ & welcomedem with gode chere.	
Roland sees Oliver, runs to him, and kisses him.	¶ Roland y-saw erld Olyuer ⸵ & ys herte wax glad anon,	2028
	Wel sone þo he neȝed him ner ⸵ & to hym gan he gon.	
	Ro[land] kuste him louelich ther ⸵ & þonked god al-on,	
	þat he haþ founde him hol & fer ⸵ thar among his fon.	
Oliver enquires after his father.	Olyuer þanne gan a-spye ⸵ what is fader doþ;	2032
	& Roland sayde; "sykerlye ⸵ for þe he ys ful wroþ.	
	þer nis no murgþe þat may him gayne ⸵ y say þe verament,	
	Til he may hure word certayne ⸵ by þe al how it stent."	
	¶ Wan þay were ther alle y-same ⸵ þes doȝopers xij. of fraunce,	2036
Floripas says, that	Florippe þat maide hadde ioie & game ⸵ to sen hure contynaunce.	
	To hem com þan þat iantail may ⸵ & corteisly spekeþ hem tille:	
	'Lysteþ now, Lordes, wat y schal say ⸵ & performyeþ ȝe my wille.	
if they wish to escape, they must promise to do one thing for her.	ȝif ȝe þynkeþ to askape away ⸵ þat my fader ȝow ne spille,	2040
	To me ȝe mote sykery ȝour fay ⸵ my purpos to fulfille:	
	& þat is ⸵ to do me haue a þyng ⸵ þat al myn herte ys on."	
Naymes promises to	"We wolleþ," quaþ Naymes, "be heuene kyng ⸵ so þat we mowe it don;	

So þat þou ous sykerye affore ⁑ to help ous in this clos, 2044 *do whatever she wishes.*
þat non of ous ne beo for-lore ⁑ her among our fos."
Þar-to sche sykerede þanne hure fay ⁑ to help hem be hure miȝte,
In alle wyse þat sche may ⁑ to daye for þar riȝte. [leaf 27, back]
¶ & þanne tok sche þat swete wyȝt ⁑ duke naymes by þe honde : 2048
"Tel me," sche saide, "þy name ariȝt ⁑ as þow art freo to fonde." *She asks Naymes his name.*
Þe duk aunswerede þat mayde free ⁑ humelich & fayre :
"Damesel, certis me clepeþ me ⁑ duke neymys of Bauayre. *He tells her.*
Char[lis] consailer am y pryue ⁑ y-sent on his message." 2052
"By Mahoun, sire," saide sche ⁑ "þou madest an hard vyage."
¶ Þanne to Richard of Normandy ⁑ wente þat burde briȝt, *Then she asks Richard's name;*
& prayedem faire & corteysly ⁑ to tel hure what he hiȝt.
"Certis y wol ȝow telle my name" ⁑ sayde he, "with-oute lye, 2056
In fraunce men calleþ me, ma dame ⁑ Richard of Normaundye."
"Ȝe ⁑ Mahoun," quaþ sche, "ȝyue þe schame ⁑ for þyn oncortesye ! *and reproaches him for having slain her uncle.*
Myn vncle þow slowe a kniȝt of fame ⁑ Corsible of Mantrie.
Ac suþþe þou art now on þis clos ⁑ among þes fair ferede, 2060
y wol þe kepe fro þy fos ⁑ haue þou none drede."
¶ To Rolond þanne tornde þat mayde ⁑ þat was so gret of fame : *She questions Roland next.*
"Ia[n]tail kniȝt," til him sche sayde ⁑ "tel þov me þy name."
"Ful fayne," sayde þe noble knyȝt ⁑ "wil ich, swete dame. 2064 *He tells her who he is,*
Ro[land]¹ my name is callid riȝt ⁑ wan y am at hame ;
And Char[les] suster sone y am ⁑ y-comen of heȝ parage ;
And to þy fader fro him y cam ⁑ to bryngen him message."
Þan hur spak þe² damesel ⁑ "myn herte now waxeþ liȝt, 2068
Þat þyng now hope y gete wel ⁑ on wham myn herte ys piȝt."
Wel corteysly þanne aboȝede she ⁑ & to help hure gan him praye.
"Tel me þy wil," þan sayde he ⁑ "& y wol do what y maye." *and asks what he can do for her.*
¶ Þan hure spak þat burde briȝt ⁑ "herknyaþ my chesoun : 2072 *Floripas tells him she loves Guy of Burgundy,*
In Charlis companye ys a knyȝt ⁑ as fers as any lyoun ;
Gwy of Borgoygne ys name ys riȝt ⁑ y-called in euery toun ;
On hym for-soþe my loue ys liȝt ⁑ for he ys god baroun.
Wan þat my fader sire Balan ⁑ be-segede Rome Citee, 2076 *since she saw his prowess at Rome.*
Þar saw y þat doȝty man ⁑ to done a dede free :
Lucafer þe kyng of Bandas ⁑ a strong kyng of renoun,

¹ [Duk] Roland my name is riȝt.   ² [þat] þe.

FLORIPAS AND GUY ARE BETROTHED.

In a stede y-armed was ﴾ & rod to þat baroun.
Lucafer egrelich wyþ a spere ﴾ mette hym in þe feld, 2080
& Gy þe strokes awey gan bere ﴾ manliche with ys scheld.
Gyoun þanne adrow is brond ﴾ & ȝif him a strok with mayn,
þat hors and man a-doun it wond ﴾ & leye þer on þe playn.
Riȝt fro þat day in-to þis ﴾ myn herte haþ he y-raft. 2084

[leaf 28] y-now y hadde of ioie & blys ﴾ were his to me-ward laft;
Wolde he be my worldly make ﴾ & wedde me to wyue,
For his loue wold y take ﴾ cristendom þanne blyue.
As þow art a trewe knyȝt ﴾ & for doȝty baroun y-knowe, 2088
Help me to haue þat worldly wyȝt ﴾ & y[1] wil ben is owe."

Roland laughs, says he knows Guy well, and that he is close to her at the moment.

¶ Rolond aunswerede hure & low ﴾ "dame, by god of heuene,
y knowe Gyoun wel ynow ﴾ he ys my cosyn euene;
Fuliche ne is he noȝt now fram þe ﴾ vj fet y-mete in brede." 2092
"For þy cortesye þan ȝif hym me" ﴾ F[lorippe] to hym sede.
"Dame, þy wille schal be don ﴾ as y am trewe kniȝt.

He tells Guy to take her, but Guy refuses without Charles' consent. Floripas is enraged.

Com now forþ, sir Gyon ﴾ & tak þys burde briȝt!"
þan Ansuerede þat baroun ﴾ þat wyuy nolde he noȝt, 2096
With-oute assent of kyng Charloun ﴾ þat had him vp i-broȝt.
¶ Wan þat maide hym vnderstod ﴾ on herte she wax ful wroþ:
For angre sche braid hure wel neȝ wod ﴾ & by Ma[houn] swor hur oþ,
þat bote if Gy to wyue hure take ﴾ þat sche had loued so longe, 2100
Ecchone þay scholde for is sake ﴾ or euene beo an-honge.

Roland persuades Guy,

¶ þan hym spak duk Roland ﴾ to Gy[2] ys cosyn free,
"Tak thys damesele by þe hand ﴾ as þow louest me."
"As þow wolt y wol done" ﴾ saide þe kynde kniȝt. 2104

and they are betrothed.

By þe hond þanne he tok hur sone ﴾ & be-treuþede þat swete wiȝt.
þan wern þay glad boþe ȝonge & olde ﴾ & comforted wel apliȝt:

Floripas

& Flo[rippe] hure handes gan vp holde ﴾ & þankede god almiȝt:
"Lord," sche saide, "y þanky þe ﴾ þat al þyng sest & wost, 2108
now þou hast y-sent to me ﴾ þat þyng i louede most.

says now she will be baptised.

& now wil y for þe loue of hym ﴾ my false fay for-sake,
& eke my fader and al my kyn ﴾ and cristendom to me take."
Loueliche þay wente to-gadre þo ﴾ & cussede i-same an haste, 2112

---

[1] MS. & ﴾ & y.   [2] to [Gyoun].

FLORIPAS PRESENTS THE HOLY RELICS TO THE FRENCH KNIGHTS. 71

To fermye loue by-twene hem two ! & to makye hem stedeuaste.[1]
Wan þat F[lorippe] þat swete þyng ! so y-comforted was ⎫
A dore sche openeþ & let hem in ! in-to a pryue plas.   ⎭ a.

Then Floripas

War sche tok out of a shryn ! araid of riche golde,   2116 *brings out*
þe relyqes preciouse & fyn ! þat y ȝow ere-of tolde.
Furst sche tok out þe croune sterk ! þat crist on is heued let ; *the crown of thorns,*
& suþþe þe nailles þat wer scherp ! þat percede him honde & fet ; *and the nails,*
þan after sche tok a cloþ of gold ! þat was þer-for arayde   2120 *on a cloth of gold.*
& oppon þat cloþ ase heo wold ! þes reliqes fayre layde.
"Be-holdeþ, lordes," sayde sche þan ! "& buþ now murie & glad ; *[leaf 28, back] 'See here,'*
þis ys þat tresour whar-for ȝe han ! trauayl[2] & tene i-had ; *she says, 'the relics*
Which þat my fader let bere away ! of Rome as ȝe knowe, 2124 *for which you came.*
& haueþ y-kept hit in-to þis day ! euere as for ys owe.
Fyrum[bras] þat my broþer ys ! to me þys þyng be-toke,
& be-fore al þyng bad me kepe þys ! & faste hit her by-loke.
& now ȝe haueþ þar-of a siȝt ! & whar hit is y-knowe.   2128
Wyþ ȝow ȝe take hit be day or nyȝt ! & holdeþ hit as ȝour owe. *Take them now and keep them.'*
¶ þis barouns þanne hir þankede alle ! wan þay y-knewe hir wille ; *The knights*
& Adoun þay gunne[3] falle ! knelyng on þe erthe stille.
þay worschepede hem þanne with al hure miȝt ! & kussedem euerechone ; *worship the relics,*
& þan wente sheo þe burde briȝt ! & tok hem vp anone,   2133 *and then replace them in their*
& laide hem in-to þe schryn aȝeyn ! & dude hure þar sche was. *shrine.*
þan were þys lordes glad & feyn ! & þankede godes gras,
þat þay hadden founde þore ! þe relyqes ryche and fayre, 2136
For whicche þay hadde þar byfore ! ben in gret dispayre.

Now leue wil y þis matere ! of þys Barouns stille,
   And turne aȝeyn þar y lafte ere ! & of þe A[myral] y wil telle. *Now I will tell of the Emir.*
   þus wyle was he on halle sittyng ! with is puple atte mete, *While Balan*
þan com þer an heþene kyng ! rydynge atte ȝete ;   2141 *is at meat, comes a Saracen*
A wykkeder man þan he was on ! nas non on al hure lawe   *King.*
Many was þe cristene mon ! þat he had broȝt of dawe.
Kyng Lucafer of Bandas ! cleped was he of alle.   2144 *Lucifer of Bandas, is*
he liȝt him doun, & forþ a gas ! spedylich in-to halle, *his name.*
& byfore þe Amyral þanne he goþ ! & by-gan him fort-affrayne

---

[1] [þAn was Florippe on hure bour ! murgher þan sche was, ⎫ b.
    þe barouns sche ladeþ wyþ honour ! in-to a pryue plas.] ⎭

[2] [muche] trauayl.   [3] Adoun þay gunne [eechone].

He asks Balan if it is true that	"Sir," saide he, "ys þis soþ ⁘ on contre þat men sayne ⁘	
	y hurde telle a wonder cas ⁘ suþþen þat y slep uake,	2148
Ferumbras has been taken prisoner.	þat þy son Fyrumbras ⁘ conquerid was & take.	
	þe beste knyȝt of is hond ⁘ oueral he was y-holde	
	þat was knowed in any lond ⁘ for to do dedes bolde."	
Balan says, yes,	¶ "ȝea, for-soþe," quaþ þe Amyrel ⁘ "& þat ys al my tene :	2152
	Taken ys he, y wot it wel ⁘ and y-lost for euere y wene,	
	þys ȝonder day at morymond ⁘ conquered for soþ was hee,	
	With a þef, a cristene hond ⁘ þar many men dide hit see.	
but that his conqueror has been taken with others, [leaf 29]	Hys conquerour ys a bold baron ⁘ & on of Charlys route,	2156
	Ac now lyþ he in my prisoun riȝt ⁘ & oþre mo wel proute.	
	And now buþ come oþre al-so ⁘ vij bolde bachelers,	
	þat han me muche schame ido ⁘ & y-slawe my messagers,	
	Fram kyng Charlis as þay were sent ⁘ to meward on message.	2160
	Ac alle þay schullen sone be schent ⁘ for hure foul outrage ;	
	neuere ne wil y ete more ⁘ or þey be dede echone.	
	þe oþre al-so þat come bifore ⁘ þe same way schulleþ gone."	2163
and are in charge of his daughter.	¶ "Whar buþ þe messagers, y wolde hem sen " ⁘ sayde þe heþen kyng.	
	"In my doȝtere bour þar þay ben ⁘ sche haueþ hem in kepyng."	
'That is foolish,' says Lucifer, 'I will go and see them.'	"By Mahoun," saide Lukafer ⁘ "þat ys wel gret folye ;	
	For wommanes wyt goþ her & þer ⁘ in hymen ys noȝtt affye.	
	By þy leue y wol go ner ⁘ of hymen y wolde aspye,	2168
	Of Charlis purpos wat hit wer ⁘ þat makeþ so gret maistrye."	
Balan gives him leave.	¶ "Go forth," saide þe Amyrel ⁘ "& gret wel my doȝtre dere,	
	& bid hure þat sche wardye wel ⁘ þe messagers þat buþ þere."	
Lucifer hurries to the chamber of Floripas;	Lucafeer turnd him & faste gas ⁘ & spedde him til þe tour,	2172
	þar as Flo[rippe] chambre was ⁘ ibuld wiþ gret honour.	
	He put him-seluen on a cas ⁘ whar-for agat a schour,	
	þat turnd him þar after to harde gras ⁘ to schennes & dolour.	
	¶ Kyng Lukafer of wham y spake ⁘ was a wykked man ;	2176
	To þe chambre so harde he rake ⁘ þat þyderward he ran ;	
	Ac wan he com þe dore to ⁘ ys herte was so gret,	
he bursts the door in with his foot.	þat he dedeynede to clepe, "oundo" ⁘ bot ran to wiþ is fet :	
	So harde he bot here in þat haste ⁘ þe kyng þat was so strong,	2180
	þat þe henges boþe barste ⁘ & þe stapel þar-with out sprong.	
	& þoȝ þe dore were strong & huge ⁘ wiþ þe strok sche fleȝ	

Out of þe Hokes & fram hir sege ⸵ x. vet y-mete wel neȝ.
¶ Wan Flo[rippe] y-saw þe dore vn-do ⸵ al chaungede hure hew & mod : *Floripas in alarm tells*
To Rolond sche spak & playned him to ⸵ þar-of how it stod ; 2185 *Roland this is her intended husband.*
"þis is he þat fader myn ⸵ ordeyneþ my lord to be ;
In al heþenis ys no Sarsyn ⸵ wikkeder þan is he ;
Wiþ is hond oppon o day ⸵ at rome iu ȝoure Citee, 2188 *At Rome, but for Guy,*
he slow þer þat it y say ⸵ hundredes[1] mo þan þree.
nad[2] my spouse þat her is ⸵ þar i-born him doun
Lyues nolde he haue ilaft y-wys ⸵ no criste man in þe toun. *he would have killed every Christian.*
& now haþ he[3] my dore y-broke ⸵ ous alle in dispyte ; 2192
y pray ȝow þar-fore al þus y spoke ⸵ ys trauail þat ȝe quyte."
¶ Ro[land] answerde þat mayde anon ⸵ & bad sche scholde be stille, *Roland says he'll make him suffer.*
"For þat torn or þat a gon ⸵ ful sore him schal a-grille, [leaf 29, back]
neuere ne brak he dore non ⸵ þat dude him so mykel ille." 2196
With þat com he among is fon ⸵ with a ful wikked wille. *Lucifer feels*
¶ Þar fond he þes lordes alle ⸵ in armure araid ariȝt ; *jealous because*
& F[lorippe] with þe middel smalle ⸵ þat þan was sore affriȝt, *Naymes has Floripas by*
Duk naymes stod next hur by ⸵ & had hure by þe honde. 2200 *the hand.*
þe kyng þar-of hadde envy ⸵ & comeþ by hymen stonde ;
& þoȝ duk naymes were al hore ⸵ he was ful wel ymaked,
ys helm was don of by-fore ⸵ & ys heued was þo al naked ; *He seizes Naymes by*
ys berd was huge & straȝte along ⸵ & Lukefer þo gan taket, 2204 *the beard,*
And wyþ his fyngres þat were strong ⸵ harde gan he schaket.
By þe berde as he hym held ⸵ a askeþ wiþ-oute drede : *and asks him what brings*
"Wannes ert þow, olde cherld ⸵ & what makest þou in þis þede?" *him there.*
¶ "Y am of Bauere," þan saide he ⸵ "& haue þar herytage ; 2208 *Naymes tells him who*
And am Char[lis] consayller pryuee ⸵ y-sent hider in message. *he is.*
& alle þus oþre þat ȝe her see ⸵ buþ lordes of heȝ parage ;
Dukes, & erldis, & barons in fee ⸵ & holdeþ by baronage.
A message ous sente Charlis kyng ⸵ to þamyral þat is so bolde, 2212
& for we told it noȝt at is lekyng ⸵ he pot ous her in holde.
Let of my berd, y pray þe now ⸵ suþþe y haue þe tolde."
"y nelle," quaþ he, "y make auow ⸵ to Ma[houn] þat stont in golde. *Lucifer refuses to let*
Tel me furst by þy lay ⸵ wat doþ ȝour men of fraunce ; 2216 *go till he has told him*
Of hure disport & ek hure play ⸵ what is ȝour mest vsaunce?" *how the Christians pass their*

[1] MS. huddredes.   [2] nad [ibe].   [3] he [her]. *time.*

NAYMES IN A RAGE KNOCKS LUCIFER INTO THE FIRE.

Naymes says first they hear Mass and after

¶ "þe manere of hem," þan sayde he ! " is erly gon to cherche,
& after-ward ech man on his degree ! after his stat þay werche.
þo þat lordes buþ of þe lond ! in som tyme of the ʒere,   2220

some go hawking, some hunting, some to jousts and tournaments; others play chess,

þay takeþ hure facouns faire an hond ! & fareþ to ryuere ;
& Summe a deer honteþ of hem þar went ! & some to fox and hare ;
& to ioustes and tornyment ! wel mo þer wendeþ ofte þare.
þo þat willieþ to leue at hame ! pleyeþ to þe eschekkere,   2224

or draughts,

& summe of hem to iew-de-dame ! & summe to tablere :
Summe þay vseþ a maner of play ! to caste wel a spere ;

and some fence.

And somme for to sckyrme asay ! with swerd & bokelere.
þys buþ þe games of my contre ! þat y þe telle here."   2228
"ʒea ! alle þese buþ noʒt worþ a stre" ! þan saide Lucafere.

'I will teach you one of our games,' says Lucifer.

¶ "We haue a game in this contray ! to blowen atte glede.
þov schalt lerny þat ilke play ! as Ma[houn] me helpe & spede."

He drags Naymes by the beard to the fire,

þan was þer on a chymenay ! a gret fyr þat brente rede,   2232
þan duk drow he be þe berde gray ! & to þe fyr a doþ him lede.

[leaf 30]

¶ þan lawede Ro[land] on Olyuer ! & to hym gan to saye :
"þow schalt sen god game her ! suffrie we hem to playe."

seizes a burning brand and burns Naymes' mouth.

Lucafer þanne tok op an-haste ! þe brennyngest bronde a couþe, 2236
& to neymes-werd blew he so faste ! þat þe fir ful on is mouþe.
"now tak þou þe brond," saide he þan ! " & blowe to me þou fonde."
" y wil," quaþ naymes, "as y can " ! & tok hym of his honde,

Naymes seizes it

Naymes þanne with-oute ʒede ! & hadde þe kyng wiþ-inne,   2240
& to þe schrewe he huld þe glede ! & blew toward is chynne :
So harde leid he þer-on is onde ! þat sone þe lye out rende,

and burns half his beard, Lucifer smites at Naymes,

& in-to ys berd sone it sprong ! & o syde þer-of hit brende.
¶ Lucafer þanne wax neʒ wod ! & drow out a schort fachoun,   2244
& smot to neymys þar a stod ! & þoʒte haue born hym doun ;
Neymes was war & sterte a-syde ! & let þe strok to pace,

who with a blow of his fist kills him.

& with his hand ʒyf him a strok ounride ! wiþ-inne þe neckes space ;
Such on a gurt him with is fuste ! þat sondrede al þe lip,   2248
& ys necke þar-wiþ a-two to-duste ! & ys eʒene floʒe out þar-wyþ.
þat bodi ful doun amidde þe fyre ! with-oute any more delay :
"now rest," quaþ Naymes, "þou proute syre ! þou playest a sory play."

Roland laughs and compliments Naymes.

¶ þan him lawede duk Rolond ! & to naymes saide an haste :   2252
" ʒea faire hure falle þat ilke hond ! þat so can folcs chaste ;

He wende wiþ is ferete ⸵ haue do þe vylonye,
And now is fallen is nytyte ⸵ in-to ys owen eye."
¶ " Syre," quaþ Flo[rippe] " he louaþ þat fyr ⸵ let hym enchaufye ynne,
ȝute naþ he no desyr ⸵ to aryse and go þenne. 2257
For he hopede haf wedded me ⸵ of him he hadde enuye,
þer-for in his iolyte ⸵ he cam to make maystrye."
To Duk naymes saide heo þan ⸵ " leue sir, faire þe falle, 2260 Floripas thanks Naymes for delivering her.
þow hast delyuerid me of þe man ⸵ ich hatede most of alle."
[Now buþ þay delyuered of Lucafer ⸵ hur enymy þat was a schrewe.
 Byfore þes barouns þan Flo[rippe] ther ⸵ hure purpos gan thus schewe.¹]

" Ac lusteþ now alle . what y schal say ⸵ & warny ȝow for ȝour prow ⸵ and then tells the knights her plans.
ȝe buþ her² in yuele aray ⸵ and in gret peril now. 2265
þe Amyrel my fader as he can ⸵ arayeþ him for þe nones, She points out their danger,
To destruye ȝow sone euerech man ⸵ & for-hewe ȝow flech & bones.
þys dom to day y demed³ was ⸵ longe by-fore þe none. 2268
now helpeþ ȝow silue on þes cas ⸵ or' ellis ȝe buþ for-done.
ȝour helmes makieþ alle faste ⸵ hastilich on ȝour heued, and recommends them to arm,
& ȝour scheldes on ȝow ȝe caste ⸵ for noþyng ȝe ne leuet:
Wan þay seþ ȝow armed wel ⸵ þe more þey wil ȝow drede. 2272 [leaf 30, back]
Goþ out⁴ of þis chambre snel ⸵ & doþ now as y rede ;
Secheþ þis paleys ouer al ⸵ boþe in lengþe & brede, and kill all whom they can find.
& lokieþ ȝe ne spare gret ne smal ⸵ þat he ne go to dede,"
¶ þat counseil poȝte hem alle god ⸵ & þanked hur lasse & more. 2276 They
Hure helmes þay duden oppon hure hod ⸵ þey alle þat þer wore⁵
[Wherfor þay duden oppoun hure hod ⸵ hure helmes lasse & more ;⁶] arm themselves,
Hure scheldes on hem fast þai caste ⸵ euerech of þes barouns,
& of þe chambre out þay paste ⸵ as hardy as any lyouns. 2280 and start off
Hure swerdes þan þay a-drowe ⸵ þat wern scharp y-grounde,
& alle þe Sarsyns þay a-slowe ⸵ þat þay afforn him founde. and slay all whom they meet.
þan wente þay in-to þe heȝe halle ⸵ þar þat þe lordes sete,
& poȝte þar to slen him alle ⸵ sittyng atte mete. 2284
Roland cryede an heȝ " mountioye " ⸵ wan he be-huld þay scoute : Roland cries out 'Mountjoy ;'

---

¹ These 2 lines crossed through.
² MS. [Y warne ȝow] ȝe buth [now].   ³ MS. dememed.
⁴ MS. out out.   ⁵ This line written over a line erased.
⁶ This line in margin at bottom of page.

BALAN ESCAPES BY JUMPING OUT OF A WINDOW.

Many sarsynȝ þan huld hem coye � þat raþer wer fers & proute.
Ac þis barouns laid hem on ⁊ wiþ swerdes al aboute,
And to-hewe hem boþe parȝ flechs & bon ⁊ þᵉ moste dol of þe route.

he kills Corsyband;
¶ Ro[land] ȝaf a strok with mayn ⁊ to Corsyband þe kyng,   2289
& clef ys body euene a-twayn ⁊ with þat stronge spryng.

and Oliver slays Coudryn.
Olyuer smot kyng Coudryn ⁊ & gert him in-to þe brayn.
Many was þe proute Sarsyn ⁊ þat þar was þanne a-slayn.   2292
for Al so furde þis xij. barons ⁊ by þat foule[1] hepe,
Also wolde so many lyouns ⁊ among so many schepe.
þe mete þat was ful richly raied ⁊ in disches of golde fyn,
Wel sone it was a-doun i-leid ⁊ & schad was al þe wyn.   2296
þe coupes of gold were treden a-syde ⁊ al with mannis fet,
And alle þe sarsyns þat wolde abyde ⁊ þar þai lore þat swet.

The Sarasens jump out of the windows,
þe Sarasynȝ þat þo wer laft on lyue ⁊ faste þay gunne fle,
& ful out at þe wyndowes blyue ⁊ be twye & ek be three,   2300
& summe fulle out ouer þe wal ⁊ in-to þe dupe dongoun,

over 100 fall into the dungeon, and break their necks.
& breke hure nekkes to pieces smal ⁊ so heȝe þay fulle adoun.
Wel an hundred out þar þraste ⁊ þanne in þilke wyse,
þat wiþ þe fallyng þai to-braste ⁊ & neuere ne miȝte aryse.   2304

Balan flies,
¶ þe day hym was ful neȝ agan ⁊ & come was neȝ þe niȝt,
þan dude þe Amyral Balaan ⁊ turne him to þe fliȝt;

pursued by Roland;
Roland him folghede as wilde & wod ⁊ with is swerd a-drawe,
þat þo al baþid was on blod ⁊ of Sarsyns he haþ slawe.   2308

[leaf 31]
¶ And heȝ dude hym þanne ascrye ⁊ & sayde: "now kep þyn hed,
Torn to me, ich þe diffye ⁊ her riȝt þou schalt be ded."

he jumps out of a window. He falls 20 fathoms into the mud.
þe Amerel vm-til a wyndow ran ⁊ & þar lep out þat syre.
Wel xxᵘ feþme ful he þan ⁊ of dupnisse . vmtil A myre.   2312
Duk Ro[land] after hym slent ⁊ with his swerd to slen him þanne,
Ac on a marbre ful þe dent ⁊ & smot þer-on a spanne.

Roland is wrath at his escape.
Bote wan þᵉ A[myral] was scapid him so ⁊ þat Ro[land] hym[2] ne lauȝte,
Angry wax he þer-for þo ⁊ & þe deuele þan hym betauȝte.   2316
¶ "Felawe," saide sir Olyuer ⁊ "ys he ous now a-scapid?"
"ȝe, for-soþ," saide he ther ⁊ "ac oþer-weys y hadde y-schape hit,
Miȝte ich him ones habbe araȝt ⁊ with my swerd y-grounde;   2319
ys heued schold ich him habbe y-raft ⁊ ouþer ȝeue him depes wounde."

---

[1] þat [mykle].   [2] MS. hyn.

Now habbeþ þes frensche lordes stoute ⁑ conquered þᵉ stronge tour, *Now the French hold the castle;*
And habbeþ a-slawe & dryuen oute ⁑ þe Sarsynȝ with vygour.
þay schutte þe gates & vp þay drowe⁑ þe draȝtbrig al with gynne:
Wolde god þat þay had y-nowe ⁑ of vytailes þer wiþ-inne; 2324
For in þᵉ contre þer with-oute ⁑ vitales geteþ þay none *but they have no provisions.*
Bot if þai moȝe be so stoute ⁑ to geten hem of hure fone.
¶ þe Amyral þat was so riche ⁑ ys falle doun fram an heȝ,
And walwede þanne on þe dyche ⁑ & was y-sowe wel neȝ. 2328 *Balan is nearly suffocated in the mud, and cries for help.*
Ase loude so he þanne miȝte ⁑ to ys men criede he there:
"Helpeþ me, myne men so wiȝte ⁑ & elles y daye here;
Bote if ȝe me helpe vp to drawe ⁑ þe rapere out of þis fenne,
Wiþ colde chile ich worþ a-slawe ⁑ ne go y neuere henne." 2332
¶ Wiþ þat cam renne sire Bruyllant ⁑ þe kyng of mountmirree, *He is drawn up out of the mud,*
& þe kyng of combres, sir Sortibrant ⁑ is conseyler þat was pryuee;
& op þay drowe . sire Balan ⁑ þe Amyral of þe dyche:
þat so on þe fenne þo was by-gan ⁑ þat a semede þe diuel ileche. 2336
Wanne þat he was vppe þo ⁑ & stod oppon ys fet,
for sorwe made he muche wo ⁑ & mornyng eke gret;
& saide: "alas! for Lucafer ⁑ þat was so strong a kniȝt, *and laments for the loss of his knights.*
& for my barons þat wern her ⁑ so noble men &[1] wiȝt! 2340
þe flour of Chyualarie now haue y lost ⁑ [al] for þe loue of one,
In wham y trust to alre most ⁑ & heo me haþ by-gone."
¶ "Sire," þan saide Sortybran ⁑ "y-lif me betre eft-sone, *'Believe me*
Ho þat ne wol bi conseil dan ⁑ som tyme hym schal mone." 2344 [leaf 31, back] *another time,' says Sortybran.*
¶ "By Mahoun," þan swer þe Amyrel ⁑ sykynge al for tene, *Balan*
"Er xv. dawes y wil ful wel ⁑ of hymen y wreke bene.
doþ now & leteȝ myn hornes blowe ⁑ quiclich and anon, *orders his men to*
þat myne men mowe iknowe ⁑ what þay schulleþ don. 2348
þe tour we wollaþ anon asaile ⁑ & awreke ous of our fon." *attack the castle,*
"It is now," quaþ he, "sanȝfaile ⁑ to late þer-to to gon, *but Sortybran advises him to wait till the next day.*
þe day him is a-go ful ny ⁑ y rede ȝut þat ȝe leue
Til to-morwe þat þe sonne be hy ⁑ ne schal hit no-þyng greue. 2352
By þat þy barons wolleþ be come ⁑ & beo assembled here."
"y grante," quaþ þamyral, "al & some ⁑ god counsail is god to lere. *Balan assents.*
Alas ⁑ for my gode felawe ⁑ Lucafer þat me ys wo.

[1] & [so].

	þes frensemen him habbeþ a-slawe ⸵ now wot y wel it ys so.	2356
	Ac to Mahoun y make auov ⸵ to wham ys al my chere,	
	To morwe we wolleþ with strengþe y-now ⸵ by-gynne þe sege here ;	
	& fro þat time¹ she ys by-gunne ⸵ ne schal heo neuere be laft,	
	Til þe tour aȝen be wonne ⸵ wiþ strenþe ouþer be craft.	2360

He vows vengeance on the French and Floripas.
& þan schulleþ þay þeues stronge ⸵ þat þus me habbeþ agreued,
Beo to-drawe and eke an-honge ⸵ & al-so for-gon hure heued.
& my doȝtre þe foule scoute ⸵ þanne schal heo beo for-brent,
For hure couyne to-ward þat route ⸵ & hure anbettyment. 2364
þey móte nedes wiþ-oute faile ⸵ sone ȝeld op þe toure
For þay ne haueþ noȝt vytaile ⸵ to lyue with dawes foure.
Of Charlemeyn ne his ferede ⸵ nabbeþ þay non help, y legge ;
y knowe it wel he wol drede ⸵ Mantryble for þe brigge." 2368

Next morning the Saracens assemble.
Amorwe be non þyder wern .y-come ⸵ so many Sarsynȝ wyȝte,
þat þe feldes wer keuerid alle & some ⸵ with scheldes & helmes briȝte.
þe Ameral þyderward haþ him nome, to þᵉ feldeward þan ful riȝt ;
& wan he sawe þat huge trome ⸵ his herte anon gan lyȝte. 2372

The Emir tells them what has happened.
þan þe Amiral hem tolde with tristour ⸵ by him how [it] is y-went
& of þis barons on þe tour ⸵ how þay him habbeþ y-schent.

The Saracens swear to avenge him.
þay sworen þanne ȝunge & olde ⸵ to hym by commun assent,
þe syge scholde be þer iholde ⸵ to ȝer ȝyf nede by stent. 2376
þe sarsyns þan gunne vaste bulde ⸵ hure pauylons þar with-oute.

Their camp is 6 miles round.
þe logyng of þat gret host fulde ⸵ vj. mylen to gon aboute.
Now god helpe þe frensche men ⸵ þay aren in grete drede ;
y not how þay schul a-scape þen ⸵ þat hy ne goþ to dede. 2380

The French are not afraid,
Now buþ þus barouns of honour ⸵ al-one þer enclos ;
Wyþ Sarsyns biseged² in þe tour ⸵ an .C. þousand fos ;
Of hem alle þat þar were ⸵ drede had þei none,

[leaf 32] but they are short of provisions. Balan induces Maubyn
[Ac] þe vytailles lacked there ⸵ hwyche were neȝ agone. 2384
¶ þe Amyral clypede to him þan ⸵ Maubyn of egremolee ;
A s[uch þ]ef as he was an ⸵ was non in his regnee.
"Maubyn," saide þe Amyral ⸵ "wolt þou hit vndertake,

to scale the wall, and steal his daughter's girdle,
To steȝe out ouer þe castel wal ⸵ wanne þe nyȝt gynt blake, 2388
& priuyliche stalke in-to hur bour ⸵ my doȝter þat lyþ þere,
& stele þe gurdel of honour ⸵ þat she ys woned to were ?

¹ MS. tine.   ² bisegeged.

& brynge him me hol & sound ! wan þov hast don þy dede;
And þov schalt haue an hundred pound ! of golde for þy mede. 2392
for if y may þat gurdel dure ! fro hure so take away,
To wynne þe tour þan am y sure ! wiþ-inne þis þridde day.
for whyle heo haueþ þat gurdel fyn ! no hunger ne may hem deere. *which is a talisman*
Stel me þe gurdel, gode Maubyn ! ne spare þov for no fere." 2396 *against hunger.*
¶ "Sire, my lord," þan saide þe þef ! " let me þar-wiþ al-one ; *Maubyn agrees.*
y wol do þe haue þat þe ys lef ! to-morwe or it be none.
þis ny3t wil y my myster kyþe ! & do an hardy dede."
þe A[myral] þankede him þanne swyþe ! & sayde "Ma[houn] þe spede !"
¶ Wanne þe day him was afalle ! & tyme was come to walke, 2401
Maubyn toward þe Castel walle ! pryuyliche gan hym stalke : *At night he scales the wall*
Sone he cam out ouer dych ! wiþ wyles þat a coupe,
In al þe werld nas þef him lych ! by norþe ne be souþe. 2404 *(never was there such a clever thief);*
Wan he cam to þe castel wal ! oppon wend he by sle3þe,
Wyþ a laddre of lethere & crokes smal ! sone had he þe he3þe.
Comen ys he wiþ-inne þe tour ! þe paleys he þorw sa3te ;
Atte laste he cam to Florippe bour ! as þe deuel [þan] him ta3te, *he reaches the chamber*
þe chambris dore þat was y-schyt ! sone he haueþ oundo. 2409 *of Floripas; and opens the door with a talisman,*
Wyþ a charme oundude he hit ! and in he¹ wente þo.
And fyndeþ þe barons in bedde ibro3t ! & hymen he charmeþ so, *with which he also charms the knights to sleep.*
þat hy ne my3te a-wakye no3t ! for wele ne for wo. 2412
Wyþ a charme he makeþ fyr ! & a candlee he attendeþ ;
And to haue is desyr ! to Floripe bour he wendeþ.
þanne þe þef by-gan be-holde ! þe chambre al aboute, *He searches for the girdle,*
And fond hure þer þat burde bolde ! liggyng vnder shroute. 2416
Slepyng was þat ladi softe ! þe þef him bar ful stille,
And to & fro wende he ofte ! or he hauede ys wille :
Ate laste þan gurdel he fond ! liggyng at hure hede. *and finds it lying at her head. He puts it on,*
Mahoun he þonkede þan of is sond ! & gurd him wiþ þat wede,
¶ Gy of Borgoyne hure druwerye ! wakyng þe 3ute was hee, 2421
& out at a wyndowe þan gan lye ! þat lay to-ward þe see ;
Of þat host to be-holde þe huge aray ! & of sarsyn3 þe semblee.
þe wyle þe þef þo dude is pray ! þat yuele moste he þee ! 2424
¶ Wan he haueþ þat gurdel so ! mo maystrics wold he fonde ;

¹ MS. he [ys ago].

[leaf 32, back] and then attempts to ravish Floripas.	To lye be þat burde þo3te he þo ! & to don hure schame & schonde.
	þe cloþes þat wern on hure bed ilaid ! araid al wiþ þe beste,
	Alle haþ he wiþ is hondes braid ! dou*n* be-nyþe hure breste. 2428
	þan liþ sche þer, þat swete þynge ! as whit as wales bon ;
	ys feye blod hi*m* gan to pynge ! and ful on hure anon,
	And hent hure by þe middel faste ! & gan to kisse þat free. 2431
Floripas awakes and cries out.	Florippe a-wok and cryde an haste ! "now, lordes, helpeþ me !"
	"Al þy cryyng is on waste" ! saide þe þef a3ee ;
	"y nam of hymen no3t agaste ! þei mowe no3t helpe þe."
Her maids run to her,	¶ Hure damesels wit*h* þat cry a-wakede ! & vp of hure bed þay ras,
	Al affraied þay sterte al nakede ! til hure þar sche was : 2436
but are frightened and run away.	þe þef to hem þan tornd is fas ! þat was so blac so cole.
	þan ru*n*ne þai away & saide alas ! & wende þat deuel he wore.
	By þat had he hur legges ou*n*do ! & saide, "so Mahou*n* me saue,
	Wheþer þov wile now ouþer no ! þy maydenhed schal y haue." 2440
Guy hears her cries,	¶ Gyou*n* þat on þe turet was ! þorw *grace* iherd hure crye,
	he torneþ hi*m* sone fro þat plas ! & þyderward gan hym[1] hye ;
hurries to her assistance,	& wan he saw hi*m* wyþ yule gras ! how he on hure gan lye,
	"þef," saide he, "by godes fas ! a3eld þe, þov schalt dye." 2444
	¶ þan wax maubyn sore afferd ! & lep out of þe bedde ;
	Ac Gy wiþ þat adrow is swerd ! & a strok on hi*m* a ledde,
and cuts Maubyn down.	þorw is heued, chyn, & berd ! þat swerd adou*n*ward fledde,
	& in-to þe breggurdel hi*m* gerd ! þan ful he adou*n* & bledde. 2448
	¶ þan sche spak þ*a*t burde bri3t ! þat al naked was saf hir cerke ;
Floripas thanks him.	"Wel worþ þat hond, my swete wi3t ! y þankie þe for þy werke,
	ne haddest þou come to me now ri3t ! & mad hi*m* of þy merke,
	A schame for euere had he me di3t ! now her al on þe derke." 2452
Guy tells his companions what has happened.	¶ His felawes awakede he þan & tolde ! how he haþ founde a þef
	þ*a*t was come in-to þat holde ! hem alle to repref ;
	& how þe þef þer ri3t scholde ! haue leyen by ys lef,
	Nad he come þo as god wolde ! & distorbed þat myschef. 2456
	& how he haþ sleyn hi*m* a tolde hi*m* al ! þan wo*n*drede þai myche þer
They all wonder how he got in, and what he came for.	How he mi3te come ou*n* þe wal ! & into hure chambre,
	Ac [sikernesse] nad þey non ! his comyng whi yt was,
	But vp þey sterte eu*e*rechon ! & be-held hi*m* on þe fas. 2460

[1] hym him.

þan lai he þar so blac so pych ! ys bodi was neȝ to-hewe.
"þes ys," quaþ Ro[land], "þe deuel ilych! delyuery we ous of þ^e schrewe."
þai leid on him hande þan an haste ! & to þe water gate him bere
& into þ^e see þer him caste ! & bede pleye þere. 2464 *They cast him into the sea; but, alas,*
Alas ! þe tyme þat he was bore ! for þe damage þat þer was þo :
For þo was þe gurdel þat he com fore ! y-lost for euere-mo. *the girdle was on him, and is lost.*
þat gret damage ho may restore ! þat þanne was þar ido.
þoȝ he kyng ouþer Emperour wore ! to litel had he þar-to. 2468
¶ Bote wan þe frensche men vnderȝyte ! by þe gurdel how it was, [leaf 33]
Sory þai wern, ȝe mowe wel wyte ! for þat foule cas. *They are grieved, but since there is no help,*
Ac wan þai seȝe þat of þat þyng ! recuuerer non þar nas,
þay lefte þanne hure mornyng ! & þankede godes gras ; 2472
And confortede þat maide gent ! þat was so faire of siȝte,
And to hure beddes aȝen buþ went ! & rest hem þer al niȝte. *they return to bed.*
¶ Þan erlich oppon þe morwe ! wan þe sonne hure schon, *In the morning the Saracens prepare to attack the castle.*
þe amerel & is host with sorwe ! armede hymen ecchon, 2476
In gode & wel sykere wede ! y-mad of fair entayle ;
And ȝurne þo þai gunne hem spede ! þe frensche men for tassaile.
¶ Þe A[miral] calleþ sir Bruyllant ! þe kyng of mountmyrrecȝ, *Balan calls a Council.*
& þe kyng of Comble, Sir Sortybraunt ! & othre of his pryueeȝ :
"Herknyaþ, lordes of honor" ! saide he, "what is my þoȝt. 2481
Our þef ys slawe on þe tour ! now he ne comeþ noȝt,
If he wer now lyues man ! afore þis had he come."
"ȝea, for-soþ," saiþ Sortybran ! "he is ded or nome. 2484
Let blowe þyn hornes riȝt anon ! we wolleþ assaile þe tour."
"now to," quaþ þe A[miral], "euerechon ! myne barouns of honour."
Hure hornes þai gunne þo to blowe ! ful many at one blaste, *The attack begins.*
þe Sarsyns þanne þyderward drowe ! to assaile þe tour an haste. 2488
Hure engyns þanne þay arayde ! & stones þar-wiþ þay caste, *They hurl stones at the castle.*
& made a ful sterne brayde ! wiþ bowes and arbelaste.
Wel scherpe doþ þay by-gynne ! to assayle þe grete tour ;
Ac þes barons þat buþ wiþ-inne ! defendieþ hem wyþ vygour. 2492 *The knights fear nothing but want of food.*
With stones & tres þat þay cast out ! oppon hure fon þat day,
Mo þan hundred of hure rout ! þay affulde ded on þe clay ; *They kill more than 100 Saracens.*
Of noþyng certis doþ (!) þay drede ! bot of liflode one.
Ac now failled boþe wyn & bred ! vatailles habbeþ þay none. 2496

FERUMBRAS.   G

þe damesels þat woren of gret honour ⁘ for hungre þai fulle y-sowe,

Hunger begins to be felt:
So dude Flo[rippe] briȝt on bour ⁘ whar-for was sorwe ynowe.

Guy of Burgundy proposes to his companions
¶ G[y] of Borgoyne hure nywe spouse ⁘ confortede hir wat he maye;
for hure is herte was angwischouse ⁘ & to his felawes gan he saye:
"Lordes," said he, "ȝe wyteþ wel ⁘ þat we buþ her enclos, 2501
Herde by-syged wyþ þᵉ Amyrel ⁘ & of oþre þat buþ our fos:
And now is this þe þridde day ⁘ þat oure vytails failed;
Our bred, our wyn ys al away ⁘ & harde we beþ asailed. 2504
On myn herte me ys wo ⁘ þat þys wymmen waxeþ feynte,
þey buþ so mate þay mowe noȝt go ⁘ so honger haþ hem teynte.

[leaf 33, back]
& if þat hy among ous here ⁘ for hungre scholde dye,
For ous a gret repref it were ⁘ in euery companye. 2508
Leuere me were, bi god almiȝt ⁘ in my body be wounded sare,
þan to sen þys burdes briȝt ⁘ for hunger þus forfare.
Teche we þar-fore in dede ⁘ þat we buþ men of myȝte,
and do we now on our wede ⁘ & araie we ous to fiȝte. 2512

to make a sortie against the Saracens, toobtain food.
& wende we out of þis stronge tour ⁘ to-ward þe Sarasyns;
And gete we ous vytailles with honour ⁘ among our enymys.
Certis, come we hymen among ⁘ somme [vytaille] schulle we haue;
Ouþer þey schullen don ous wrong ⁘ al so god me saue. 2516
Wat so þei ben þat letteþ ous oȝt ⁘ vytailles þar to vacche,
non of ous ne sparie him noȝt ⁘ strokes þat þai ne lacche.
Teche we þar to oure fos ⁘ þat vytailes gete we konne,
And cesse we neuere of our purpos ⁘ or we ha summe y-wonne, 2520
Wer-wyth þes damesels of honour ⁘ hure lif þar-with mown lede,
Til we haue other socour ⁘ of Charlis and is ferede.

Better it is to die fighting than from hunger.
For betere is ous forto die ⁘ amonges our fos in fiȝte,
þan her-inne clynge & drie ⁘ & daye for hunger riȝte." 2524

Then says Floripas:
¶ þan spak Flo[rippe] þat burde briȝt ⁘ to hymyn euerechone:
"Ful litel ys ȝour god of myȝt ⁘ þat vytailes ne sent ȝou none;

'Had ye worshipped Mahomet, ye would have had food ere now.' Roland asks to see her gods.
Hadde ȝe worschiped our godes free ⁘ as ȝe ȝour han done,
Of vytailes had ȝe had plente ⁘ maugre al ȝour fone." 2528
¶ Roland hure ansuerede & saide ⁘ "damesele, were þat soþ,
We wolde þanne do be rayde ⁘ ȝe þoȝ þay ben ous loþ.
Damesele if ȝe wolde ous lede ⁘ to þe godes of wham ȝe spake
þanne scholde ȝee seen in dede ⁘ what worschip we wolde he[m] make."

FLORIPAS EXHIBITS HER GODS, WHICH THE FRENCH BREAK IN PIECES. 83

¶ Of þat word was sche wel paid ⁀ & þe keys sone sche hente, 2533 Floripas
& with þis lordes þat buþ for-said ⁀ to þe maumerye þo sche wente.
To þe Synagoge wan sche cam ⁀ þe dore heo haueþ oundo, leads them to
þan wei by-fore þan sche nam ⁀ & þay come after þo. 2536 the shrine,
¶ Flo[rippe] drow a ridel þan ⁀ þat stod be-fore þe frount, draws a
þan sawe þay þar Sir Ternagan ⁀ & eke hure god Mahount: curtain and
Iubiter al-so & iouyn ⁀ stode þar hymen by-syde, Termagaunt,
Mahomet,
Jupiter and
& eke hure god appolyn ⁀ araid wiþ grete pryde. 2540 Iouyn
and Appolyn,
¶ þe mametes þat þai seȝen þare ⁀ bi-fore hure aldre siȝt,
Euerchone y-maked ware ⁀ of gold þat schon ful briȝt, all of gold
and precious
y-poudred wiþ stones preciouse ⁀ þat wern þer-on i-piȝt. stones.
þay schyne þer in tal þat house ⁀ so doþ þe candeliȝt. 2544
þan was þar at hure fete ⁀ of encenȝ a fair dentee,
And of balme þat smylleþ swete ⁀ & spycery gret plentee.
¶ "Ihesu lord," quaþ Olyuere ⁀ "fro wan comeþ al þis gold? [leaf 84]
Oliver wishes
now wold it god þat it were ⁀ þar as me self it wold." 2548 he had all
that gold.
¶ þan hym spak sir Richard ⁀ þe duke of normaundie, Richard says
"I kepte no more to my part ⁀ bot iouyn wyþ-oute lye, one would
satisfy him.
y wolde do þar-with to werche ⁀ in Rowan my Citee,
And make newe þe heȝe cherche ⁀ in worschip of þe trynitee." 2552
¶ þanne sayde Duk Roland ⁀ "þe tale to fulfille, Roland
thinks that if
Char[lis] scholde haue þe remenant ⁀ miȝt it be at my wille, Charles had
the rest he
Tharwiþ miȝt he þanne an haste ⁀ restore Rome Cytee, might
þat þamyral Balan waste ⁀ somtyme wiþ ys meygnee; 2556
& do make vp Seynt petris churche ⁀ þat þe Sarsynȝ han yule arayd, rebuild
St Peter's.
And othre gode werkes werche ⁀ þat god schold ben on apayd."
¶ Florippe to hymen saide þen ⁀ "ȝe spekeþ gret folye, Floripas tells
them they
If ȝe doþ as wyse men ⁀ mercy ȝe hem crye, 2560 should pray
to the idols.
& prayeþ hem ȝerne þat hy ȝov spede ⁀ as þay buþ gode and hende,
& alþyng þanne what ȝe ha nede ⁀ to ȝow wolleþ hy sende."
¶ "Damesel," saide duk Gyoun ⁀ "my prayer ys now ido."
"For gode," saide erld Ogeroun ⁀ "so ys myn al-so; 2564 Ogier says
they are
Ac þay slepeþ alle so vaste ⁀ þay mowe ous noȝt y-here : asleep, so
y wil þar-for teche a caste ⁀ to a-wakye hem alle yfere." he'll wake
them.
Ogier Deneys adrow is brond ⁀ & smot to sire Mahound, He breaks
Mahoun to
þat al to pieces he to-wond ⁀ & ful doun on þe grou[n]d. 2568 pieces.

<table>
<tr><td>Oliver smashes Termagaunt,</td><td>Olyuer tok vp ternagan ! & casten aȝe þe wal,
þat legges & armes brek him fram ! in-to peces smal.</td><td></td></tr>
<tr><td>and Richard the other two.</td><td>Richard, þe duk [of] normandye ! a drow is swerd wel fyn,
& al to-hew þe oþre twye ! iubiter & appolyn.</td><td>2572</td></tr>
<tr><td>Roland says those gods are not very strong.</td><td>¶ "Parfay," þan saide duk Rolond ! to þat maide briȝt,
"þyne godes buþ naȝt in hond ! Wel litel ys hure miȝt,
for now þay buþ a-doun afalle ! þay mowe noȝt vp aȝene."</td><td></td></tr>
<tr><td>Floripas is converted and</td><td>"þat is soþ," saide þat briȝt in halle ! "& þat is now wel y-sene,
If ich hem worschipie after þis ! maugre mot y haue.
for þay mowe noȝt her y-wys ' hem-selue fram herme saue ;</td><td>2577</td></tr>
<tr><td>begins to pray to Jesus,</td><td>Ac y by-seche þat god of miȝt ! þat diede on þe rode,
Hwich of marie þat mayde briȝt ! while tok flechs & blode,
Ase wisly as y lyue riȝt ! a[nd] dayde for mannys gode :
þat Sone sum socour to ous diȝt ! & helpe ous of liflode."</td><td>2580</td></tr>
<tr><td>but faints with hunger.</td><td>nad sche þer noȝt of hure bone ! fulich y-mad an ende,
Or heo for hunger had forgone ! hir wit & ek hur mende.</td><td>2584</td></tr>
<tr><td>[leaf 34, back]</td><td>A soȝenyng þanne ful hure oppone ! & gan to walwe & wende.
"Alas!" saide þay euerechone ! "wo is ous for þis hende!"</td><td></td></tr>
<tr><td>Roland lifts her up,</td><td>¶ Ro[land] tok hure vp wel softe ! & conforted hure wat he maye,
& for hure þanne sykede he ofte ! & til þe oþre gan to saye :
"In myn herte me ys wo ! þat our frend gynt feynte ;
Sche is so mat sche may noȝt go ! so hunger hur haueþ enteynte,
& if sche þus among ous here ! for hunger daye scholde,
For ous for euere repref hit were ! for heo is trewe & holde.
Me were leuere, be swete iesus ! beo iwounded neȝ þe dede,
þan to sen hure fare þus ! for defaute of brede.
& now is þe þridde day a-gon ! þat our vitaile gunne to slake,
& bred ne wyn ne haue we non ! þat we hure mowe take,</td><td>2588

2592

2596</td></tr>
<tr><td>and proposes to adopt Sir Guy's advice, and sally out in search of food.</td><td>Hure to conforty wiþ-in þis nede ! ne non of þe burdes alle,
þer-for do we by Gȳ is rede ! & vitailles ous schulleþ falle.
¶ Fare we out of þis castel her ! vnto þe Saraȝyns,
Ous to gete vytailes ther ! amonges our enymys.
& wan we comeþ hem among ! somme schulle we haue,
Ouþer elles þay schulleþ don ous wrong ! al-so god me saue.
What so þay be þat letteþ ous oȝt ! our purchas for to make,
for godes loue ne spariep noȝt ! hure crones þat ȝe ne crake.</td><td>2600

2604</td></tr>
</table>

& if y þys day forþward spare ⁂ Sarasyn ouþer torke,
for euere mot y þan for-fare ⁂ for my dayes werke.
þer-for, lordes, on þys porpos ⁂ let ous now so by-gynne,
þat we mowe þar of our fos ⁂ such vytailes ous y-wynne, 2608
Wer-with þis damesels & we ⁂ mowe oure lyues lede,
Or we mowen bet y-socoured be ⁂ wiþ Char[lis] & ys ferede."
Alle þe oþre barouns free ⁂ assentieþ to þat dede :
Now dure god in trynyte ⁂ grantye hem wel to spede! 2612

All the knights approve of the advice, and quickly arm themselves, and mount.

SOne þanne were þes barouns diȝt ⁂ in ful sykere wedes,
In aketouns, helmes, & brynyes briȝt ⁂ & on styþe stedes.
þe Castel ȝate was opened þo ⁂ & þe draȝbrigge lete adoun,
& were in poynte forþ to go ⁂ þan spak Ro[land] to Naymoun, 2616
& prayde hym tabide þare ⁂ to kepe þat entree,
þe wyle þay made þat ilke fare ⁂ & þyder wer comen a-ȝe.

Roland wishes Naymes to remain and guard the gate,

¶ Neymys answerede & sayde, "nay ⁂ why wiltou me mysbede?
ȝut am y bold in myn aray ⁂ to don a mannis dede." 2620

but Naymes refuses.

"Ȝe," quaþ Ro[land], "by my fay ⁂ þou art wel god at nede,
þow schalt forþ wiþ me þis day ⁂ þe betre þat ous may spede,
And duk Terry her schal leue ⁂ for he ys doȝty man."
Wan Terry hit herde, him gan greue ⁂ bot noȝt ne saide he þan. 2624

[leaf 35] Then Roland orders Terry to remain ;

Wan Ro[land] hit a-perceuede & seȝ ⁂ þat he gan waxe wroþ ;
In is doynge he was ful sleȝ ⁂ & til him sone he goþ.
"Terry," saide he, "as þou art me lef ⁂ ipraye þe on godes name
þat þou ne take it noȝt to gref ⁂ þoȝ þou be laft at hame. 2628
Our on mot nedes leuen her ⁂ to kepe þis entree ;
y pray þe kepet gode vere ⁂ til þat we comen a-ȝee."
Ouneþe Terry wolde assente ⁂ to Abiden for þat nede ;
Noþeles þis lordes buþ for y-wente ⁂ crist of heuene him spede. 2632

he agrees, but with reluctance.

¶ Forþ now prikeaþ þis bolde barouns ⁂ wiþ a wel hardy chere,
Al so fers as any lyouns ⁂ was euerech on is manere ;

The knights sally out.

Wel y-armed on sikere stedes ⁂ hure armure schon ful briȝte ;
Don þay þenkeþ doȝty dedes ⁂ longe or come þe nyȝte. 2636
Toward þe Saraȝynȝ þay prykede faste ⁂ & þe sonne schon ful liȝte.
¶ þe A[myral] a-perceyuede hem þan an haste ⁂ & awondrede him of

The Emir sees them,

þat siȝte ;
Til him þan clipede he Sortybran ⁂ and Bruillant of mountmyrreeȝ :

"Telleþ me," quaþ þe A[myral], "if ȝe can ⸵ what maner men buþ þeeȝ,
þat comeþ hiderward so boldely ⸵ prykynge on·þis grene."   2641
"Hit buþ," quaþ þay "ful sykerly ⸵ frenschemen wiþ-oute wene,
þat buþ now comen out of þe tour ⸵ & þenkeþ with ous to fiȝte,
& for to do þe deshonour ⸵ or we ben fullych diȝte."   2644

and orders the assembly to sound.
¶ "Let blowe oure hornes," quaþ þe A[myrel], " y hote ȝow riȝt a-non,
þat myn host may come with-oute dwel ⸵ to fiȝte aȝen my fon."
þan miȝte men many hornes here ⸵ of latoun y-mad, & bras:

The Saracens arm in haste,
Wel sore þe Sarysyns affraid were ⸵ wan þay herde þat blas.   2648
Hure armes þai toke to hem for fere ⸵ to aray hem in þat cas:
A schrewed lessoun scholde þey lere ⸵ somme of ȝam sone þas:

but are not ready for the French,
¶ þus Barouns fulle on hem ful sone ⸵ or þay wern y-diȝte:
& Ro[land] cride "mont-ioye," anon ⸵ & smyteþ on wiþ miȝte.   2652
þay laid on þanne wiþ herte & wil ⸵ sturne strokes & grete;

who kill more than 1000 of them.
& to hewe þe Sarasyns boþe bok & bil ⸵ here herte blod mad þey swete.
With hure swerdes sherp y-grounde ⸵ þai kuld hem & dude hem wo;
A þousant þay aslowe with-inne a stounde ⸵ & ȝut y wene wel mo.
¶ Wel fauȝt þanne duk Rolande ⸵ wyþ durendale ys swerd adrawe:
He hew of heuedes, armes, & haunde ⸵ of þe Sarasyns þat were on mawe.
And so hym dude þe erld Olyuer ⸵ alle þat he miȝte a-reche,
A kulde hem doun afforn him ther ⸵ & was hure laste leche.   2660
& euerech of al þe frensche ferde ⸵ þar þay bere him so

[leaf 35, back]
þat euerech haþ slawe wyþ dent of swerde ⸵ an .C. with-oute mo,
So þat þe furste schak was ouercome ⸵ of hure enymys.

Clarioun, king of Gryes, comes up with 15,000 Saracens.
Ac þanne com frechs a ferly gome ⸵ Clarioun þe kyng of Gryeȝ,   2664
xv þousant in-to þe feld ⸵ broȝte he of Sarsyn,
Wel araid wyþ sper & scheld ⸵ and in armure god & fyn.
Cosyn was he to Balaan ⸵ ys soster sone a was,
In paynye was þer þan no man ⸵ þat in wrappe þerst sen ys fas.   2668

Roland cries for help,
¶ Wan duk Ro[land] y-saw him come ⸵ with so many men of miȝtes,
To is felawes a cride al & some ⸵ "now helpeþ, hende knyȝtes,
Teche we now wat men we byþ ⸵ & gete ous vytailes here,
þat we mowe ous fede þar-wyþ ⸵ & þe wymen þat buþ our fere." 2672
With þat drow he ys gode swerd ⸵ and to Templer gan he ryde,

cleaves his skull,
& þorȝ þe heued he him gerd ⸵ wyþ a strok þat tyde:
A-noþer a smot þat was him neȝ ⸵ & wel him gan a-rede,

And gurd him fro þat heued an heȝ ! in-to þe gurdel-stede. 2676
þan laid he on wiþ miȝt and mayn ! in eche syde aboute ;
So many he haueþ of Sarsyns slayn ! þat þe oþere by-gunne hem doute *and puts his men to flight.*
& floȝe þanne out of is way ! wan þay knewe ys miȝte ;
So doþ þe larke on someres day ! þe sperhauk þat is in fliȝte. 2680
¶ þan asscriede duk Roland ! sir Berard of moundisdier *Roland then perceives Berard, and challenges him.*
"Berard," said he, "let go þyn hand ! & tech hem þat þou art her,
And by my trowþe fande y schel ! to don al my power,
& ho-so wil noȝt now do wel ! for-sake he þys myster." 2684
¶ þe speche þat Ro[land] to Berard made ! gerte here hertes sprynge,
þay laide on þe Sarsyns strokes sade ! as herde as þay miȝt flynge.
Faste þay foȝte þanne euerechon ! & laide hure fon to grounde,
& to hewe hem boþe flechs & bon ! & ȝaue hem depes wounde. 2688
So many of hem thar had for-heawed ! Roland & is route,
þat al þe feldes poȝte y-strawed ! of dede men al aboute.
¶ þan turde hymen þys bachelers ! & seȝe comynge there *The French see 24 pack-horses loaded with provisions of all kinds,*
xxiiij^{ti} of faire somers ! whiche þat heuy bere, 2692
Wyþ vytaylles boþe gode & fyne ! icharged alle þay worne ;
Boþe wiþ bred & wiþ wyne ! wiþ flour & eke wiþ corne ;
Wyþ grys, & gees, & capouns ! wyþ veneȝon & wyþ oyle,
Wiþ motoun, & bef & bakouns ! and othre gode vytayle. 2696
Kyng heruer of Goran ! þe vitailes hadde y-sent
To þe heȝe Amyral sir Balan ! þyder þanne to present,
Be neȝentene vitaillers ! þat of þat syde were, *driven by 19 attendants.*
þat þanne dryuen þey somers ! to þe A[miral] as y said ere. 2700
¶ Wanne þe frenschemen y-seȝe hem come ! aȝen hem hy toke þe waye, *They slay the escort and*
& by-trappede hem þanne al & some ! to wyte what ladden þaye.
Ac wanne þe barouns it i-knewe ! what þay in lode hadde, 2703
þe Sarsyns þanne þay alto-hewe ! & þe vytailes with hem þay ladde. *carry off the provisions.*
¶ Wyþ þat come out þe Sarasyn[y]s ! þat rathere were noȝt a-raid ; [leaf 36]
xxx. þousant of stoute paynymys ! in armis wel a-said. *Then come 30,000 Saracens.*
þey wern y-armed in-to þe teþ ! & araid wel for þe fiȝt.
Wan þis barouns hymen seeþ ! somdel þay wern afriȝt. 2708
To Duk naymes & Scot Gwylmer ! þan Ro[land] gan to crye : *Roland tells Naymes to drive on the convoy*
"Dryueþ forþ þe vytailles ther ! [ȝond] to dure an hye,¹

¹ to [þe tour] an hye.

BASYN IS KILLED, AND GUY MADE PRISONER.

while he and Oliver protect them.
And y me-self and Olyuer ⁑ wyþ þys oþer part
Wolleþ come be-hynde her ⁑ & kepe þe rereward. 2712
now spede ʒow þat ʒe were ⁑ as ʒe loueaþ ʒour hono*ur*,
Wyþ hors & al þat ilke gere ⁑ wyþ-inne þe ʒonder tour."

The Saracens rally and pursue them.
¶ Alle þe Sarsyns þat were þanne ⁑ by-gunne hem to relye
& after he*m* faste come renne ⁑ & by-gu*n*ne hem to ascrye; 2716
Ac Ro[land] tok his companye ⁑ & let þe Somers pace,
And torneþ to hem-ward boldelye ⁑ to mete hem in þat place.
Nov help hem þe heʒ kyng of heuene ⁑ þat art of miʒtes most!
Ne were þer þo bot kniʒtes neʒene ⁑ to fiʒte aʒen þat host. 2720
¶ þey fulle to-gadre atte laste ⁑ & by-gu*n*ne a newe fiʒt ;
þe barou*n*s layde on he*m* vaste ⁑ wiþ swerd faire & briʒt,
Of alle þe route was þar non ⁑ þat þe frensche a-raʒte ariʒt,
þat þai ne cloue hym flechs & bon ⁑ & dryuen he*m* doun wit*h* miʒt :

The French are hard pressed.
In a playn þat was ful fair & grene ⁑ þat lay þar neʒ þe tour, 2725
þe frensche men to muche tene ⁑ was mad þat harde schour.
¶ þe Saraʒyns þanne atte laste ⁑ wan þey seʒe þat cas,
Glayues scherpe þai gu*n*ne caste ⁑ & dartes y-feþered wiþ bras. 2728

Basyn is killed.
Du*k*ᵉ Basyn, a doþþeper of fraunce ⁑ þorʒ þe heued i-gerd þer was,
& ful dou*n* ded þar by chaunce ⁑ þan saide þe frensche "alas!"

They begin to give way.
¶ Duk Ro[land] & erld Olyuer ⁑ þan þay bleynte a syde,
& so he dude þe gode Ogeer ⁑ & Gy wolde noʒt abide, 2732
For drede of the lancynge þat com ther ⁑ of speres þat fulle ou*n*ryde
þorʒ þat so war-of þᵉ frensche wer ⁑ dysco*m*fyted neʒ þat tyde.
¶ þan cam Clarioun þe sturne kyng ⁑ & loude hem gan ascrye : 2735
"Falleþ on he*m* þai buþ fleoyng ⁑ we schulleþ hem haue an hye."

Guy challenges Clarion.
Gyou*n* turde til hi*m* hys stede ⁑ and sayde þo, "þow schalt lye,
Arst y schal þe make blede ⁑ her riʒt ich þe diffye."

His horse is killed ;
¶ þe whyle þat Gyou*n* drow ys brond ⁑ & þat word had spoke oneþe,
þar com a dart to hym fleand ⁑ & herte his hors to deþe. 2740
þe gode knyʒt þanne hi*m* ful a-non ⁑ and eke ys stede of prys ;
& wel sone þer fulle hi*m* vppon ⁑ an hundred of Sarsyns.

he is taken prisoner.
þan was þar þat stronge barou*n* ⁑ among is fon y-take.
þe Sarasyns dude his helm a-dou*n* ⁑ & maked is hed al nake, 2744
His handes þanne þay toke riʒt ⁑ & layden hi*m* be-hynde,

He is bound,
And ase faste as tweyne miʒt ⁑ wiþ a corde þay dud*e* hi*m* bynde,

And suþþe þe schrewes toke a clout ! to don him more tene,
& byndeþ ys eȝene þar-wiþ about ! for he ne schold noȝt sene. 2748 *and blindfolded.*
¶ þanne made sir Gy. a dulful mon ! & sayde, "welaway,
A, Ihesu lord, wat schal y don ! y am i-lost þis day !
Alas ! Char[les] vncle myn ! & kyng i-crouned free,
Now y knowe wel-a-ffyn ! þy message schendeþ me." 2752
Clarioun saide to þe kniȝt ! "þow syngest an ydel songe,
þis day schaltou ben yuele y-dyȝt ! & to morwe heȝe an honge."
¶ Wan þe oþre barons it wyste ! þat Gy was so y-take,
Wat þay miȝte do þay nyste ! bot gret sorwe þay gun make. 2756 *The knights*
Alle þe vitaylles þay hauede nome ! þan þai lete hem gon,
& gadrede hem to-gadre alle & some ! to help ech oþer anon. *let the convoy go,*
Ac arst erld Olyuer him[1] bi-þoȝte ! wan he hem leue schel, *but Oliver throws*
Of a somer þan he cauȝte ! of wyn a ful barel, 2760 *a barrel of wine,*
& of[2] bred loues three ! y-mad of flour of whete ; *3 loaves,*
& Capouns y-bake al-so tok he ! foure in þilke hete, *four capons,*
& iij. pecokkes y-bake on past ! & a syde of venyȝoun ; *three peacock pies, and some*
& þese vytailles ther haþ he cast ! in-to þe dych adoun, 2764 *venison, inside the moat.*
& to his felaschipe him is adrawe ! wiþ hymen for ta-byde,
Hwich þe Saraȝyns þat were ounmawe ! angryde in euery syde. *The Saracens drive them*
þe frensche men þai hadde y-dryue ; wel neȝ þe tour þat stounde, *back,*
So hard batail þai hadde hem ȝyue ! with wepnes scherp y-grounde.
¶ Ac wan þay neȝede so neȝ hure strengþe! hure hertes spronge vp ageyn, *but they rally.*
þay dryuen hem aȝen an aker lengþe ! þe Saraȝyns in þe pleyn ;
& in þe reculynge þat þay made ! an hundred of hem wer sleyn,
Wyþ sturne strokes þe frensche hade ! ȝyuen him in-to þe breyn. 2772
þe Sarsyns þan lefte þat discoumfit ! & to þe tour þay buþ ago.
Olyuer þe vitails noȝt for-ȝyt ! bot after wente þo.
To þe tour þai come to-gadre an haste ! & spedilich in þey wente, *They retire inside the*
& After hymen made þe gate faste ! & þe draȝbrig vp þay bente. 2776 *castle, and draw up the bridge.*
Sory men þay aliȝten alle ! of hure stedes þan adoun,
For þe meschef þat was by-falle ! on Basyn and Gyoun.
¶ Of þe paleys þan com adoun anon ! Flo[rippe] þat burde briȝt, *Floripas enquires*
& to Rolond sche ys agon ! & askede of him ful riȝt : 2780 *after Sir Guy,*
"War is he, myn owene spouse ! Gyoun, þe gode kniȝt ?

[1] him [wel].   [2] of [bulted].

Now y sen hym noȝt in þis house ⁘ a-gon ys al myn hiȝt."

and when she ¶ "Damesele," said he wiþ-oute faile ⁘ "to sayn soþ of þy make,
Hit ne may beo no consail ⁘ þe Saraȝyns him habbeþ itake, 2784
& Duk Basyn we han y-lore ⁘ among þe Sarsynȝ blake.
& ȝut for Gy me greueþ more ⁘ certis for þy sake."

[leaf 37]
hears of his capture, faints, and
¶ Wan Flo[rippe] of ys takyng herde ⁘ for sorwe sche saide, "alas!"
Sche wrong hur haundes & foule ferde ⁘ & sowened in þat plas : 2788
And wan sche out of sowenyng ros ⁘ loude sche gan to crie :
"Alas ⁘ ys Gyoun wiþ is fos ⁘ alas! for sorwe y dye.

threatens, if Guy is not within 2 days rescued, to give up the castle.
Certis bot y haue Gy aȝen ⁘ wiþ-inne þis dawes twye,
þis ilke tour schal iȝelde ben ⁘ þe þridde day be Marye. 2792
Alas ⁘ heo saide, & welawo ⁘ to longe y lyue in londe,
Now is he . fram me ago ⁘ þat scholdbe myn hosbonde.
Alas! loue, wo dost þou me ⁘ þou sturest al my blod.
Alas! Gyoun þe loue of þe ⁘ wil do me waxe wod." 2796
Wiþ þat ful sche þat burde briȝt ⁘ in sowenyng doun aȝeyn,
And wanne þat maide speke myȝt ⁘ wepynge sche gan to sayn :
"Now ic certis neȝ for-ȝete ⁘ þe Angwys þat i hadde
thre dawes for defaute of mete ⁘ so sorwe me haueþ be-stade." 2800
¶ þan had Ro[land] þe noble kniȝt ⁘ gret pite of þat mayde,

Roland promises to rescue Guy.
And confortede hure wiþ al is myȝt ⁘ & tok hur op & sayde :
"Now damesele, by god almiȝt ⁘ so þow be wel a-paide,
þow schalt him haue to-morwe or niȝt ⁘ þat þe cok hym graide." 2804
¶ To Ro[land] þan sche gan abowe ⁘ almost doun til his fete,
& þankede him wel faire i trowe ⁘ of is confort swete.

Oliver produces the provisions he had taken.
þanne him saide erld Olyuer ⁘ "we buþ in yule aray,
þat we ete any mete her ⁘ þis ys þe þridde day ; 2808
& þus damesels for-werneþ al ⁘ þat me greueþ werst :
& we ous self buþ feynt & pal ⁘ for hungre & for þerst.
Al ȝour mornyng leteþ now ben ⁘ & murȝhere let ous make,
of þys vytailles þat ȝe sen ⁘ whyche y haue y-take. 2812
Her-of mowe we take our fille ⁘ þa wile þai wolleþ leste,
& mo þer-after gete we schulle ⁘ & take we her-of þe beste."
þe othere him þankede þanne anon ⁘ for he was so hende,
And toke þe damesels wiþ hem ecchon ⁘ & in-to þe paleys gunne þay wende. 2816

To þe mete þay set hem þere ! & ete & dronke hure fille.
Now torne we aȝen þar we were ! & of Gy y wil ȝou telle.

ÞE Sarasyns ledeþ forþ Gyoun ! harde & faste y-bounde, *The Saracens conduct Guy*
   To þe Amyralis pauylloun ! þei come wiþ-inne a stounde ; 2820 *to Balan's tent.*
   & by-vore Balan, þe Ameral ! þay hym broȝte an haste,
And Gyoun þanne was teynt & paal ! so longe he hadde yuaste.
Ac of body was he a seemly kniȝt ! of fair schap & of free ;
nas þer nowar yfounde in syȝt ! a fairer man þan hee.   2824
Þe Amerel het hym sone þere ! to tel him al þat cas, *Balan asks him his*
Of wat kyn come he were ! & wat ys name was. *name and race.*
¶ And Gy Answerede wiþ-oute ensoyngne ! as he him stod afforn. [leaf 37, bk]
"Ma calþ me Gyoun of Borgoygne ! in þe contre þat y was born. *Guy tells him.*
Þe kyng of fraunce Charlemayn ! he ys myn vncle riȝt,   2829
Cosyn al-so y am Germayn ! to Roland, þe gode kniȝt."
¶ Þan þe Amyrel saide an haste ! " y knowe þe wel ynow : *Balan recognises*
Hit is twelmonth and more apaste ! to Ma[houn] y make avow ! 2832 *him*
Þat my doȝtre hure loue to þe caste ! & euere suþþe haueþ y-dow.
Hure loue ys mored on þe ful vaste ! & þat me semeþ now, *as the cause of all his*
By-cause of þe now haue y lore ! myn men of heȝe kynne. *trouble,*
& þe ȝond tour me ys wers þer-fore ! & al my tresour wiþ-ynne :
By þe haue y þat deshonour ! tel me þer-for anon,[1]   2837 *and enquires the names of*
Wat men buþ þat buþ on my tour ! & hure names euerechon." *the others.*
¶ " Sire," quaþ Gyoun, " by myn hand ! þat schel y · þe telle fawe : *Guy tells him,*
Ther ys ferst Duk Roland ! & Olyuer his felawe,   2840
And ther ys Berard of mountdisdier ! & Richard of normandye,
And Duk Naymys, & erld Ogier ! & Alorys þe erld of Brye,
& Geffray þe lord of langeuyn ! & eke þe erld Aubry ;
Ther ys al-so the Scot Gwylmyn ! & of Ardan þe duk Tery,   2844
Basyn was þe elleuefþe ! þat ȝe han slawe there,
& y me self was þe twelþe ! y-take amonges ȝow here :
Ac ȝut or come oȝt longe ! & Charlis may ride & gon, *and threatens him with*
Abigge þow schalt þis wronge ! þat þov ous hast y-don." 2848 *vengeance.*
¶ Wyþ þat a Sarsyn cam forþ sterte ! þat souȝte is owene deþ, *A Saracen gives him a*
& wiþ ys fuste harde a gerte ! Gyoun agayn þe teþ, *blow*
Þat endelonges is berde riȝt ! þan[2] ran adoun þat blod ; *on the mouth.*

---

[1] tel þer-for [blif] anon.   [2] [þat rede blode.]

92 SORTYBRAN ADVISES BALAN TO PLACE AN AMBUSH ROUND THE TOWER.

<small>Guy dashes out his brains with his fist.</small>

<small>Balan orders him to be bound, but</small>

<small>[leaf 38] will not have him killed.</small>

<small>Balan calls a council,</small>

<small>Sortybran advises him to take 20,000 men,</small>

<small>and place them in ambush during the night.</small>

<small>Then in the morning hang Guy in front of the castle; if the French try to rescue him,</small>

And þan him wax þat man of miȝt ⸫ for wrappe wel neȝ wod, 2852
þar-fore to ben alto-hewe ⸫ to wreke him wolde he fonde ;
By þe nekke hent he þan shrewe ⸫ & heuid vp ys honde,
& þar-wiþ an þe heued him duste ⸫ & harde gan hit layn,
þat al aboute is grete vuste ⸫ þan wend out al þat brayn. 2856
¶ Þe Ameral þanne gan loude crye ⸫ wan he soȝ him falle :
" Byndeþ þan þef," gan he seye ⸫ " þat schameþ þus ous alle."
Þe Sarsyns þanne on him fulle ⸫ alle wiþ herte grete,
& shrewed-liche þai dede hym kulle ⸫ boþe with honde & fete ; 2860
His cote armure þay alto-drowe ⸫ þat he had him oppon,
& dude him sorwe & schame ynow ⸫ þer ne spared him neuer on.
¶ Þe A[meral] þanne gan crie an haste ⸫ " y hote ȝe sle him noȝt,
Bote byndeþ hym herde & faste ⸫ til y haue my consayl soȝt." 2864
Þe Sarȝynȝ after his heste dide ⸫ ¹Sir Gwy¹ so harde bynde
Þat þe blod barst out þar mide ⸫ at euery nayles ynde.
¶ To hym þan clepede sir Balan ⸫ þe Ameral of nubbee,
Kyng Bruyllant and kyng Sortybran ⸫ ys counseilers pryuee, 2868
& oþre ynowe he dude al-so ⸫ þat come to him wel sone
By þe prysoun he askede þo ⸫ wat was best to done.²
¶ " Sire," sayde kyng Sortybran ⸫ " hast þou gode chere
Þy faire tour to gete aȝan ⸫ wyþ-oute any where, 2872
And þe frensche distruye þat buþ þer-aan ⸫ and þees þat is here ?"
" By Mahoun, ȝea," quaþ balaan ⸫ "þer-of wold y here."
¶ " Þou schalt haue consail god" ⸫ saide þe Sarsyn þo ;
" Tak xx^{ti} þousand men of mod ⸫ ate leste way or mo, 2876
Þat ben doȝty on hure dedes ⸫ & y-diȝt in god armure ;
& loke þay haue faire stedes ⸫ þat ben gode & sure,
Þanne do þat þaye in-buched beo ⸫ to-niȝt how so be-tyde,
In þe wode þat þow miȝt see ⸫ ȝond her fast be-syde : 2880
& þan scholtou don þe forchys there ⸫ by-fore þe castel riȝt,
So þat þay wyþ-ynne there ⸫ y-sen hem vp y-pyȝt,
Þan wollaþ þay wel vnderstonde ⸫ why þat þay buþ diȝt
And to-morwe let þes be þar an honge ⸫ by-for hure alre siȝt. 2884
Y wot ful wel þay buþ so prout ⸫ & of hure dedes ounmawe,
Þat þay willeþ þanne come out ⸫ to rescuwy hure felawe.

¹—¹ [þe gode kniȝt.]   ² [of hymen] wat was to done.

¶ þan schullaþ our men of hem be-war ! & breken out of þe bossche,
& þov wyþ þyne, & be-trappe hem þar ! & take hem at one russche. *they will be taken in the ambush.*
& þus schalt þov wreke þe of þy fon ! & gete þy tour aȝeyn." 2889
"þus conseil is god & schal by don" ! þe Amerel þan gan seyn.
¶ Wel sone dude þe Amyrel ! after ys counseil riȝt : *Balan follows the advice.*
xx þousand Sarsyns araide he wel ! & to þat wode he haueþ him diȝt.
Hure ledere dude he þanne make ! Cornyfer an heȝene kyng ; 2893
& þay hit habbeþ vnder-take¹ ! to parfornye wel þat þyng.

Erly on þe morwetyde ! after þat þay were there,
þe Amyral wolde no leng abyde ! bot þe Galwys let arere ; *In the morning the gibbet is erected, in front of the castle.*
By-fore þe tour y-set þay were ! a litel by-syde a cost, 2897
Noȝt fer fro þen buchyment þere ! & neȝ to ys owen host.
And þanne ordeynde he for drede ! an hundred of Sarsyns stronge,
þat scholde Gyoun þyder lede ! sickerliche,² & hym an honge. 2900
þay hundred Sarsynȝ after his heste ! harde han him bounde, *Guy is led bound [leaf 88, back] with a rope round his neck.*
And þanne aboute ys nekke þay caste ! a rop ful harde y-wounde.
¶ And wan þat aperceuede þe gode kniȝt ! þat a scholde ben an honge,
ȝerne prayhede he to god Almiȝt ! scholde ys soule auonge. 2904
þys schrewede Sarsyns þat wern ounwraste ! þan ladde forþ Gyoun,
To þe Galwis-ward wel faste ! þay enchacede þan baroun ;
& wyþ sturne staues þay him bute ! as þay þo dryuen him forþ, *The Saracens drive him along with blows.*
þat after euerech of hure strokes grute ! ys body al swart y-worþ.
Ac wan Gy y-saw þe galwe tree ! þan gan he wepe stronge : 2909
"Alas !" saide he, "þat y schold see ! þat day to ben an honge.
Alas ! myne felawes war buþ ȝee ! wy tarieþ ȝe so longe ?
Certis bot if ȝe helpe me ! y her daye now wyþ wronge." 2912
¶ Duk Ro[land] þat ys cosyn was ! at a wyndowe out gan lye, *Roland sees the gibbet*
Sone saw he be-fore ys fas ! þe Galwys arered an hye,
And many Sarsyns stonde aboute ! araid on hure gere ;
Wel y-armed was al þe route ! þan wondrede he wat hit were. 2916
Sone clipede he erld Olyuer ! & ys oþre felawes wyȝte ; *and calls his companions.*
And prayed hem alle come neer ! to seen a³ selcouþ siȝte.
And þanne of hymen he gan enquer ! wat þat amounty myȝte,
And wham þay þoȝte an honge ther ! on þe galwys þat þer were diȝte.
¶ þanne answerede duk Naymoun ! & saide on his entent : 2921 *Naymes guesses for*

¹ MS. vnder-takake.   ² MS. sirkerliche.   ³ a [wonder].

whom the gallows is prepared.	"þay wolleþ an honge þar Gyoun ⸵ sone þay han y-ment. Ys cloþynge þai han alle of i-don ⸵ & al naked þar a stent, Bote we him þe rathere helpe mown ⸵ thar he worth y-schent." 2924
	¶ Wan Duk Ro[land] þat soþe y-knew ⸵ þanne sturede al ys blod, ys colour changed & ys hew ⸵ for angre wax he neȝ wod.
Floripas begs Roland to rescue Sir Guy.	Afforn him sone com knely þat may ⸵ Flo[rippe] þat was so god, Hym to helpe sche gan him pray ⸵ for his loue þat daiede on rod: " & harneyscheaþ ȝow with-oute lette ⸵ hastelich þat ȝe be diȝt, 2929 And we wymmen willeþ ȝow fette ⸵ ȝour stedes araid ariȝt."
	"Doþ þanne, damesele, as ȝe sede ⸵" quaþ Ro[land] þat was so wyȝt,
Roland calls his companions to arms.	" & we nulleþ spare for no drede ⸵ to help him with al our miȝt." ¶ " Asarmes !" þanne cride Rolond ⸵ " asarmes, euerechon ! 2933 Gowe army ous wyþ ayþer hond ⸵ þat we wer þar anon."
Hastily they arm.	Hasteliche buþ þay wel y-diȝt ⸵ in gode & syker wede,[1] [1] syker [armure] hwych was clene & fayr of siȝt ⸵ and fyn ynow at nede. 2936 To ech of hem tok þat swete wiȝt ⸵ sunderly þanne ys stede, And wan Ro[land] was on his alyȝt ⸵ to is felawes þanne a sede:
[leaf 39] Roland warns them, as they are so few,	¶ "Lordes vnderstondeþ ȝow ⸵ of wat y am be-thoȝt; We ne buþ [but] ten her now ⸵ & mo ne beo we noȝt. 2940 And of þus Sarasyns þer nys no numbre ⸵ þat ous haueþ by-set, & hy ous wolleþ foule encombre ⸵ bote we ous bere þe bet. þer-for doþ by counsayle ⸵ y pray ȝow in godes name,
to keep together,	þat non of ous to oþer faile ⸵ bot hold ous to-gadre y-same ; 2944 & þat ech of ous on his helue ⸵ do al þat a may, To helpe ys felawe euene him-selue ⸵ among our fon to day, & anpeyny we ous our felawe to fette ⸵ þat ys among ys fos. & slee we hymen þat willeþ ous lette ⸵ to don þar our purpos, 2948 For to ben þar alto hewe ⸵ our non him fancy noȝt. And egreliche y schal hem schewe ⸵ somdel of my þoȝt. And euere draweþ to-ward me ⸵ wanne ȝow nedeþ meste, And y wille ȝour warant be ⸵ þe whyle my swerd wil leste. 2952 And whar any of ȝow be in stour ⸵ haue ȝe þar-of no doute, Y schal ȝow come to socour ⸵ maugre al þe route, And doþ ȝe al-so euery man ⸵ helpeþ other att nede."
Floripas urges them to start,	So þey wolde ⸵ þai sayden þan ⸵ " crist of heuene ous spede !" 2956 ¶ "Lordlynges," saide Floripe þo ⸵ " ȝe dwelleþ her wel longe ;

Bote ȝe þe rathere ben a-go ⁝ my lemman worth an honge."
In-to hure chambre sche rennep faste ⁝ & þat shryn sche broȝte adoun,
And openede hit bi-for hem an haste ⁝ & tok out þat comly croun   *and brings down the Crown of Thorns,* 2961
þat was on cristes heued y-set ⁝ on his passyoun ;
& þay hit cussede wiþ-oute let ⁝ wiþ god denocioun.   *which they kiss,*
And suþþe þay blessede þer with hure face⁝ & set hit hure helmes oppon.
And þan þay hopede by godes grace ⁝ þe sykerloker þay miȝte gon.
þe ȝeates wern y-oppened wyde ⁝ þe draȝtbrigge þay lete falle,   2965   *and they pass out,*
Euerech þanne by oþrys syde ⁝ wenten¹ out fair with-alle.
Floripe, þat maide briȝt & schene ⁝ þe ȝeate þan made faste,   *and Floripas shuts the*
& þe draȝt-brigge drow op aȝene ⁝ wan þay were apaste.   2968   *gates after them.*
¶ þus Frenschemen of douce fraunce ⁝ euene þay toke hure pas,
þe Saraȝyns þo to yuele chaunce ⁝ þar þat þe fourchys was.
By þat was Gyoun vp a-stoȝe ⁝ oppoun þe laddre an heȝ,   *Guy is on the point of being*
& þe rop y-knyt þe tree aboȝe ⁝ & he y-pult out wel neȝ.   2972   *hanged,*
ac Ro[land] with þat cam þyder renne ⁝ sodeynliche on is stede,   *but Roland*
And criede² to þe Sarsynȝ þenne ⁝ "aȝeld ȝow, ȝe buþ dede !"
Wanne þe Sarsyns y-sawe him come ⁝ ful sore þay were affriȝt,
þe hardieste þat were of al þe trome ⁝ polte hem to þe fliȝt.   2976   *puts the Saracens to flight.*
And þan was Gyoun þar y-laft ⁝ in the ladre him-self al-one,   *[leaf 39, back]*
Al ys cloþes were him by-raft ⁝ with Sarsyns þat buþ a-gone.
¶ þe Sarasyns þanne with yule grace ⁝ wel faste þey floȝe away,   *The French*
And our barouns hem gun chace ⁝ as harde as þay may.   2980   *chace them, and slay*
So harde hy hem þanne quaȝte ⁝ fleoyng toward hure host,
þat þe moste part of hem hy caȝte ⁝ & sone abatede hure bost.
Somme of hem þanne þay gerte ⁝ þorȝ þe heued in-to þe tonge,
And summe of hymen þay wer herte ⁝ þorw lyure & þorȝ longe.   2984
Alle þat þo miȝte ben of-take ⁝ wyþ-oute tales mo,
Wel sone hur bred was y-bake ⁝ hure lif-dawes wern ago.
Al þat company was so by-fraped ⁝ among þes frenschemen,
þat among hem alle þar ne ascaped ⁝ ouneþe bote ten.   2988   *all but ten.*
¶ þanne þe Saraȝynȝ at arst brek out ⁝ þat were on þe enbuchyment ;   *The others break out of ambush.*
Kyng Cornyfer & al ys rout ⁝ aȝen hem þanne þay went.
Cornyfer hem gan ascrye ⁝ "cowardes, what hav ȝe ment ?
For ȝour outrage & ȝour maystrye ⁝ ȝe schulle beo now y-schent.   2992

---
¹ [þay] went.   ² MS. And [ascriede].

	Alle ʒe schulleþ beo an honged hye ! wiþ him þat ʒunder stent,
	& hasteliche ʒe schul dye ! aʒeldeþ ʒow, ʒe buþ hent!"
Roland	¶ Wan duk Ro[land] yhurde hym speke ! for angre a wax neʒ wod,
	By-fore ys felawes he gan out-breke ! & modyly til him rod, 2996
smites at him, but the sword glances off his helmet.	And with durendal ys gode swerd ! a strok til him a sente.
	Ac Cornyfer is helm was herd ! & mad þe strok to glente ;
	þan Cornyfer to Roland werd ! a sturne strok gan slente :
Cornyfer cleaves Roland's shield, but does not wound him.	Ac Ro[land] kepede hym fram ys berd ! & with his scheld him hente ;
	bot þorʒ is scheld þe strok him sprong ! and þe schild to-chon, 3001
	ac ys habryioun was ful strong ! it ne miʒte no ferrer gon.
	God þan þankeþ duk Roland ! þat harm hauede he non.
	With þat heuede he an heʒ ys brand ! & sone a ʒaf hym on ; 3004
	Oppon is heued with egre mod ! a strok til him he ledde,
Roland cleaves Cornyfer's skull,	And þoʒ is helm were fyn & god ! þorw-out is heuid it fledde.
	þe dynt was smert & forþ him glod ! & endelong is chyne hym spedde :
	At ys breggurdle þat swerd a-stod ! he ful adoun & bledde. 3008
seizes his horse, and gives it to Guy.	ys stede he sayseþ sone þas ! & forþ-wyþ him awente,
	& til he cam þar galwys was ! neuere he ne astente.
	Gy of Borgoyngne þar afond ! y-blyndfalled, and by-bounde,
	Hondes & eʒene he him ounbond ! þanne with-inne a stounde. 3012
Guy puts on his [leaf 40] clothes	His cloþis leyen þer faste by ! þat Sarsyns him hadde by-nome :
	he shridde him þer-with[1] þan hastely ! & cloþed him al & some[2]
and mounts.	Ro[land] þan tok him with-oute lak ! þe stede he haueþ y-wonne,
	And Gyoun sterte oppon ys bak ! & faire þankedem þanne : 3016
	¶ "Cosyn," saide duk Roland ! "hold þe by my syde,
	Til þow haue armys at hand ! to defendy þe wiþ pryde."
	"Sir," said he, "as ʒe me bereþ ! y wol do loude & stille."
	þe Saraʒyns sone þat cry arereþ ! in tal þat host ful schille, 3020
	And þanne þay prykede[3] among our men ! as þay were wode ;
	Ac hymen[4] duste doun on þe fon ! wiþ swerdes & axes gode.
A fierce struggle ensues.	þanne comencede þat harde fiʒt ! scharper miʒte non bene ; 3023
	Many was þe helm & brynye briʒt ! þat þar was cloue with tene ;
	& many a scheld was þar y-cleued ! & many a man was to-hewe.

[1] [And duden oppon him.]
[2] Over this is written, & Ro[land] to hym ys come & tok him þat stede.
[3] MS. prykedede. [4] MS. by hymen.

of legges & armes honde & heued : sone þan lay ful þe rewe.
Ro[land] hente kyng Saladyn : & duden a dede bolde, 3027 *Roland dismounts Saladin,*
for his armure was riche & fyn : on is lift arm he him gan volde
& plyȝte him of is sadel with mayn : & let go way þat hors :
& wiþ is riȝt hond a-brak is necke a-twayn : & to Gy tok he þat cors : *breaks his neck,*
"Dispoille þis body," þan gan he saye : "& arme þe on ys wede, *and tells Guy to take his*
& þanne hast þou armes gode & gaye : to helpe þe on þis nede, 3032 *arms.*
And y wil kepe þe if y maye : þe whyle þov dost þy dede."
þan was he sone in his araye : & aȝen oppon ys stede.

¶ Wanne Gy was armed & wel an horce : þan sprong vp is herte ;
"Leggeþ on, Lordes," said he, "wyþ force : & smyteþ strokes smerte ; *Guy declares*
And techeþ hem a lessoun of our lay : for þai buþ neȝ be-vapid, 3037
And y schal tech hem wel þis day : þat ych am askapid." *he will teach the Saracens*
Wan þay herde what he spak : grete strokes to hymme þay rauȝte, *a lesson.*
With strengþe þay reculede þat host a-bak : more þan a boȝe-draȝte.
So many of hem þay han for-hewed : as þay reculede aȝeyn, 3041
þat al þe feld semed y-strewed : of Sarȝyns þat þo were sleyn.
Ac þe wyle þat þys was don : oþere araid hem vaste,
xx^ti þousand of hure fon : to fiȝte with hem an haste. 3044 *20,000 more come on.*

¶ Now buþ þus furste discoumfyt : þe frenschemen doþ abyde.
Duk Naymes þan behuld a syt[1] : & saw war þay come ryde, *Naymes advises his*
Al frechs out of hure pauylouns : to hymen-ward wiþ pride. *companions*
þan spak Naymes to þus barouns : & saide til hem þat tyde : 3048
"Lorlynges, drawe toure strengþe bet : & lete we al thys ben,
Ouþer with þus Sarsyns we worþ y-let : þat ȝe her come y-sen.
Were we a litel ner þe tour : þanne nere we in none doute, *[leaf 60, back] to retire*
þar miȝte we take god socour : & þe Sarsyns holde with-oute." 3052 *towards the castle,*

¶ þan spak Ro[land] þe werreour : wordes þat dude auaile :
"What scholde we now don on þe tour : with-oute sum vytayle? *but Roland asks what*
We ne lafte to day þar wanne we wende : neyþer wyn ne bred, *they are to do for food.*
Were we ther we wern y-schende : for hunger we scholde be ded.
Betere ous ys to daye her : worschiply agayn our fos, 3057
þan schamly for to asterue þer : for hungre on þat clos :
& þer-for abyde we ase men : & fiȝte we with hem ȝeare,
& vytaylles we wollaþ maugre hem : gete ous or we fare." 3060

FERUMBRAS.

[1] *siȝt altered to syt.*

"Wel depardieux," quaþ þis barouns ! "ounþank habbe þat spare,
& þat we ne prikie to þe pauillouns ! to chalangie ous summe þare."

They charge the Saracen's tents,
¶ Þanne þay gunne to pryke vaste ! toward hure logyngge,
And þe Sarsyns aȝen hem anhaste ! as harde as þay may flynge 3064
& þan þus doþþepers of fraunce ! torndem to þat ferde,
Boþe wiþ swerd, axe, & launce ! þe[y] mette hem in the berde.

and a fearful struggle follows.
Faste þay layde þe Saraȝyns on ! wiþ swerdes & axes gronde,
& dussched a-doun to deþe hure fon ! a þousand with-inne a stounde.
Þar was cloue ful many a scheld ! & many an helm to-flent, 3069
And many an haberke þat arst wel held ! þan was þer to-rent.

Guy slays all round him.
¶ Gy of Borgoygne þanne a droȝ ! þat swerd þat Saladyn oȝte ;
Many a Sarsyn þar-with a sloȝ ! & is takyngge þanne aboȝte. 3072
He leid on Sarsyns al aboute ! strokes styþe and sterke,
Wham so he smyteþ of þe route ! he ȝyfþ him deþes merke.

Floripas sees the battle from the Tower,
¶ Flo[rippe] with hure damesels stoute ! in þe tour þan sche lay,
And at·a wyndowe loked oute ! & al þis batail y-say. 3076
Wan sche saw hure lef Gyoun ! þat þanne delyured was,
And doȝtyliche dyngede ys foes adoun ! amonges hem as a gas,

and cheers on Sir Guy.
Hure care was gon þanne euerydel ! & toward him sche cryes :
"Wel worþ þat hand þat can so wel ! chastye ys enymyes, 3080
Wer þou, leman, with me her ! riȝt now y wolde þe kysse.
Noþeles now y se þe ther ! recuuered ys al my blysse.
Ȝut schal my fader þe Amerel ! in þy donger falle y-wisse,
& þan schalt þov him acquyte wel ! of al ys shrewidnesse." 3084
¶ "Gy," said ogier þe Deneys ! "herkne a lytel wyȝt ;
Hurst þou noȝt what sche says ! Flo[rippe] þat burde briȝt ?
Al hure herte on þe sche lays ! Gyoun, by god almiȝt,

[leaf 41]
Bote þov hure louye wel alweys ! certis þou dost ounriȝt." 3088
¶ "My herte," quaþ Gy, "gan vp-sprynge ! wanne ich herd hure speke,
y wot it were hure lekynge ! miȝt y-me selue a-wreke.
& so schal y or þe sonne go doun ! haf at hem her an hye."
Þan saide iantail ogeroun ! "smyt on & ich þen-vye." 3092
With þat þay prikede forþ on þe pleyn ! toward þe pauyllouns.
Þo Sarsyns relied hymen ageyn ! & meteþ with our barouns.

The fight becomes still fiercer.
& þanne be-gan þe furthe fiȝt ! a sherper was þer non ;
Þo Sarsyns were to-hewe þar riȝt ! boþe þorȝ flesch & bon. 3096

THE FRENCH CAPTURE A CONVOY OF PROVISIONS. 99

þe frensche laid[1] on wiþ swerdis briȝt ! & laiden a-doun hur fon,
Alle þat þai þan alacche miȝt ! þer na ascapedem non.
¶ Ro[land] laid on wyþ herte god ! in euery syde aboute,
And baþede is swerd in hure blod ! þay gunne him sore doute. 3100 *The Saracen fly before Roland.*
Alle þai floȝen out of is way ! by wich side so he wente,
for non nas founde þat ilke day ! þat miȝte with-stonde is dente.
¶ Gy of Borgoygne to a Sarsyn rod ! þat hiȝte Cursegreyn, *Guy slays the Saracens in*
& wyþ ys swerd þat wel bot ! a gert him in-to þe brayn. 3104 *every direction.*
Anoþer a slow sone on þe plas ! & þan þridde he smyteþ so,
þat helm & heued & al þat þar was ! he clef hit euene a-two.
þan ferthe he smot þan on ys yre ! & set him with al ys mayn,
þat ys hed fleȝ þerfro þe swyre ! ten fet on þe pleyn. 3108
¶ "Cosyn," sayde duk Rolond ! " now þou berst þe wel,
y-blessid be þy gode hond ! & eke þy Damesel.
For suþþe þe tyme þat hure[2] steuene ! com to þyn ere ariȝte,
Hit was no ned, be god of heuene ! to bidde þe for to fiȝte." 3112
Wel longe haþ þys batail dured ! & muche murdre of men þer was,
Al þat þay smyteþ wiþ ax or swerd ! sone to deþe it gas.
¶ Flo[rippe] þat mayde fair & slegh ! at a wyndowe þer sche lay, *Floripas from the window*
To þys barouns sche gradde an hegh ! as ich ȝow telle may. 3116 *reminds the French that the provisions are all gone.*
"Of[3] oþyng, lordes, beo ȝe war " ! til hymen gan she say,
" Newe vytaille to gete ȝou þar ! þe olde buþ al away."
¶ Olyuer herde þe damesel ! & to his felawes he saide a-non :
" Certis þat maide ous redeþ wel ! our profyt for to don." 3120
" Parfay," saide duk Rolond ! " y hurde wel what sche saide.
Go we þer-for wiþ strengþe of hond ! we willen make a braide.
Prike we euene to þe pauylous ! ne spare we noȝt for fere,
Vytailles for to gyten ous ! if þar buþ any þere." 3124
þanne þay prykede forþ with pride ! þis frensche men echone ;
þe Sarsynȝ nold hem noȝt abide ! bot duden hem for to gone. [leaf 41, back]
Ac þus lordes hem gunne to chace ! euene by-fore hire syȝt, *The French chace the*
& duste to deþe riȝt on þe place ! al þat þay atake miȝt. 3128 *Saracens,*
þis barons enchacede hur fon so faste ! with swerdes igronde briȝt,
Til þay kemen atte laste ! to Amyral ys pauyloun riȝt. *as far as the Emir's tent*
¶ By þat wern þe feldes alle ! of þe Sarsyns y-vewdid wel,

[1] [hew] on.   [2] suþþe hure [murye].   [3] [Byþynkeþ] Of.

H 2

& were a-floȝen grete & smalle ! and eke þe Amerel ;   3132
In-to hure pauylons þay floȝe for fere ! & þe barouns poȝte after fare,
& maugre hem alle þat þar were ! haue i-had vytailles thare.

when they see 32 pack-horses
Bote þanne be-hulde þus bachelers ! by-forn hem & seȝen come
Two & þyrty grete somers ! y-charged alle & some   3136

laden with provisions,
Wyþ fair flour y-maked of whete ! & wyþ bred and flechs & wyn,
& oþre vytailles smale & grete ! þat were bothe god & fyn.

escorted by 24 Saracens of Mantrible.
xxiiij. Vytaylers ! of Mantryble þat Sarsyns were,
By-fore hymen dryue þay somers ! þat þanne come there.   3140

¶ Smertly wan þay seyȝ hem come ! aȝen hem þay toke þe way,
& by-trapd hem ther al & some ! to wete what ladden þay.
Ac wanne þay it wiste & knewe ! what þay in lode hadde
þe vytailers þay alto-hewe ! & þe vytailles with hymen þai ladde.

Roland bids Naymes and Terry to drive the convoy within the castle, while he and Guy protect them;
To duk Naymes & to duk Terry ! þan Ro[land] spak & badde,   3145
To dryuen hem by-fore him spedily ! & noþyng þay ne adradde.
þey twyne hit habbeþ vndernome ! þe somers to brynge enclos,
And þei othere to after come ! & to kep hem fram hure fos.   3148
To þe tour-ward þey dude hem drawe ! þes lordes þanne with pride,
& Basyn þay founde þat was a-slawe ! on þe way as þay gun ryde.
þe somers buþ alle forth a-paste ! & at þe tour ȝeate a-stente.
þus othere toke þat cors an haste ! & to þe tour ȝeate þar-wiþ buþ wente.

Floripas admits them.
Flo[rippe] redely was thar-ate ! & let in þuse lordes gente,   3153
And schutte faste aȝen þe gate ! & þe draȝbrigge vp sche bente.

Now habbaþ þus lordes of honour ! y-maked a fair iornee,
And habbeþ wyþ hem þar on þe tour ! of vytails gret plente.

They have provisions sufficient for three months.
Mete and drynke þay han y-broȝt ! ynow for monþes thre,
þan Amyral þanne ne dradde þay noȝt ! for al is grete poste.
þe castel þay poȝte þanne holde ! boldelich with honour,
Til Charlis wyþ is barnye bolde ! come hymen to socour.   3160

¶ To is pauillon y-floȝe was ! þe A[miral] & huld hym there,

Balan holds a council.
& Til hym he clepede in þat cas ! of ys conseyl þay þat were,
& sayde, "lordes of muche honour ! what is ȝour best consaylo
Of þes frenschemen on þe tour ! þat habbeþ oure vytaille?   3164

[leaf 42]
Bred & wyn þay haue y-now ! & flour al-so y-bake,
& fleschs al-so as y trow ! iij monþes hem mury to make.
Wyste Char[lis] þat ys her ny ! by hem nov how it stent,

Wel sone he wolde hem socoury ⁏ & þanne were we schent." 3168
¶ "Syre," saide kyng Sortybran ⁏ "assemble þow þyn host, — Sortybran advises
ȝonder to-ward þe Barbygan ⁏ in þys nexte cost.
þy castel of tre þat hiȝt brysour ⁏ þyder þou do him fette. — the employment of a
& let bryng anon him by-fore þe tour ⁏ with-oute more lette ; 3172 wooden tower.
& pote þer-on · vj hundred men ⁏ þat kunne boþe launce & caste,
& othre þat kunne¹ demayny hem ⁏ wiþ boȝes & arbelaste,
& let þyn oþre Sarasyns ⁏ wan þou hast by-gunne so,
beo be-nethe wyþ þyn engyns ⁏ & teche what þay kunne do. 3176
& þan let þow þyn hornys blowe ⁏ a þousant at o blaste,
& wanne þe frensche men it knowe ⁏ þay wolleþ beo sore agaste.
þe tour schaltou þanne assaille ⁏ wyþ schot & cast of gynne,
& sone wynne him with-oute faille ⁏ maugre hem al wyþ-ynne, 3180
& slen hem ther with strengþe of hant ⁏ & so of hem þe wreke."
¶ þan him answerde kyng Bruyllant ⁏ "of folie dost þov speke. — Bruyllant reminds them that the French are not ordinary soldiers, but the pick of France,
Hit ne buþ," he said, "none Vauasers ⁏ þat buþ þer on þe tour,
Ac it buþ noble bachelers ⁏ of al france þay bereþ þat flour : 3184
þar is with-inne duk Rolond ⁏ on batail þat is so wyȝt,
And Olyuer wyþ þe harde hond ⁏ þat Fyrumbras ouercom in fyȝt :
Thar ys Duk Berard of mondisdier ⁏ on of þe beste of fraunce,
And Terry hys fader þat is wel fier ⁏ a man of gret bobaunce : 3188
In his forest þat hatte ardane ⁏ muche schame ofte he deþ,
He haþ y-beo many a man ys bane ⁏ & a-strongled hem with ys toþ.
þar is Oger Deneys þe hardy ⁏ & Naymes wiþ þe lokkes hore,
& Richard þe Duk of Normaundy ⁏ þat ofte haþ greued ous sore,
& chacede sum tyme þe Amerel ⁏ in rome by-fore þe playn, 3193
& herte him so þer on þe chel ⁏ þat he was neȝ y-slayn.
And Gy of Borgoyne he is þer ⁏ þat slow Corsebrayn,
And oþer þat buþ noȝt nempned her ⁏ þat wolleþ ous stonde agayn.
Of þe doȝtynisse of þilke men ⁏ ech man ys a-wondred, 3197
hwych þat ys þe worste of hem ⁏ of ous ys worþ an hundred. — the worst of whom is worth 100 Saracens.
Ro[land], Charlis suster sone ⁏ he ys a noble kniȝt,
Ne douteþ he non er[þ]lich gome ⁏ ne be he noȝt so wyȝt 3200
Muche he hermeþ þe Ameral ⁏ wiþ assautes he hym makeþ.
By oure it is² þai libbeþ al ⁏ & maugre our toþ hit takeþ.

¹ kunne [wel]. ² is [þat].

102   THE SARACENS MAKE ANOTHER ASSAULT, BUT ARE AGAIN REPULSED.

     Were þer such an hundred ther ! as þay buþ now¹ to fonde,
     By Ma[houn] we ne derst noȝt duelle her ! but fle we moste of londe ;
Moreover their God helps them,
[leaf 42, back]
while theirs are asleep.
     Hure god doþ euere helpe hem wel ! and þat we sore auynde ;   3205
     Ac oure ne helpeþ ous no del ! þe sc[h]rewes buþ wax al blynde.
     Wel y-fern þay holpe ous noȝt ! y trowe þai slepe vchone,
     In al þe anger þat we buþ broȝt ! hylp on hem nys none."   3208

The Emir is enraged,
    ¶ Þan wax þe Amyral wroþ & sede ! "what ! traitour art þou wod ?
     Go out of my siȝt anon y rede ! þow trechour, þow wykked blod !"
     A strong staf tok he vp anon ! & smyte hem þanne he þoȝte,

but is appeased by Sortybran,
     Ac betwene hem wente kyng Sortybron ! & a-paysede hem as he moȝte.
    ¶ "Sire," said he, "let ben al þys ! as þou louest me ;   3213
     & if þer ys oȝt spoken amys ! yt may amended be :
     & by-þenk how þyn assaut schal gon ! & of þyng þat may þe vaile.

who recommends an assault on the castle.
     Let blowe þyn hornes, y rede anon ! þe tour we wollaþ a-saille :3216
     Þys frenschemen ne andurieþ ous noȝt ! beo we y-broȝt þer-to,
     Wel dulfulliche it worþ aboȝt ! þe scaþes þay han ous do."
    ¶ Sone þer-after þay gunne to blowe ! hornes y-mad of bras :

The Saracens assemble; they cover two square miles.
     Þe Sarasyns with-inne a litel prowe ! come as þykke as gras :   3220
     Wel two Mile to loke aboute ! a stryde voide þer nas,
     Þat of þat ilke heþenene route ! al ful was euery plas.
    ¶ Þe Amyral made his engyneour ! þe engyns to sette & bende,
     Þer-with to breke þe grete tour ! & is fon with-inne to schende. 3224

The assault begins; arrows and stones fly thick.
     Þanne by-gunne þay to grede & houte ! þe Sarsynȝ sherp & wikke,
     And to be-sette þe tour aboute ! & to schete þykke ;
     And he þat was engyneour ! stones to caste grete,
     Þat foule verde with þe tour ! so harde þay gunne him mete.   3228

The French cast trees and stones back.
     Ac þe frensche þat wiþ-inne ben ! defendede hem for þe nones,
     & caste out among hem grete tren ! & wonder heuy stones ;
     & sloȝe of þe heþemen ! twenty sum tyme at ones,   3231
     Þat fullen doun ded þer on þe fen ! to-broke boþe body & bones.

The maidens
    ¶ Þe dameseles were boþe kynde & gode ! & armedem in syker wede,
     And at þe kernels be hymen stode ! & holpe hem in þat nede ;

throw stones from the battlements.
     & cast out stones gret & sade ! oppon hem þat wer with-oute,   3235
     & gret slauȝt of Sarȝyns made ! with þe help of þe lordes stoute.
     Þan gan Flo[rippe] þat ientail maide ! Gyon hure lef a-scrye ;

       ¹ now *crossed through.*

A DESCRIPTION OF THE SARACEN BATTERING TOWER.   103

"Kys me, gode lef," þanne sche sayde ! "ones for al þys nuye."
Al y-armed as þay wer þan ! a kuste hure as a myȝte :   3239
"Grant mercy," said sche, "swete lemman ! now am y prest to fiȝte."
¶ þan at þe furste þe Assaut by-gan ! sterk & strait to be :
þengyneor cryde to Balan ! "Sir Amyral, lyst to me :   *The Engineer says if he had*
Let leue al þys balaunsyng ! & castynge of speres & stones :
y-magened y haue a-noþer þyng ! to conquery þe tour at ones. 3244 [leaf 43]
Vyfty þousand of Sarasyns felle ! raply to me þow diȝte,   *50,000 Saracens he'd*
And loke þat þay be y-armed wel ! & þat hy be sur & wyȝte."   *soon take the castle.*
"Hit schal be don," quaþ Balan ! "anon her in þy siȝte."   *Balan agrees.*
Hastely het he kyng Sortybran ! to arayen hem as he spiȝte. 3248
¶ þe Saraȝyn dude ys heste son ! no lengre nolde he duelle,
So many Sarsyns ches he anon ! & broȝte hem þyder snelle.   *He picks out the men,*
þe engyneour, yuele most he þeo ! so narwe he him by-þoȝte !
To þe castel þat was ymad of treo ! al þat host he broȝte ;   3252
þat haluendol þan diȝte he ! wiþ-inne forþ to stonde,   *half of whom are placed in a wooden tower.*
& þat oþer dol wyþ-oute to be ! to schute & caste with honde.
¶ In þat same tre castel ! weren maked stages thre ;
þe heȝeste hiȝt mangurel ! þe middel hiȝt launcepre,   3256
þe nyþemest was callid hagefray ! a quynte þyng to se,
& was diȝt for ys owen aray ! for þer-on wolde he be.
þan þe heȝest stage of al ! fulde he wiþ men of armes,   *The topmost story he fills*
To schelde hem by-nyþe wel ! fram stones & othere harmes. 3260 *with men ;*
þat wanne þe frensche þyderward ! caste stones oþer tre,
þay scholde with hure scheldes hard ! kepe þe dent aȝe ;
& summe scholde schete to þe frensche rout ! with gunnes & boȝes
    of brake,
þat þay ne beo hardy to lokie out ! defense aȝen hem to make. 3264
And on þat oþer stage amidde ! ordeynt he gunnes grete,   *on the second he places engines for casting wild-fire*
And oþer engyns y-hidde ! wilde fyr to caste & schete.
þyder þanne he putte y-nowe ! & tauȝte hem hure labour,
Wilde fyr to schete & þrowe ! aȝen þe heȝe tour.   3268
In þe nyþemest stage þanne ! schup he him selue to houe,   *on the lowest floor he goes himself.*
To ordeyne hure fyr þar-inne ! & send hit to hem aboue.
To him-ward þanne tok he Saraȝyns ! an hundred atte leste,   *100 are to attend to the*
To come & go to þe engyns ! and scruy hem in þe beste :   3272 *engines,*

104   THE CASTLE IS SET ON FIRE, BUT FLORIPAS EXTINGUISHES THE FLAMES.

while the others shoot.
Al þe remanant of þe numbre ⁏ he ordeyneþ to schute & caste,
þe grete tour fort encumbre ⁏ in þys wyse atte laste.
¶ Now by-gynneþ þay wiþ wrake ⁏ glyues to casten wykke,
And wyþ boȝes eke of brake ⁏ for to schute þykke.   3276
By-fore þat was mad a sterne schour ⁏ ac þe werste was comynge,
þey schute wilde fyr to þe tour ⁏ as faste as þay miȝt flynge.

The fire takes hold on the walls.
¶ On þe wal þat fur him hent ⁏ wiþ-inne a lytel space,
þat he be-gan þar-wiþ be atend ⁏ in an hundred place.   3280

[leaf 45, back]
þat fyr þat setlede so on þe walle ⁏ ȝerne hit gan to brenne ;
þe peces faste gunne schaly & falle ⁏ & þat fyr to renne.

The French are alarmed,
Wanne þis barons loked out ⁏ & sawe þe wal brennynge
Alle þay saide wiþ-oute dout ⁏ " her ys hard dwellynge,   3284
Bote we þe raþere don ous henne ⁏ & flen out of þis tour,
Sone ous tyd her for-brenne ⁏ wyþ sorȝe & deshonour."

but Floripas cheers them.
¶ Þan saide þat maide : " leteþ of ȝour pleynt ⁏ & nabbe ȝe none drede,
þys fyr wel sone schal be aqueynt ⁏ ȝe schulleþ it sen in dede." 3288

She throws hot camel's milk, mixed with vinegar,
Melk of þe camele me fette hur son ⁏ a damesel broȝt it hot,
& þer-wiþ sche mellede vynegre anon ⁏ no lenger sche ne abod ;

on the fire,
þar þat fyr was setled on þe walle ⁏ oueral þer-wiþ sche spreynte,

and puts it out.
& wel sone þar-after þay seȝe it alle ⁏ how þat fyr a-queynte.   3292
¶ Wan þe Amyral a-perceuede þys ⁏ how þat þe fyr ys fare,
Al ys hope was agon y-wys ⁏ ys herte was cast in care.
" Certis, syre," quaþ Sortybraunt ⁏ " þys ys þy doȝter dede ;
In þat sche may sche ys vsaunt ⁏ to do þe yule to spede."   3296
" Wel know y," quaþ þe Amyrel ⁏ " þat ofte sche doþ me gyle,
Y hope to Mahoun þat ȝute y schel ⁏ ones a-quyte hur wyle."

Sortybrant recommends an assault at the breach,
¶ " Sir," quaþ Sortybrant, " do by my red ⁏ & let þyn hornes blewe,[1]
& hot þat þyn assaut be noȝt aled ⁏ and let by-gynne hit newe. 3300
By-hold þe places on þe toure ⁏ war þat fyr haþ hente,
þer ne wanteþ noȝt enches foure ⁏ þat þay ne buþ þorw brente ;
Sone he falleþ me þenkeþ wel ⁏ & þer-for go we þer-to."
" As þov wilt," quaþ þe Amyrel ⁏ " anon let it be do."   3304
¶ With þat þe same kyng Sortybran ⁏ to þe walles haþ him nome,
& þanne he hoteþ euery man ⁏ to þe assaut aȝeward come.
Sone þas men miȝte y-here ⁏ hornes loude blowe ;

---

[1] blowe *altered to* blewe.

L. þousand Saraȝyns were ! y-come wyþ-inne a þrowe, 3308 *and leads 50,000 Saracens to the assault.*
þat summe to þe engyns wente ! & caste stones sterke ;
And summe springols stiþe bente ! & schute gleyues scherpe ;
And summe þay schuten arwes wykke ! as faste as þai miȝt fle.
& þe quarels floȝe out þikke ! of arbelastes y-mad of tre. 3312
Grete slabbes of styl & yre ! to þe walles þo wern y-slente ;
þe kernels þat arst wern strong & suyre ! þer-with wer broke & schente, *The battlements are broken.*
& þe brytasqes on þe tour an heȝe ! dulfuly a-doun wer caste.
Wan þay with-inne hit perceuede & seȝe ! dedlich þai were agaste.
¶ þan saiden hy þus lordes alle ! "her ys noȝt god to abide, 3317 [leaf 44]
þys tour is now in poynt to falle ! wyþ-inne a litel tide."
Floripe þat mayde fair and hende ! to þys barouns sede : *Floripas recommends*
"Ne drede ȝe noȝt, myn leue frende ! ȝe ne schulleþ haue no nede ; *them to use her father's*
My fader let make þis ilke tour ! strong ynow to kepe ; 3321 *gold instead of stones.*
To putte þar-inne hys tresour ! þat he wold leyn to hope.
On þys tour ys more gold ! y wot riȝt wel to wisse,
þan half þe kynges han in wold ! þat buþ in al heþenisse. 3324
þoȝw þys asaut wolde y-laste ! þys forty dawes ryȝt, *There is enough, she*
her with-inne ys gold y-maced faste ! to cast out day & nyȝt ; *says, to last them for 40*
And suþþe ȝe now þat soþe y-knoweþ ! on defaute ȝe han of¹ stones, *days.*
Takeþ þer-of ynowe and þroweþ ! & to-brekeþ hem body & bones."
¶ "ȝea, faire þe falle, my wete wyȝt" ! to hure Ro[land] saide. 3329
Gyoun wente to hure ful ryȝt ! & swetly kuste þat maide : -
þanne sche lad þaym by þe hond ! þar þat tresour lay,
& þanne saide duk Rolond ! "her ys a ryche aray." 3332
þay toke op slabbes grete & þykke ! of þe gold þat þar lys, *They take great bars of*
And caste among þe Sarsyns wykke ! ne sparede þay noȝt þat prys ; *gold and cast them*
Many was þe Saraȝyn prout ! þat þar-with was affulled, 3335 *amongst the Saracens,*
þo² oþere droweþ hem ferþer out ! for drede þat þay nere kulled.
¶ Wanne þe Sarasynȝ had aperceued ariȝt ! þat gold þat briȝte schon,
To gadrie þat gold þay dude hure miȝt ! & leued þe assaut anon : *who give up the assault,*
On þe gadryngge þat þay made ! þan þay by-gunne to fiȝte *and begin to fight over it.*
And ȝyue eche oþer strokes sade ! wyþ axes & swerdes briȝte. 3340
Ech on oþer gan to hewen ! & euerech other afulde,
Mo þan a þousent of þe schrewen : wel sone þer were y-kulde.

¹ [in þe] defaute of.   ² [&] þe.

Balan, in alarm for his gold,	¶ Wan þe Amyral þat y-seʒ ⸴ on ys herte him gan to greue;
	To ys barons he cryede an heʒ ⸴ & het hem þe assaut be-leue : 3344
	"And ellis schal her al my gold ⸴ & my tresour beo for-lore,
	þat y haue gadred in-to þat hold ⸴ long tyme her by-fore."
	þan wende þe¹ grete to wiþ þat ⸴ among þe communes alle,
causes his men to retire.	And made hem cessen of hure debat ⸴ and fro þe asseege falle. 3348
	þe sunne by þat was neʒ a-doun ⸴ þe Assege þanne þay y-lafte.
	þe Amerel goþ to ys pauylloun ⸴ al murghe was him by-rafte.

Now ys þe Amyral aʒen y-wend ⸴ wyþ ys baronye;
    With sorwe was is herte be-trend ⸴ wiþ care & eke anuye.

The French make merry. [leaf 44, back]	And þe barons of honour ⸴ murye gunne hem make, 3353
	And ete & dronke on þe tour ⸴ of þe vytailles þay han y-take;
	For of vitailes þai hadden þo plentee ⸴ & burdes briʒte & bolde,
	To ete & drynke & murie bee ⸴ & to layky hem wan þay wolde.
Roland from a window sees the Emir at supper,	¶ At a wyndowe as² Ro[land] lay ⸴ lynynge & lokede out, 3357
	þan Ameral atte is soper he of-say ⸴ sittynge vnder shrout.
	Wanne he haþ aperceuede apertely ⸴ þan Amerel & his aray,
	To hem he clepede ys company ⸴ & þus he gan to say : 3360
	"Lordes, be-holdeþ þan Amerel ⸴ ʒounder out on þe grene,
	At is soper ys he me semeþ wel ⸴ it doþ myn herte tene.
and proposes an assault.	Hit were me þynkþ a fair viage ⸴ to letten him of his purpos."
	þan saide þe other barnage ⸴ "fonde we to greue our fos." 3364
They arm, and start.	¶ Sone were þys noble barouns ⸴ y-armed in sykere wedis,
	& as fers as any lyouns ⸴ þay sterte vp-on hure stedis.
	þe damesels duden vp þe ʒeate ⸴ & þe draʒtbrigge lete adoun,
	And þay fareþ out þer-ate ⸴ stoutelich ech baroun. 3368
Balan sees them, and calls for help.	Balan hymen aperceyueþ anan ⸴ as þai come on a mede;
	Of þe siʒte agrise he gan ⸴ and wax neʒ wod for drede.
	Aspayllard of nubbye clepede he þan ⸴ & þus til him he sede :
	"Do Cosyn anon þyn Armys aan ⸴ & aray þe in syker wede. 3372
	Lo whar þay comeþ stout & bold ⸴ þe frensche men of þe tour;
	þay þenkeþ make our soper cold ⸴ þai casteþ hem to þat labour."
	"Al redy, sire," Aspaylard sede ⸴ and armede hym þanne anon,
	And sone haþ he take ys stede ⸴ & smertly he was oppon : 3376
	Ys scheld he takeþ in þat nede ⸴ launce ne kepede he non,

¹ þei (?).   ² [þanne] as.

A dart takþ he in his hond for drede ⁝ & forþ he ys a-gon.
¶ Roland was þe furste of alle ⁝ þat rod afforeward,   *Aspayllard charges*
þe Sarsyn þo3te him for to quelle ⁝ & launceþ til him þe dart; 3380 *Roland.*
þe dart was cast with such a mod ⁝ þat þorw ys scheld it schet,
Ac ys haberke was fyn & god ⁝ & ellis he had be ded.
Ro[land] brak þe schaft away ⁝ & smertliche to hym arod,   *Roland aims a blew at*
And þo3te him smyte on þe hed an hey ⁝ ac þe dent a glod; 3384 *him,*
On ys stede ful þe dent ⁝ by-side þe for arsoun,
þorw þe necke þat swerd him went ⁝ & þe Sarsyn ful adoun.   *which wounds his*
¶ þe Sarsyn was do3ty ynow ⁝ sone he vp aros,   *horse.*
& hasteliche ys swerd adrow ⁝ and a3e til him a gos. 3388
To han i-broched Ro[land] þorw ⁝ a-caste þo his porpos,
Ac Ro[land] þanne til hym a-bow3 ⁝ & fuld him on is armes clos.   *Roland seizes him,*
Wan he had him on is armes lau3t ⁝ wiþ-oute more a-do
Vp a draweþ at o drau3t ⁝ & set him by-for him þo. 3392 *sets him before him, [leaf 45]*
¶ Roland tornd hym þanne a3eyn ⁝ & ys felawe dude al-so,   *and rides*
Toward þe tour al on þe pleyn ⁝ as harde as þe hors may go.   *back to the castle.*
Wan þe Amyral þys of-se3 ⁝ his herte was cast in care,
To is baronage he criede an he3 ⁝ & prayede hymen after fare: 3396
"If my neuewe goþ þus a-way ⁝ by Mahoun 3e buþ to blame;
Helpeþ þer-for now wat 3e may ⁝ þat y ne take no schame."
Op a-sterte þe route anon ⁝ & hure stedes þai be-strydeþ,
And as faste as þe hors may gon ⁝ after hem þay rydeþ. 3400 *The Saracens pursue them;*
¶ Ac wan þe frensche baronage ⁝ y-saw hem after haste,
þey turnde to hemen wiþ sturne vysage ⁝ & adrowe hure swerdes *they turn*
    faste:
& with hure fon þan þay fou3te ⁝ & 3eue hem strokes sare.
þilke companye þo ful dere abo3te ⁝ þat þay come þare; 3404
Mo þan .v. hundred þar þay slo3e ⁝ of þat foule maynee,   *and slay more than 500,*
& þe remanant hem wiþ-dro3e ⁝ & for drede tornde a3ee.   *and put the rest to flight.*
þus barons toke þan way ful ri3t ⁝ a3enward to þe tour;
Ate 3eate fond hy þat burde bri3t ⁝ þat let hem in wyþ honour: 3408
þe 3eate þanne þay made faste ⁝ þe dra3tbrigge vp dro3 sche.
þe Sara3yns þay habbeþ sore agaste ⁝ & þay buþ in saucte.

Now buþ þus barouns of honour y-come aȝen in-to þe tour;
    Flo[rippe] þay gunne calle,   3412
Aspayllard is given in charge to Floripas.
To hure þay by-toke Aspayllarde, And prayede hure kep him
    in syker warde   For þyng þat miȝt be-falle.

To þe soper þan wente þay alle þen, þe lordes, & eke þe ientail wymen,
    And made hem murie þat niȝt.   3416

A-morwe wanne þe sonne hure schon, To-gadre þay assemblede hem
    euerechon,   Lordes and burdes[2] briȝt.

¶ þanne spak Richard of Normaundy To þe barons þat stode hym by :
    "Herknyaþ for ȝour honour ;   3420
Wel ȝe wyteþ we buþ her enclos, Hard by-seged wyþ our foes,
    & wyth strengþe & gret vygour."[3]
of o þyng lordes[4] beo ous sure, Her mowe we noȝt longe dure,
    Bot ous come socour.   3424

Richard advises to send to Charles,
Sende we þer-for to þe Emperer, þat he come with his power
    & delyuery ous of þe tour."

but Naymes thinks it is impossible.
¶ Naymes ansuerede in his avys : "Hit nere bote folye, be seynt Dynys,
    A Messager til him to schape,   3428
For al þe contre wyþ-outen lys So ful by-gon wyþ enymys,
    þat non ne schold hem scape.

[leaf 45, back] þer nys non her ich vndertake, þat þilke Message ne wil for-sake
    þat of ys lyf ys fayne,   3432
& ho-so nolde · a dude folye ; For neuere we ne scholde him sen wiþ ȝo
    Til ous come aȝayne."

Floripas recommends them to enjoy themselves,
¶ Til hymen þanne þat mayde sede : "Of ȝour enymys haue ȝe no drede,
    þys tour ys strong & god ;   3436
And ȝe han her boþ day & nyȝt, Fiftene damesels fayr & briȝt,
    And comen of kynges blod ;

Euerech of ȝow chuse his owe, And lyue we our lyf on murȝe aþrowe,
    Wyle we buþ her enclos."   ·3440

and Roland agrees with her.
þanne saide Roland to þat fry : "Damesele, þow spekest ful cortesly,
    Maugree habbe alle our fos !"

---

[1] *In the MS. the lines are arranged thus:*
Now buþ þus barouns of honour   } Flo[rippe] þay gunne calle.
Y-come aȝen in-to þe tour
To hure þay by-toke Aspayllarde   } For þyng þat miȝt be-falle.
And prayede hure kep him in syker warde

[2] [amoug þys] burdes.   [3] & wyth[-outen any socour].   [4] [Ac] of o þyng.

¶ Roland of hure gan asky þan, Of wat kynde was comen þat ilke man
   þat on hure warde was, 3444
Wham þay toke þe niʒt before & wat done (?) man þat a wore,
   To telle hym þat cas.
¶ "Sire," quaþ sche, " y wil þe telle : Neʒ sibbe is he to þe Amyrelle, *Floripas proposes to*
   Ys soster sone he ys ; 3448 *put Aspaylard to death,*
ʒif ʒe my fader willeþ greue ariʒt, Al to-heweþ hym on ys siʒt,
   & þan lest he ys blys."
¶ "Nay, noʒt so " ! þan saide Naymoun, "So ne schal it noʒt be don, *but Naymes says to keep*
   no profyt to ous it nere : 3452 *him as a hostage.*
He schal be kept, by swete iesous, For to a-quytye on of ous,
   If he wer take there."
¶ þanne sayde þe¹ duk Terry : "To ligge þus her ys gret anuy,
   & be-seged as we bene ; 3456
Sende we þer-for, ich ʒow rede, To Charlis ase Rychard sede,
   To help ous out of þis tene."
¶ þanne sayde Ogier þe Deneys : "Hit nys bote trufle þat ʒou seys,
   So god me mote auaunce, 3460
For among ous alle her ys non, þat in þat message now darste gon
   for al þat gold of fraunce."
¶ "ʒus," quaþ Roland, " y wil it do, If ʒe rewardieþ it shel be so, *Roland is willing to*
   & take my way or none. 3464 *venture on message to Charles.*
Y nel spare for no fere þat y ne schal þat erant bere
   & make hym come sone."
¶ þan spak Naymes and sayde, "nay, Certis, syre, þov noʒt ! ne may [leaf 46]
   Gon out of oure ferede : 3468
And þe Saraʒynʒ wern² y-ware þat þov were fro henne afare
   þey wolde ous noʒt adrede."
¶ þanne saide þe Scot Gwylmer : " y wolde fayn, by seynt Rycheer, *Guylmer says he will go,*
   Wende on þat vyage." 3472
"Nay," quaþ Berard, "verement, But leteþ me fare be ʒour assent, *and then Berard.*
   & do þat ylke message."
¶ þanne hymen bad þe duk Gyoun þat he moste wende to Charloun
   And beo hure messagere. 3476
Flo[rippe] aunswerede þar-to anon, "nay ! leteþ anoþer þat message don, *Floripas refuses to let Guy go*

  ¹ þe [olde].   ² wern [þar-of].

For he schal leue here."

Richard says he will go himself, as he is of little use,

¶ And þan spak Richard of Normandie, & sayde þus to þe companye :
"Sirs, ȝe knoweþ wel 3480
þat y am sumdel stryken on age, And haue a sone of my parage
þat is boþe wys & fel :
þoȝ þe Saraȝynȝ smyte of myn hed, He ys myn ayr after my ded
To broke myn heritage. 3484
& þerfor yf ȝe assentiaþ to, At al perils wil y go
To Charlis in ȝour message.

and, besides, Charles

¶ Þer ys al-so anoþer thyng War-for y scholde do þis doyng
By-fore a-nother man : 3488

had promised

Þe furste tyme þat Charlys kyng Made me to hymward beo leuyng,
Charlys be-het me þan,

to rescue him if he should be taken,

Þat if me happede þorw any cas þat y wer prisoned in any plas,
wyle ich wyþ him were, 3492
A scholde delyuery me out of prisoun Wyþ strenghþe of hand ouþer raunsoun,
Coste hit noȝt so dere.
And therfor am y bold ynow, By þis two skyles þat y say ȝow,
To faren on ȝoure message : 3496
For þoȝ y be taken he schel me ȝelde, And eke my sone ys neȝ of Elde
To fonge myn herytage."

They all agree,

¶ Of Richardis skyles þay toke reward, & alle þanne assentede at nessche & hard, þat Richard scholde wende, 3500
Suþþe he hadde desyr þer-to ; No man betere miȝte it do,
for he was triwe & hende.
To him þanne saide Duk Roland : "Suþþen þow wilt þus take an hand,
þyn oþ þov schalt ous¹ make, 3504
Þat þou ne schalt spare nyȝt ne day Til þov ha don þy iornay,
Bot þov be ded or take."

(leaf 46, bk)

¶ Richard hit grauntep with-oute let, And sone þe relyqes wern y-fet,
& Ri[chard] swer his oþ.² 3508

and consult how he is to get away unseen.

Þan þay be-speken how he myȝt Sleȝlych a-scape out of þe syȝt,
þat þe Sarsyns ne dud him loþ.³
¶ Richard hym-self sayde þan : "Þe beste red ys þat y can,
þat we be on armes diȝte, 3512

¹ schalt[her] ² [& he swor at hure deuys]. ³ [of hure enymys].

& to-morȝe on þe spryng¹ of þe day Euene to þe pauyllouns take þe way *Richard suggests that the others should make an attack on the Saracens,*
   As we wolde fiȝte,
& wanne we comeþ among hem þare, ȝee schollep ȝeue hem strokes sare,
   & sodeynlych falle hem on.   3516
þe wyle þay entendiaþ to ȝowward Y schal take out to anoþer pard *and meanwhile he will steal off in the other direction.*
   & prykie fro hem² anon:
And þe wile ȝe fiȝteþ with þat host y schal ben a-passed al þat cost,
   & al out of hure siȝte;   3529
& þan schal y holde my iornee, þe wayes y knowe of þe contre,
   boþe be day and niȝte.
And so þat god me graunty grace, þe brigge of Mantrible saf to pace,
   Wher-of ys most my drede,³   3524
þan schulle ȝe be wel certayn þat y schel brynge ȝov Charlemayn,
   To socurry ȝow on þys nede."
¶ For pyte þan wepte ȝong & olde, þe wyle þat Ric[hard] ys tale tolde,
   of hem þay wern wel fayne.   3528
To ihesu crist þay gunne to praye Scholde sped hym wel on his iornaye,
   An send him saf aȝayne.
þan Ri[chard] araid hem al þat day, On þe morȝenyng to wende is
 way,   Wanne þe day hym sprunge.⁴   3532
¶ Duk Roland & Erld Olyuer, þilke niȝt kepte þe wacche þer
   Til þe larke sunge.⁴
By þat wern þay alle y-dyȝt, And wel araid in armis briȝt, *In the morning they prepare to sally out,*
   To horce þan wente þay bolde.   3536
Bot wan þay wiste how it stod, Clene þanne þay turnde hure mod,
   hure purpos þay myȝt noȝt holde.
For þe Amyral was y-come with-oute And had be-set þe brigge aboute *but find the bridge beset with 30,000 Saracens.*
   With strengþe and with gynne;   3540
And had ordeynt him þer to lyn Wiþ .xxxᵗⁱ. þousant of Saraȝyn
   To holde hymen þo with-inne.
¶ Wan þay knewe al þat cas, Sory ynow hure euerech was,   [leaf 67]
   þan nyste þay wat do more;   3544
Bote stablede hure stedes vp aȝeyn, And in-to þe paleys þan tornde
 ageyn   & kepte hem-selue þore.

---

¹ & [erlich in] þe spryng[yng].   ² [a-way fram hymen].
³ [hwych ys wel muche to drede].   ⁴—⁴ [sprouge] § [souge].

þanne dude þus barouns of honour Holde hem so wyþ-inne þe tour,
Y-armed as þai were.   •   3548

They are kept in the tower 8 weeks. Viij. wykes boþe nyȝt & day þat host by-fore þe ȝeate lay,
    & kept hem with-inne þere.

One day the Emir goes hawking, ¶ Þan fel þar-after as it be scholde, Oppon a fair day þat þe A[myral] wolde   To þe ryuer an haukyng fare ;   3552
He takeþ wiþ him his grete barouns, þat host he lefte ate pauyllouns
    þe assege to kepe thare.

He made him murie al þilke day, For vilentyne he fond ynow & play
    On ryuer and on lake.   3556

To ys host a droȝ hym aȝen þe nyȝt, Glad in herte, & murye, and lyȝt,
    for þe game he haþ y-take.

so that no watch is set. Þat nyȝt as it ful by cas, þe brigge-warde for-ȝete was,
    þorw[1] murȝþe of ys play.   3560

The French seeing this, Þys barons were ful sone i-dȝt, & out ate ȝeate þey rydeþ ryȝt,
    In þe sprynggyng of þe day ;

By þat þe Amyrel was aryse, And cryede faste to alle hyse,
    þat þay scholde hem diȝte,   3564

& let hem spede for his honour, & go to þe briggewarde of þe tour
    þat was for-ȝyte þat niȝte.

¶ Sone þer-after with-inne a þrowe, þe Saraȝyns by-gunne hornes blowe,   & dude on hur armes faste ;   3568

attack the Saraceus who are unprepared, Ac er þay wern oȝt helf y-dyȝt, þus barons come oppon hem ryȝt,
    & hymen ascryede an haste.

On hymen þay gunne to falle anon, And delte strokes ful god won,
    Wyþ swerdes sherpe ygronde.   3572

and kill 300. Wel iij. hundred þay habbeþ a-slawe, & y-broȝt of lyues dawe
    of sarsyns wyþ-inne a stonde.

¶ Sone þar come aȝen hem route xxx. þousant of Sarasyns proute,
    Araid þo for to fiȝte.   3576

Þe frensche þanne hem droȝe apart, And made a bekenynge to Richard,
    To take ys way forþ riȝte.

[leaf 47, bk] Richard seizes the opportunity and starts. ¶ Ri[chard] tok leue & rod a-way. Now god him helpe þat best may !
    Þay by-tok him god almyȝte.   3580

& sone þer-after þay gunne with-draȝe, Lytel & lytel as þay mawe

[1] [þorȝ].

Of Rychard haue a siȝte.

Þe Sarȝyns comeþ after repe[1], Al so harde as þay mowe lepe,
    To slen hem þey wolde be fayn. 3584
Ac a litel by-fore þe castel ȝeate, Wel neȝ þe brigge þat lay þer-ate,
    þys lordes tornde aȝayn;
& þan þay by-gunne aȝen hem fiȝte, With sherpe swerdes y-bornsched
 briȝte,   & mad hem many a wonde, 3588
& layde hem an . boþe bak & syde, & with strengþe of strokes þat
 wer ounride þay slowe hem doun to gronde.
Þar hadde þe Saraȝyns yule grace, For of dede men lay fuld þe place,
    & þoþre[2] by-gunne to fle. 3592
Þan were þe ȝeates y-opened wyde, þe frensche men hadde þe betre syde, *The French re-enter the castle and shut the gate,*
    & tornd hem to þe tour aȝe.
Þe ȝeates schutte Duk Naymoun, & Ogier let þe brigge adoun;
    & wan al was faste y-sperde, 3596
An heȝ þan wente þus barouns stout, And at þe wyndowe loked out *and watch Richard from the castle.*
    By Richard how it ferde.

¶ Þan seȝen alle þys barouns þat he was passed þe pauyllons,
    By a fer contraye. 3600
Ȝerne þan prayed hy to god Al on, þat day to kepe him fram ys fon
    & spede hym in is waye.
¶ Wan Ri[chard] was so fer a-past, þan was he noþyng agast
    Of þat host be-hynde, 3604
Ac sone þer-after, as y schal rede, Sykerly wende he to han be dede,
    nad he non oþer mynde.
¶ Richard prykede forþ an haste, Ase harde as he may þraste, *He rides as fast as he can,*
    nowar he ne abideþ; 3608
Bot euere he prykeþ on ys way, Ne spareþ he mounteyne ne valay,
    Bot prykyng forþ[3] he rydeþ.
¶ As he was prykyng ouer an hul A wykked cas þer him byful, *but his horse breaks down.*
    ys sted wax al ateynte: 3612
Wan þe duk y-saw þat cas, A wrong his[4] handes & said, "alas!"
    & to god he made is pleynte.
"Ihesu lord," þan saide he, "þat syttest on þy maieste, [leaf 48]
    And seest boþe fer & hende; 3616

---

[1] rape *altered to* repe. [2] & oþre. [3] Bot [rennyng so]. [4] MS. is his.

FERUMBRAS.   I

Saue me ȝif þy wille be, þat no Saraȝyn haue poste
þys day me to schende.

As wys as y noþyng her ne craue, Bote fayne y wolde my felawe saue,
After our commun deuys.   3620

As y am to hem treuþe ypliȝt Char[les] to brynge þider riȝt,
To distruye þyn enymys."

Wyþ ys riȝt hond a blessid him þan, And prykeþ ys stede & forþ he nam
Agayn þe hulle an heȝe.   3624

By this time the sun is shining, By þat þe Sonne hure briȝte schon, & Richard was noȝt so ferred ys fon,
þat hy hym þo ne seȝe.

and Bruyllant spies him. ¶ Bruyllant, þe kyng of mountmyrre, Toward þe montaynes lokede he,
& aparceuede hym sone þas.   3628

To kyng Claryoun þat stod him by, hwych was þe Amerel ys cosyn ny,
þanne he tolde þat cas:

"Sire," said he, "be seynt Mahoun, ȝonder out rydeþ a bold baroun;
To Char[les] he ys y-sent   3632

by þys maufesours of þe tour hem to fette to hure socour,
þar for ys he went."

¶ Wanne þe kyng hym vnderstod, His herte wax angry & ful of mod,
& was ful heghe y-pyȝt: 3636

Claryon arms himself, His armes he askede anon with cry, & hy were broȝt wel hastely,
& sone þan was he dyȝt:

& þan him was broȝt ys gode stede, þe beste fole þan man miȝt fede,
& sone he him be-strod;   3640

On hym miȝt he on somers day Prikea an hundred myle of way,
Rennyng euery fot.

and pursues Richard Ys scheld þan heng he aboute ys swyre, And forþ he prykede with gret yre
After duk Rychard.   3644

with 30,000 Saracens. After hym folwede & schoke bost xxx^{ti} þowsant on an host,
y-Armed with scherp & hard.

God of heuene Rychard kepe! After him prykeþ al þe hepe,
To slen him þay han hem tyȝt.   3648

Ac þe kyng hem passede with-inne a wyle, Forn hem þe mountance of two myle,
So heȝe is herte was piȝt.

Richard ¶ Ri[chard] forthward prikede vaste Al the wyle þat hors miȝt laste,
Ne spareþ he him no þyng.   3652

¶ Ac a torndem with-inne a tyde, And þanne y-saw he. war com ride [leaf 48, bk]
    Claryoun þe sturne kyng,   *sees the Saracens pursuing him,*
& fer after hym þe grete route þat helede þe contre al aboute,
    So huge was þat meygny.   3656

Ac þe. A[merel] cosyn, Clarioun þe kyng, Comeþ by-fore faste brochyng, *Clarion in front,*
    On ys stede of Araby.
Of quente entaile was is stede, Al y-fracled wyþ whit & rede, *on a piebald steed,*
    ys tayl was blak so cole;   3660
ne saw he neuere be-fore þat day Hert ne hare so renne a-way, *as speedy as a deer.*
    So dude þat iantail fole.
þe sadel þat þo was him oppon With gold was fret & pretious ston, *His accoutrements*
    & þe harneys was of golde.   3664 *are adorned with gold.*
Brydel & paytrel & al þe gere Wiþ fyn gold y-harneysed were,
    Purtreyd riȝt ase he wolde.

¶ þe Sarasyn þat opon him set After Richard prikede ket,
    Sittynge on þat stede;   3668
þat hors was swyft & ran awaye, and faste gan neye and loude braye,
    Al-gate ase a ȝede:
And noȝt for þat a goþ so fast þat Richard ys a-take ate last,
    & þe kyng him gan ascrye,   3672
And saide—"abid & torn to me, Ferþer-more schalt þou noȝt fle, *He calls on Richard to turn.*
    her riȝt schalt þov dye.
What wendest þou, false feloun, Bere þy message to Charloun,
    Socour of hym to hane?   3676
y make auow to seynt Mahoun, þou bryngest neuer eft til him resoun,
    Me self schal be þy bane."

¶ Wan Richard þe Saraȝyn vnderstod, þorw-out ys body sturede ys blod, *Richard pretends to*
    & to him gan he saye: 3680 *be afraid of him.*
"y praye þe, Sire, chaunge thy mod, y ne dude þe neuere herm ne god,
    let me noȝt of my waye.
Lef now, syre, as þow art free, And let me han non harm of þe,
    & eft it schel be ȝolde."   3684
"By Mahoun," saide þe kyng aȝee, "y nolde þe lete lyues bee
    for a þousend pound of golde."
A rideþ to Richard wyþ a spere, & þynkeþ him þorȝ þat body bere,
    & on þe scheld hym smot;   3688

Clarion cuts through his shield,	þorȝ-out ys scheld & is habreiou*n*, Plates, & iakke & ioupou*n*,
	þorȝ-out al it ȝot.
[leaf 40] grazing his side.	By-Twene ys scherte & is syde Passeþ þe dent of þat sper ou*n*-ryde,
	Of ys skyn a litel hit na*m*. 3692
	Richard gan grope to þat gerse, And wan he felede hit was no werse,
	god he þankede þan.
	¶ Ac wan þe duk y-seȝ ys blod, Egre he wax & heȝ of mod,
	& til þe kyng a wond, 3696
Richard smites Clarion on the helmet.	& smot hy*m* on þe helm above, & þoȝt is hed han to-clove
	Wyþ ys gode brond ;
	Ac þe helm was so hard y-wroȝt, þat he miȝt enta*m*y hi*m* noȝt,
	Wyþ no dynt of swerde. 3700
	Ac wan Ric[h]ard þat vnderstont, Sone aȝaf hy*m* anoþer dent,
	And on þe nekke hi*m* gurde,
He severs his head from his shoulders,	And smot hem þa*n* wit*h* such an yre, þat helm & heued wyþ al þe atyre
	In-to þe feld it fleȝ. 3704
dismounts, and takes his horse, letting his own go.	þat body a putte a-dou*n* god spede, & lofte his hors and tok þat stede,
	& lepeþ on hi*m* an heȝ.
	¶ Now ne dar he noþyng drede Of þat hyndere falurede,
	þat comeþ after gon ; 3708
	for conquered he haueþ a stede, Ne saw he neuere no such at nede,
	To saue him fra*m* ys fon.
	þan lokede he on hy*m* þat was hys, For þat stede ful wo hy*m* ys,
	and saide þa*n*ne on is speche : 3712
	"now Haue gode . my gode morel, On many a stour þou hast seruid
	me wel, Crist ich þe by-teche !
	And god ȝut, if þy wille beo, Send me gr*a*ce þat y mote þe seo,
	On crysten ma*n*nes welde." 3716
	W*it*h þat he prykeþ forþ on ys way, & þat host compþ after w*ith* gret
	effray, To encombry hem on þe felde.
The Saracens find the body of their leader.	¶ Ac as þes Sarsyns prykede faste þay founde hure lord þar ate laste ;
	His hed lay on a forwe, 3720
	ys body was tornd ouer-thwart þe way, Fro þat heued ten vet fra*m* hyt
	lay ; þan made þay muche sorwe.
They lament over him.	Wan þay seȝen hym so by-stad Alle þay waxen sore of-drad,
	An[d] gu*n*ne hi*m* sore be-mene. 3724

Ferrer ne draste þay noȝt for fere, Bote a-liȝte & wronge hure handes þere,
And saide, "alas!" for tene.
"Alas," þay sayde, "why wolde he so Hym-self allone þus fonde ys fo,
With-oute ous þat with hym were?"
Richardis stede þanne þay saye Rennyngge a-streyey þar on þe waye, *They try to catch Richard's steed,*
To take him þan þoȝte þay þere.
¶ þan þay be-trappede hym alle aboute, Ac for non hem with-oute doute [leaf 49, back]
ne wil he noȝt be cauȝte: 3732
Wan any of hem þat hors cam neȝ, A caste be-hynde & arered an heȝ,
And fulde al þat a rauȝte.
Fyfty stedes a-doun a fulde, & ten þer-of to deþe a kulde, *but he kills ten of their steeds, and escapes.*
On þat same out-rage. 3736
þe stede þan tornde him as he cam To þe tour of Egrymoygne þan
way a nam, Maugre hure vysage.
¶ Wanne a cam þe pauylons neȝ, þe Amyrel wel sone him of-seȝ, *Balan seeing him, thinks Richard has been killed.*
& sayde þan on his sawe, 3740
& swer til hem þat stode him by, þat Clarioun his cosyn sykerly
þe messager had a-slawe:
"Wel certeyn am y þar-of," he sede, "Lo! whar ȝond comeþ ys stede;
Let take hym ich ȝow praye." 3744
þanne Sarsyns runne aboute him faste, Ac wan þay seȝe how he gan[1]
caste, þay let hym gon ys waye;
þorw-out þat host þe stede him ran Al riȝt to þe tour þat he com fram, *The horse comes to the gate of the castle.*
& at þe ȝeate a stente. 3748
þe lordes þat on þe toure were Wan þay seȝe hym þay hadden fere,
& sone a-doun þay wente:
þe brigge[2] was sone y-lete adoun, þe ȝate openede duk Neymoun, *Naymes lets him in.*
Ogier tok in þe stede. 3752
& wan þay had mad fast aboute & y-stablyd þe stede, þan al þe route
Sore þay gunne hem drede,
For ech of hem wende on is part þe Sarsyns had sleyn duk Richart. *The French fear that Richard has been slain.*
þey swere by Peter & paule! 3756
þat by hys stede þay knewe þat cas, Warfor þay prayde god kyng of gras
haue mercy of is saule.
¶ Wan þat Flo[rippe] y-saw hem wepe, Gy, hure lemman, & al þe hepe,

[1] gan [to]; *the to inserted, but crossed through.* [2] þe [ȝeate draȝt] brigge.

	In herte hur gan to greue.	3760
of wepyng ne miʒt sche abstene hur' noʒt, Til euerech fayre sche þan		
by-soʒt,	þat nycete for to leue :	

Floripas tries to cheer them.
"Lordes," sche saide, "leueþ al þys, Ther is non of ʒow þat wot to
wys.   Wather he ys quyke or ded.[1]   3764
þer-for leteþ al ʒour mornynge For ʒe hyre betere tydyng,
& þer-to y leye myn hed."[2]

¶ þus Floripe, þat mayde of gret honour, Confortede þe barouns on þe tour
With hure wordes gode :   3768

[leaf 50] Hure wordes lekedem euerchon, & fro þanne þay buþ an-heʒ agon
& to a wyndowe þan þay ʒeode ;

From a window they see the Saracens
¶ As þay were thar & loked out, þay sawe þanne come at o rout
þe Sarsyns faste ride,   3772
þat hadde y-chaced Richard doun, Wan he aslow kyng Claryoun,
þat was so ful of pryde.

bearing the body of Clarion
þat body þay broʒte among hem þo, & Sarʒyns wente to & fro,
And made a wonder deel.   3776

to Balan's tent.
þat body forþ þai bryngeþ so, & euene[3] to þe pauyllouns þay gunne go,
& meteþ with þe Amyrel.

¶ "What how now," saide he þan, "Haþ Clarioun my cosyn aslawe
þe man ?   þe messager ys he ded ?"   3780
"Nay," quaþ on, "þe deuel him drawe, For he haþ my lord a-slawe,
lo, her ys body and hed !"
Wan þe Amyral hym ded y-seʒ, Sorwe ʒede ys herte neʒ,
& angry ynow he was :   3784

The Emir swoons four times,
Four sithes he ful a-doun y-sowe, & oþre dules made ynowe,
& ofte cryede, "Alas !"
"Alas," said he, "my cosyn dere, Al my confort for-soþ þow were,
Wo ys me for þy sake !   3788
For þow were euere god & kende, Y praye to Mahoun, as he ys hende,
þat he þy saule take."
þe Saraʒyns þat þanne aboute hym were A gret dul þay made there,
For þat kyngis deþ.   3792

---

[1] Wather he ys ded [or quyke].
[2] [Tellen more sykerke]. (About 20 other lines in this page have been rewritten.)
[3] MS. cueuene.

Þan stode þus barouns of honour, & lokede þyderward out of þe tour,
     & al þys hyreþ & seeþ.
¶ Rolond askede þan ful riȝt, Of þat burde fair & briȝt, *and Roland asks Floripas*
     Yf sche couþe hym telle,   3796
Whar-for was mad þat gret mornyng Amonges þe Saraȝyns olde & ȝyng, *what it means.*
     As hy þar herden alle.
¶ Florippe ansuerede & sayde, "ȝys, Y can ȝow sayn wel why it ys, *She tells him.*
     war-for y am wel fawe :   3800
Certys al ys for Clarioun kyng, þat was my fadres owe derlyng,
     þat Rychard haueþ a-slawe.
He was a noble werreour, Of al heþenisse was he flour,
     Me nyste nowar ys pere.   3804
Certis now waxeþ ȝour honour, He was my fadres beste socour,
     & ys cosyn dere.
¶ Whar-for now buþ alle glad, Ri[chard] ys lyues, buþ noȝt a-drad, [leaf 50, back]
     And haþ y-don þys dede ;   3808
Conquerid haþ he of kyng Claryoun, An hors þat is worþ many a toun,
     No-war nys such a stede."
Wanne sche haueþ hure tale y-tolde, þan gunne þaye alle waxe bolde,
     þat wern þo on þe tour.   3812
Olyuer sayde to þe company : " Now mowe we beo þe more hardy
     To byden her socour."
And alle þan þankede god almyȝt, þat Rychard was þat day so wyȝt, *They all thank God.*
     þat doȝty kyng to slee,   3816
And prayede god, þe heȝe iustys, Scholde scheld him fram ys enymys,
     & send hym saf Aȝee.

Rychard hym prykeþ on ys way, Ne spareþ he hulle ne valay,
     Bot al-way ryȝd prikyng.   3820
Conquered had he such a stede, þat of ys trauayl ne doþ he
     drede   How fer a-go rennyng.
þe Ameral þanne ful angry was, He clepede til hym Malyngryas, *Balan orders Malyngryas, his messenger, to go*
     þat was ys Messager,   3824
And saide to hym, "beo wys & snel, And tak þe dromodarye þat goþ wel,
     & grayþe þe on þy ger ;
To Mantrible anon most þou fare, Quikly loke þat þou be þare, *at once to Mantrible,*
     As swyþe as he may gon.   3828

    þyn spores loke þat þou ne spare, þe dromedary ys swifter þan þe hare,
         He bryngeþ þe þar anon.

and caution Agolafre, the keeper of the bridge,
   & go to **Agolafre, þe Briggeward,** And aske of hym on my part,
         Why he dude so ille,   3832
    To lete passye þe Messagers þat holdeþ my **tour** & my doȝtre fers,
         Al agayn my wille.
   · If y may lyue, by myn heued, Hym schel beo betre han y-leued,
         for þat was folye gret.   3836
    Tel hym al-so al þat cas Of **Clarioun** þat my neuewe was,
         In wat manere he is ded,
    & how A Messager haþ hym slayn þat [1]wendeþ to fecche[1] Charlemayn,
         if he may pasye there ; 3840
    [2]& ys y-sent by þus glotouns Charlis to fecche & his barouns,
         To schende ous alle here.

[leaf 51]
    For if he þe Messager [3]leteþ pace,[3] Charlis [4]wol me of londe chace,[4]
         & brynge ous alle ful lowe. 3844

not to let any stranger pass the bridge.
   Thar-for say him þat he be-war, And lete noman pacye thar,
         bote if he be knowe.
    [5]And[5] if þar comeþ any oun*k*nowed[6] man, Sone þat he ben take þan,[7]
         & hyder to me y-send.[8] 3848
    Say hym on payne of ys heued, þat þys þyng beo noȝt be-leued,
         As he ne wil be y-schend."
   ¶ " Syre," sayde þe Messager, " Sone certis y wil be ther,
         & speke wiþ agolofre,   3852

The messenger say he can run faster than ride.
   & ȝour erand to hym[9] abeode : Ac ride wil y noȝt in thys neode,
         y þank ȝow of ȝour profre.
    To renne an .C. myle on my fete, Ne schal noman y-se me swete,
         On hulle ne in valay.   3856

  [1—1] [wende oute now to.]
  [2] *Added in the margin below :—*
    To socoury þys glotouns on my tour þat habeþ y-don me deshonour
      & ous to schende here.
  [3—3] *over* ' thar pase may.'   [4—4] *over* ' schal come on ous sum day.'
  [5—5] *altered to* (?) ' if þat.'   [6] *over* ' stronge.'
  [7] *over* ' War-for in myn half hat hym þan.'
  [8] *Over this line, crossed through, is* ' þat he be eone y-take,' *and underneath is* ' to passe þat passage.'
  [9] & [to hym] ȝour erand [wel].

MALYNGRYAS GIVES THE ALARM AT MANTRIBLE OF THE ESCAPE OF RICHARD. 121

Or þe dromedarye scholde be diȝt, Y schal gon on my fote ryȝt,
    Wel neȝ half þe way."

¶ Þe Messager ys sone forþ afare, & renneþ swyfter þan þe hare ;   *He starts and soon over-*
    Rychard he haþ of-take.   3860   *takes Richard,*
Malyngryas him drow a-part, & þus ascryede þar duk Richard,
    "Þow schelt noȝt ous a-scape."
& forþ he renneþ al so swyft, As foul þat fleþ on þe lift,   *passes him,*
    Mantrib[l]e til he cam to.   3864
& þan to þe brigge tok he ys pas, Straȝt to þe brigge-ward þar a was,
    On þe brigge stondynge þo.
¶ Wanne he afforn him was y-come, Ys erande abed he al & some,   *and delivers his message*
    Riȝt as y schal ȝow saye[1].   3868   *to Agolafre.*
"Þe Ameral me hauaþ to þe y-sent, To wyte what was þyn entent
    To don hym such affraye,[2]
Þe messagers for to leten þe brigge pace,[3] þat Charlys sente by manace,[4]
    [5]Hyderward hym[5] to scaþe ;   3872
Þat han with strengthe conquerd is tour, And holdeþ ys doȝtere wiþ
 deshonour,   & hermyeþ hem late & rathe.
¶ And now compþ on of hem prykyng, Fram þe othre y-sent to
 Charlis kyng,   & ys by-stole awaye.   3876
By Mahoun, pautener, þe tyd abigge,[6] For[7] þay passede so þe brigge[8]:
    He sent þe so to saye.
For Clarioun [9]þe kyng[9] he haueþ a-slawe And y-take ys stede aȝen
 þe lawe,[10]   hys better nys nowar non.   3880
Toward Charl[es] wolde he wende, And bryng hym hider my lord to   [leaf 51, back]
 schende,   And to distruye ous ecchon.
Wharfor þe Amerel ys wonder wroþ, & by Ma[houn] haþ sworn ys oþ,
     & þow him lete pace,   3884
Whar þov beo founde, fer or neȝ, þat þow schalt be an-honged heȝ,
    Þe tyȝd non oþer grace."
¶ Wan Agolafre haþ herd hym speke, For angre þat he ne drast him wreke,   *Agolafre is furious at the*
    A skuntede als a bore :—   3888   *message,*

---

[1] *over* 'sigge'.   [2] *over* 'To kepe betere þus brigge.'
[3] '& whan þou letest pace' *over*.   [4] *over* 'Charlis messagers with ȝule grace.'
[5—5] 'þus ȝonder day' *over*.   [6] *over* 'ful wo.'   [7] For [þou].
[8] *over* 'for þou let hem pacy so.'   [9—9] 'hys ncuew' *over*.
[10] Other lines added, but are too indistinct to make out.

"Go out of my siȝt," to him he sede, "How dost þow, harlot, þyn erand
bede?   & seo þou me no more.

and threatens Malyngryus. By Mahoun, my lord, þat sit in trone, Bute þou þe rathere ben agone,
                               Myn axe þou schalt y-knowe."   3892

Agolafre sone þo¹ tok an horn, & quiklich in-to a tour he orn
                               & loude þan gan he blowe.

By þat he hauede y-blowe a blaste, On þe toun² þay bute tabours faste,
                               & made noyse horryble.   3896

20,000 Saracens assemble. To armes³ Sarsyns runne an haste, & xx. þousant sone⁴ þer paste
                               of þe Citee of Mantrible.

¶ þe draȝtbrigge was wel sone arered, Many a Sarȝyn þar was a-stered,
                               þat Ry[chard] wente aȝene.⁵   3900

Now god of heuene helpe Rychard! þar mot he pace þorw þe hard,
                               for he not wyder flene.

Richard from a hill sees the Saracens. As Ri[chard] hym comeþ on an hulle an-heȝ, þat host of Sarasyns he
          of-seȝ,   Houynge on a mede,   3904

In armes briȝte & sykere wedes, Sittynge vchone on faire stedes,
                               & þan hym gan a-drede.

He is in doubt what to do. "Lord," he saide, "for þy god-hed, What ys now my beste red?
                               of blisse y am al bare :   3908

If y come among þys fered, Wel y wot y lese myn hed ;
                               Wyder-ward may y fare?

And if y me take to þe ryuer ward⁶ þe strem ys so stil & hard,⁷
                               þat⁸ þer me tyd adrenche :   3912

& if y to þe tour now torne agayn,⁹ þe saraȝyns me wolleþ sle certayn,
                               y not now¹⁰ wyder blenche.

Ihesu, my lord ful of myȝt, þat al þyng canst boþe dele & diȝt,
                               pyte of me þou haue¹¹ !   3916

[leaf 52] Al þat þou dudest on me make, ¹²In-to þyn hondes ich her¹² by-take
                               Fram combryment þou me saue !"

---

¹ MS. þas, *with* þo *over it*.   ² [In þe toune].
    ³ 'armes [panne].'   ⁴ [of hem] sone.
⁵ þat [come] Ry[chard] aȝene.   ⁶ And y me take to þe [wilde] ryuer.
       ⁷ [Schamlich tyd me dye ther.]   ⁸ [for] þat.
         ⁹ & if to þe tour [wolde] torne agayn.
              ¹⁰ noȝt *corrected to* now. .
  ¹ *Here follow* 2 *long and* 2 *short lines, almost illegible*.
              ¹²⁻¹² *over* 'body & saule ich þe.'

¶ þan tornde him Richard al so hot, Toward þe Ryuer þat hiȝt Flagot, *He torns towards the river;*
   & þyderward prikeþ faste.   3920
þe Saraȝynȝ of hym hadde siȝt, And ryde after as foul on fliȝt, *the Saracens ride after him,*
   to taken hym þay poȝt an haste.¹
Ac furst and afforeward alle Prykede a cosyn of þe Amyralle, *headed by Mandysee,*
   Me calde Mandysee;   3924
Hys hors was lyȝt & faste ȝed², And bar a sterre on his for-hed²,
   A noble sted was hee.
¶ þe Sarsyn þat³ was ryche & prout, By-fore alle othere he prykeþ out,
   & ⁴haueþ of-take Richard,⁴ 3928
& het hym abide & gan to crye, "Claryoun ys deþ þov schalt abye, *who calls on Richard to turn and fight.*
   Torn to me coward."⁵
Richard tornde til hym anon, & adrow ys swerd, þat briȝte schon, *Richard cleaves Mandysee's skull,*
   & gurde him on þe heued; 3932
Such a strok þat dupe wod, þorw-out helm, heued & hod,
   Al he haþ for-cleued.
þe Sarsyn sone ful doun ded, & Ryc[hard] By þe rayne tok þat sted,
   To haue him was hym lef. 3936
Til þe ryuer prikede Richarde, And þe Sarȝyns come prykynge after *and hastens towards the river, pursued by the Saracens*
 harde, Cryynge—"tak þe þef!"⁶
¶ Now y-come ys he to þe ryuere, By-syde a treo & a stod him þere,
   þat water to by-holde, 3940
& saw þe ryuer was dup & brod, And ran a-way as he were wod,
   ys herte gan waxe colde.
¶ Richard tok herte & þenche gan, þat nedelich a most entrye þan *He determines to swim the river,*
   In & passe þat ryuere, 3944
Ouþer he moste turn aȝee, And fiȝte agayn al þat maygne,
   þat after him come there.
To ihesu þanne he bad a bone :—"Lord, þat madest sunne, mone,
   Lond & water cler, 3948
Kep me þys day fram my fone, & if y þys ryuer potte me one, *and commends himself to god.*
   þat y ne a-drenche her :
& such grace þow me sende, þat y may saf to Charlis wende,
   & telle hym my porpos, 3952

¹ [& þan gan Richard haste.] ² ȝede *and* hede *marked for correction.*
 ³ [for] þat. ⁴—⁴ [& a take Richardoun.] ⁵ [feloun.]
  ⁶ [with gret offray] (*the line riming with this, altered.*) .

124 RICHARD, HAVING PASSED THE RIVER, RIDES ON TO MORYMOND.

[leaf 52, back] So þat he may come wyþ socour, And delyuery ys barons of honour,
    þat liggeþ among þy fos."

A milk-white doe appears, ¶ Nad he noȝt þat word ful speke, Er þat þar cam an hert forþ reke,
    As wyt ase melkys fom.   3956

and swims across. Ryȝt euene by-fore duk Rychard þat best[1] hym wente to watre-ward,
    & fayre by-fore hym swom.

Wanne þe duk þat wonder y-seȝ, & þe sarsyns þat þo wer come wel neȝ,
    With bost & noyse gret,   3960

Richard takes courage, and leaps into the river, Wyþ is riȝt hond þan blessede he hym, And þoȝ þe ryuere were styf & grym,   Wyþ boþe hors in a schet ;
Ys stede was an hors of prys, & bar þe kniȝt at al dyuys,
    Swymmynge with ys felawe.   3964

the deer leading him. þe hert þat was so fair of siȝt Ouer þe Ryuer swam ful riȝt,
    & Ry[chard] doþ after-drawe.

¶ Ys fon hym folȝede to þe water cler, Ac wan þay come to þe dupe
Ryuer,   þat wilde was & thro,   3968

The Saracens are afraid, Entrye þanne ne darst hy noȝt, For þe ryuer him ran so toȝt ;
    Sory men were þay þo.

and turn to cross by the bridge. To þe Citee þanne þey prikede aȝeyn, & fyndeþ mandisee þat was
a-sleyn,   As ȝe hurde of are.   3972
þat body þay lefte stille ligge, & prykede ȝerne ouer þe brigge,
    To mete with Ry[chard] þare.

¶ Agolafre wax wonder wroþ, To þe drauȝtbrigge before[2] he goþ,
    & quyclich let hur doun :   3976
" Barouns," quaþ he, " now prikeþ faste, þe Messager þat ȝe hadde an
haste,   & sleþ þat foul feloun."

They hurry over the bridge. þan miȝte men many Sarsynȝ seen Ouer þe brigge an-horse fleen,
    prikyng as þay wer wod ;   3980
By þat was Richard þe ryuer past, And prykeþ hym fram ys fon an
hast,   As ys nede by-stod.
Nad he noȝt priked of þat contray, Fro þe ryuere a myle way,
    Er he a-liȝte a-doun.   3984

Richard sees them coming. þan saw he comynge on o valay þat host of Saraȝynȝ þe hol aray
    To take hem[3] were þay boun.

    [1] [þe hert.]   [3] [sone.]
      [2] hȳ *altered to* hē ?

Hastelich aȝen on ys stede he wond, þe sterrede he takeþ on ys hond,
                & leteþ hem boþe renne.   3988

He prykeþ hem forþ wyþ such an eyr, þat at euery stape sprong out   [leaf 53]
    þat fyr,   þat þay made þanne.

þe Sarȝyns prykede after faste, Ac al hure trauail a-way þay caste,   *but is soon out of sight,*
              For he passede hure siȝt.   3992

& wan þay seȝe it nolde noȝt be, Wroþ & sory þay tornde aȝee,
              As þay come ful riȝt.

Forþ þanne rideþ Rychardoun, Stouteliche as a bold baroun,
              ne douteþ he for no man,   3996

Prykynge ouer hulle & pleyn, Til he cam to Charlemeyn,   *and never stops till he comes to Charlemayne.*
              neuere ne astente he þan.

Ete we Richard of Normaundy Prykye forthward on ys wey,
              & of Char[lis] y wol ȝov telle,   4000

Þat lyþ at Morymond with ys barons, Wel y-loged ther on
    pauyllouns;   now lysteþ to þis spelle.

Muche hym awondreþ Charlys kyng þat he ne hureþ no tydyng   *Meanwhile Charles*
              of his barouns hende,   4004 *wonders that he hears no tidings of his knights;*

hwyche he had to þe Ameral sent; For hymen ys he in gret torment,
              Sorwe hym gan betrende.

¶ Charlys clypede ys barouns, And scheweþ til hymen ys resons   *and calls a council.*
              On þis manere & sede: 4008

"Lordes," said he, "me ys ful wo þat my doþþepers buþ þus a-go,
              y drede lest þay be dede.

If þay lyuede[1] y wot to wysse Of hem y scholde ha herd or þysse,
              & now y ha lost hem so.   4012

Alas þat euere y saw þis day! þe flour of chyualrye ys away,
              & my worschip is a-go!

fayne y wolde þe croune op-ȝelde, Her by-fore ȝow on thys felde,
              ne kep y hure bere nomare."   4016

Wyþ þat A wepte wyþ is eȝen, & wan þe frensche hit herde & seȝen,   *They all lament for the knights*
              Wel sory ys frendes ware.

¶ Gweynes ys traytour þat þar was þo, Wanne he herde hym speke so   *save Gwenylon, the traitor,*
              On herte him leked þat cas: 4020

---

[1] If þay [were lyues].

Of ys sorwe a was ful fayn, And of þe barouns þat scholde be slayn,
  Glad ynow a was.

who advises Charles to
Affore þe kyng i-come ys he & sayde, "Charlis,[1] now herkne me,
  & do by my saying: 4024

[leaf 53, back]
Þyn host liþ her ful yuele araid, And holdeþ hym ful yule apaid
  Of þy longe bydyng.

retire to France
Let awarnye þyn barouns þat þay don vp hure pauyllouns,
  Euerech on ys side, 4028

because the Saracens are preparing to avenge Ferumbras,
And trussyam þis day & aredy make, & to-morwe let ous our iorne
  take, Hamward aȝen to ryde.

¶ Þe Ameral haueþ y-gadred ys host In tal heþenys by euery cost,
  And þenkeþ ryde on þe; 4032

For ys sone, sir Fyrumbras, þat among ous her conquored was,
  He þenkeþ Auenged be.

Þow ne hast no power now an-honde, His grete assemble to wiþ-stonde,
  Wan þay comeþ to fiȝte. 4036

And þoȝ þow woldest aȝen hym fonde, þay buþ on hure owene londe,
  Þow gost to grounde riȝte.

and Roland and the others are dead.
And namliche suþþe þat þay buþ dede þat scholde ben our help at nede,
  Hardy ys he & feer, 4040

And wol come hider & on ous falle, þe to slen & eke ous alle,
  Þat he may fynde her.

Þer-for, sire, do by my rede, To-morwe erly a wel god spede
  Ham-ward let ous drawe. 4044

And þenk eft-sones to auenged be of þe Amyral þat haþ y-wreþþed þe,
  & þyne men a-slawe."

Charles cannot answer him for grief,
¶ Wan he haþ told ys resoun Char[lis] caste his heued adoun,
  & haþ al tornd ys mod; 4048

So wo hym was on is þoȝt þat he ne myȝt hem answerie noȝt,
  for al þe worlde god.

Gret deel hit was hym to seen, How he gan þo to wepe aȝeen,
  Þat noble conquerour. 4052

Wan he by-gan to with-drawe ys mod, To him-self said he þar a stod—
  "now falleþ al myn honour,

---

[1] & sayde [to] Charlis.

þe whyle y hauede me aboute Myne doþþepers bold & stoute, *but laments over his knights.*
   Olyuer & Rolond,   4056
In tal þe worlde men dude me doute : Whar þat y come wyþ my route,
   y hadde þe heghere hond :
þanne me dradde me fer & ner,[1] And was ycleped conquerer,
   In tal þe worlde aboute.   4060
And now buþ hy fro me gon, Whar-for waxeþ[2] bold my fon, [leaf 54]
   þat arst dude me doute :
And yf y þuse viage leue þus, Men willeþ seyn, by swete iesus,
   My myȝt ys me bereued ;   4064
þan haue ich y-lost al my renoun : As lef me were her stope adoun,
   & lete gurd of myn heued."

¶ þe Emperour stod & hym by-þoȝte, How þat he answerye moȝte,
   & þus he sayde þo :   4068
"What sigge ȝe, lordes of renoun, By þe conseyl of Gweneloun ? *Charles asks the advice of his nobles.*
   Wat rede ȝe for-to do ?
If y me thus turne in-to fraunce, Wyþ-oute takynge of vengeance,
   Hit is to me gret schame.   4072
Men wolleþ sayn þat buþ wyse þat it ys al my feyntyse
   & putte on me þe blame."

¶ þan hadde þe traytour cosyns thare, Geffroun, Dautefuelle and *Gwenylon's friends*
 Malkare,   Hardree and Alorys,   4076 *support him.*
Gerard, Hugoun and Gwylmare, And mo þan hundred othre þat ware
   ys cosyns oþer alyes,
& alle were traytours to Charlemayn ; þay come forþ & gunne to sayn
   Aforn hym þar a stod :   4080
"Leue Syr kyng, as þow art free, Do now as Gweynes redeþ þee,
   for it ys for þy god.
Gwencloun ys boþe god & wys, And haþ y-rad the at oure deuys,
   As it wil best auayle.   4084
þer buþ .xx. þousent among ous her þat willeþ no ferþer wyþ þᵉ þis ȝer
   Putte hem to trauayle,
And þat ys for þov hast y-lost þylke þat scholde help ous most,
   Ro[land] and Olyueer,   4088

---

[1] [boþe] fer & ner.   [2] MS. waxex.

And þyne oþre barouns-stoute, To wham alle we **wern** woned aloute,
for þay were so feer."

¶ "By dure god," saide Charlys þan, "ȝe loueaþ me lytel euery man,
þat redeþ me in þis maner.   4092
If y þus schamlich schal torne agayn, Luuere me were be ded certayn
On þys felde her."

Rayner warns him not to trust them.

¶ Þe erld of Genyue, syre Rayner, Sayde þanne to þe Emperer
"Syre, be my liegeance,   4096

[leaf 54, back] Þou ne dost noȝt ase þe wys If þow y-lyuest sir Alorys,
oþer any of his lyaunce.
Ys consail dude þe neuere god, Ne non þat y knowe of **al is** blod;
haue it wel in mynde.   4100
Hy buþ fals in dede & þoȝt, Hure consail to þ*e* nas neuere noȝt,
& þat þou schal wel vynde."

Alorys threatens

¶ Þan hym spak sir alorys : "Rayner, þou spekest al amys,
By god omnipotent;   4104
And þat þow scholdest a-bigge sare, If þe kyng hem-self ne ware
Her now in present.

and abuses Rayner.

What þow art ful **wel we knowe**; Y-come þow art of kunne lowe,
And Garyn þy fader also :   4108
In þe werld nad he **lond ne rente**, Saf þat þat he wiþ falshed hente,
& dude men þer-for wo.
Neuere ne was he with-oute strif, Bot ay wykke[d]liche lyuede ys lyf,
On þefþe & robberye :   4112
And al ys lygnage in euery syde, For robbours þai were y-kud as wyde
As any man myȝte a-spye."

Rayner is ouraged, and knocks him down.

¶ Þe duk þan wax al ful of grame, Wanne he spak of is fader schame,
And strok til hym with yre;   4116
& on þe cheke gurd hym with ys hond, þat wyþ þe strok to grounde a wond,
And tomblede on þe myre.
"Þow lyest, rybaud," saide he þan, " My fader was kud a trewe man;
god ȝyue þe yule chaunce!   4120
And alle þat buþ of ys blode Trewe men þai ben i-holde & gode,
þorȝ-out þe realme of france."

Gwenylon's friends cry

¶ Wan ys proute kyn y-sawe þat cas, Hautefuelle, hardre, & Sir Malcras,
& oþre a þousent neȝ;   4124

ALORYS IS COMPELLED BY CHARLES TO APOLOGISE TO RAYNER. 129

What of alyaunce, wat of blod, þan þay ascryede hym as þay were wod, *out for revenge.*
     " Asarmes ! " swyþe an-heʒ.
þat kun was wykkede on him-selue & armede hymen blyue on eche helue,
     boþe ʒonge & olde.   4128
And so he dude eke þᵉ duk Rayner, And al is frendes þat he had ther,
     þat poʒte wiþ hym to holde.
Mykel was þe noyse þat þan aras : Ac Gweynes partye þe more was, *Gwenylon's party is*
     & miʒtyer of power.   4132 *the larger,*
Ac wan þat hol host y-saw þat cas, Hit ful to þe duk Rayner þorw gras, *but all the soldiers join*
     For loue of Olyuer. *Rayner.*

¶ þan þay þoʒte to-gadre han set, ne haeude Fyrumbras hymen y-let, [leaf 55]
     þat hymen wente betwene ; 4136 *Ferumbras and Charles interfere.*
& þe kyng among hem went, & hoten hem by commaundyment,
     þat þay lete it bene.

¶ Wan þys noyse al cessed was þe kyng stod vp in the plas,
     & clypeþ til hym Rayner, 4140
Gweneloun, hardree & Alorys, And othre mo of þys partys
     & sayde in þys maner :
" ʒe doþ me, lordes, wel muche ounriʒt, þat buþ hardy her on my siʒt, *Charles*
     Do me þe vylonye,   4144
Her on my presence to profry fiʒt. Bote it be amended, by god almiʒt,
     ʒour summe it schal abye.
¶ Alorys," said he, " þys was þy werke, Cast of hasteliche þyn hauberke, *orders Alorys to disarm and*
     & þyn helm of þe þou take, 4148
And by-fore Rayner sete þe on kne, And on hys mercye pote þou þe, *apologize to Rayner.*
     and is amendes make."

¶ " Syre," quaþ Gweynes, " it schal be do, Siþþe ʒe hoteþ þat hit
beo so,   We wollaþ make ys pays." 4152
" ʒea, be god," quaþ hautefuelle, " Do now Alorys wiþ-oute duelle,
     Riʒt as þe kyng him says."

¶ Alorys ounarmed him þanne an haste, And on is knes andressede *Alorys does*
 him vaste, Be-fore þe duk Rayner ; 4156 *so,*
þe amendes a profrede him for-to make, At heʒ & low what he wold take, *and they are reconciled.*
     & so þay acorded ther.

¶ þe kyng gan asky aʒenward þo, Whaþer þay hym radde a-byde or go
     Aʒenward in-to fraunce.   4160

FERUMBRAS.   K

"Ac wel y may wyte[1] if y do so y potte me-selue in sorwe & wo
& to gret greuaunce."

Hauteville advises him to follow the counsel of Gwenylon.

¶ Hautefuelle hym answerede agayn : "Herkne, sire, what y schal sayn,
y wil ȝou noȝt be-swyke.   4164
Ful wel ȝe know þys ech del þat euere y haue iloued ȝow wel,
& Gweynes my sone doþ yke.
Ho-so consaile ȝow her to abide, He loueþ ȝow litel at þys tyde.
þenchesoun y wol ȝow say.   4168
Þy puple ys her enpayned stronge, For þay han y-laye her þus longe,
y-armed boþe niȝt & day :

[leaf 55, back] Al our bodyes waxeþ sore, So longe we habbeþ armes bore,
And buþ so heuy so led.   4172
·Do[2] as Gweynes redeþ þe, And faire let ous turne aȝe,
þys ys þe beste red.
And wan we comeþ in-to oure helue,[3] þan mowe we þar reste ous selue,
An ten ȝer ate leste.   4176

and take time to recruit his army.

By þat willeþ hy þat now buþ ȝonge Be ful waxe & be bold & stronge,
To helpe þe in þe beste :

Then he can return

& þan miȝt þou gadry a-ȝen þyn host, And come ageyn in-to þys cost,
With nobleye & bobaunce,   4180
& do wreche for duk Rolond, & for þyn oþre barouns strong,
& take þy vengeance ;

and recover the sacred relics.

& eke þyn relyques wynne aȝee, þe croune of thorn & þe nailes three,
þat buþ away i-bore ;   4184
& þe oþre relyqes al & some, Hwyche þay habbeþ þe be-nome,
þat we buþ trauaild fore."

¶ Þan was Char[lis] enchanted so With þees traytour, and othre mo,
Gweneloun & hardrec,   4188

Charles gives orders for a return to France.

Þat he hem grauteþ þat same daye To trossy hur harneys & hem
araye,   To torn hem hom aȝee.
Þo were þys traytours glad & blyþe, In tal þat host þay wente swyþe,
And warnede mest & leste,   4192
Euery man to makye hym ȝare, & trussye his harneys hom to fare,
After þe kynges heste.

---

[1] 'knowe' *over* 'may wyte.'   [2] Do [now].
[3] 'contre' *over* 'helue.'

CHARLES SEES RICHARD COMING AND ORDERS A HALT.   131

¶ þan waxe sory þe gode barouns, þat þay scholde don op hure
  pauillo[u]ns,   By þe conseil of losengers :   4196
& namliche þe gode duk Rayner Muche bemeneþ . ys sone Olyuer,
          & alle þe doþþepers :
Noþeles suþþe þat it was so, After þe kynge þay moste do,
         & gunne to trussye vaste.   4200
þay fulde sakkes, & trossede males, To Charyotes þay drowen þe
  grete bales,   & þykke hem in þam caste.
¶ Wan þay were araid al & some, And an-horce wern þe grete gome, *All are ready to start.*
       And þ{e} kyng an-horse was,   4204
þanne he be-þoȝt hym al aboute, & how he sente ys barouns stoute ;
        ofte he sayde, " Alas ! "
& " Alas¹ ! " said he, by-forn hem þar, " þat² y euere y ȝut croune bar, *Charles laments over*
      þis is ³a deeful þyng³ !   4208 *the loss of his knights.*
þat suþþen myn barouns buþ þus y-slayn, & y thus⁴ wrecchedly schal [leaf 56]
  torne a-gayn,   Wiþ-oute ⁵wrech takyng⁵ :
þar as y ha be arst mykel of tolde, For a coward y worþ y-holde,
       boþe in tour and bour⁶.   4212
Alas ! alas ! cold ys my red ; Why lybbe y now þat þay buþ ded,
       þat huld vp myn hono*ur* ?
Alas ! for Roland, my Cosyn dere ; Were he lyues wiþ me here,
        A wolde noȝt suffry þys,   4216
þat y thus scholde me torne aȝene, Wiþ-oute ve[n]iaunce of my tene,
        Hit farþ now al a-mys :
For now y haue hym for-go, And myn oþre barons al-so,
       þorw ⁷my folye dede⁷.   4220
Whar-for certis me ys wo." Wiþ þat word sowenede he þo, *He swoons and nearly*
        As he sat on ys stede ; *falls from his horse.*
Of is hors had he falle adoun, Nadde y-ben þe soco*ur* of his baroun,
        þat vp þer gunne him holde   4224
ys trewe baronye be-mend him sore, & Ro[land], & Olyuer wel mychele
  more,   & þe oþre barouns bolde,
¶ Wan þe kyng of Sowenyng awoke, þe way to france þan he toke, *They start.*
        As he lay forþ riȝt.   4228

¹ & [þan.] ² [Alas] þat. ³⁻³ [a foule meschance.] ⁴ y[now].
⁵⁻⁵ [any vengeance.] ⁶ MS. tour. ⁷⁻⁷ [myn oȝe fol dede.]
               K 2

132 RICHARD INFORMS CHARLES OF THE DANGER OF THE DOUZEPERES.

Richard appears galloping up at full speed,

þe kyng gan loke þanne a-syde, & saw whar Ric[hard] com [1]þat tyde,[1]
    Prikynge by-fore his syȝt,
And sat on þat noble stede, þat al so swyftlyche þanne ȝede,
    So swolwe doþ on flyȝt. 4232
þe sterrede on ys hand he ladde, þat he of Mandysee wan & hadde,
    þat[2] he hym slow in fyȝt,

with his sword drawn.

& bar a naked swerd an honde. þe kyng made ys stede a-stonde,
    And by-huld hym faste; 4236
Hym semede þan it was a knyȝt, þat was y-come out of fyȝt,
    And sumdel was agaste.

¶ þan . clypede he hemen þat were most Worthyest barons of al ys host, of Ienyue[3] þe duk Reyner, 4240

Charles orders a halt.

Raol Mountferant, & duk howelle, And bad him a-wyle with him duelle, & þat host a-reste ther:
" For y see ȝunder comeþ a knyȝt, Prykyng so doþ þe foul on flyȝt,
    On a ful iolif stede; 4244

[leaf 56, back] Lord þe stede þat he goþ lyȝt, Another a lede þan honde riȝt,
    þat semeþ god at nede.

He recognizes Richard.

By ys rydyng it[4] semeþ me, Richard of Normandye it miȝte be,
    þat berþ þat swerd an hand. 4248
Now ihesu, þat ert heuene kyng, þys day sende me god tydyng
    Of my neuew Roland,
And of Olyuer, my derlyng, þat þay mote be ȝute lyuyng,
    & my othre barouns wyȝte." 4252
By þat þat host arested was, Rychard cam prykande neȝ þe plas
    &' by-fore hym þanne aliȝte.

Richard rides up to Charles,

¶ Anon, riȝt as þe kyng hym seȝ, Quyklich þanne a rod hym neȝ,
    & sayde til hym [5]ful ȝare[5]: 4256

who asks him about the other knights.

" Iantail knyȝt, comen of kynde free, Of Roland my neuewe tel þou me,
    How ys it by[6] hym afare;
& of Gy of Borgoygne, & of Olyuer, And of al myn othre doþþeper,
    buth ȝut[7] on lyue." 4260
"ȝea, sire, wyþ-inne þis þridde day y lefte hymen murye & in god aray,"
    Said Ri[chard], so y thryue;

[1]–[1] [prikyng] þat tyde. [2] [Wan.] [3] 'Alre furst' *over* '[&] of Ienyue.'
[4] [as] it. [5]–[5] [ȝare.] [6] [of.] [7] [War þay beo.]

On þe stronge tour of Egremount, þar buþ þyn barouns alle hol & sond,
  Saf Basyn þat is aslaye¹ : 4264
þe Ameral be-segeþ hymen þer-yn Wyþ an hundred þousant Saraȝyn,
  Be niȝtes & be daye².
þe Amyrel haþ sworn by ternagan þat neuere ne wil he departie þan,
  for noȝt þat may betyde, 4268
Til þay be-take in dispyt of þe, And an-hongëd heȝe on þe galwetre,
  euerech by oþres syde.
þar ys with-ynne wyþ hymen there, Flo[rippe] þe Amyralis doȝtre dere,
  A burde on boure briȝt : 4272
Sche haueþ þe relyqes on hure warde, For whyche þou hast y-trauaild
  harde, longe tyme day & niȝt.
¶ þyn barons þat buþ of gret honour, þat so buþ be-seged on þat tour,
  þey sendeþ þe word by me, 4276
þat þow scholdest come with þyn host And ³delyuery hem out of þat
  cost, As þou art hende & fre ;
& if þou wolt so ! as god me saue, Al þyn relyqes þow myȝt haue,
  þat y spak of eere : 4280
And discoumfitye þow schalt þan Amyrel, And al ys Saraȝyns, y wot
  ful wel, þat now buþ with him þere.
And wan þou hauest so y-done, Conquere þou schalt after sone
  þe reame of heþene Spaygne." 4284
þan was glad Charlis kyng, Ne herde he neuere no tydyng
  War-for he was so fayne.

NOw ys Charlis glad & blythe, And þonkeþ god an .C. sythe
  Of þat gode tydynge. 4288
By seynt Dynys a swor ys oþ, þat Gweynes & hyse scholde be wroþ,
  for hure compassynge :
" Hit ys no þyng on hymen ylong þat y ne hadde y-lost Rolond,
  & myn barons⁴ hende. 4292
þay buþ wel ful of felonye, & þat þay schullen eft-sone abye,
  bote þay hemen⁵ amende.
y þanke þe, Ri[chard]," quaþ Char[lis] kyng, " For certis þow hauest
  wiþ þy tydyng y-broȝt myn herte of care. 4296

 ¹ [aslawe.] ² [dawe.] ³ And [wiþ strengþe.]
 ⁴ 'oþre barouns' written over. ⁵ bot [if] þay.

134 RICHARD DESCRIBES THE DANGERS OF THE PASSAGE OF MANTRIBLE

He determines in the morning to start to Egremont.

Al niȝt we wolleþ reste ous her, And to-morwe, wan þe day ys cler,
   þyderward wille we fare,
And y make auow to my lord seynt Ion, If y may lyue til moneday
  non,   lyuerance wil y make;   4300
And þe Amerel schal lese ys hed, & al his sarsyns schulle be ded,
   þat y may of-take."

Richard says the Saracens cover 12 square miles,

¶ "Sire," quaþ Richard, "he ys ful strong, & haþ be-set þe contre long,
   Wyþ Sarsynȝ al aboute :   4304
four myle in lengþe spredreþ is host, And thre on brede by euery cost,
   With-inne & wyþ-oute.

and that he will have to cross the bridge at Mantrible,

And a thys syde Egrymoygne a iornee þar is a brigge of gret fertee,
   A Citee [1]ys set þer-bye[1] :   4308
Mantrible þe Citee ys y-called, Wyþ marbre fyn ys he walled,
   & abatayld with toures hye.

Vnder þe brigge þan flet flagot, On him ne may durye schip ne bot,
   So sterncliche he him renneþ :   4312
Of brede ys he a gret boȝe-schot, & thre spere-schaftes dep ech grot,
   As many man it wel kenneþ.

[leaf 57, back] A þys syde þe toun þat ryuer rend,[2] & þe brigge [3]þar ouer[3] stent,
   Whar forþ we moste pace.   4316
Oþer passage ne ys þar non bote by þat brigge y-mad of ston,
   nys þer non oþer grace.
amydde þe brigge þar stent a tour y-buld aboȝe wyþ gret honour,
   Wyþ brytaskes many & fale :   4320

which is kept by a giant,

In þar on dwelleþ þe briggeward, A geant ys he of an yuel part,
   Many man he bryngþ on bale.
Vnder þe tour buþ ȝeates two, Whar þorȝ men mote nedes go,
   þat wolleþ pacye þere :   4324
þar stondeþ algate an hundred kniȝtes, þat passage to kepe by dayes
  & nyȝtes,   With þe geant þat ys portere :

Agolafre the bridge-ward.

Agolafre hatte þe proute geant, Fro hennes in-to Cyuyle grant,
   nys þar anoþer swych.   4328

[1-1] *written over* 'by-ȝonde þer stonde' *and under* 'nas neuere Cyte strengre walled ymad with mannis hondes.'

[2] *over* 'þe ryuer ys red & raply rend.'

[3-3] *over* 'ys peryllous þat.'

He ys ¹a Sarsyn of wonder gret strengþe,¹ xv. fet he ²haueþ in lengþe,²
& ys as blak so pych :
Ne saw y neuere non hym lyke, He semeþ ful wel þe deuels chyke,
y-sprong of þe pyt of helle.   4332
Alwey he haueþ · on ys baylye x. þousant knyȝtes ful hardye,   *Under him are 10,000 knights.*
To don al at ys wille.
Ac of o þyng, sire, by-þenk þe,³ þou passest noȝt thar wyþ no   *Charles must use some*
strengþe,   Bote sleȝþe helpe þar-to.   4336   *stratagem to pass the bridge.*
For non assaut helpeþ noȝt, þe brigge-warde ys so strong y-wroȝt,
Hit were noȝt worþ a slo.
If we schullen pasye that ryuer, ȝe mote leue with ȝoure power
On a-buchement as y schal sigge : 4340
In a wode þat ys þer faste by, Half a myle it ys ful ny,
by-twene him & þe brigge :
And y schal take þe wey forþ riȝtes, And haue wyþ me of ȝour knyȝtes
.V. hundred gode y-kudde.   4344
Ryȝt as marchantȝ wille we ryde, Wel y-armed an-vnder our gonels   *Richard proposes a plan,*
wyde,   & swerdes sherpe y-hudde.
þe somers schulleþ by-forn ous gon, Wyþ grete pakkes euerechon,
As it were marchauⁿdyse ;   4348
And we wolleþ fayre after ryde, As marchauns scholde with litel pryde,
And pacye in þis gyse.
& wan we buþ wyþ such a gynne þe brigge-ȝates al wyþ-ynne,
þan wol y blowe myn horn ;   4352
þan come ȝe with ȝour company, And takeþ þe brigge with maystry,   [leaf 58]
& þe Citee þat stent afforn."
¶ " A ! lord," sayde Charlys þan, " þat Richard ys a noble man,
god ȝyue hym gode chaunce !   4356
Ho miȝte our passage betere araye ? No man for-soþ at my paye,
by-twyne þis & fraunce.
Of ys counsayl am y apayd : Hit schal be don as he haþ sayd,   *with which Charles is*
Be dere god almyȝte."   4360   *pleased.*
þan he het on ! blowe an horn, And þat host abod be-hynde & forn,
& logede hem þar alnyȝte.

¹⁻¹ *over* 'myche in wonder strong.'   ²⁻² *over* 'ys long.'
³ [now] by-þenk þe.

136 RICHARD AND HIS MEN DRESS THEMSELVES AS MERCHANTS.

The army halts for the night at Morymond.

Oppon þe val of Morymond Abydeþ þat host hol & sond,
      Fayre oppon a grene.   4364
A-morwe wan þe day was liȝt, Charlys comandeþ þat euery wiȝt
      Sone beo y-armed clene.

In the morning Richard picks out 500 men.

Wan þay wer y-armed alle at riȝtes, Charles het Richard chuse his
  knyȝtes   þat he wolde lede ;   4368
And Richard dude as Char[lis] saide & ches .v. hundred, & hem a-raide
      On gonels oppon hur wede.
Hyre sarplers dud he with hay be fild, & bonde hem to hure sadels
  gyld,   To keuery hure[1] ryche araye.   4372

Their arms are hidden, and they appear as merchants.

Hure swerdes durnely so ben y-hid, & ase Marchans þat wern ounkyd,
      So þey wentte hure waye.
Charlis takeþ wyþ hym his host, And folȝeþ after[2] wiþ-oute bost
      to mantrible-ward ful riȝt.   4376
Þat day ȝaf Richard or a ȝede To duk Rayner þe sterrede stede,
      þat was so god & liȝt.

Richard rides in front

¶ Rychard ryȝd forþ wyþ ys knyȝtes þat warn arayd after hure ryȝtes,
      Riȝt as marchans scholde.   4380
By-fore þe kyng [3]þay prykede þere,[3] Y wol ȝow telle now what þay
  were,   þe gretteste of þay bolde.

with Duke Howel, Duke Rayner, and Raoul of Amiens.

Þe furste was Richard of wham y tel, þe secunde of Nauntes þe duk
  Howel,   Duk Rayner þe þridde was ;   4384
Þe furþe was Raol of Mans ! þe stronge ; To seche al fraunce brod &
  longe,   A betre knyȝt þer nas.
Þuse prykeaþ faste forþ by-fore, V. hundred knyȝtis in al þay wore,
      Hure somers lefte þay noȝt.   4388

[leaf 58, back]

[Þat þay ne dryue by-forn hem euerechon][4]

Each drives a packhorse laden.

Þat ech of hem ne drof forþ on, With pakkes y-charged euerechon,
      Wyþ harneys y-fillid toȝte :
Now Agolafre beo hym wel y-war, Bote he kepe him þe betre þar,
      At þe entree of þe brigge.   4392
For þe trew þat he wol craue, An yuel torn tyd þe haue,
      Myn hed þer-to y legge.
¶ Þys knyȝtes prikeaþ forþ on hure way, þe somers þei dryue be-forn
  hem ay,   & vaste forþ þay wente,   4396

---

[1] To keuery [þat].
[3–3] [þan] prykede [þay] þere.
[2] after [hem].
[4] *Crossed through.*

And beren þe pakkes on hure rig, Til þay come euene to þe bryg,
    nowar þay ne astente.
And Charlis ys to þe wode y-come, And enbuschedem¹ þar with ys *Charles places 100,000*
    trome,   An hundred þousant kni3tes. 4400 *men in ambush.*
þe oþre were ate brigge þan & by-hulde how þe ryuer ran,
    And oþre ferly sy3tes.
¶ And wan þay hadden al be-holde, þe sturne Ryuer, & þe brigge
    bolde,   & þe toures þat stode oppon : 4404
þey sayde þat terme of al hur age, ne hurde þay neuere of no passage, *Some are frightened at*
    So grysly to lokye on. *the river and the bridge,*
Saide Richard—"þat is soþ, Ac loke on þe medwe war Sarsyn3 goþ,
    A þousant ²þer buþ² & mo, 4408
Wel y-armed on þe beste assyse, Hure purpos y can no3t deuyse,
    Ne wat þay þenkþ do."
¶ þan saide howel—"þys ys hard, Parfay ich am ful sore affard,
    god of heuene ous lede !" 4412
"Lordes," quaþ Ry[chard], " buþ no3t agast, Ac holdeþ forþ 3our way *but are encouraged*
    an hast,   & boldelich doþ 3our dede : *by Richard,*
And wan we comeþ to þe brigge-gate, Hwat so þay beo þat buþ þer-ate,
    Doþ as y schal sayne. 4416
Holdeþ 3ow stille, and spekeþ no3t, but leteþ me telle as y ha þo3t, *who tells them*
    What so þay speke agayne. *to keep still and leave everything to*
And 3if we mowe pacye so, þe dra3t-brigge & þe 3eates two, *him.*
    þan ys tyme to flyte. 4420
þan Casteþ 3our gonels³ of anon, & drawe we to our wepnes euerechon,
    & let se ho can smyte."
¶ Raol Delamans sayde þan : " Muche maugre mote he han,
    þat any of hem spare." 4424
With þat þay gunne⁴ hem for-to haste, And dryue forth þe somers faste *[leaf 50]*
    Ouer þe brygge thare. *They arrive at the bridge.*
¶ Agalofre, þe voule gome, Ful wel of-se3 þus kny3tes come,
    Wyþ hure somers fayre. 4428
Out of þe tour þan cam he doun, And set hym on an hey3 peroun, *Agalafre descends*
    y-mad as a chayre. *from the tower.*

---

¹ enbuscheden [hem].   ²⁻² [Sarsyns.]
³ Casteþ 3our gonels [þanne].   ⁴ MS. gunme.

An Axe had he þan an-honde, A shrewedere[1] wepene for-to fonde,
　　　　　　　Was neuere non yfounde.　　4432
Three fet of brede was þe blad, Of style y-tempred ful-wel y-mad,
　　　　　　　þe hylue wyþ yre y-bounde.

He is a hideous man
þe Sarsyn was an hudous man, By-twyne ys to browen was a span
　　　　　　　largeliche of brede;　　4436

with great eyebrows and deep-set eyes.
Ys browes were boþe rowe and grete, & ys nose cammus, ys eȝene depe,　　　　& glystryd as þ* glede.

Suþþe þe werlde furst by-gan, Nas neuer ȝut so lodly man,
　　　　　　　y-mad of flehs & felle.　　4440

He seems a devil come straight from hell.
Was he noȝt a godes helf[2] þe deuel he semede al hym-self,
　　　　　　　y come þo riȝt · of helle.

þe Amyral hadde y-loued hym long, For he was so wonderly strong,
　　　　　　　And doȝty þer-to of dede.　　4444

Constable he mad him of ys lond, And tok hym þe briggewarde an hond,　　　　For al men schold hym drede.

¶ God saue þe crystene company! Wan þay come þe Sarsyn ny
　　　　　　　Ry[chard] rod by-fore :　　4448

þan Agolafre stert vp-on ys fet, And askede of Ry[chard] al so ket,
　　　　　　　Wyder-ward þat þay[3] wore :

Agolafre demands their business.
"& weþen art þou? þov ladde prout? And wyderward schal þis grete rout　　　　of Somers wiþ þ* ware?　　4452

And wanne buþ þaye þat comeþ her ryde, On heȝe stedes & gonels wyde?　　　　Tel me what þay are."

Richard tells him they are cloth merchants, on their way to the Emir.
¶ Ry[chard] ansuerede þe proute Sarsyn, On Arragouuneys speche god & fyn,　·　　　　And saide, "we buþ Marchaund;　4456
Of drapreye we ledeþ gret fuysoun, And wolleþ þer-wyþ to Agremoun,
　　　　　　　to þ* Amyral of þis laund.

He þenkþ hold an huge ryot, Of Mahoun, & iubiter, & Margot,
　　　　　　　Wyþ-inne þis fortenizt.　　4460

[leaf 39, back]
And cloþye he þenkeþ ys barouns fre, For þe loue of oure godes thre,
　　　　　　　þat buþ ful myche of myȝte.

And we han her scarletes & grene, & cloþes of tarse, & of sulk ful schene,　　　　& cloþes eke of golde.　　4464

---

[1] MS. sherwedere.　　[2] a godes [of godes] helf.　　[3] ward [he].

On al paynee buþ rycchere non þan we han her & þat god won,
bygge hem he so wolde.
Of such chaffar as we haue, So þat we mowe come saue,
fro henne to þe Amyrel, 4468
þanne schal he on þe beste chuse, And þo3 we a-boute hym schullen
luse,   he schal haue ys del.
Tel me, sire,[1] þerfor now, Of þys passage what ys þe trow,   *and asks what toll has*
And how we mo3e ous quyte." 4472 *to be paid.*
Agolofre ansuerede hym agayn :—" Of þys brigge y am wardayn,
& receuour of myche & lyte :
Ac her passede wyþ-inne a wyle, Crystene men þat[2] dude me gyle, *Agolafre says he has been*
þat come fram Char[lis] kyng; 4476 *cheated once by some Christians*
To þe Amyral þay wente . on god aray, My trew þay sayde þay wolde
pay   At hure a3en comyng.
þay schulleþ beo an-honge[3] on helle, For þay be-trayede þan Amerelle,
& dryuen him of ys tour; 4480
And holdeþ hym 3ute a3en þe ri3t, & ys do3tre eke, a burde bry3t,
And doþ him deshonour.
And now haþ þe A[meral] by-leyn hem þer, Wíth an hundred þousand *who are now besieged by*
of Sar3yns fier, Sherpe men at nede : 4484 *the Emir,*
Ac on of hem þys 3under day, Ase a þef her be stal away, *but one had escaped.*
Oppon a noble stede.
My Cosyn a-slow, a man of mod, And tok ys stede sur & god,
And passede þe ryuere. 4488
þe deuel him halp þat he nas dreynt! By-for þat was neuere non so *Devil take him!*
queynt, þat passeden on þat manere.
Wolde it, Mahoun and ternagan, þat he were her þe same man!
ys blod scholde sone a-kele : 4492
Wiþ myn axe y wolde ! 3yue him on, And to-cleue hym þor3 flechs [leaf 60]
& bon,   Doun ri3t to þe hele.
And now is þe A[myral] sore afry3t, For þe doynge of þilke kny3t,
þat passed þo þes ende, 4496
Leste he go to þe Emperour, & brynge hym hyder to socour,
Hym & hys to schende.

[1] me [luue] sire.   [2] men [seuene] þat.   [3] an-honge [3ute].

And the Emir has given orders to let no stranger pass,	Whar-for he sente me er þan, þat y ne lete her no man	
	Pacy þys passage,	4500
	Were he erld oþer baroun, Bote if y seȝe ys facioun,	
	Oþer knewe him by vysage:	
and therefore Richard must show his face. 'Willingly,' says Richard.	& þar-for schawe me þyn anon." "Gladly," quaþ Richard, "so mot y gon, haue þou none doute.	4504
	What do ȝe felawes? comeþ neer & ȝour vysages schewyeþ heer, cuerechone aboute."	
	With þat Richard preynte ys eȝe, Oppon ys feleschip þat was him neȝe, Hure purpos to by-gynne.	4508
He with Howel, Raoul and Rayner ride on to the bridge.	þe gate Ri[chard] hym neyȝeþ neer, So dude Howel, Roal, and Reyner þᵉ draȝtbrigge ride with-ynne.	
	¶ Wan Ago[lafre] hit seȝ he sayde with cry: "Draweþ ȝow abak, ȝe doþ foly, oþer ȝe schullaþ a-bigge.	4512
Agolafre raises the drawbridge,	Y wil noȝt þer passye her no mo." Sone to þe cheyne sterte he þo, & vp adrow þᵉ brigge.	
	¶ Now buþ þay foure with-inne ther; With-outen houede þe somer, & al hure[1] companee.	4516
and calls on them to surrender.	Agolafre com forþ wiþ ys hache: "Ribaux," saide he, "ich ȝow attache, Aȝeld ȝow anon to me.	
	Ho made ȝow so hardy men, þe draȝtbrigge for-to come wyþ-yn, & þe ȝeates bothe,	4520
	Bot it were at myn assent? þer-for to prysoun ȝe schulle be send, Ne beo ȝow noȝt so loþe.	
	& þay wyþ-oute schulle be dede; For ȝour folye þat ys hure mede, Or ich euere reste. .	4524
[leaf 60, back]	And on þe morwenyng y wil ȝov[2] sende To Amyral balan þat ys my frende, to don with ȝou is beste.	
	Doþ of ȝour govnes ech man a-sonder, & y wil se ȝour wede an vnder, As Ma[houn] me helpe & rede.	4528
	Me semeþ ȝe buþ wel ful of wyles, And habbeþ by-þoȝt ȝow of sum gyles, to do sum wikked dede."	
He seizes Howel.	To howel he sterte him þan with mod, & tok hym faste by[3] þe hod, þer nas non oþer bote;	4532

[1] & [þat oþer].   [2] [morȝnyng y schal ȝow.]   [3] faste [þanne].

Bote thre sypes a bar hym þanne aboute And al is hod to-taar to cloute,
                                                                & cast hym to ys fote.

¶ "Certis," quaþ Roald, "y soffry to long, To se my cosyn haue þys
wrong,   So mot y þe & þryue!"   4536

Hasteliche he adrow ys swerd, And agolofre on þe heued a gerd,   *Raoul smites him on the head.*
                      As harde as he may dryue :

Ac for þat strok had he non hoȝe For he was þanne to-be-toȝe
                      body & heued y-same   4540

With an hard crested serpentis fel, On which non eged tol ne may
no del   With no strok entame.

¶ Hure gonels þey cast of þan ecchon, & adrewe hure swerdes with   *They all throw off their cloaks*
þat anon   raplych at o route :   4544

And þan þay laid on þat foule wyȝt Sturne strokes with al hure myȝt,   *and attack Agolafre.*
                      In tal ys body aboute.

Ac al hure strokes ne greuede him noȝt, þe serpente skyn was so harde
y-wroȝt,   þat no man myȝt hit pers.   4548

[þan hadde þay þerof wonder gret¹]
& þan² þay awondrede of him ecchon, þat for al þe strokes þat þay
gerde on,   þat hym nas noȝt þᵉ wers.

¶ Agolafre ful egre gan³ to waxe, & wel anheȝ he heuede ys axe,⁴   *Agolafre aims at Raoul with his axe, but*
                   & ⁵to Roal a smot with⁵ mayne :   4552

Ac he failede of ys stroke, & þe axe ful on a stilp of oke,   *misses him,*
                þat bar ⁶vp ther a chayne⁶;

þe strok was so herd yset, þat þorw þat treo & þe cheyne gret,   *and cuts through one of the chaines of the bridge.*
                vj. fold y-layd a-boute,   4556

As liȝtliche as hit had ibeo wax, ran þe strok þanne. of ys ax
                Chayne & tre þorȝoute.⁷

¶ "A lord," sayde Reyner þan, "þys ys a deuyl and no man,   [leaf 61]
                Certis as y leue :   4560

Ho scholde a-stonde ys sory strok, Wan he smyt her þorȝ an ok,
                & no strok may him greue ?"

---

¹ *crossed through.*   ² [Greteliche].   ³ [þan] gan.
⁴ *over* 'to Ro[al] agerte with ys axe.'   ⁵—⁵ *over* 'stroke with al ys.'
       ⁶—⁶ *over* 'an yre chayn.'
⁷ *Added in the margin*:
    With þis on yȝ oþre side he say A gret bar of yre.

With þat ¹be-huld he faste bye,¹ A gret barre of yre saȝ he lye,²
        neȝ hym þar be-syde.³   4564

Rayner seizes a great bar of iron

Reyner þo 'putte vp⁴ hys broud, And tok vp þe barre wíth boþen
    ys⁵ hond,   & wente til hym þat tyde

and knocks him down.

& gerd hym þer-Wyþ⁶ on þe molde, þat ys legges gunne to volde,
        & bursten euene atwo.   4568

The bridge quakes with his fall.

þat deablet ful wíth þat strok⁷ So harde þat al þe brigge schok,⁸
        And þᵉ ryuer dude al-so.

¶ Wel sone ⁹was þys y-knowed wyde,⁹ ¹⁰& þe Sarȝyns armede hem
    on euery syde,¹⁰   Boþe wíth scharp & hard¹¹ ;   4572

More than 10,000 Saracens assemble.

& wyþinne a wyle þer wer y-dyȝt, Mo þan ten þousant ¹²of Sarȝyns
    wyȝt,¹²   & drowe hem þyderward.

Richard sounds the signal for Charles,

¶ Rychard tok þanne ys horn & blew, & Char[lis] y-hurd hit & wel
    y-knew   þᵉ auenture þat was befalle :   4576

whose men break out of the ambush.

Of ys enbuschyment þan brak he out, And cryede "montioye!" al
    aloud,   & sone þai come out alle.
Sone was ech man on ys stede, And prykede vaste to þat nede,
        þe riȝt way as þay nome.   4580

Richard lets down the bridge.

Ri[chard] þe brigge let falle þan adoun,¹³ And hys falawes ¹⁴beþ entrede
    euerech one,¹⁴   or þat gret host hym come.

¶ þan come þe Sarȝyns of þe Citee route, And poȝte wyþ force
    dryuen hem oute,   & þe brigge aȝen vp-drawe :   4584
Ac þay wyþ-stode hem al wyþ strengþe, And reculede hem þar an
    acres lengþe,   & many þay habbeþ aslawe.

¶ Wan¹⁵ Charlys to þe brigge ys¹⁶ come, Wyþ ys hol host al and
    some,   þe brigge þay toke a-rank.   4588
þat day Gweynes bar hym wel, And ys kynnesmen, swykel and fel,
        ¹⁷Of Char[lis]¹⁷ to gete hem þanke.
þay were þe furste men of myȝt, þat potte þe Sarȝyns to þe flyȝt,
        Al þoȝ þay kome late.¹⁸   4592

---

¹⁻¹ *over* 'lokede he vp a-syde þaar.'
² *over* '& saw þar liggeng an yre wroȝte (?) bar.'   ³ *over* 'a gret on & ounryde.'
⁴⁻⁴ *over* 'dude yn.'   ⁵ ys *added*.   ⁶ [Wyþ þe barre a smot him.]
⁷ ful [doun at þat draȝte].   ⁸ brigge [quaȝte].
⁹⁻⁹ *over* 'þe tydyng gan to sprynge.'   ¹⁰⁻¹⁰ *over* 'In-to Cyte of þys doyngge.'
¹¹ *over* 'Touchyng þe briggeward.'   ¹²⁻¹² [in armys bryȝt.]
¹³ [By þat let Ry[chard] þe brigge falle.]
¹⁴⁻¹⁴ [entrede euery manes buþ alle.]   ¹⁵ [By þat], *and* [Now ys].
¹⁶ [y].   ¹⁷⁻¹⁷ [for].   ¹⁸ *crossed* 'So harde þay gunne sayle.'

CHARLES KILLS THE GIANT, AND THE BRIDGE IS TAKEN. 143

To þe Cite ȝeate þey chacedem riȝt, Ac þer¹ þey tornde &¹ ȝaf hym fyȝt, *The Saracens make a stand in front of the gate.*
     A litel by-fore þe ȝeate.

[Ryȝt to þe draȝt-brigge þat lay þar-ate²]

¶ Charlys ³gan fiȝte þo³ wyþ egre mod, And Gweynes al-so þat bi [leaf 61, bk]
 him stod,   And sloȝe þe⁴ Sarsyns kete.   4596
þat day schewede þat traytour To Char[lis] ys lord ful muche honour,
     for neuere a nolde hym lete.

¶ Char[lis] lokedem be-hynde ys bak', And saw dele þar many a knak, *Charles finds that Agolafre has re-covered,*
     & myche noyse make.   4600
To þat doynge þan tornde he, What yt was he wolde y-se,
     & þyderward he gan take.
þan was Agolafre noȝt ded þe ȝet, Ac on his knes he hadde him set,
     For his legges nere noȝt soñde,   4604
& had⁵ wyþ ys axe a-slawe An hep of frenschemen þat leye arawe, *and with his axe has killed a number of the French.*
     Aforn hym on þe gronde.

¶ Char[lis] was wroþ and angry so⁶, Wan he seȝ what he had do,
     & poȝte on þis manere :   4608
" Myȝte þys fend aryse and go, Muche sorwe wolde he do
     Among ⁷my mayne here⁷ ; "
With þat Char[lis]⁸ to hym wond, And gurd him a strok wyþ ys *He strikes him with his sword,*
 brond,   & on þe heued him sette.   4612
Ac for þat strok had he no dere, For no strok myȝt hym percy þere, *but cannot wound him:*
     ⁹þat sory skyn⁹ dude him lette :

¶ And þan was Char[lis] wonder grym, And aȝeyn hym renneþ, & *then he stabs him between*
 stokeþ hym   By-twene ys browes rowe :   4616 *the eyes, and*
þan ran þat swerd in-to ys brayn, And whan he haueþ him so a-slayn *throws him into the*
     to þe ryuer was he þrowe. *river.*

¶ Now ys Agolafre¹⁰ ded, & Char[lis] turneþ aȝe þe hed,
     & ȝede þar he was aar.   4620
Alle þe Sarȝyns þat he wyþ mette, Bytere & sore he hym grette,
     & þorȝ thar¹¹ body hem bar.
þe paynymes þat were oppon þᵉ brigge, þar me miȝte y-sen hem lygge,
     bledynge at an hepe ;   4624

¹—¹ [þe Saraȝyns.]   ² *crossed through.*   ³—³ [fauȝt þanne.]
⁴ MS. sloȝe þe sloȝe þe.   ⁵ & had [he].   ⁶ bo (?) *Altered from* bo *to* so?
⁷—⁷ [ous þat buþ here.]   ⁸ Char[lis] [þanne.]   ⁹—⁹ [þe serpente].
¹⁰ Agolafre [þe wardeyn].   ¹¹ þorȝ [out] hur.

Summe were cloue in-to þe tonge, And somme were styked þorʒ lyure & longe, And many wer oþer y-lepe :

The Saracens fly into the city. Sone was voydede þe brigge þere Of alle þe oþre þat lyues were, to þᵉ citee þaye gunne flee : 4628

þe ʒeates wern opened aʒen hem wyde, & þay floʒe in & nold noʒt a-byde, & sperede he[m] faste aʒee.

[leaf 62] [Boþe brigge and baly in-to þe toun-ʒeate, Now buþ þay comen alle þer-ate¹]

Charles besieges the city for two days. ¶ Charlys þe Citee þo gan asayle, Two dawes hole wyþ-oute fayle, Wyþ al ys grete route : 4632

And þay wyþ-inne defended hem wel, Wyþ schutynge & castyng of stones fel, Many þay slowe with-oute.

¶ Sone . was . al þe contree war, xl. Myle² aboute thar, þat Mantrible be-seged was, 4636

Saracens flock thither. & þe brygge conquered þat was stout : Sarʒynʒ þyder-ward þan gunne rout, to helpe hem in þat cas.

Ere to dawes ful ended ware Fyfty þousant Sarʒyns³ come thare, And entrede in þat Citee. 4640

Bot if god helpe now Charlemoun, Wel late passeþ he þorʒ þat toun, To helpe ys barouns fre.

Round the city the rocks are 100 yards high. And nowar myʒte he passe be-syde, For þe roche was heʒ an hundred stryde, Stondyng by þᵉ reuer, 4644

And anclosed þat side so stronge & heʒe, þat bute it were for þe foul þat fleʒe, Passage was non saf þer.

[¶ þe Sarʒynen power gan waxe gret⁴]

And þe walles were of Marbreston, Wyþ pykes of yre y-set þer-on, oppon þe crest ful þykke. 4648

Muche was þe noise & þat cry þat þo was maked in þat Cyty, Among þe Sarʒyns wykke.

A great giant named Enfachoun comes out, armed with a mallet ¶ þan was þar a geant ful of pryde, And openede þe water-gate wyde, Ys name was enfachoun : 4652

A mayl of Ire he bar an honde, Ther-wyþ þoʒte he þanne to fonde The frensche to dynge adoun.

8 feet long. þat heued þer-offen was wonder gret, & þe hilues lengþe was viij fet of þat sturne staue. 4656

---

¹ *crossed through.* ² myle [amyle]. ³ [þer] come thare.
⁴ *crossed through.*

Ys wyf was lyggynge on chylbedde For two chyldren þat sche þo hedde   *His 2 children,*
     Wyþ-inne þer-on a kaue.
þey were no3t þe 3ut four mo[n]þes old, [A]c seue fet of lengþe hur   *not 4 months old, are 7*
 ayþer was told, & þre enchen more : 4660   *feet 3 inches high.*
& twey large fet wyþ-oute drede, Wel y-mete & more on brede,
     boþe þe childrene wore.
Amyote hure damme, a geauntesse, Had y-kept hem wiþ busynesse,   [leaf 62, bk]
     Algate in-to þat day : 4664
A lodluker damme þan sche was on, of hide & hywe, of fleche & bon,
     neuere no man ne y-say.

¶ Enfachoun ys to þe 3eate y-come, And hauеþ þat mayl an-honde
 y-nome, & at þe barers he hym sette : 4668
And sayde, "Char[lis], þou olde wrecche, Woldest þov oure relyqes   *Enfachoun threatens*
 fecche? By Mohoun y wol þe lette :   *Charles.*
And bote þou þe rathere beo agon, þou schelt beo ded & þat Anon,
     Her ri3t þou schalt baslawe. 4672
And if Fyrumbras may beo taan, þat ilke false reneyed man,
     He worþ honged & drawe."

¶ þan laid he on wyþ my3t & mayn, And slow al þat hym com agayn,
     With þat mayl quarree. 4676
Or Charlis tok o3t myche kepe, Of frenschemen had he slawe an hepe,
     þat tilde vp til ys knee :
þanne come þe Sar3yn3 out And defendede þe barres al about,
     & smyte strokes ounryde, 4680
& 3yue þe frensche hard batail Ful many þar were without faile ;
     A-slawe on ayþer syde.

¶ Charlys þanne of ys stede ali3te, & ioyous ys swerd out he twy3te,   *Charles dismounts,*
     & to þe geant sterte, 4684
And smot hym an-he3 on þe pan, þat wiþ þe dynt þat swerd him ran   *and cleaves the giant's*
     Doun ry3t þor3 ys herte ;   *skull.*
þe geant fel to grounde an haste, þan were þe Sara3yns sore agaste
     & lefte þe barrers clene, 4688
& to þe 3eate þan þay wende, And hure 3eate gunne defende,   *The Saracens retreat.*
     Wyþ launces & gleues kene.

¶ þe power of hem enpayrede faste, & þe frensche to þam shute[1] &   [1 *a word erased here.*]
 caste, & rebuked hem foule within. 4692

FERUMBRAS.   L

þan cryede þe kyng wel an heʒ : "now helpeþ lordes, for we buþ neʒ,
         our *pur*pos her to wynne."

Four French knights drive them from the gate,

¶ Wanne kyng Char[lis] had y-cryed so, Rychard and Reyner &
  tweyne mo,   Roald was on þer-ate,   4696
& þe furthe was þ^e duk Howelle, þat þo reculede þe Sarsyns felle,
        A gret way fro þe ʒeate.

¶ Now habbeþ þai y-dryue hem in wyþ strengþe Wyþ-inne þe ʒeate
  an acres lengþe,   þ^e kyng & þys baro*n*s foure. 4700

but are themselves shut in

bot god now helpe þis lordes fyue In gret drede buþ þay of hure lyue,
        þis lordes of honoure ;

[leaf 63] and surrounded.

For þay were be-set a-boute[1] With thre þousant at o route,
       fyʒtyng men ful gode[2] ;   4704
And an hundred to þ^e ʒeate þan were y-diʒt To schutten it faste bote
  þay ne myʒt,   So hard þ^e frenche with-stode.[3]
Ful myche was þanne to done þere or þay moʒte þe barre arere,
        þe ʒate to make faste.   4708
Ac Ate laste[4] wyþ myche wo, þe ʒeate þay [5]closede & barred hit þo,[5]
       & þan Char[lis] wax agaste.

Charles is almost in despair,

¶ To god kyng Char[lis] prayde þo, Scholde hym saue . & his felawes
  al-so   fram combryment of þo felou*n*s, 4712
& sende hy*m* grace fayre to ascape, To do þe viage þat [he] haþ schape
        On helpynge of his barons.

but Richard cheers him.

¶ Wan duk Rychard y-herde hys fare : "Sir Emperour," said he, "lef
  þy care,   & tak þyn herte to þe :   4716
We buþ now her foule be-sterte, Bote if we ben þe betere of[6] herte,
        We buþ bot ded for soþe.

¶ Teche we now wat men we ben, For wel ʒe seeþ we moʒe noʒt flen ;
       ʒeld ous we mote or fiʒte.   4720
& ho-so þis day let take hi*m* quycke, In helle habbe he pynes wycke,
        Ay þer to brenne liʒte."

Charles fights fiercely.

¶ þat confort dude Charlis god, & gan to fiʒte as he were wod,
       & sone haþ sleyn a hundred.   4724
So dude þe foure as men of mod, Nas no Sarsyn þat hymen a-stod,
       þat nas to-hewe asounder.

---

[1] [al] a-boute.   [2] [þat schute til hymen & caste].   [3] [it praste].
[4] Ate laste [noþeles].   [5-5] 'barrede & wente þer fro.'
[6] ben [of] þe betere.

¶ "Montioye!" þan Charlis gan to crye Wiþ ys voys wel an hye, *He utters his warcry,*
    þat al men miȝte yt here.   4728
Gweynes wiþ-oute y-herde þat cry, And of ys lord þan tok pyty, *which Gwenylon hears,*
    Ys treytour þoȝ a were,
& hasteliche heȝede he him to þe ȝeate; Ys kynrede him folȝede &
    stode þer-ate,   A þousand ate leste;   4732
Wel harde þat ȝat þay gunne assayle, And þay wiþ-inne wiþ-oute *and attacks the gate.*
    fayle,   defended¹ hem in þͤ beste,
And cast out trees & stones wikke, & þay fulle on hur heuedes
    þikke², & dust hem to þe erþe adoun.   4736
Wan Alorys þe traytour þat y-seeȝ Anger ȝeode ys herto neȝ,
    And sayde to Gweneloun:
"Cosyn we doþ gret folye her, To lete ous slen in þys maner, *[leaf 65, bk]*
    A-mong our fon ounwreste;   4740
¶ And þer-for y rede go we hen, & tak we wyþ ous our kynnesmen, *Alorys proposes to retire,*
    & let þe othre don hur beste.
Our kyng ys now wiþ-inne þe walle, And Reyner of genyue, þat *and leave Charles to*
    yuel him falle! & al þat³ falerede.   4744 *his fate.*
Now schulle we of hymen haue vengeaunce, Ne comeþ þay neuere no
    more in fraunce, bote þar þay schulle be dede.
& beo we delyuerd of hymen þus, y wot ful wel, be swete iesus,
    of þe oþre we buþ awreke,   4748
þat liggeþ at Egremoyne on þe tour; for sorwe her-of and dolour
    hure hertes wolleþ breke;
& þan mowe we wyþ-oute distaunce Habben al þe realme of fraunce
    At oure comaundyment."   4752
"Godes for-bode," Gweynes sede, "þat ich assentede to such a dede, *'God forbid,' says Gwenylon.*
    To don hym such traysement;
for þanne wer y wers þan any qued, If ich assentede to oure kynges
    ded, Whar þat y miȝt hym saue.⁴   4756
for Of hym we holdeþ al our fees, We mote hym helpe in werre &
    pees, ⁵Wiþ þe power þat we haue.⁵"
¶ "Certis," said Alorys, "þow dost noȝ[t] wel, Bote if þou do as y þe *Alorys tries to persuade*
    tel, & herkne þenchesoun: 4760 *him,*

---

¹ [&] defended.   ² MS. þilke.   ³ *over* 'þay.'   ⁴ [þat ys my lord in lond].
    ⁵ [On al þyng þat . . . .]

L 2

	If Char[lis] [1]be now þar[1] a-slawe, þe othre þanne y-worþe be don of dawe, þat liggeþ at Egrymoun ;	
	& þanne buþ our enymys [2]alle dede[2] : & þar-for lef þys assaut y-rede,	
	& turne we aȝen to fraunce,"	4764
but Gweny-lon refuses.	" y wil noȝt," quaþ Gweynes, " be seynt Rycher, y wol hym helpe by my power, As god me ȝyue god chaunce.	
	As lef me were my hed for-go, As in þys cas to fondye hym fro,	
	to wham we buþ y-swore."	4768
	Alorys ys[3] herte neȝ brak atwo Wanne Gueneloun had answerede him so, So wo him was þar-fore.	
	Þe kynnerede of hem to-gadres goþ, And euerech to oþerward waxeþ wroþ, & made disturbaunce.	4772
The French fall back.	Wanne þe frensche y-seȝe þys, þe sege þey lefte al clene y-wys	
	þorȝ hure fol distaunce.	
	¶ Wan sir Fyrumbras y saw þat cas	

(*A leaf being lost here from the Ashmole MS. the missing lines are supplied as before from the original French, ll. 5006—5068.*)

	[Atant es Fierabras, qui fu moult bien armés ;	4776
Ferumbras with reproaches rallies the French,.	A hautes vois escrie : 'Où est Karles alés ?"	
	Et respont Aloris : 'Jamais ne le venrés ;	
	Enclos est Karlemaines entre ces grans fossés.'	
	Et respont Fierabras : 'Et vous ci c'atendés ?'	4780
	C'est moult grant mauvaisté que vous nel secourez ;	
	Encore en porés estre de traïson retés.'	
	Il escria : ' Monjoie ! baron, or i venés.'	
and they force their way into the city.	Quant François l'entendirent, e les ravigorés,	4784
	Entresci au berfroi ne se sont arestés :	
	Là troevent Guenelon, qui moult estoit navrés.	
	Fierabras fu moult liés quant li pons n'est levés.	
	A l'asalir s'est bien il et Guenes prouvés,	4788
	Et li autre François que il i ot menés.	
	As haces et as mans ont les portaus fremez ;	
	E les vous en Mantrible par vive poetés.	
Then the traitors join them.	Quant li traïtor voient que prise est la cités,	4792

[1]–[1] [wyþ-inne now ys].   [2]–[2] [ded echon].   [3] ys [his].

Aprés aus s'en entrerent, les gonfanons levés ;
Communaument i fierent o les brans acerés.
Du sanc qui ist des cors i est moult grans li gués.
Paien crient et braient et ullent par ces prés, 4796
Lors maisonz ont guerpies et lor rices cités.
En plus de .C. parties fu Mahom reclamés,
Et l'amirans Balans huciés et regretés : *Mantrible is taken.*
'Sire, c'or venés tost, et si nous secourés !' 4800
.I. Sarrazins s'en est de .i. grant estour enblés :
Desci à Aigremore n'est ses regnes tirés :
A l'Amirant sera cis afaires contés. *A messenger takes the news to Balan.*
Humais orés chançon, s'entendre le volés. 4804

Au prendre de Mantrible fu moult grans la mellée ;
Maint cop i ot donné et de lance et d'espée.
Quant Amiete oï le cri et la merlée, *Amyote, the giantess,*
Ki gist de .ii. enfans sous une cheminée, 4808
(Ce est une gaiande plus noire que pevrée ;
Grant ot la fourcéure, et la geule avoit lée,
Et si avoit de haut une lance levée,
Les ex avoit plus rouges que n'est flambe alumée ; 4812
Moult est de tout en tout laide et deffigurée).
De ses enfans se crient, dout ele est effracée ;
So gesine avoit faite, nouvele ert relevée. *hearing of her husband's death,*
Uns Sarrazins li a la nouvele contée, 4816
Que ses sires ert mors, qui l'avoit espousée,
Et li fiers Karlemaines a la ville peuplée.
Quant Amiote l'ot, si est d'ire embrasée ;
Ele saut de son lit trestoute escevelée ; 4820 *seizes a scythe, and kills several of the French.*
Sa crigne li couvroit trestoute l'esquinée.
Devant lui esgarda, s'a une fauc trouvée.
Ja, taut com ele ert vive, n'est prinse celo entrée ;
De la gent qu'ele ocist a fait grant aünée. 4824
'He ! Diex, dist Karlemaines, sainte Virge honnerée, *Charles with a bolt from a cross-bow kills her.*
Là voi une diable plus noire que pevrée.
De mes hommes ocist et fait grant lapidée ;

Grant damage i arai se longues a durée.   4828
Ki a nule arbalestre, tost me soit aportée.'
Li dus Hoel de Nantes l'en a une livrée
Et Karles l'a tendue, si l'a bien avisée;
Entre les .ii. sourcis a feru la dervée,   4832
Que parmi la cervele en est la fleke entrée.
La gaiande versa, la fleke est tronchonnée;
Par la geule geta mervelleuse fumée.
Et François ont desus mainte piere getée.   4836

The French enter the city.

Ains puis n'i ot pasage ne porte devéée,
Ains s'en entra dedens la compaigne honnerée.]¹

[leaf 64]

Now haþ Char[lis] ²þe citee y-take² & sleyn echoñ³ boþ whit &
blake⁴,   þat ⁵noble was & foer.⁵   4840

Charles remains in the city two days.

To dawes soiourned he & two ny3te, þe Citee ⁶for to araye & dy3te⁶,
After ys owe maner.
Alle þay habbeþ þar-ynne aslawe⁷ þat lyued on þe heþene lawe⁸,
þat þay mo3te of-take⁹ :   4844

In it he finds a large treasure,

Muche was þe tresour þat þay founde þan, of gold & syluer & ryche
stan,   & monaye whyt & blake.
¶ A tour þar was of a gret Array, In whych þe Amyral ys tresour lay,
Gold wyþ-oute nombre.   4848

which he divides amongst his knights.

Char[lis] hit delede wyth ys hond Among ys barons al þat a fond,
Abo3en erthe and vndre.
¹⁰To alle men he delde¹⁰ ynow plentee ¹¹to euery man after hys degre¹¹
¹²On þe toun and there¹².   4852
¹³& þanne þay so3te þe toun¹³ aboute, þay¹⁴ founde þe Caue ¹⁵þar-
withoute¹⁵   þar þe childrene were,

¹ *On the top crossed through is :—*
In-to ryuer ful þo þat qued þe remaynant of þe Sar3yns ded
Delyured of gret & smal.
²—² *originally* 'ytake þat Citee.'   ³ [& dryuen out alle].
⁴ [Wyþ þe hilpe of ys baronee] 'þanne reste he þer & to refresschie his
baroun.'   ⁵—⁵ *over* 'erst were yn þe toun.'
⁶—⁶ *over* 'to ri3te in his maner.'   ⁷ *over* 'þan Charlis het to hys route.'
⁸ *over* 'þe Citee to pyle al aboute.'   ⁹ *over* '& þe pylage to hem take.'·
¹⁰—¹⁰ [Al þay hadde].   ¹¹—¹¹ ['Of þe tresour þat founden hee.']
¹²—¹² *over* '* In-to þe leste * aknam (?).'   ¹³—¹³ [þan as þay wente þat tour].
¹⁴ [And].   ¹⁵—¹⁵ with-oute [doute].
— [he lefte no3t].

THE GIANT'S CHILDREN ARE BAPTISED AND NAMED ROLAND AND OLIVER. 151

Whyche þat oȝte þe geauntesse, þat Char[lis] aslow in distresse,
     & schet hure þorȝ þe molde. 4856
þe chyldren þat were boþe gret & touȝt, By-fore þe kynge þay were *They bring*
 y-broȝt,   to don with hem what a wolde. *the giant's children to Charles.*
¶ Wan þay come to Charlis syȝt, A blessede hym-selue anon ryȝt,
     As he to batail scholde; 4860
& sayde þanne on ys sawe, He nolde noȝt þay were a-slawe,
     for a somers charg[e] of golde:
þe kyng het anon riȝt þan, To an archebisschop þat hiȝt Herman, *They are baptised,*
 y-folled þat þay were. 4864
þe Archebysschop fullede boþe anon, & Roland þanne he het þat on, *under the names*
    & þat other Olyuere. *of Roland and Oliver.*
¶ þys was don on þe moneþ of May, Wan þe foules syngeþ on þe spray, *All this happened on*
    & erbes waxeþ grene: 4868
after þe ȝer. þat our lord was bore, Nyȝen hondred & four score, *the 20th of May, A.D. 980.*
    þe twentyþe day y wene.
þat þe toun of Mantrible conquerid was, And þe brigge [1]y-wonne
 þorwe his[1] gras. & þanne þe þridde day, 4872
After þe kyng had take ys reste,[2] Of ys barons clepede he þe beste, [leaf 64, back]
    & þus til hem gan say:
¶ "Lordes, & frendes, what redeþ ȝee? Wham schal y leue[3] þys Citee *On the third day Charles*
    to kepe? of al myn host, 4876 *proposes to*
þe whyle y wende on my vyage To socoury myn othre baronage,
    þat lyþ on þe ȝondre cost?"
"Sire," quaþ Richard, "be seynt Ion, þay buþ rewarded riȝt anon,
    Hy þat schullaþ duelle. 4880
Roald Delamans þat on schal bee, And howel of Nauntes anoþer ys he, *leave Raoul and Howel at*
    Certys by my wylle." *Mantrible*
¶ Char[lis] sayde, "by god almyȝt, þow it hauest dyuysed ariȝt,
    After myn owe lykyng. 4884
þus barouns buþ gode and suffysaunt For-to take such þyng an haunt,
    god ȝyue þe his blessyng!"
Sayde þay þanne to þe kyng: "If we her schulleþ beo leuyng,
    more folk moste we haue, 4888

[1]-[1] [al-so þorw godes]. [2] 14 *lines added very indistinctly in the margin.*
      [3] leue [in].

CHARLES WITH HIS ARMY START TO THE RESCUE OF THE DOUZEPERES.

of ȝour baronage & ȝour gret power For-to leue wiþ ous hoer,
  þe Cite for-to saue."

with 700 knyghts and
"Ȝe schul haue," quaþ Charlemayn. Vij. C. he¹ delyuerede to hem
  þayn,   Til hem wiþ-ynne a-stonde.²   4892

all the wounded.
And eke þe wondede men al-so, To soiourny there wyþ hem tho,
  Til ³þay were hol & sounde.³

¶ Þe Emperour þanne het an haste⁴ þat ys host were arayd faste⁵.
  To ⁶wende on ys iornee⁶.   4896

Þan were þe tabours faste y-bete,⁷ As þat host him lay in euery strete⁸
  of þat faire Citee⁹.

The army prepares to start; they
Hure harneys þay gunne to trossye þan¹⁰, Baroun, & knyȝt, & euery
  man¹¹: bote noȝt with hem þay nadde¹²   4900

take provisions, but
Bot bred, & wyn, & flechs, and oten, þer-of þay toke as þay wer hoten,
  god plente þer-of þay ladde.

no baggage.
Ac al hure harneys leuede þay þer, Cloþys, & pauylouns, and oþer ger,
  And armedem ¹³on hure wede.¹³   4904

And fayre þay ryde out of þe toun: Oppon blanchard rod¹⁴ Charloun,
  ¹⁵þat was ful god at nede.¹⁵

¶ Þan Char[lis] gan to loke aboute, And be-holdeþ al ys fayre route,
  þat spradde þo al þat cost: 4908

On ys herte god¹⁶ þankeþ hee, þat sent hym on erthe such postee,
  To gouerny such an host.

"Glad," hym þoȝte, "may ich bee, Suþþen y haue al þys barnee,
  At my commandyment."   4912

[leaf 65]
¹⁷Þan þankeþ he god eft of ys sond, & croycede ys fysage with ys hond,
  & rod forþ in þat entent.

Balan has gathered over 100,000 men from 15 different countries.
Now haþ þe Amyral gadrid ys host On fyftene londes of dyuers
  cost,   To C. þousant and mo.¹⁸   4916

¹ vij. C. [knyȝtes].   ² over 'til hem of knyȝtes gode & kene.'
³⁻³ over 'he come aȝene.'   ⁴ over 'Charlis het blowe hys bugle þen.'
⁵ over 'forto awarny þer-wyþ ys men.'   ⁶⁻⁶ over 'remuwe þan an haste.'
⁷ over 'Sone þan were his hornes blowe.'   ⁸ over '. . . . puple heȝe & lowe.'
⁹ under 'gunne to diȝt hem faste' over [Arnid hem forþward faste].
¹⁰ over 'Forþ ward þay diȝt hem þo with hete.'
¹¹ over 'In hure viage smale and gret.'   ¹² [ladde].   ¹²⁻¹³ [hymen at riȝtes].
¹⁴ [ys stede] and [þe stede].   ¹⁵⁻¹⁵ [Amidde-ward alle ys kniȝtes].
¹⁶ [þane] god.   ¹⁷ over '& euere he þewede to blowe bost, and [þan by-gan he].
  Til he hadde tydyng.'
¹⁸ over 'to hundred þousant *of Sarȝyns wel fytyng' and ('*of dyuerse cost*').

And Charlys wyþ þe hore berde An hundred þousant hadde on herde, *And Charles has 100,000 men.*
þanne with hym to go.
Duk Richard þe Auauntwarde ladde, And Reyner of Genyue þat oþer
hadde,   As þᵉ kyng it wolde.   4920
Richard þe contree y-knew ech del, þat host he ledeþ & gyeþ hit wel,
þyderward þat þay scholde
¶ ¹A Sara3yn þer was & to þe Amerel¹ ys he come & telleþ² þys
doynge al & some,   & saide on his resoun,³   4924
In Mantryble how Charlys haþ by gunne Agolafre aslawe and wiþ
strengþe y-wonne   þe brygge & eke þe toun.
¶ Wan þe Amyral y-herde of þat cas Almost for sorwe wod a was, *Balan, in a rage at the capture of Mantrible,*
& wep & gan to crye,   4928
And sayde, "Mahoun, þow art myswent, for now am y vndon and
schent,   þou art no3t worþ a flye.
Wyckede god, þou dost amys, Suþþe þow wilt suffrye þys,
My worschip to wyþdrawe.   4932
Fyrumbras my sone dude ful wel Wan he for-sok þe euery del,
þer-of may he beo fawe.
þow schalt abye, so mot y go, For þow woldest consentye to
to do me þat vylonye."   4936
An axe a se3 afforn hym stonde And tok hur anon on ys honde, *smashes his idols.*
And goþ to þe Maumerye:
þe ymage of Mahoun y-mad of golde Wiþ þe axe smot he oppon þe
molde,   þat al þat heued to-flente.   4940
Sortybran of Combles com wyþ þaat, "Let of," sayd he, "þou oundost
þy stat;"   & of hym þe Axe he hente.
¶ "Sire," he said, "þow dost folye, To do Mahoun such vylonye *Sortibrant stops and reproaches him.*
Ase þou dadest here;   4944
For þou hauest y-schent ys face, Do makye hym betere þan a wace,
& amendem in þat manere."
Saide þe Amyrel, "me þenkeþ ille þat he suffreþ my worschip spille
in tal þys countre wyde,   4948
& suffrede Char[lis] þe brigge to pace, Mantrible to take & myn men
to chace,   & to slen hem be euery syde."

¹—¹ *over* [þan to hym þer cam].   ² [þat] tolde [hym].
³ & saide [hym] on his [sawe].

154 BALAN REPENTS AND PREPARES FOR ANOTHER ATTACK ON THE TOWER.

[leaf 65, back]
Sortibrant advises Balan to send a spy to find out if the news is true:

¶ Sortybran sayde to þe Ameral þan : "Hastelyche, syre, let sende a
man   þat soþe for-to aspye,   4952
þat or þay neȝy to neȝ þys cost þat þow mowe come wyþ þyn host,
                            & fiȝte with hem an-hye.

þan schal þov þy worschip gete aȝe, And slen þe beste of þat meygne,
                            & take þe Emperour,   4956
& lete don hym þanne an-honge,[1] & wyþ hym þus þeues stronge
                            þat lyggeþ on þy tour.

And yf Fyrumbras may be take, þat haþ ys fayþ & ous for-sake,
                            let hym þat hed for-gon.   4960

& Florippe þy doȝtre þat ys ounkynde, To a stake þan let hure bynde,
                            And bren hure þanne anon."

¶ þan þe Amyral hym vnderstod þat ilke consayl þoȝt hym god,
                            & saide it scholde be don.   4964

Toward Mahoun he humblede him þan, And after þe conseyl of
Sortybran   An aspye he sent anon.

and after to make another attempt on the tower.

To þe A[myral] Sortibran þo cam & sede "Let assembly þyn host, y rede,
                            ȝond be-fore þe tour;   4968
& we schul fonde wyþ strengþe & gyne, If we mowe þe tour y-wynne,
                            or þaym come socour.

And if hit[2] falleþ so by cas, þorȝ Ma[houns] help . & ys gras[3],
                            þat we mowe him wynne!   4972
Or þe comyng of Charlemayn þe traytours þer schulle be sleyn,
                            & we be-leue with-ynne.

And beo þov on þy tour aȝee Of Char[lis] schalt þov noȝt ȝyue a stre,
                            for noȝt þat he may do."   4976

"By Ma[houn]," saide he, " þou sayst ful wel, And by þy counsail do
y schal,   How so it euere go."

Balan orders another general assault.

¶ þe Ameral het his hornes blowe,[4] & þanne wente to armes heȝe &
lowe,   Sarsynȝ & persaunt ;   4980
& þyder þan fette þe grete engyns Wel two hundred of Sarsyns,
                            by heste of þe Amerant.

A gret saut þay[5] gunne to make, Summe þar schute wyþ boȝes of
brake,   & summe wyþ gunnes grete ;   4984

---

[1] [heȝe] an-honge.   [2] [yt] hit.
[3] [þorȝ þe help of Ma[houn] & þorȝ ys gras].   [4] [þanne] blowe.
[5] [þanne] þay.

& wiþ þengyns summe caste stones, Mo þan twenty sum tyme at ones
　　　　　floȝe out at one hepe.　　　　　　　　　　　The Saracens
So harde þay þrewe aȝen þe wal þat þe stones percede þorȝ-out al,　breach in the wall.
　　　　　forty wiþ-inne a stonde,　　　　4988
And succh a gappe þay made þer-on þat a cart onlade myȝt yn gon,　[leaf 65]
　　　　　had it beo neeȝ þe grounde.
¶ Ate þe wyndewes þanne stod Rolond & ys felawes by-syde him on　The French begin to fear
　　eyþer hond,　　　　Wel y-armed at o rout;　　4992　for their safety.
& þay seȝe Sa[r]ȝyns myne þe wal, Wyþ pykoys & howes gret & smal,
　　　　　& wern al-most þorȝ-out.
þus barouns by-gunne hym þanne to doute, And casten to-gadre al
　　aboute,　　　　To kepe hem wyle þay moun.　　4996
[1] Stones & trees þan out þay caste & þe Sarsyns þer-wyþ quellede vaste,
　　　　　& made hem tumbly adoun
¶ þe Ameral gan to crye þan: "Help now, Mahoun & Ternagan,
　　　　　þat buþ my godes of myȝte!　　5000
And lordes," a sayde, "now helpeþ ȝee, And sone we shulleþ han god　Balan cheers on his men to
　　entree,　　　　As ȝe schul sen wyþ siȝte.　　　　the assault.
ȝyf we mowe now þe tour conquere ȝour worschip ȝe wynneþ & me
　[2] for ere　　　　To be ȝour frend at nede.　　5004
& þay þat doþ me þys deshonoure Hy schulleþ be an-honged or daȝes
　　four,　　　　　& þat schal be hire mede."
¶ þay assaillede hem þanne wyþ many a gynne, & wyþ strengþe þay
　　þoȝte þe tour y-wynne, of castynge & mynyng eke.　　5008
And þaye þat þarto hardy were Laddres to þe walle bere,　　Some place ladders
　　　　　for al þe dupe deke,　　　　　　　　　　　against the walls.
And sette þe laddres vp by þe walle þat was so broken & to-falle,
　　　　　As ich ȝou raþer tolde,　　　　5012
Wyþ þe dyntes of þe stones: & þar þay gunne gon op at ones
　　　　　Two hundred of hem y-tolde;
Ac þus lordes defendede hem welle, And huld hem out wiþ strokes
　　felle,　　　　　y-ȝyue wiþ swerd & launce.　　5016
þan nyst þay noȝt what ys þe best for þe Sarsyns wer euere y-lyche
　　prest,　　　　to doun hem al greuance.

　　　　　[1] [And caste out stones & heuy trees], *crossed through.*
　　　　　　　[2] [& my loue].

| Oliver proposes that they shall make a sally. | ¶ " What wille we don, my gode felawes ? " Said Olyuer þanne on ys sawes, " We buþ on grete drede : 5020
We buþ her felawes tene, þat buþ doȝty men & kene, to don al mannes dede.
Wende we out of þys clos,[1] & go we fiȝte wyþ our foos, ȝonder out on þe felde. 5024 |

[leaf 66, back] More worschip ous ys to daye þare, þan her by-twene þis walles bare
With deshonour ous aȝelde."

200 Saracens scale the walls, ¶ By þat were stoȝen vp wyþ vygour An hundred Sarsyns oppon þe tour, þat þay ne miȝte noȝt flitte. 5028
Þar þe wal was broke þay stode affrounte, And laide to frensche strokes rounde, þat hure haberkes ritte.
Ac þis barons hymen gunne mete, Wyþ scharpe swerdes & axes grete, & ȝeuen hem deþes wonde ; 5032

but are thrown down by the knights. Þer was non of hemen alle þat sone nas fulled doun of þe walle, Ded riȝt to þe gronde.

¶ Florippe, þat fayre mayde of prys, Clepede Neymes for he was wys, And Geffray of Laungeuyne, 5036
And Terry of Ardane sche dude also, & to hymen sayde þat burde þo : " Herknyaþ, frendes myne :

Floripas advises them to appeal to the Sacred Relics. Wolle ȝe lordes," sayde sche, " þe ryche relyqes eft-sones y-se, þat y ȝow schewede ones. 5040
Þe betere y hope ȝow may spede, & þe sykerer ben on al ȝour dede, Hab ȝe hem seȝe eft-sones."

¶ " Ȝea, for gode," sayde þay þan, " Faire þe falle for alle wymman For þy gode profre ! " 5044

and fetches the casket Þanne hure tornde þat mayde briȝt þar as þat schryn hym was ful riȝt, & tok it out of a cofre :

and shows them to the knights. Y-come sche ys aȝen wel sone, & afforn hem þer sche hit haþ oundone, & schewed hymen Aparenly. 5048

They kneel to them and pray for help. Wan þe barouns had y-seȝen hem alle, On hure knes þay duden falle, & cryde god mercy.

¶ Þat burde bryȝt þanne tok hem out, & knelyng þay kussede alle about þe relyques with gret honour ; 5052

[1] [peryllous] clos.

& prayede god þorw vertue of hem Schold sauye hem thar fro heþe
    men,[1]   & sende hem sone soco*ur*.

¶ And y-herde hure orysouns : þe wyle þay were on deuociou*n*s,
                       Sareȝyns wer vp a-styȝe,   5056

Wel two . C. at o trome, & an-heȝ to þe wyndowes wer y-come,   *Some 200 Saracens scale the walls up to the windows,*
                  & in y-lepe wel nyȝe :

þe tour þay hauede y-take þo Nadde duk Naymes y-lope hem to,
                  As hit ful þorw grace,   5060

With þe releques þat he þo bar Riȝt to wyndowes [þ]er þay war,
                  & schewede hem on hur face.

þorw þe vertue of þat syȝt þe Sarsyns þa*n*ne gu*n*ne waxe affriȝt,   *[leaf 67] but at sight of the relics they fall headlong and are dashed to pieces.*
                  þat abide þay ne durste,   5064

Bote fullen a-dou*n* of þe walle, & so heȝe þay fullen alle,
                  þat hure bodies al to-burste.

"Lordlynges," quaþ neymes, "now mowe we knowe, þat þys buþ
    crystes relyqes owe,   by þis myracle here :   5068

þat day we seeþ þys tresour fyn ne dar ous adrede of no Sarsyn
                  to don ous any dere."

¶ þys lordes were þanne conforted[2] wel, ne dradde þay noþyng þan
    Amerel   ne non of al þe hepe ;   5072

For þe relyques þat þay haue Hem þoȝte þay were þan al saue,
                  Hem-selue fra*m* hem to kepe.

Duk naymys þys relyques custe aȝene, & bitok hem þat mayde [briȝt[3]]   *Naymes returns the relics to Floripas,*
    & schene,   & sche hem gan vp volde   5076

On a cloþ of tarse, ryche & fyn, & suþe sche polte hem on þe schryn,   *who replaces them in the casket.*
                  & bar hem vp an-holde ;

And þan sche tu*r*nd aȝe ful ryȝt, Y-cloþed in golde þat schon ful briȝt,
                  To þus lordes cam sche there,   5080

And Gyou*n* tok sche by þe myddel þan, & cust hy*m*, & saide, "my
    dure lemman,   beo now of gode chere."

¶ At þe wyndowes as þay lokede out,[4] þe Amyral þat stod among his
    rout.[5]   be-hulde hire[6] þat mayde fel.   5084

Wan he hur saw wel sore hy*m* nuyde,[7] And sone þyderward[8] þus he   *Balan sees Floripas at*
    cryde,[8]   "Doȝtre, y-se þe wel ;

---

[1] MS. for heþemen men.   [2] MS. corforted.   [3] *crossed through.*
[4] [þa*n*ne lokede þay].   [5] [& by-hulde þan Amyral and al ys rout].
[6] [So dude*n*].   [7] [Wan þe Ameral hute seȝ hy*m* gan annuye].
[8]–[8] [he cryde auhye].

Certys y dude gret folye, Wan ich me dude on þe affye
       To kepe my prysou*n*s. 5088
þe loue By-twene ʒou : schal y breke, And of þe y schal beo a-wreke
       & of alle þ^e ʒond glotons :
For þy dede þou schalt beo brent, And þay traytours schulleþ be schent,
       Demembred lyme & lyþ." 5092
Florippe a staf on hur hond sche tok, & hym aʒen hure fader schoke,
       þywyng hy*m* þan þar-wyþ.
¶ þe Amyral hys hornes let blowe þan, And þe assaut al nywe by-gan,
       Sherply þa*n*ne an-haste. 5096
Eyʒte & fourty Saraʒyns Made he go þo to þengyns,
       Stones þer-wyth to caste.
Aʒen þ^e tour þay þrewe stones, Mo þan twenty floʒe out at ones
       of þen-gyns as we rede : 5100
Wyþ such an ayr fulle þay þan þat of þ^e tour þay affulde a pan
       four feþeme on lengþ^e & brede.
¶ þe barou*n*s þanne gu*n*ne waxe a-gaste, To þ^e maumerye Ro[land] wende an-haste, And Olyuer, and Ogeer, 5104
& to þe mamettes þay buþ a-gon, Of golde y-maked and ryche ston,
       þat was briʒt & cler ;
With þe ymages grete & þykke Slen þay þenkeþ þ^e Sarʒyns wykke :
       Ro[land] tok vp Mahou*n*, 5108
And Olyuer tok vp ternagan, & Ogier Margot tok vp þan,
       & bere he*m* to caste adou*n*.
¶ To hure defense þay buþ a-gon, & euerech hi*m* dressede to caste anon,
       & cymede þarto ymone : 5112
On þe þyckeste presse þat þa*n*ne was þere, þay cast out þe mamettes alle yfere, & a-filde þerwiþ hure fone.
¶ Wan þe A[myral] y-saw ys godes to-flend, For sorwe was he ful neʒ y-schend, Sykynges a made ynowe : 5116
And sowʒnede, & wep, & ys hondes wrong, " Alas !" & "welaway !" was ys song, & ful a-dou*n* ofte y-sowe.
¶ Sortybrant[1] confortede hi*m* þan,[2] And bad hym stonde vp as a man, & lete of care and wo. 5120

[1] Sortybrant [of Combles].
[2] under, partly *crossed through* ; ' þan hy*m* *c*onforted kyng Sortibra*n*.'

THE DEVIL, UNDER THE FORM OF MAHOUN, ENCOURAGES BALAN. 159

Tho¹ was þe assaut y-leuyd clene, for þe Amyral was so fol of tene, *The assault ceases.*
    And ne miȝt noȝt tendy þer-to.
"Ay! Mahoun," quaþ þe A[myral] "whar ys þy myȝt? Why wolt
   þou suffry þys ounriȝt, þat þay doþ þe þis² day?   5124
þyne fon me schendeþ & þe al-so, And þou ne takest no kepe þer-to,
    þy miȝte ys al away."
¶ Þan hym spak syre Sortybrant : "Wyt þat þe selue, syr Amyrant,
    y schal þe saye why :   5128
Bred & wyn, & corn plentee, & gold, & syluer haþ he send³ þe,
    lordlyche to lyue þar-by ;
Ac þou hym hauest foule myssayd, Whar-for he ne ys noȝt wel apayd, *Sortybrant declares*
    of⁴ þyng þat he þe ȝaf.   5132 *Mahoun is angry.*
And ȝut nast þou noȝt amended his harm, Of þat þat þou breke him
  heued & arm   ȝesterday wyþ a staf :
Suffre þar-fore til ate laste, þat ys malencolye ben apaste,
    þat he berþ to þe.⁵   5136
⁶þan schal þou⁶ haue al þy wille Of hymen þat haueþ i-don þe ille,
    & þat þou schalt wel see.⁷"
¶ Þe whyle þay speke of þys matere, Com þe deuel amonges hem there, [leaf 68]
    On lyknysse of Mahoun þere⁸ ;   5140 *The devil, in the form of Mahoun, tells*
& sayde þanne ⁹to þe Amerel⁹ Wordes þat wern ¹⁰y-her[d] ful wel¹⁰
    to alle þat¹¹ þar were¹²
¶ "Balaan, beo now glad & blythe, & tak þyn host to þe swythe, *Balan to lead his men again*
    & assayle aȝen þe tour ;   5144 *to the assault.*
For þay wyþ-inne buþ neȝ of-þraste : þe tour þou schalt y-wynne an-
  haste,   & come to þyn honour."
Þan wax he glad & dude al-so¹³ & his hornes het he blowe þo¹⁴ *Balan does so.*
    And so þay dude anon.   5148
An hard assaut þo by-gan, non scherpere y-saw þer neuere man,
    y-mad of flesche & bon.
¶ Hure grete engyns þan þay bende, And grete stones þar-wyþ þay sende
    to þe heȝe tour :   5152

---

¹ [þan]. ² þe [nyȝt &]. ³ [y-]send. ⁴ of [al] þyng.
⁵ [& þan schalt þou wel see]. ⁶⁻⁶ [þat þov schalt].
⁷ [What so þay euere be]. ⁸ [þe] lyknysse of Mahoun.
⁹⁻⁹ [al aloud]. ¹⁰⁻¹⁰ [y-lust about]. ¹¹ MS. to alle þat al þat.
¹² [to þe A[merel] in his resoun]. ¹³ [þan wax Balant glad ynowe].
¹⁴ [& het me scholde ys hornes blowe].

þe[1] walles to-broke, & al to-crusschede, Oueral þar þe stones dusschede,
comynge with vygour:

Some try to mine the walls; others bring up ladders.
Mynours[2] ȝude & mynede þe wal, þe[3] heȝe tour to maky hym fal,
& summe laddres bere, 5156
& aboute þe wal þe laddres lede. God of heuene þe barouns spede!
In gret peril þan þay were.

¶ þe assaut was huge and perillous, And þe cry oryble and hydous,
þat þe Sarȝyns made. 5160
Sixtene pieces[4] wer fulled to ground Of þe walles þat er were sond[4]
Wyþ stones & slabbes[5] sade.

Some 300 Saracens scale the walls, but
Sarȝyns on laddres [6]gunne vp steȝe,[6] Wel thre hundred [7]þan an heȝe,[7]
To þe [8]gappes buþ þay[8] come, 5164
& castem to entry in-to þe tour. Ac þys barons of gret honour
Aȝeyn hem buþ ynome;
With swerdes & axes scherp y-grounde þay affuldem[9] with depe
wonde, þar-to were þay boun[10]: 5168

are thrown down and dashed to pieces.
Ech on oþer þan gan doun falle, & breke hure nekkes to peces smalle,
So dupe þay fulle adoun.

¶ "Lordes," sayde þanne þe gode Ogyer, "We ne buþ bot ten[11] al-
one heer, to defendye al þis flette: 5172
Ac of al fraunce her ys þe flour, Do we þat no man in deshonour
of cowardyse ous moȝe[12] arette.
By-holdeþ þys tour, þat er strong was, To-broken ys now in twenty plas,
wyþ gonnes & cast of gynne.[13] 5176

[leaf 68, back] Ac by hym þat flechs of Marie tok, þe wyle þat lyf syt on my bok,
ne comeþ þer none with-inne:
þe whyle y may wylde with myn hond Corteyn my swerd, þat gode
brond, so Sarsyns [14]schal y[14] so cloute, 5180
þat a cartful y schal sle me-self; And doþ ȝe al-so on ȝoure be-helf,
& holde we hymen with-oute."

¶ Ro[land] ys swerd þan gan be-holde, And Olyuer hys þat was so bolde,
þat boþe blody ware. 5184

[1] [þat] þe.   [2] [And þe] Mynours, &c.   [3] [Of] þe.
[4–4] [of þe walle þe engynnours hadde afilled al].
[5] [Wyþ hure stones].   [6–6] [wern vp a-stoȝe].   [7–7] [oun y-loȝe].
[8–8] 'holes were y-.'   [9] affuldem [& ȝyue].
[10] over 'þay laid þo on þer helmes rounde.'   [11] ne bot ten [men].
[12] [eft].   [13] [& some þay þenkeþ hym wynne].   [14–14] [wol y].

NAYMES DISCOVERS CHARLES AND HIS ARMY COMING TO THEIR AID. 161

þan was þar non of al þe wacche þat ys herte ne by-gan to cacche,
        & to fiȝte mad hem ȝeare.
By þat were Saraȝyns stoȝen vp al frechs, And wer come inward at
  hard & neychs   At a pan þat was broken;   5188
Ac þys lordes hymen potte a-gayn, And habbeþ hem sone fylled & slayn
        & þat hole aȝayn y-stoken.
¶ "A lord," sayde Florippe þan, "Sone worth·ych a lost womman, *Floripas begins to lament,*
        Wel neȝ þe tour ys take.   5192
Wo worth þe tyme he was arerd, Of my deth y am afferd,
        Lordes, for ȝour sake."
¶ Gwy of Borgoygne sayde þan: "Ne say þou so no more, lemman, *but is comforted by Sir Guy.*
        Y pray þe for þyn honour."   5196
"Syre," sche saide, "y drede stronge For we dwelleþ her so longe,
        & [1]þar compþ ous no socour.[1]
Y hopede lemman, by my lyf, To han y-beo þy weddid wyf,
        & be cristned for þy sake.   5200
þan scholdest þow of al þis lond be kyng, And y þy quene, my swete
  þyng,   & þy worldy make."
Tharwyth sche made a long sykyng, And hadde þan y-falle in sowen-
  yng,   Nad olyuer hure vp y-take.   5204
þan was non þat mornynge nas Wanne þay hurde þat fayre of fas,
        How dulfully sche spake.
Duk Naymes þo gan loky out,[2] & saw comyng þe grete rout *Naymes sees Charles*
        of Charl[is] with his host   5208 *coming with his host;*
On a mounteyne wyþ gret bobance; þe baner knew[3] he ful wel of
  fraunce   þat drowe toward þat cost.
¶ "lordlynges," sayde Naymes þan, "bliþe beþ & glade euery man,
        & lustneþ god tydynge:[4]   5212
þat host of fraunce y seo her come Ful wel y haue it vndernome, *and tells the others.*
        be þe baner þat y seo brynge.
þe baner ys yborn be-fore þe ferde, & þat host hym cometh afterwerde,
        Al armed on armes briȝte.   5216
þay spedeþ faste on hure maner, Wel fayne þay wolde þat þay wer her, [leaf 69]
        yt semeþ me be syȝte.

[1]–[1] *over* 'socour comeþ þer non.'   [2] [As] Duk Naymes þo loky[d] out.
    [3] [saw].   [4] [god tydyng i wil ȝow schewe]
FERUMBRAS.   M

Of þat cost al þe feldes þay buþ al feld with spers & scheldes,
      And wyþ men of myȝte. 5220
þe Saraȝyns schulleþ to-morwe haue A carful iornee, as god me saue,
      Longe or come þe nyȝte."

¶ þan hur spak¹ þat made ȝyng¹ : "y þonke god of þys tydyng²,
      & marie þy³ moder dere⁴." 5224
Gwy tok sche be þe middel þan & custe hym : & sayde, "gode lemman,
      now am ich hol & fere."

¶ Now buþ þys barons alle blythe, & to þe wyndowes þay wente swythe,
      & þyderward gun be-holde. 5228
Char[lis] and ys host come⁵ þay seȝe, þe⁶ baner of france y-bore
an-heȝe,   þan waxen hy ful bolde.

The spy tells Balan that Charles is coming

¶ To þe A[merel] þe aspye aȝen ys went, ⁷Of wam y tolde⁷ þat was
y-sent   To aspyen how it ware, 5232
And telleþ hym how þat Charlemayn Wyþ ys host hym comeþ agayn
      With hym to fiȝte ȝeare.⁸

¶ þanne hym askede þe Amerel : " Wyþ how many comeþ þe fauterel
      Wyþ þe hore berde ? " 5236

with 100,000 men.

"Sir," quaþ he, " þar buþ y-tolde An hondred þousand of knyȝtes bolde
      Comyng on ys ferde."

Sortibrant says they have twice as many.

¶ Sortybrant sayde, " þer-of no drede, þow hast þe doble on þy ferede,
      Ay⁹ tweyne aȝen hem one, 5240
And þay habbeþ þe wrong & we þe riȝt ; To-morwe we schulle wyþ
  hym fiȝt,   & discomfytye hymen echone."

Charles halts in sight of the Saracen camp,

CHarlys rod forth wyþ ys host, Til he cam neghȝ þe cost,
      Thar þe Ameral lay ; 5244
& wanne a saw ys pauyllouns Abide bad he hys barouns,
      No ferþer nolde he þat day.

The nyȝt was come, þe day was gon, þe Emperour him liȝt a-doun anon,
      Vnder an Aychs y wene, 5248

and they pass the night under arms.

þat stod þe same playn oppon, þer þat þe Amerel his¹⁰ host lay on,
      y-loged on a grene.

---

¹⁻¹ [Florippe þe free].
² [ȝea : ihesu god, now þank y thee].
³ [ys]. ⁴ [of þys tydyng here].
⁵ [þan] come. ⁶ [And] þe. ⁷⁻⁷ [þat ȝe hurde er].
⁸ ·[þare]. ⁹ [euere]. ¹⁰ [&] his.

¶ Thar herborghede þe kyng & ys barouns, Wyþ-oute tentes oþer
  pauyllouns,   Al þat ilke nyȝte.   5252
For at Mantrible þay hadde y-laft Tentes, pauyllons, & al þat craft,
                     þat þer-to scholde be diȝte.¹
¶ No dude no man þar of ys gere, Bot al nyȝt leyen y-armed ther   [leaf 69, back]
                     On armes of god entaile.   5256
Hure stedes þai fedde with otes & bred, & hym-self dronke whit wyn
  & red,   & eten of hure vytaile.
¶ On þe morȝnyng wan þe day him sprong, Charlis ȝeode ys host   In the morn-
  among,   & het þay scholden diȝte,   5260   ing Charles
                                                         orders his
                                                         men to
Boþe man & hors on such aray As þay wende at al asay   prepare for
                                                         battle:
                     beo syker ynow to fiȝte;
& þan behuld he aboute þe plas, & clepede til him sire Fyrumbras,
                     & þus he spak him tille :—   5264
"Fyrumbras, y loue þe for-þan þat þou art bycome a criste-man   Charles
                                                                says that
                     by þy gode wille;   if Balan will
                                                                become a
Wolde þy fader cristendom take y Wolde him kepe for þy sake,   Christian his
                                                                treatment of
                     lost-les on euery syde :   5268   the mes-
                                                         sengers will
Harm ne schold he haue non, On body ne catel, by seynt ion,   be over-
                                                              looked,
                     for al þe worlde wyde,
Notheles he haueþ y-do me wrong, My messagers i-holde in prysoun
  strong,   þat y sent hym ȝore;   5272
Ro[land] and othere þat buþ me luf; & þoȝ y now do hym gref,
                     Beo noȝt wroþ þerfore."
¶ Þanne hym ansuerede Sir Fyrumbras : "Send to my fader in þys
  cas,   Ys wille to wyte & knowe,   5276
If he wolde assenty þar-to; Leuere me were hit myȝt be so,
                     þan al þat god y owe."
¶ "Y grante wel," quaþ þe Emperer; With þat he clypede duk
  Reyner,   & Rychard of Normaundye,   5280

---

¹ *In a faint hand at the bottom :—*
        Wan þe Amyral hym haþ y-herd
        Of ys tydynges he wax afferd
                þe assaut he lefte sone.
            & gon aȝen to hir lougyng *
        Til þay hadde † of hym warnyng
                What þay scholde done

* & het ys host go to hure logyng.   † [herde].

164 CHARLES DETERMINES TO SEND A MESSENGER TO BALAN.

And askede of hem wham þay wil rede þat he schold sende on þat
nede,   To þe Amerel of nubbye:

and wishes Gwenylon to take this message to the Emir,

"If ʒe lordes willeþ assenty þar-to, Gweynes schal myn eraunt do,
            for he ys fers and fel;   5284
At þe takyng of Mantrible toun He bar hym as a bold baroun,
            & prouede him þar ful wel."

¶ Gweynes iherde þe kynges sawe, And sayde a wolde wende fawe,
            & perfornye wel þat nede: 5288

to which all agree.

& þaye¹ assentede on hym ʒeare þat Gwenes schudde to Ameral
fare,   þat erand for-to bede.

[leaf 76]

¶ To hym² þanne saide þe kyng of fraunce: "Arme þe wel for alle
chaunce,   þyderward er þou wende;   5292

Charles gives Gwenylon his instructions.

³ For þoʒ þe³ Amyral⁴ be our fo, Til hym þe message þou most do,
            þat y schal þe sende.
Say hym þat he his lay for-sake, & to cristendom him-silue take,
            & lyue on god Almiʒte;   5296
& þat he delyuery me my barouns bolde þat he haþ kept on ys holde,
            long tyme aʒe þe riʒte,
And⁵ delyuery me vp on god aray þe Relyqes þat he bar away,
            In Rome my Citee gret;   5300
þe nayles three, & þe croune, þat perschede cryst on ys passyoune,
            On hefd, honde, and fet:
And if he wil assenty þar-to, non harm þanne ne wyl y do
            To hym ne non of hys.   5304
And yf a wil noʒt: as god me saue, Vengeaunce of hym wil y haue,
            & loke þou say hym thys."

¶ To Charlis þanne saide Gweneloun: "þy message schal be wel
y-don,   Sone with-oute drecche."   5308

Gwenylon arms himself,

Ys helm on is hed sone he caste, And let him lacye wel & faste,
            & ys swerd me dude hym fecche.
A lep vp þanne on ys hors of werre, And takeþ til hym scheld &
sperre,   Strong & god at nede.   5312

and goes on the message alone.

Oþer felaschip ne takeþ he non, Bot rydeþ forþ hym-self al-on,
            To do þat hardy dede.

¹ [þanne] þaye.   ² [Gweynes].   ³⁻³ [To] þe.
⁴ Amyral [Balan].   ⁵ And [al-so].

¶ As Gweynes hym prikede¹ ouer þe feldes, He meteþ² Sarsyns with
speres & scheldes, þat kepte þe wacche þan : 5316
þay askede of hem þanne an-haste, Why he prykede so wonder faste,
& wyder he þoȝte gan.
¶ "Y am a Messager," quaþ Gweneloun, "Y-send to³ þe A[meral]
by Charloun;" & þanne þay lete hym fare. 5320
Neuere ne astente he after þan, Bote prykeþ hym forth be-fore Balan,
yn-to ys pauylloun ȝeare.⁴
Gweynes was boþe hardy & wys, To þe Ameral spak he his avys,   *When he arrives at*
ne sparede he for no doute. 5324 *Balan's tent*
"Balan,"⁵ said he, "to me entende. Charlis kyng to þe me sende,   *he delivers the message.*
to wham þou most aloute.
Mahoun he hoteþ þat þow for-sake, And anon riȝt to folloȝt take,
& by-lyue on god almiȝte. 5328
Ys barons als þou scholdist him ȝelde, And þe relyqes þat þou dost [leaf 70, bk]
helde, Al agayn þe riȝte.
& if þou assentist to þys sonde, He ne wol no þyng of þy londe,
bote lete þe in pes & reste; 5332
& euere he wol the worschip do, & Fyrumbras þy sone wol al-so,
þe wyle ys lyf wil leste.
& bot þou her-of make þy fyn, He diffieþ þe and alle þyn,
for with þe wil he fiȝte, 5336
& discoumfity þe her & þy ferede, & putte þy body to schentful dede,
for þy grete onriȝte."

¶ Wanne þe Ameral hym vnderstod, A clew ys heued, and riȝte ys   *Balan stamps and fumes*
hod, & starede with ys eȝene wronge, 5340 *with rage,*
& prauncede & blew as he were wod, & miȝt noȝt speke for his heȝe
mod, or was after longe.
And þan saide he to Gweneylloun: "How wer þou so hardy, stronge   *and asks Gwenylon*
feloun, come armed on þy stede, 5344 *how he dares bring such*
By-fore me her on my pauylloun, & þus vylayn[i]che on þy resoun
þy message to me abede? *a message,*
By Mahoun, on wham my be-lyue ys an, þou ne comest neuere," saide
Balan, "to Charlemayn aȝene." 5348

¹ prikede [þan]. ² meteþ [wyþ]. ³ y-send [be] to.
⁴ [þare]. ⁵ Balan [spak].

and orders his barons to kill him.	To his barou*n*s þan cride he loud—" To-heweþ þes messager þat ys so proud, Wyþ swerdes scherpe & kene."
	¶ Gweynes þa*n*ne hym gan to doute, Wanne he saw to hym-ward route Sara3yns stronge & smerte ; 5352
Gwenylon draws his sword, and slays Bruyllant,	A drow ys swerd & smot Bruyllant, þat was kyng of Mountmyrrant, euene in-to þe herte ; þe Sara3yn þat was of gret renou*n* At þe Amyral is fet hym fel adou*n* ; & Gweynes turnde hy*m* þanne, 5356
and then gallops away as fast as he can,	And rod out of þe pauyllou*n* þorw al þat host wi*th* gret rendou*n*, As faste as he may re*n*ne.
	¶ þe Amyral ran after hym on ys fet, And cryde to ys host wi*th* herte gret— "Takeþ þan þef an-haste." 5360
pursued by 50,000 Saracens.	To horse þa*n*ne wente at o trome Fyfty þousant of armede gome, & after hym prykede vaste.
Naymes sees all this,	¶ At a wyndowe of þe tour stod[1] Neymou*n*, And saw how þay enchacede Gwenelou*n*, To slen hi*m* if þay my3te ; 5364
and tells Roland and Oliver.	Ro[land] þan clypeþ he & Olyuer : "Sirs," quaþ Neymes, "comeþ ner, And seeþ a propre si3te ;
[leaf 71]	Fro þe 3ond pauyllons prykeþ a kny3t, An-horse, y-armed, & weel y-dy3t, Wyþ a drawe swerd an-honde ; 5368 & hym chacyeþ Sarsyns, by god almi3t, Wel fifty þousant y-armed bri3t, To slen hi*m* doþ þay fonde.
They recognise Gwenylon.	Me symeþ it ys a Messageer, And Gweynes [2]hit semeþ[2] be si3te her, [3]þat rideþ þar[3] al-one." 5372
	"Parfay," quaþ Ro[land], "þow saist þat soþe, þat knowe[4] hym wel & ys stede boþe, god kep hym fra*m* ys fone ! " Alle þay gu*n*ne þan god to praye, þat scholde hym coundye on ys waye, & saflyche a3en hym sende. 5376 Ac for þay wern for hym in doute, þey by-hulden him 3erne & lokede oute, Wyte þay wolde þan ende.

Forth hym prykeþ sir Gwenelou*n* Opon ys stede Chacebroun,
To-ward ys streng*th*[e] an hye ; 5380
And þe Sara3yn3 after hi*m* prikede . þanne Ase harde as hure hors mi3t re*n*ne, Wi*th* noyse & eke wi*th* crye,

[1] [lokede out]. [2–2] [as]. [3–3] [as he ry3t].
[4] [seo by.]

Gweynes fle3 forþ so wynd and rayn Til he cam ne3 amydde þe playn,
                 & wi3tliche he turnd him þanne, 5384 *Gwenylon turns and slays*
And smot a **Sarsyn** of Agrymoun, þor3 ys hed he clef hym doun,
                 In-to ys brest a spanne.
Wyþ tenebre he meteþ & suþþe anoþer, þat on was cosyn, þat oþer *the cousin and the*
    was brother   To þe Ámyral Balanne. 5388 *brother of Balan.*
Tenebre gurde he þor3 þe brayn, þat oþer in þe herte with mi3t &
    mayn,   And forþ he prykeþ þanne.
¶ Gweynes was boþ strong and feer, And ofte he tornde hym in þis
    maner,   & slow al þat he ra3te. 5392
& eft he prikede on ys way, And wan Ol[yuer] þat al þys cas y-say
                 Y-saw how wel he fa3te,
To Roland said he þanne ry3t: "How þeynt þe, felawe, be þis kny3t *Oliver admires*
                þat berþ hym þus wel al-one? 5396 *Gwenylon's prowess,*
Ne saw y neuere o man with my sy3t, Saf þe? bere hym betere in fy3t,
                 by god þat sit in trone.
Now wold it god on þys nede, þat y were by hym on my stede, *and wishes*
                Baucyn of Melaunt. 5400 *he was with him.*
þan schold y make hure sydes blede, An hundred of hem þer scholde
    be dede,   Of Sarsyns & persaunt."
¶ Of hys[1] do3tynisse myche þay speke, Ac euere þe Sara3yns after *When the*
    hym reke,   To slen hym was hure mod: 5404 *Saracens*
Ac wan þay þat frensch host of-seyn, þay wern agast & tornde a3eyn, *[fol. 71, bk] see the*
                prykynge as þay were wod: *French*
To þe Ameral þay come sone þas, & tolde þat soþe how it was, *army, they turn and fly.*
                of þe Messager & of þat host; 5408
And þat Char[lis] hadde on his ferede An hundred þousant on[2] a mede,
                þat lay thar ne3 þe cost.
"Let ordeyn þyn host þar-for anon, þat þay beo[3] araid euerechon
                 In armes for-to fi3te." 5412
þe Ameral het þanne his hornes blowe, & þat alle wer y-armed in a
    throwe,   & to batayl y-redy hem di3te.
¶ þanne com be-fore þe Amerel ther, Fro ys broþer a Messager, *A messenger*
                & told hym þys tydynge, 5416 *tells Balan*

---

[1] Of bys [grete].   [2] on [ys]
       [3] [araid] beo.

BALAN'S BROTHER COMES WITH AN ARMY TO HIS ASSISTANCE.

that his brother is coming

þat ys broþer, sir Bruyllaunt, þat was kyng of heȝ persaunt,
   Wyþ ys host was comynge,

with 100,000 men.

Wyþ an hondred þousent persaunce, To helpe him aȝen þe kyng of
 fraunce,   And eke aȝeyn ys host.   5420
þan wax þe Amyral glad & blythe, And þankede Mahoun an hundred
 syþe,   & gan to blowe bost.

Balan goes to meet him.

His stede tok he þanne an haste, & aȝen ys broþer wende he faste,
   With oþre þat he gan banne. 5424
& wan þay were to-gadre y-met, Spillyng of speche þar was gret
   y-mad bytwene hem þanne.
For Char[lis] þay saiden scholde be slawe, And Fyrumbras ys sone
 an-honged & drawe, & Flo[rippe] schold be for-brent, 5428
And Char[lis] host discoumfyted & slayn; Thus þay talkede be-twene
 hem tweyn, As þay to-gadre went.

Their united armies amount to over 300,000.

¶ Wanne hire hostes were to-gadre y-come, þanne was ther an huge
 trome,   iij hundred þousent & mo. 5432
Four dyuers tonges of Saraȝyns, Persans, torkys, and Arrabyns,
   And Affrycans al-so:
Ful huge was þanne þassemblee. On thyrty partyes to-delede he
   Ys Saraȝyns þe Amerel. 5436
now god to þe cristene take kepe, For þay ne habbeþ on hure hope,
   bote þe þridde del!

Gwenylon tells the result of his mission.

Now ys Gweynes come aȝeyn, & telleþ[1] ys lord, kyng Charlemeyn,
   to-gadre betre & werse, 5440
þat þe Amerel ne dredeþ hym noȝt, Nouþer in dede ne in þoȝt,
   þe value of a kerse.
& þat wanne he spak of crystendom, How he spatte & fyede þar-on,
   & wolde hym hab y-sleyne.[2] 5444

(leaf 72)

[3]And how he slow kyng Bruyllant, þat was kyng of mount-myrrant

---

[1] telleþ [to]. [2] y-slayne *corrected*.
[3] *In a faint hand at the bottom:*—

þat host of Saraȝyns þan he beheld þay haue þe wrong & we þe riȝt,
þar þo by-spradde þe large feld, We schulleþ sle alle hem yn fyȝt,
 iij myle yn lengþe & brede.   Haue ȝe none drede.
Al a-loud said he þen: *& if þou wilt ny . . . þat . . .
" Her ys gret puple of heþene men, Com out þe self y þe pray
 god of heuene ous spede! . . . .
Alþoȝ þay beo mo þan we yn numbre, þanne kepe þe neuere . .
Hure false fayth schal hem encombre, Bote i° bere body . . .
 & ek hir false dede.   * at the top of leaf 72.

A-forn ys owen cyne[1]:
& þor3 ys host al how he passede, & how þe Sara3yns hym þanne chacede,   & how he awayward rende;   5448
& how [2]ofte he[2] turnde a3eyn, & slow of þe Sara3yns þat chacede hym þeyn,   xxx[ti] as he wende.
¶ Charlis swer by [3]Milde marye,[3] þat þe A[myral] & hyse [4]þus scholde abye,[4]   or þe sonne hure fulle.   5452   *Charles vows vengeance on the Emir.*
& þanne he clepede ys conseyl, And departede his host on .v. batail, to-Ri3t as y wil 3ow telle:
Richard he takeþ on to lede, Anoþer to Reyner, god of rede,   *He divides his army into five parts.*
        [5]to G[weneloun] tok he þat pridde[5]; 5456
Geffray Hautefuelle he tok þe furþe, þe fifþe to him-selue þat most was werþe,   [6]& held hem þar amydde.[6]
¶ þe Amyral þan spak to þat kyng[7]: "Broþer, said he, þow most do þyng,   þat y schal þe saye.   5460
þow schalt beo þe furste þat schal gon Wyþ þyn host a3en our fon,   *Balan tells his brother to lead his force first against the French.*
        Ac o þyng y þe praye:
Ac if þou metest wyþ Charlemayn, Loke for noþyng þat he be slayn,
        As þou louest myn honour.   5464
For in-to Aufryke schal he be lad,[8] Wyþ þe oþre [9]þat me habbeþ sory mad,[9]   þat liggeþ her on my tour."
¶ þay ensemblede þanne to-gadre anon, þe Sarsyns blewe hure hornes ecchon,   to batail or þay paste.   5468
[10] Ac by-fore alle prikede[10] Bruyllant, For prude & for-to make auaunt,   *Bruyllant challenges Charles.*
        Wel a stones caste;
And þanne he cryde and gan to sayn: "Whar art þow, Char[lis], þow vylayn?   [11]Wat dost þov yn þis lond.[11]   5472
In yuel tyme dudest þow pace Mantrible brigge, & oure men chace,
        þou abiest it with myn hond.
þyn host þys day schal beo ded, And þow schal luse þyn hore hed
        for þy fol outrage.   5476

---

[1] Aforn ys eyne [tweyne].   [2-2] [he many tymes].
[3-3] [ys croune of golde].   [4-4] [abigge scholde].
[5-5] [þe þridde to Gwenelou*n*].   [6-6] [þan takeþ Charlemou*n*].
[7] [þe Amyral spak to Bruyllant kyng].   [8] [send].
[9-9] over 'y haue yment [y-send].'
[10-10] [& þanne by-fore alle priked out].
[11-11] [y chalange al þy lond].

& suþþe schulle we with strengþe of hond, Wende in-to fraunce &
conquere þy lond,   & al þyn heritage[1];
þorȝ-out þy lond schal beo no page þat ys xij [2]ȝer y-holde[2] of age,
         So Ma[houn] me mote amende,   5480
þat he ne schel ȝelde til ous truwage, Four floryns of gold of god
coygnage   Euery ȝer to rente."[3]

[leaf 72, back] Charles runs him through with his spear,

¶ Wan Charlis y-herde how he sayd, [4]He tok (?) as him ful wel arayd,[4]
         Blanchard he made sterte,   5484
And prykede to hym wyþ a spere ; & þorw þe scheld & armure he hym
gan bere,   & þorw hys body him gerte.
þe schaft was god & with-oute lak, And huld forþ styf, and noȝt ne
brak,   & he hit drow out with strengþe : 5488

then charges at Justyn, King of Turkey, and slays him,

And rydeþ aȝen þe kyng Iustyn, Of Torkye was he a strong Sarsyn,
         An[5] huge man of[6] lengþe ;
Scheld ne haberke ne halp hym noȝt þat ys sper ys herte ne[7] soȝt,
         þorȝ ys body and al :   5492
þe kyng ful ded of ys sadel y-gylt, And with þat strok þat sper was
spylt,   & brak to peces smal.

and after him Gargayn.

& þanne drow he ys swerd of Steel, & meteþ wyþ Gargayn & hit
hym weel   On þe nekke with mayn.[8]   5496
þoȝ ys auentaille were strong & god, He smot þo of boþe hefd & hod,
         þat al ful on þe playn.[9]

Roland hears Richard's horn blow,

¶ Rychard ys horn [10]þanne herde blew,[10] Roland hyt hurde, þat[11] soun
[12]he knew,[12]   & gan to busky hym þenne.[13]   5500

---

[1] MS. heritate.   [2-2] [ȝer old].
[3] *At bottom, in a faint hand :—*
        þan Bruyllant brak him out afforn,
        & To clyppy host he blew an horn,
             & þan þay come an-haste.
        "Go we þer-for to þam affront,
        & fiȝte we with þo heþene hond,
             & maugre habben þat spare."
        "Amen," saide þay euerechon ;
        With þat hert was vp anon
             & layn þay wel be þare.
        þan Char[lis] þat host haþ y-nome
        & esyly rydeþ at o trome
             & aȝen þe Sarsyns . .
[4-4] [He ne huld him noȝt þar-of apayd].   [5] [&] an.   [6] of [brede].
[7] [grounde] ne.   [8] [Al ys] mayne.   [9] [playne].   [10-10] [gan to blowe].
[11] [&] þat.   [12-12] [gan knowe].   [13] [In þe tour þar he was ynne].

Ful wel wiste he by þat soun þat ys vncle kyng Charloun
  Ys batayl ¹had by-gunne.¹
Glad was Roland þanne and blythe, Ys felawes clepede he tyl hym *and tells his companions;*
  swythe,   & telleþ hem so² anon.   5504
þan waxe ³payre hertes lyȝte,³ & sone þay buþ yn armes dyȝte,⁴ *they arm themselves.*
  Sykyr ynow euerechon.⁵

CHarlys & hyse þat were wyþ-oute þe Saraȝyns ȝerne þay gunne
  to cloute,   er þay come of þe tour.   5508
Al þat Charlis wyþ ys swerd arauȝte Hit ful doun ded at o drauȝte,
  So gret was his vygour.
þanne by-gan muche⁶ noyse & cry, ⁷þe frensch fyȝte to-gadre egrely⁷
  Alle þat þar were,⁸   ·   5512
Boþe of Sarsyns and frensche men, Alle þey wende to-gadre þen,
  & foȝte y-same þere.

¶ Þat batayl þo by-gan wonder⁹ fel, Ac¹⁰ þat frenchs host bar hym wel, *A fierce battle ensues,*
  Wyþ speres & swerdes y-grounde. 5516
To Sarsyns habbeþ þay ȝyue anon¹¹ Of sturne strokes wel god won,
  & mad hem grysly wounde.
Gret slaȝt was þar on hure syde, In¹² þe feld leye þay · with wondes
  wyde,   þat arst wer prout on pres.   5520
Moche was þe blod þat þar was schad, And many a wydewe þar was *[leaf 73] and great slaughter.*
  mad,   And many child faderles.
¶ With þat coms¹³ in a Saraȝyn fier, Tenebre, þat was kyng of Byer, *Tenebre, King of Byer,*
  On ys helm he bar þe croun,¹⁴   5524
& dude þe frensche host gret damage, Why hys puple þat was sauage, *makes great havoc amongst the French.*
  ful many þay ¹⁵fulde adoun.¹⁵

¹⁻¹ [dude þo by-gynne].   ² [þer-of].
  ³⁻³ [& þan waxe þay glad an sone hem diȝte].
⁴ [And in fyn armure araid hem ryȝte].   ⁵ [þys lordes] *and* [wel ynow].
  ⁶ [boþe].   ⁷⁻⁷ [And þe batailles en-semblede hastely].
⁸ *At the bottom, in a faint hand :—*
    þe tweyn hostis assemblede þan
    & ech til oþer þan layd an,
      & farsly gan to fyȝte.
    þay þat wern a myle þerfro
    Myȝte y-hure þe strokes þo,
      Y-ȝouen on helmes bryȝte.
⁹ [smert &].   ¹⁰ [And].   ¹¹ [þanne] anon.   ¹² In [tal].
  ¹³ [smot in (?)].   MS. cons.   ¹⁴ [& com forþ with ys fereede].
          ¹⁵⁻¹⁵ [sloȝe to dede].

<small>Roland and Oliver and their companions sally from the castle.</small>

Oure cristen men hadde þay put abak Nadde þay comen þat y of spak,
þe ¹barouns þat wer so preste¹ ; 5528
Rolond, ²Olyuer and Naymoun,² ³And alle þe doþþepers þan come adoun,³
Al y-armed⁴ in þe beste ;
Stedes ne toke þay wiþ hem non, For ynowe þay founde⁵ withoute gon,
A-strayey on þe grene. 5532
þan out of þe tour þay goþ echon,⁶ And euerech of hem ⁷haþ tak⁷ on,
& sone werþ⁸ vp y wene.

<small>Floripas begs them to take care of Guy.</small>

¶ To þys barouns of gret honour Florippe, þat þanne lefte on þe tour,
Cryinge gan to sayne ! 5536
" ȝe lordes of fraunce þat buþ þe flour, Kepeþ wel Gyoun my paramour,
& bryngeþ him me aȝeyne."
⁹To batayl faste þan⁹ gunne fonde, With scheldes enbraced, & spers an-honde,
¹⁰þay dude her hors to gone.¹⁰ 5540
¹¹Wan þay ynto þe batayl¹¹ entred were, Sone þus ¹²habbeþ þorw gon¹² there
þe scheldtromes of þaire fone :
¹³And alle þe Sarsynȝ þat þay gunne mete ¹⁴To gronde þay laid hem with dentes grete,
y-ȝyuen with spers kene. 5544
þar was non of hure helue þat nadde a-slawe mo þan twelue,
þat leyen þer on the grene.

<small>They make great slaughter of the Saracens.</small>

¶ Wan hure speres by-gunne to faile, Hure swerdes þay drowe of god entaile,
& laid on þan with mayne ; 5548
Wyth strokes þat fullen as a foþer þay laid doun¹⁵ Saraȝyns ech on oþer,
Ded ryȝt on þat playne.
þe Sarȝynȝ floȝen hem¹⁶ for hure prow, Suche þat arst were hardy ynow
to abide er þay come : 5552
For hure strokes fulle¹⁷ so sare, þat Alle þat þay raȝte,¹⁸ lasse & mare,
Hure deþ þan¹⁹ þay nome.

---

¹⁻¹ *over* '[lordes] raþer yn my spelle.'
²⁻² *over* 'wyþ ys company.'
³⁻³ *In the margin* 'þat þyderward come hastely [how] as y schal ȝow telle.'
⁴ y-armed [alle].   ⁵ [seȝen].   ⁶ [anon].   ⁷⁻⁷ [þar-of tok].
⁸ [lup].   ⁹⁻⁹ [þus barouns faste forþ].
¹⁰⁻¹⁰ [To þe batayl þanne, þay* goes].   ¹¹⁻¹¹ [And wan þay amonges hem].
¹²⁻¹² [barons þorlede].   * þay *above the line.*
¹³ *under is* 'Sone þay made hem lefe þat swete, of þam alle was þar non þat nad y-sleyn an hundred fon þan with-ynne wyle.'
¹⁴ *This line crossed through.*   ¹⁵ [adoun].   ¹⁶ [floȝe hymen].
¹⁷ [were].   ¹⁸ [smyte].   ¹⁹ [of hem].

¹Al-so floȝe þe Sarȝyns Rolond¹ Wan þay aparceuede ys heuy hond, The Saracens fly before them.
    So² sperhauk ! doþ þe larke.   5556
For al þat þorw his hondes crep To deþe he dyngede hem doun to hep, [leaf 73, back]
    With strokes sterne & sterke.
Alle þe feldes þan wern y-fuld Wyþ þe Sarsyns þat³ wern y-kuld
    In þat batayl wykke ;   5560
þorw-out al þe feldes wyde þat blod ran doun in euery syde,
    In stremes grete & þykke.
Discoumfyt flowe þe remaynant, & after hem prikede duk Rolant, Roland and Oliver pursue
    & Olyuer his felawe ;   5564 and kill more than 100 of them.
Ac or þay afferrede hem oȝt myche þen Mo þan an .C. of þe heþemen
    Had hy tweyne a-slawe.
¶ Wan þe Amerel þat cas y-seȝ Sorwe ȝeode ys herte neȝ,
    To Ma[houn] he gan to mene :   5568
" Ay ! " saide he, " syre Mahonet, Lyte loue schewest þou me ȝet,
    þow hast for-ȝete me clene."
He saw ys folk faste fleoynge, & frensche men after hem faste prykynge,
    þat with swerdes layde hem doun.5572
Ys swerd adrow he anon riȝt þanne, & prikede ys stede ! & he gan Balan charges at Howel,
renne   To howel of seynt Miloun.
þe Sarȝyn, þat was fers & smert, howel oppon þe helm he gert
    ⁴With his swerd with⁴ mayne ;   5576
þorw helm, & coyphe, & bacynet, þe swerd goþ forþ wyþ-oute let, and cuts him down,
    & sank in-to ys brayne ;
He ful doun ded þar al-so hot. & to Gauter beaufylȝ þanne a smot then cleaves Gauter's
    A strok þat was ys deþ,   5580 skull,
Riȝt on þe heued anoneward, & clef ys helm þoȝ he war hard,
    & ys hed in-to þe teþ.
Geffrey of Parys smot⁵ he als, And gurde his heued fro þe hals, and slays Geffrey and
    & Fourcheere sloȝ he þanne.   5584 Fourcheere.
Charlis it seȝ & wax ful wroþ, & prikede Blaunchard & to him agoþ, Charles charges at him,
    As faste as he may renne.
¶ þan Char[lis] . a strok til hym gan mynte ; Ac hym faylede of ys but his sword glances off
dynte,   for þat swerd hym glente   5588 Balan's shield,

    ¹—¹ *over* ' Ac by-for al oþre þay floȝe.'   ² So [þe].   ³ þat [þar].
    ⁴—⁴ [A strok with myȝt &].   ⁵ [þanne] smot.

By-twene ys scheld & ys for arsoun ; Ac þe sadel & þe stede clef he
al doun, þorw-out al yt wente :

and cuts his horse in two
þe stede ful doun on peces tweye ; þe Ameral dradde þan to ben a-sleye,
or he aryse my3te, 5592

[leaf 74] Ac sone sterte he vp of þe for3, And Char[lis] stede a gerde þor3,
þat was so fair of si3te.

Charles's horse is killed
þe stede was ded & ful adoun, On fote stert vp þo Charloun,
Raply al on hete, 5596
& wyþ ys drawe swerd an-honde Alayd on þe Ameral wyþ þat bronde,
& 3af hym dyntes grete.

and they fight on foot.
ON fote þanne fo3te þys princes boþe, And layde on strokes wilde
& wroþe, With hure swerdes kene. 5600
þe A[meral] was he3ere þan Charlys was þe amountance of a fotes spas
& sum-wat more y-sene.

Ac ay fa3t Charlis wyþ herte god, And þe Ameral egerliche him with-
stod, & Foule with hym gan fare ; 5604
Such strokes Charlis of hym haþ hent þat scheld & haberke þer-with
was rent, & he was wounded sare.

¶ þan Char[lis] by-gan to waxe wroþ, & ful sterneliche til hym agoþ

Charles cuts thro' Balan's helmet,
& a strok on ys hed a-sett 5608
Wyþ ys swerd of[1] style broun : þe cercle on ys helm he bar adoun
þer-wiþ ! with-oute lette,
& of ys helm away he bar A quarter ! & of ys cheke a schar
Myche of þat oþer syde, 5612
& þan on ys schelde ful þe dent, & endelonges he hym to-rent,
3ut gan he ferþer glyde.
Be ys iambeaus forþ he swarf & ys oþer spore þanne he carf,
Adoun ri3t by the hele ; 5616
In-to þe erthe a fot and mare Ran þat swerd þat cam so sare,
þat was y-mad of steele.

and calls on him to surrender.
¶ Charlis to þamerel þan gan sayn : "3eld me þe relyqes vp agayn,
þat þou with-halst of myne, 5620
& beo cristned and þat Anon, Oþer elles þov schalt þyn hefd forgon,
To morwen or y wil dyne."

¶ Wanne þe Ameral hym vnderstod, For teone wax he almost[2] wod,

---

[1] [y-mad] of. [2] over 'wel ne3 wod.'

BALAN IS DISARMED AND TAKEN PRISONER. 175

                    & to hym[1] he sterte,   5624
And smot to[2] him a strok with mod With ys swerd ful scherp and god,
                    & on þe helm hym gerte.
Ac fram þe helm þat swerd him glente As þat Char[lis] cornel þar-wyþ *Balan smites Charles on*
   to-flente,   & þe dynt ful on ys schelde,   5628 *the helmet, but*
And þe stronge scheld þer-wyþ to-rente; Ac ȝut þe strok ys ferþer
   wente,   noþyng þe dynt ne athelde,
[3]And ful[3] opon ys genyllere, & bar away ys chauceore,   [leaf 74, back]
                    Of yre & styl y-mad.   5632
boþe ys spores a-doun he schar In-to þe erthe two fet & mar,
                    þe strok þat was so sad.
Wyþ þe schakyng þat he gan make þo Ys swerd to-brak on peces two, *his sword breaks in*
                    & þan gan he to doute.   5636 *two;*
Ac al þat was of ys swerd y-leued Caste he þanne aȝe Char[lis] heued,
                    & an anlas þo droȝ oute,   *he draws his dagger,*
And egerlyche to Charlis ran And hente hym by þe nekke þan, *and seizes*
                    & foygnede hym with þat knyf: 5640 *Charles by the neck.*
Nad he be y-armed þe betere y wys, & rathe [4]to him[4] come socour of hys,
                    he had him be-nome ys lyf.
¶ Ac[5] þer komen on companye, Roland & Rychard of Normandye, *Roland and others rescue*
                    Olyuer & Ogyer,   5644 *him,*
And myche[6] of hys oþer baronye, And departede hymen twye:
                    & þan A[meral] þo toke ther,   *and take Balan*
& to þe erthe þanne hem caste; Olyuer wyþ a corde bond him fast, *prisoner.*
                    Ac arst was muche ado: 5648
To Hardree had he a strok y-ȝyue Wyþ ys fuste, and al to[7]-dryue
                    Ys chekbon neȝ a-two:
Nad his auentaile y-beo þat heel, France had þo be delyured weel
                    of a ful traytrous man;   5652
For wyþ þe strok had he beo ded, & þan hadde muche harm be aled,
                    þat ful þo after þan.
¶ With þat com prikynge sir Fyrumbras And saw ys fader on[8] þe *Ferumbras advises his*
   plas,   y-bounde honde & fet: 5656 *father to submit.*

      [1] [& til hym þan].   [2] [til].   [3-3] [bote sanke].
      [4-4] [y].   [5] [Ac þe laste þanne].   [6] [al] þat.
      [7] 'neȝ to' *written over*.   [8] [ligge] on.

"Fader," sayd he, "þow dost folye þat þow ne wolt þyn herte abye
     To Char[lis] þat ys so gret;
Y rede þow do as he wil saye, & þanne for þe wol y praye
     þat he schal þe kepe & saue. 5660
& al þy londes & þyn honours, & alle þy castels & alle þy tours,
     Aȝeynward schaltou haue¹."

Balan curses and threatens him. ¶ "Hold þe stille," sayde he þan, "Art þow bi-come a crystenman?
     Ma[houn] do þe wrake! 5664
& if y my power rekuuere aȝe, Wel heȝe schalt þou an-honged be,
     Whar þou mowe beo y-take."

[leaf 75] ¶ Wanne Fyrum[bras] y-herde how he tolde, For hym ys herte sat ful
 colde, Ac no more ne saide þo²: 5668
for³ þat ys fader by hym wolde⁴ noȝt, Ne of his counsail noþynge ne
 roȝt, On his herte hym was wo.

The Emir is set on a mule, and Charles leads him Sone þas was þar a mule y-fet, And þe Amerel was ther-on y-set;
     To Char[lis] was broȝt a stede, 5672
þe kyng lep on hym fayr & wel, & ledeþ wyþ hym þan Amerel,
     þat dulful was þo for drede;
to Egremont. In-to Egrymoygne he hadde hym þen, Wyþ twenty þousant of frensche
 men, þe remanaunt by-lafte he þare, 5676
Fyȝtyng oppoun hure enemys, Affrycans, Persantȝ and tourkys,
     þat sone were broȝt in care.

The Saracens, seeing this, fly, ¶ Wanne þe Sarsyns y-seȝe þat cas þat þe Amerel yn þe feld y-take
 was, & so y-lad hem fro, 5680
þay floȝe away on euery syde, þar was non þat þerste abyde,
     Hure song was, "welewo."
but Roland and his Ac Roland and hys companye ⁵Broȝte hym in⁵ aȝen an hye
     & faste þay sloȝe hure fon⁶; 5684
companions pursue and slay them till night. Fram was non til þe nyȝte Ne cessede þay neuere for to fiȝte
     bot euere ⁷so layd hem on.⁷

¶ By þat þe nyȝt hym was y-come, þe Sarsyns were slawe al & some,
     þat þay myȝt of take. 5688
þe frenschemen þanne to hure herburghes wende, And of þe mete and
 drynke þat god hem sende, Murye þay dude hem make.

---

¹ *ouer* for hym þan moȝt þou haue. ² [þat he hym ansuerede so].
³ [&] for. ⁴ [do] wolde. ⁵⁻⁵ *ouer* a-druwe (?) hym yn.
⁶ [& harde layde hem on]. ⁷⁻⁷ [sloȝe hure fon] *and* [til þay wer ded eechon].

CHARLES ORDERS PREPARATIONS TO BE MADE FOR BALAN'S BAPTISM. 177

ON þe morwe wan þe sonne schon, Char[lis] of-sente ys barons *Charles distributes all*
    ecchon,   And among hem departeþ þanne 5692 *the treasure,*
Of þat gold & of þat geryȝou*n* þat he fond on þe tour & on þe tou*n*,
                  Y-now to euery manne.
An Archebysschop he crepede after þaat, And bad hym ord*e*yne an *and orders*
    huge vaat,   Ful of water clere ;   5696 *the Archbishop to prepare a*
And his orysou*n*s saye oppon, As he wolde fully ther-on *huge vat, wherein to*
                þan Amyral þ*a*t was þere. *baptise Balan.*
Þe Bysschop wente aboute sone þe kynges heste for-to done,
              for þat hym poȝte god ;   5700
& wa*n* he had al aboute y-soȝt, To a gret holw marbre was he broȝt, *A great marble vessel,*
             þat wyþ-ynne þe paleys stod ;
Whych was wonyd beo fillid wyþ wyn At euerech gret feste of *which was filled with*
    appolyn,   þat þ*e* A[meral] holde wolde :   5704 *wine at the Emir's feasts,*
Wyth water was fulled þo þat[1] ston, And[2] þe bysschop hit blessede *[leaf 75, bk]*
    anon,   as Char[lis] het he scholde.
¶ Þe Emp*er*our het come his baronage, That þer was þanne wel sauage, *is prepared.*
              to[3] seen þat selcouþ syȝte.   5708
And suþþe of-sente he after þan After þe Ameral, syre Balan,
              be barons threo wel wyȝte,
Roland, Olyuer, and Ogyer ; þilke thre þo fette hym ther,
              & broȝt hym forþ anon,   5712
by-fore þe emp*er*our þat hym abod And he het anon þar as he stod, *and Charles orders Balan*
              Dispoily hym by-fore þe ston. *to be undressed.*
¶ Wan þay by-gu*n*ne ys cloþys of-do Myche strif made þe Amerel tho, *He resists,*
              And tornde & wende faste,   5716
Ac Roland and Olyu*er* hulde hym so, That whather he wolde oþer no, *but in vain.*
              ys cloþys of thay caste.
¶ Þe Emp*er*our sayde to hym þan—" þou schalt ben a crysteman,
              & ben y-follyd here ;   5720
And if þou wolt þer-to beo broȝt, Of þyne ne schalt þow lese noȝt, *Charles tells him that if*
              Þe worthy of a pere : *he will become a Christian his*
Ac arst þou most for-sake Mahone, And be-lyue on gode sone, *possessions*
              þat in marye y-kened was ;   5724 *will be restored,*

        [1] fulled þat [ilke].   [2] And [þan].
                  [3] [for] to.

FERUMBRAS.

and repeats to him the articles of the Christian faith.

& suþþe of hure body y-bore, Wyþ-oute wem & wyþ-oute hore,
  As sunne goþ þorȝ þe glas.
þow most al-so be-lyue thus, þat he suffrede deþ for vs,
  To kepe ous fram helle pyne ; 5728
& þat he a-ros þe þridde day, And to helle tok þo þe way,
  And delyuerede þar is hyne ;
And þat he þer-after to heuene steȝ, & syt on ys fader riȝt hond an-heȝ,
  & ys in trynytee : 5732
And suþþe sente þe holy gost To ys decyples he louede most,
  And het men y-fulled bee :
þou most byleue on holychurche, After hure lawe for-to wurche,
  And on for-ȝyft of synne ; 5736
And on þe dredful domes-day, Wan ech man schal rysen on such aray
  As he[1] dayeþ ynne,
And come be-fore god present, And fonge ther ys iuggyment,
  to ioye oþer pyne to wende, 5740
After þat ꞏ þat hy doþ heere, Body & saule to dwelle y-fere,
  · Euere wyþ-outen ende,

[leaf 76]

¶ Bylyf þou as y haue þe tauȝt, And on þys water tak fullauȝt,
  & þys schal beo þy mede ; 5744
þy body and þy catel þan myȝt þou saue, And heuene blisse al-so haue,
  If þou dost þat dede."

Balan swears nothing will induce him to be baptised, and smashes the vessel.

¶ Wan þe Amerel haþ iherd hym telle, Contenance made he fers & felle,
  & fram hym tornde away : 5748
And bytok hym-selue þe deuel of helle, If he wolde euere wyþ folloȝt melle,
  Terme of ys lyues day ;
Ne Mahoun wolde he neuere for-sake, For drede of deþ ne for þe wrake,
  to be ded þer for þe riȝte. 5752
For Angre sake þanne he swatte, & þan ston a cracchede & in a spatte
  In dispit of god almyȝte.
¶ Wan þe Emperour y-hurd him speke so, Wonderly wroþ þan wax he þo,
  Ys swerd þan gan he draȝe ; 5756
Ne hadde Fyrumbras ys sone y-ben þat þo wente hem be-twen,
  A wold him haue a-slaȝe.

[1] [hem self].

¶ Fyrumbras huld þan Emp[er]our, And prayede him cesse of his rauncour, & he wolde eft asaye, 5760
If he miȝte wyþ any colour Brynge him ȝut of his errour,
  In-to þe betere waye.

¶ þanne spak Florippe, þat burde bryȝt—"Syr Emperour, þov dost noȝt aryȝt, To tarye þus! for ys sake. 5764
ȝe hadde don wel, by god almyȝt, Had ȝe¹ do slen him ȝesternyȝt,
  Wan þat he was take."

¶ þe Emperour huld ys swerd an-honde, And askede aȝen whar he wil fonde to lyue on cristes lay, 5768
And Mahon ys false god for-sake, And crystendom þar-by-fore hym take Wyþ-oute more delay:
& if a wolde, þat hit were so, A wolde be ys frend for euere-mo,
  On what lond þat he lende; 5772
And þat he nel by-nyme hym lond ne fee, Bot euere scholde² beo to hym pryuee,
  In-to ys lyues ende.

¶ þan Fyrum[bras] ys sonne hym sette on knen By-fore ys fader! & cryede aȝen— "Mercy, fader," he sayde, 5776
"Swete fader, do hys lykyng, And ne make þer-of no more taryyng,
  for gode loue y pray þe.
And þan myȝtou haue al þyn Awe, And libbe þy lyf on godes lawe
  & kepe þe so fro sore; 5780
And þilke þat buþ now · þyn fon Wolleþ þe louye euerechon,
  & worschypy þe euere-more."

¶ "Y graunte," quaþ he þan! "haue y-saied How þat þys water ys arayed, þat y schal plungy on." 5784
þan was Fyrumbras glad & blythe, And þankede god ful many a sythe,
  & broȝte hym to þe ston.
Charlis þanne hym wax ful glad, And hopede a wolde be *christen* mad,
  So wern þe oþre barouns. 5788
þe bysschop stod þer! þo þat had Y-blessed þe fant, and ouer y-rad
  Alle ys orysouns.

¶ þe bysschop sayde to þe Ameral þan—"If þou wilt ben a crysteman, Mahoun þou most for-sake, 5792

---

¹ MS. he.   ² scholde [he].

Aller-ferst by-fore ous here, And suþþe stape in-to þis water clere,
  þan schaltou fulloȝt take."

Balan nearly breaks his jaw-bone with his fist,

þe A[meral] þan wroþeliche hym gan beholde, And gurde hym with ys
  fuste y-volde, Ageyn ys cheke an-haste, 5796
þat þre teþ sterte out of þe bon, & nadde Ogyer þo by-twene hem gon,
  He wolde him habbe of-þraste.

¶ þanne saide þe Ameral with egre mod—" Wat wenestow, glotoun,
  þat ich be wod, Schold y for-sake my driȝte, 5800

and then spits on the font.

And beo plunged on þys marbre ston?" In dispyt of cryst! þan spat
  he þer-on, by-fore hure Aldre syȝte."

¶ þo wax Charlys wonder grym, And clepede Fyrum[bras] & spak
  to hym, In þe maner as y schal sayne :— 5804
" Fyrumbras, as þow art me lef, Ne tak yt noȝt to no¹ gref,
  þoȝ y putte hym to is peyne,
Suþþe he wil noȝt christened be, Bot haþ now in dispyt of me
  My bysshop y-bete sore : 5808
And afterward, in þe dyspyt of crysst, Spet on þe fant as þow her
  sysst, ne pray þow for hym no more."

Ferumbras begs on his knees for another chance.

¶ Wan Fyrumbras herd hym speke so, For ys fader þanne hym was
  so wo He nyste wat þo to² done : 5812
Bote by-fore hym on ys knes a cryde þat a wolde ȝut a-byde
  Wyþ hym til eft-sone,
þat he hym hadde eft by-soȝt, & bot if he þanne wold take fulloȝt,
  As he hym wolde abette, 5816

[leaf 77] Hys wille wyþ hym do a scholde & gurde of his heued ȝyf a wolde,
  No lenger wold he him lette.

Floripas says it is only a waste of time.

¶ To þe Emperour saide florippe þan—" Wy tariest þou so longe wyþ
  þat man, þat haþ þe & þyne agreued? 5820
Al ys for noȝt! ȝe A-boute goes, ȝe ne bringeþ him neuere to ȝoure
  purpos, y leye þer-to myn heued."

Ferumbras remonstrates with her.

¶ Til hure þan saide sir Fyrumbras—" Sustre ne ys he þy fader;
  alas ! Tak of hym pytee : 5824
He þe gat & forþ þe broȝte, Thar-for ert þow mys-byþoȝte,
  To procury hym to slee.

¹ yt [now] noȝt to. ² wat [myȝt].

Wyþ wilde hors mot y beo drawe, Bot y wolde her riȝt fawe
    A lyme of me for-gon,   5828
Wyþ þat he y-folled¹ wolde bee On þat water þat² here [ȝe] see
    standyng her on þys ston."
Wyþ þat he wep & syȝte sore, As he þanne stod hym by-fore,
    & þus til hym gan telle—   5832
"Swete fader, chaunge þy þoȝt, And elles þow worst to deþe y-broȝt, *Ferumbras with tears implores his father to give way.*
    þan goþ þy saül to helle.
And if þow wolt be y-fulled heer þar-of þanne ert þow . skeer,
    & heuene myȝt þou craue.   5836
And leue lordlich on þyn owe, And habbe at þyn heste heȝe & lowe,
    As þou wer woned to haue.
And ther-for, swete fader myn, [Fo]rsak Mahoun and Appolyn,
    þat buþ noȝt worþ a flye;   5840
And be-lyf on cryst, and cristned be, And þanne schalt þow þryue & þe,
    & god lyf schalt þou drye?"

¶ "Sone," sayde þe Amerel þan, "By Mahoun þou art a nycy man, *But Balan says he will never consent to believe on a man who was crucified for his own misdeeds.*
    þat þou dost me rede   5844
To by-lyue on such a mon þat was on a croys y-don,
    for ys owe mysdede.
Y diffye hym her and alle hyse, By Mahoun y nolde ȝyue a pyse,
    for cryst ne al ys myȝte.   5848
Nel y neuere on hym be-lyue, Ne beo y-fulled on my lyue,
    to dye þarfore her riȝte."
Wan þat Fyrumbras y-knew ys þoȝt, & þat he ne myȝt hym turnne
 noȝt,   On herte hym lekid ille.   5852
To kyng Charlys sayde he þan—"Doþ now syre by thys man   [leaf 77, bk]
    As it is þy wille;
Certys y ne haue now no wonder þoȝ ȝe hym do hewe ech lyme on
 sonder,   þorȝ-out flechs & bon,   5856
Suþþe he wil noȝt for no pray Belyue on god! & for-sake ys lay
    Ne folloȝt take non."

¶ þan Char[lis] askede of ys men a-boute, Hwych of hem wolde of al *Charles asks who will be executioner*
 þe route   Sle þat heþene hounde.   5860
Ogyer hym ansuerede—"y wil hym sle, For myche tene he hauþ *Ogier says he will;*
 me y-do,   Her ys his bane y-founde."

    ¹ y-volled *corrected.*   ² þat [stout].

	Ys swerd a drow þat het corteyn, Wel many a Saraȝyn had he sleyn
	thar-with thar by-fore. 5864

and with one blow cuts off Balan's head.

Ogier in the nekke thar-wyþ hym gerte, þat þe heued fro þat body
   sterte,   ys owen lengþe & more.

Roland calls on Guy to fulfil his promise.

¹Wan þe A[meral] Balan was a-slawe Florippe com forþ & was wel
   fawe,   & [. . asked (?)] kyng Charloun, 5868
& sayde, "syre kyng, as þou art wiȝte, And y haue ben trewe to þyne
   kniȝte (?),   [Now] graunte to me Gyoun."
"Damesele," quaþ Roland, "þow sayst ryȝt, þow schalt hym haue by
   god almyȝt."   þan spak he to þat honde— 5872
"Gy of Borgoygne, do as þow hyȝt, Ant tak þys lady fair & briȝt,
      In-to þy lyues ende."

'Willingly,' says Guy, 'if Charles will give his consent.'

"Wel gladlych," saide Gyoun þo, "So þat myn vncle assenty to,
      þe Emperour Charlemayn." 5876
þan saide Charlys—"god for-beode þat y anentes þilke neode
+   Any-þyng sayde a-gayne."

Floripas undresses herself.

¶ Þe Damesele dispoilled hure þanne anon, Hyr skyn was as whyt so
   þe melkis fom,   fairer was non on molde: 5880
Wyþ eȝene graye, and browes bent, And ȝealwe traces, & fayre y-trent,
      Ech her semede of gold.
Hure vysage was fair & tretys, Hure body iantil and pure fetys,
      & semblych of stature. 5884

She is so beautiful

In al þe werld ne miȝt be non fayrer wymman of flesch & bon,
      þan was þat creature.

that all the lords fall in love with her.

¶ Wan þys lordes had seyȝen hur naked, In alle manere wyse weel
   y-maked,   On hure þay toke lekynge. 5888
Was non of hem þat ys flechs ne-raas, Noþer kyng, ne baroun, ne non
   þat was,   Sche was so fair a þynge.

---

¹ **N,** *crossed through, the rest erased and written over.*

+ *Ponatur in loco isto* ☞ ; *pointing apparently to some lines on the opposite page, which is wanting, but probably referring to the following lines which are added in the margin below:—*

"To . . . . . y pliȝte my trouþe ȝore To haue & holde for euere-more
     On wedlak fre
For was . . . . do my power To saue þe" . . . .
    . . . . . .

[*End of MS.; the missing lines are supplied as before from the French original.*]

[L'empereres méismes en a .i. ris jeté ;
Pour tant s'il ot le poil et canu et mellé, 5892
Si éust il mout tost son courage atorné.
Ens es fons c'on avoit pour Balant apresté,
Ont donné la puciele sainte crestienté, *Floripas is baptised,*
Et par nom de bautesme ont son cors generé. 5896
Karlemaines le tint au courage aduré,
Li dus Tieris d'Ardane, ensi l'ont esgardé,
Il ne laisierent homme qui de mere fust nés.
Ne li ont pas son nom cangié ne remué ; 5900 *but her name is not changed.*
Après, a la puciele son gent cors conraé.
Tout droit enmi la plaice en sont avant alé ;
Iluec a l'arceveques l'un à l'autre douné.
La couronne Balant a Charles demandé, 5904 *She and Guy are crowned,*
Floripas en couronne et Guion le sené ;
Puis les a l'arcevesques benéis et sacrés.
A Guion de Borgoigne rent Karles le rengné, *and Spain is divided between Guy and Ferumbras.*
A Fierabras en a l'une moitié donné ; 5908
De Guion le tenra par droite loiauté.
Lés la tour d'Aigremore ot .i. palais listé ;
Là sont nostre François à grant joie mené,
Richement sont servi et à moult grant plenté. 5912
.VIII. jours trestous entiers ont les nocces duré.
Karles i a .i. mois et .i. jour sejourné, *At the end of a month Charles prepares to return to France.*
Tant qu'il ot le païs auques asseuré.
Quant Karles ot la tere auques asséurée, 5916
Le païs ont cerkié et toute la contrée.
La gent paiene en ont tant qu'il pueent menée ;
Qui ne veut croire en Dieu s'ot la teste caupée.
Par . i . saint diemence, quant l'aube fu crevée, 5920
Adont ot l'arcevesques une messe cantée ;
L'empereres en a Floripas apelée.
' Bele, ce dist li rois, je vous ai couronnée, *He asks Floripas to show him the sacred relics,*
Si estes, Dieu merci, bautizie et levée 5924
Au milleur chevalier estes vous espousée,
Ki soit jusques Aufrique, outre la mer salée.

as he intends to start the next day.	Et il et Fierabras tenront mais la contrée,
	.XX.^m hommes aront de ma gent bien armée ; 5928
	Bien sera, se Dieu plaist, vers Sarrazins tensée.
	Demain vaurai mouvoir par boine destinée ;
	Ne m'avés des reliques encor nule monstrée ;
	Alés, sel m'aportés sans nule demourée.' 5932
Floripas produces the casket:	' Sire, moult volentiers, puisque il vous agrée.'
	En la tour d'Aigremore est la bele montée,
	Venue est à la cambre, si l'a tost deffremée,
	Vint à l'escrin d'argent, s'en a la casse ostée, 5936
	Et vint devant Karlon, si li a presentée.
	Et li rois s'agenelle et si l'a enclinée.
the crown of thorns	Trestout premierement a la couronne ostée,
	Que Diex ot en son cief enbatue et serrée ; 5940
	N'estoit d'or ne d'argent ne faite ni ouvrée,
	Mais d'espines poignans estoit entourtillée,
	Et d'aspres joins marages de lius en lius bordée.
is exhibited to the barons.	Nos barons les monstra par boine destinée. 5944
	Ha Diex ! adont i out mainte larme plourée ;
	Cascuns s'i agenoulle, s'a sa coupe clamée.
The archbishop tests it, by leaving it suspended in the air without any support.	L'arcevesques fu sages, si l'a bien esprouvée :
	En haut desus le paille l'a contremont levée, 5948
	Puis a retrait son brac, s'en a sa main ostée,
	Et la sainte couronne s'est en l'air arestée.
	Et dist li arcevesques, ' Je l'ai bien esprouvée,
	Que ce est la couronne que Dix ot espiné.' 5952
	L'arcevesques l'a prinse, si l'a jus avalée,
A delicious odour comes from it.	Par de desus le paile l'a assise et posée.
	Plus flaire doucement que canele alumée ;
	La flairour qui en ist ne puet estre contée. 5956
	Environ la couronne fu moult grans li barnez ;
	Moult i avoit candelles et cierges embrasés,
	D'or estoit li palais, de soie encourtinés.
The archbishop takes out the nails.	L'arcevesque a les claus fors de la casse ostés, 5960
	Puis i avoit sa bouce et ses ex adesés.

Et Karles les baisa et li autres barnés.
L'arcevesques fu sages, sils a bien esprouvés:
Par deseure le paile, qui d'or est painturés,   5964   *The archbishop tests the nails,*
Les a en contremont et dreciés et levés,
Puis les baisa tous cois, s'en a ses mains ostés;
Et li cleu sont tout coi, n'en est uns escapés.
Adont i ot grant joie, c'est fines verités.   5968
'Signeur, dist l'arcevesques, pour Dui, or m'entendés;   *and declares them to be the real relics.*
Je vous di vraiement, se croire me volés,
Que ce sont li clau Dieu, qui ques ait aportés.'
Quant François l'ont veu, si les ont encliné.   5972
'Ha Dix! dist Karlemaines, tu soies aourés!
Moult par puis estre liés quant consenti m'avés
La couronne à avoir dont fustes couronnés,
Et les saintismes claus que tant ai desirés;   5976
Or en ert mes païs, se Dieu plaist, acuités.'
L'arcevesques les prinst, sils a jus avalés,
A nos François en a les ciés envolepés,
D'encoste la couronne les a mis et posés.   5980   *Then he draws out the inscription, which he shows, and lays on a cloth beside the other relics.*
Puis a trait fors le signe, qui bien estoit dorés;
Plus flaire doucement que bames embrasés.
Quant François l'ont veu, e les vous enclinés,
De pité et de joie fu cascuns esplourés.   5984
L'arcevesques le prinst, qui bien fu apensés,
Puis le mist sur le paile, qui fu à or ouvrés,
O les autres reliques, dout il i ot assés.

L'emperere de France fist forment à loer;   5988   *The relics are carefully wrapped up and placed in the king's coffer.*
Il a fait une table sor .ii. trastres poser,
Et pardesus .i. paile, qui fu fais outre mer.
Ses fist li emperere partir et desevrer;
Puis a fait les reliques moult bien envoleper,   5992
Dedens son maistre coffre les a fait enserer.
Toutes ices reliques en vaura enporter.
Les petis espinons qu'il en fist esgrinner
De la sainte couronne qu'il ot fait desevrer,   5996   *Charles places*

the fragments of the thorns in his glove, which remains suspended in the air for over an hour.	Trestous les conquelli l'emperere au vis cler,	
	Et les mist en son gant, canqu'il en puet trover.	
	.I. chevalier le tent, qu'i vit lés lui ester,	
	Mais il nel rechut mie qui ne l'oï parler ;	6000
	Et Dix a fait le gant enmi l'air arester	
	Tant que une liue péust .i. hom aler ;	
	Ailleurs ot à entendre, ne l'en pot ramenbrer.	
	Karles a demandé de l'aigue pour digner ;	6004
	De son gant li souvint quant il devoit laver,	
	Mais il ne sot à qui le bailla à garder :	
	Par de desus la gent le vit en l'air ester.	
The archbishop points out this great miracle.	L'arcevesques le monstre à tout l'autre barné ;	6008
	Ce fu moult grant mervelle, bien en doit on parler.	
	Karles a prins son gant, si se sist au digné.	
Charles and his barons go to dinner.	Challes nostre emperere est assis au mengier,	
	Jouste lui Floripas la bele au cors legier,	6012
	Et d'autre part Guion, qui l'ot prinse à moullier.	
	Fierabras tint la coupe, devant le roi, d'ormier ;	
	Moult furent bien servi, n'en estuet pas plaidier.	
	Quant il eurent digné, les napes font sacier ;	6016
	Cascuns sor son ceval s'ala esbanoier.	
	Karlemaines a fait la quintaine drecier ;	
The revelry lasts till nightfall, when they separate.	Tout le jour behourderent desi à l'anuitier.	
	Quant il virent le vespre, mis sont au repairier,	6020
	As osteus se repairent, si se vont aaisier ;	
	Quant assés sont deduit, si sont alé coucier,	
	L'emperere se dort ens un palais plenier,	
	Et a songié .i. songe mirabillous et fier,	6024
Charles dreams that he is at Aix-la-Chapelle, and a voice bids him return to Spain, to help Guy.	Que à Ais la Capele se devoit haubergier.	
	De la tere d'Espaigne ot une vois hucier,	
	Que il alast la tere et les païs aidier,	
	Et de paiene gent nostre Signeur vengier.	6028
	Tout le monde véoit de grifons esragier ;	
	De sa gent li faisoient mervilleus encombrier :	
	A .i. seul jour en furent mort plus de .xx.^{ta}	

En sa court à Paris avoit .i. lionier   6032 *And that a favourite lioness tries to tear him to pieces.*
Qui li voloit du ventre tous les boiaus sacier;
N'avoit baron en France qui l'osast aprocier.
Pour le songe se print Karles à esvillier,
De Damediu de glore se prinst à sinier.   6036
Tant soufri Karlemaines qu'i prinst à esclairier;
Devant lui fait venir Namle son consillier,
Le songe li conta qui l'ot fait esvillier.
'Sire, ce dist li dus, vous irés ostoier   6040 *Naymes explains the meaning of the dream.*
Ains le cief de .iiii. ans sor la gent l'aversier.
Tel homme avés nouri qui point ne vous a cier;
Damedieu nous en gart, qui tout a à jugier!'

L'emperere de France s'est levés par matin
La messe a escoutée ens ou palais marbrin,   6044 *Next morning after mass the army starts.*
Puis, quant il l'ot oïe, si se mist au cemin,
Lors oïssiés grant noise et mervilleus hustin;
Li os est aroutée, ne prist cesse ne fin.   6048
Damedieu le garisse, qui de l'iauve fist vin,
Le jour qu'il sist as nocces le saint Arcedeclin.
Challes est d'Aigremore partis et desevrés;
Floripas la rouine le convoia assés.   6052 *Floripas accompanies them a short distance.*
'Bele, ce dist li rois, ariere retornés.'
'Sire, dist Floripas, si com vous commandés;
Diex soit garde de vous, qui de virge fu nés!'
Floripas le baisa par moult grant amistés;   6056
Plourant s'en departirent, e les vous desevrés.
Mais Guis et Fierabras ne sont pas retournez; *Guy and Ferumbras go as far as Mantrible,*
Ains convoient Karlon et son rice barné
Jusque au pont de Mantrible, la rice fremeté.   6060
Et Raous et Jehans lor sont encontre alé.
François se sont logié tout contreval les prés;
Karlemaines n'i est c'une nuit ostelés. *where Charles stays one night.*
Li rois Guis est de Karle partis et desevrés,   6064
Et Fierabras o lui, li vassaus adurés.
Au departir des .ii. i fu grans deus menés;

Mais li rois Karlemaines les a reconfortés.

Guy and Ferumbras take leave of Charles.
De Guion de Borgoigne s'est Karles departis, 6068
Et il et Fierabras, qu'est chevaliers gentis.
Moult les a l'emperere baisiés et conjoïs
Si lor a commandé que l'uns soit l'autre amis,
Et s'ost s'est aroutée par puis et par larris. 6072
Taut vont par lor journées, si com dit li escris,

On the eighth day the French arrive at Paris.
Que à l'uitisme jour sont venu à Paris.
Cascuns s'en va ou regne dont il estoit nouris ;
Karlemaines s'en va au moustier Saint Denis. 6076
Là manda arcevesques, evesques benéis,
Les reliques lor monstre Damedieu Jhesu Cris.

Charles goes to St Denis and exhibits the sacred relics,
Cel jour ot .x. evesques ensamble revestis,
Si i ot arcevesques et abés .xxxvi. ; 6080
Li barnages i fu d'Orliens et de Paris.

Au baron Saint Denis fu grans li assamblée ;
Au peron du lendi fu la messe cantée.

which he distributes: part of the crown and one nail he gives to St Denis :
Illuec fu la couronne partie et devisée : 6084
Une partie en fu à Saint Denis donnée,
Et .i. cleu ensement, c'est verités prouvée.
De la couronne fu partie et desevrée ;

the inscription to Compiegne.
A Compiegne est li signes à l'eglise honnerée. 6088
Des saintimes reliques fu la le desevrée ;
Maint present en fist Karles par France la loée :

He establishes in their honour the fair of 'Lendit.'
En l'onor Dieu en fu mainte eglise honnerée.
La foire du lendi fu par ce estorée, 6092
Que ja n'i devroit estre cens ne taille donnée.

Within three years came the treachery of Guenelon and the death of Roland.
Ne tarda que .iii. ans qu' Espaigne fu gastée ;
Là fu la traïsons de Rollant pourparlée ;
Guenelon le vendi à la gent desfaée, 6096
Puis en fu à cevaus sa car detraïnée.
Pinabiaus en fu mors sous Loon en la prée ;
Là le tua Tierris au trencant de l'espée,

Puis fu pendus armés par la geule baée. 6100 *Gwenelon is torn in pieces.*
Tous jours vont traîtours à male destinée ;
U en près ou en loing, ja n'i aront durée.
  A Dieu vous comman je, ma canchons est finée. *My tale is done,*
De cest roumant est boine et la fin et l'entrée, 6104 *God bless you all!*
Et enmi et partout, qui bien l'a escoutée ;
Ki cest roumant escrist il ait boine durée.

    Explicit Li Rommans de Fierabras d'Alixandre.]

NOTES.

p. 1, l. 4. So in the *Sowdone of Babyloyne*, ll. 25—29 :
"As it is wryten in Romaunce
And founden in bokes of Antiquyte, At Seinte Denyse Abbey in Fraunce."

p. 1, l. 11. In the *Sowdone* we are told that Charles distributed the sacred relics as follows :—
"At our lady of Parys, He offred the Crosse so fre ;
The Crowne he offred at seynte Denyse, At Boloyne the nayles thre."
which differs slightly from the account in *Fierabras* (see l. 6085).

p. 2, l. 56. "Poille." In the Fr. "Coloigne." In the side-note read "Apulia" instead of "Poland."

p. 3, l. 65. "tolde ȝow of eer." See p. 1, ll. 8—12. In the Fr. "les dignes reliques que je ne sai nommer." The number of the nails used at the Crucifixion is a disputed point. The question has been fully discussed in *N. and Q.*, Series III., vol. iii. pp. 315, 392, whence I extract the following :—

"St. Gregory Nazianzen says of the taking down from the cross—

Γυμνὸν τρισήλῳ κείμενον ξύλῳ λαβών.

Clearly intimating that our Saviour was fixed to the cross with three nails only.

"Nonnus, the Greek poet, in the fifth century, describes the sacred feet of our Lord as placed one over the other, and fastened down with a single large nail.

"On the other hand, St. Cyprian, St. Augustine, St. Gregory of Tours, and Pope Innocent III., as also Rufinus and Theodoret,[1] reckon four nails. The earliest known representation of the Crucifixion is, I presume, that found in the cemetery of St. Julius Pope, or of St. Valentine, *in Via Flaminia;* in which our Saviour is clothed in a long robe, without sleeves, reaching from the shoulders to the ankles ; and his feet are separate, and each one fastened by a nail to a piece of wood projecting from the cross."

---

[1] This seems to be a mistake, for Calvin in his work referred to below says—"Si verum euarrant antiqui scriptores, ac præsertim *Theodoritus*, veteris Ecclesiæ historicus, Helena *unum* filii sui galeæ inseri, *reliquos duos* equi freno aptari jussit," p. 206, col. 2.

In the *Ancren Riwle*, p. 390, we find *three* nails referred to :—" þis scheld þet wreih his Godhed was his leoue licome þet was ispred o rode, brod ase scheld buuen in his i-streiht earmes, and **neruh bineoðen**, ase þe on uot, efter þet me weneð, sete upon þe oðer uote."

See also *Legends of the Holy Rood*, E. E. T. Soc., ed. Morris, pp. xix, xx.

It is curious that the author of the Eng. version invariably omits all mention of one of the relics so frequently referred to in the French version, *le signe honneré*, the "title," which was placed over our Lord's head.

In I. Calvin's *Admonitio de Reliquiis*, ed. of 1667, will be found a very full and interesting account of the distribution of the sacred relics. It would occupy too much space to give his account in full, but I may briefly summarise the results of his investigations so far as they refer to the relics here mentioned. Of the nails he found no fewer than *fourteen* preserved in various churches and monasteries : of which *four* were in Italy ; *two* in Germany ; *one* each at Cologne and Treves ; and *six* in France (p. 206, col. 2). In addition to these the monks of Glastonbury Abbey claimed to possess one. See *An History of the Abbey of Glastonbury*, Warner, p. lxii.

As to the crown of thorns, Calvin, p. 207, col. 1, gives a long list of places claiming to possess one or more of the thorns, and here again Glastonbury must be added. In the *Annales ordinis S. Benedicti*, III. pp. 699, 700, we read that Azan, a prefect of Jerusalem, presented to Charlemagne, " Spinea corona, que caput amabile Redemptoris nostri complexa est," and " unus de clavis qui delectabiles Christi articulos configebant." The Abbey of Glastonbury appears to have been especially rich in relics, for, in addition to the above, and others of minor importance, it possessed the spear of Longinus, presented by Audulphus, Count of Boulogne, to Athelstane, some of the milk of the Virgin, and some of the hairs of St. Peter's beard. See Knyghton's Chronicle in *Historiæ Anglicanæ Scriptores decem*, London, 1652, col. 2321, l. 28, and Warner's *History of the Abbey of Glastonbury*, Bath, 1826, p. lxii.

p. 3, l. 91. So in the *Coventry Mysteries*, ed. Halliwell, 183, " bragge or blowe."

p. 4, l. 101. Perhaps we should read, " [To] such þre," &c., *i. e.* " to three such men I would not give way."

p. 4, l. 102. " twelue." The Fr. is more moderate—" Ja n'en refuserai, par Mahom, jusqu'à vi.," with which the *Sowdone of Babyloyne* agrees.

p. 4, l. 120. " y knowe him wel to wisse ; " I know for certain. In this phrase *wisse* appears to be an adj. (A.S. *gewis*, Old Sax. *iwiss*, certain).

" I-wis, þenne seide william, i *wot* wel *to wisse*."
William of Palerne, ed. Skeat, 3397.

p. 4, l. 124. Compare *P. Plowman*, C. xiv. 239.

p. 4, l. 128. " none kynnes þynge." See Prof. Skeat's note to *P. Plowman*, C. xi. 128.

p. 5, l. 144. " so most he þe ; " so might he prosper. A common expression, for examples of which see Stratmann. One of the, if not the latest use of the verb to *the* (A.S. þeon) is in Tusser's *Five Hundred Points of Good Husbandrie*, 1580 (Eng. Dial. Soc., ed. Herrtage), p. 19, stanza 8.

p. 6, l. 161 Know that this is thine own fault.

p. 6, l. 167. See M. Gaston Paris' remarks on this incident, and the different causes assigned for it in various poems. *Histoire Poétique*, p. 263.

p. 6, l. 173. "Makes no account of me."

p. 6, l. 197. "doþþeper." This spelling is most remarkable. Were it not for the fact that the original draught and the corrected copy are in the same handwriting, one would be led to suspect that the word had been dictated by some person who lisped. But in the original draught we find the word correctly spelt doȝepers (see l. 423, and note to l. 259). A similar instance of þ for ȝ occurs at l. 1462, where we find doþeyne for doȝeyne. At l. 2036 curiously enough the word is spelt correctly.

The various forms under which we find this word are very curious. In *Otuel* (Ellis. *Metr. Romances*, ii. 367) we have "*dussypere*," and "*duzze pieres*"; in the *Sowdone of Babyloyne*, "*dosiper*" and "*dosyperys*"; in *Rouland & Vernagu* (Abbotsford Club) "*dussepers*"; in *Barbour's Bruce*, ed. Skeat, iii. 440, "*dukperis*" and "*Dutchpeeres*"; in *Wyntown*, v. 4350, "*dowch-sperys*." It is worthy of notice how entirely the original meaning of the word has been lost by the English poets; thus at the end of *Otuel* we read, "Here endeth Otuel, Roland, and Olyuere / and of the *twelve* dussypere." So too in *Sir Degrevant*, ed. Halliwell, l. 1853:—

"Ther come in a daunse IX. doseperus of Fraunce;"

and we frequently find a single knight (as in the present instance) called "*a doȝeper*."

p. 6, l. 199. "to tristyng to." A corruption of the old gerundial form. Thus in the *Tale of Beryn* (Chaucer Soc., ed. Furnivall), l. 347, we find, "This nyȝte that is to *comyng*;" and again in *P. Plowman*, C. xviii. 313, "Hopen þat he be to *comynge*." In the Wyclifite version of Rev. xii. 4 we read: "And the dragoun stood before the woman that was *to beringe* child," and in the next verse, "*to reulinge* alle folkes." Caxton, *Descr. of Britain*, 1485, has "Candred is to menyng a contrey that conteyneth a hondred tounes," p. 20. Cf. "Eart þu ðe *to cummene* eart?" Luke vii. 20.

p. 7, l. 209. "ofte sekede amonge;" sighed at frequent intervals, frequently. Compare the following from Mr. Wright's *Carols and Songs* (Percy Society):—

"Thys endys myȝth
I saw a syȝth
A stare as bryȝt as day;

And *euer amonge*
A maiden songe
Lullay, by by lullay."

Compare also Mod. Eng. *all the while*.

p. 7, l. 213. "his mantel of say." In the Fr. "son bliaut de soie." Halliwell defines *say* as "a delicate serge or woollen cloth," quoting from Palsgrave—"Saye clothe, *serge*." See Du Cange, *Glossar*. s. v. *Seta*.

p. 7, l. 219. "þat toched mannes dede;" that was the part or duty of a man; compare l. 1435.

p. 8, ll. 234, &c. The process of arming is not so minutely described here as in *Sir Gawayne*, l. 567, *et seq*., on which see Sir F. Madden's note in his edition for the Bannatyne Club, 1839, p. 314.

p. 8, ll. 246-7. In the Fr. version Oliver is more definite as to the reward he purposes to give Garyn:—

NOTES TO p. 8, ll. 241—259.

" Ferrant, dist Oliviers, bien ait qui te garda !
Si je vif longuement, moult grant preu i ara,
A Pasques, en avril, chevalier en sera."

p. 8, l. 241. " hys styrop trepede he noȝt ; " that is, he did not place his foot in the stirrup, but vaulted into the saddle.

p. 8, l. 253. " K'au plus fier Sarrazin ancui se combatr
Qui ains fust en cest sieucle, ne jamais i ssera ! '

p. 8, l. 256. " blessed him ; " signed himself with the sign of the cross; in Caxton's version " blessyd hym in makyng the sygne of the crosse ; " compare— " blesce þe al abuten mid te eadie rode toene." *Ancren Riwle*, p. 290. The act of making the sign of the cross is still called, " blessing one's-self " by Catholics. See Myrc's *Instructions for Parish Priests* (E. E. T. S., ed. Peacock), p. 9, l. 280.

"And blesse [hem] feyre as þey conne
Whenne gloria tibi ys by-gonne."

p. 8, l. 258. On the cover the following lines corresponding with ll. 258—261 of the corrected copy are legible :—

"As Charlys stod by chance at conseil with his feris,
Whiche þat wern of france his oȝene doȝepers.
Roland . . . .
& þan him for-þoȝte . . . . he had " . . .

p. 8, l. 259. " doþþeperen." On this curious form see remarks on l. 197, above.

The names of the *douzeperes* are variously given in the MSS. Thus the present Romance gives them as—Roland, Oliver, Terry, Geoffrey, Ogier, Basyn, Naymes, Richard of Normandy, Berard, Aubrey, Gwylmer, and Guy of Burgundy.

The Lansdowne MS. gives—Roland, Oliver, Geryn, Gerer, Berenger, Otto, Samson, Engeller, Ivon, Ivoire, Anseis, and Girard[1]; while in *Otuel* and *Roland & Vernagu* (ed. for the Abbotsford Club, from the Auchinleck MS. in 1836) no regular lists are given. Caxton, following the prose *Fierabras*, says " the barons of themperour Charles and pyeres of Fraunce ben sayd comynly in nombre xij or xiij . . . But of the lordes valyaunte capytaynes were more than xiij after that I fynde " (sign. B viij, col. 1). He then gives the following names, *sixteen* in number :—Roland, Earl of Cenonia, Oliver, Richard, Garyn, Geoffrey, Hoel, Ogier, Naymes, Thierry, Basyn, Guy, Caudeboy, Ganellon, Sampson, Alorys, and Gwylmer.

In the *Sowdone of Babyloyne* also the *douzepairs* are *sixteen* in number :— Roland, Oliver, Regnier, Richard of Normandy, Garyn of Lorraine, Geoffrey, Hoel, Ogier, Lambert of Brussels, Naymes, Thierry (Terry), Basyn, Guy of Burgundy, Gaudeboys, Ganellon, Sanson of Burgundy. But at ll. 1680 —1722, we find other names mentioned which do not appear in the foregoing list. Thus we have, Bery, Baliante, Aleroyse, Miron, Turpin, Bernard of Prussia, Bryere, and Naymes.

[1] Although Ogier is not included in the *Chanson de Roland* amongst the *douzeperes*, yet he is the most important personage after Roland.

FERUMBRAS.

M. Gaston Paris in his *Histoire Poétique de Charlemagne*, Paris, 1865, p. 507, gives the names as found in the French versions. See also his remarks, *ibid.* pp. 416—418.

p. 8, l. 267. The following portion of the original draft corresponding with ll. 267-9 is legible on the cover :—

> "Many was þe knyʒt þat him beheld : wan he spak his resoun.
> He said to þe kyng þer as he wes . 'y . . . . haue þe serued ʒore,
> . . . . in werre & in lond of pes, wel vij ʒer & more'."

p. 9, l. 276. "neuere ous two to-sterte;" we two have never been separated.

p. 9, l. 286. "lome." Generally found in combination as "oft and lome." For examples see Stratmann. The comparative *lommere* occurs in *P. Plowman*, C. xxiii. 238, where it is glossed by the scribe *sepius*.

p. 9, l. 302. ".Gweneloun." It is one of the signs of the popularity of the Charlemagne Romances, that this name should have become synonymous with the basest treachery. Thus Chaucer, *Monks Tale*, 3579, uses it as an epithet, when he speaks of " Genylon Olyuer, corrupt for mede ; " and again, *Boke of the Duchess*, 1121 :—

> "Or the false Geniloun
> He that purchased the trayson
> Of Rouland and of Olivere."

See also *Gesta Romanorum*, Tale lxxviii, p. 396.

p. 10, l. 304. From this line we learn the date of the action of the Romance. See the Introduction, p. xvi, and note.

p. 10, l. 307. "As the law decreed in the case of traitors."

p. 10, l. 311. "Rewardet," agreed, determined : cf. l. 3452. "Tweyre ;" A. S. *twegra*, gen. of *twegen*, two. There are not many instances of its occurrence. In *Laʒamon*, ed. Madden, ii. 312, ll. 17568-9, we have—

> "þat hii wolde al þis lond : fette in hire *tweire* hond,"

and ll. 21436, "fette in ʒoure *tweire* hond." See also *Ancren Riwle*, p. 406, "i þisse *tweire* monglunge." The meaning of the line is—That that which is agreed upon by the consent of any two, any third person, upon whom they may fix, shall be bound to perform. Caxton's version is, " ye haue ordeyned that it whyche by ij of vs is juged ought to be holden." The French version runs—

> "Que ce que li doi jugent, puis k'i l'ont affremé,
> Aler estuet le tiere, ensi l'ont creanté.
> Nous jujon Olivier, si l'avons esgardé,
> Qu'il fera la bataille au paien deffaé."

p. 10, l. 322. "Puis dist entre ses dens ; 'Diex li doist courte vie.'"

p. 10, l. 324. "dere herte." Compare *Gesta Romanorum* (E. E. T. Soc., ed. Herrtage, 1879), p. 181 : " yf þou do welle, þow shalte be myn owne *dere harte;*" and *Troilus and Creseide*, iii. 988 : "Lo ! *herte mine*," and in the next stanza, " my *dere herte.*"

p. 10, l. 325. "Qwhylles he es qwykkeand *in qwerte* vnquellyde with handis."
Morte Arthure, ed. Brock, l. 3810.

See also note in *Cathol. Anglicum*, s.v.v. *Inquarte* and *Quarte*.

p. 10, l. 326. "Were it not for thy grievous wound, I am sure thou wouldst fare well."

p. 10, l. 328-9. "Duk Reyner .... Olyuers fader." So we find in all the authors with the exception of one passage in David Aubert (chapt. 39) : "Comment le roy Fourré fu occis contre le gré de l'empereur par Olivier de Viane, qui vengea la mort de son père *Gerier* que Fourré avoit occis," &c., but as the same author elsewhere gives the names correctly, this is doubtless, as pointed out by M. Gaston Paris, a slip on the part of the writer or the copier. (*Hist. Poét.*, pp. 263-4.)

p. 10, l. 331. Here begins the legible portion of the original draught, which for convenience of comparison has been printed parallel to the corrected version.

p. 11, ll. 334—337. These lines are an addition of the English translator : at least they do not occur in the surviving MSS. of *Fierabras*. As to the meaning of l. 335, I cannot offer any suggestion.

p. 11, l. 351. Here the draught follows the original French more closely than the corrected copy :—

"Là ù voit Fierabras, si l'a araisonné :
'Sarrazins, d'ont es tu, tant nous as apelé ?'"

The four following lines, 352—355, are not in the original French.

p. 13, l. 381. "alre." See note on l. 2342.

p. 13, l. 384. "raply ;" quickly, hastily. For examples see Stratmann, to which add—"He ros vp *raply :*" *Arthur*, ed. Furnivall (E. E. T. Soc., 1864), l. 87 ; *P. Plowman*, C. vii. 383, and *Richard the Redeles* (E. E. T. Soc., ed. Skeat), prol. 13.

p. 14, l. 400. "ladde (harlot) on þy fote." In the Fr.—

"Fui t'ent fors de la tere, mar enmerras destrier,
A ton col .i. grant pel, à loi de *pautonnier*."

The word *pautener* occurs hereafter, l. 859, which see.

p. 14, l. 404. "letest so lite of me." Cf. *Richard the Redeles* (E. E. T. Soc., ed. Skeat), iii. 284, and *P. Plowman*, B. vi. 170, "leet liȝt of þe lawe."

p. 15, l. 408. "stondeþ aye." An old phrase meaning to stand in awe of, to fear. Thus in *Barbour's Bruce* (E. E. T. Soc., ed. Skeat), iii. 62, we have "*stand awe*," and in Havelok, ed. Skeat, l. 277 :

"Al engelond of him *stod awe*,
All engelond was of him adrad,"

where the prep. *in* has been incorrectly and unnecessarily inserted before *awe*. See also *The Wallace*, v. 929, vi. 878, &c.

p. 15, l. 423. Notice that while in the original draught we have the ordinary form *doȝepers*, in the corrected copy we have *doþþeper*.

p. 16, l. 433. "þe sonne hure sette." On the gender of the word *Sun* see Prof. Skeat's note to *P. Plowman*, C. xxi. 256, and my note to *Gesta Romanorum*, p. 12, l. 14.

p. 16, l. 437. "Hym dredeþ noþyng," &c. In the original French—

"Tant fu fers et oribles et de grant cruautés
Ne prisa Olivier .ii. deniers monnaés."

p. 16, l. 444. "Perigot." French, "Pieregort."

p. 17, 447. "the kynges styward." French "Fius à un vavasour, c'avoit nom Ysorés."

p. 17, l. 456. "Ogeroun þe wiʒte." The whole life of this celebrated hero is in the Royal MS. 15, E vi. 4. *Ogier le Danois, duc de Dannemarche*, was printed at Paris about 1498. His old Gothic Sword, Spatha, and Iron Shield are still preserved in a monastery in the north. Bartholinus, *Antiq. Domic.* ii. 13, pp. 578-9. For further notices see M. Michel's edition of *Charlemagne* from the Royal MS. 16, E viii. 7, written in the 12th century (Paris, 1836); and Warton, *Hist. of Eng. Poetry*, ii. 137-8.

"Who more couragious then *Renaldo?* who more invincible then *Roldan?* who more comely or more courteous then *Rogero?* from whom the dukes of *Ferrara* at this day are descended (according to *Turpin* in his Cosmographie). All these knights, and many more, Master Vicar, that I could tell you, were knights errant, the very light and glorie of knighthood."—*Don Quixote*, ed. Shelton, 1652, Part 2, chapt. 1, p. 139.

p. 17, l. 458. "Spelie." For examples of this rare word see Stratmann, to whose references add *P. Plowman*, C. vii. 432.

p. 18, l. 473. "cors of werre;" as distinct from a "cors of pees," or a jousting match, which was usually conducted with spears without heads of iron. Thus in *Sir Degrevant*, ed. Halliwell, l. 1215, we read:—

"Thou shalt be servid, or I sess,
Bothe of werre and of pess,
Of ayther cours thre;"

and again, l. 1261, we find mentioned "sperus of pese," which were the jousting weapons above alluded to. See Strutt's *Sports and Pastimes*, ed. Hone, p. 141, and Meyrick, *Antient Armour*, Glossary. In MS. Lansdowne 285, leaf 10, are rules for the proper conduct of "justes of pees."

p. 18, l. 476. The horse of the vanquished became the property of the conqueror. There are numerous allusions to this custom. See, for instance, *Sir Degrevant*, ll. 1112, and 1119: "Syxty stedus he wan."

p. 19, l. 498. "Et voit le sanc vermel à la tere couler,
Car l'uhans du ceval li ot fait escrever."

p. 20, l. 507. "þou blerest noʒt so myn eʒe." A common expression for *blind, deceive, delude.* Thus Chaucer, *Reeve's Tale* (*Cant. Tales*, A. 4049): "By my þrift ʒit schal i *blere here ie;*" and in *Ly Beaus Disconus*, l. 1432:—

"Wyth fantasme and fayrye
Thus sche *blerede hys yye.*"

See also *P. Plowman*, C. i. 72; *Seven Sages*, ed. Wright, 2952, &c.

p. 20, l. 510. "Myddel": *sic* in MS., but probably we should read "my sadel", as in the draught. Caxton's version has, "two flagons hangyng on the sadil of my hors." "a costrel." French "voila .ij. barils."

p. 20, l. 511. This balm is thus referred to in *Don Quixote*, ed. Shelton, 1652 :— "Be not grieved, friend Sancho, replyed the knight; for I will now compound the precious *Balsamum* which will cure us in the twinkling of an eye." The ingredients of this *Balsamum* were Rosemary, Oil, Wine, and Salt, mixed together in an old tin pot, and over it were said "eighty paternosters and as many *Aves, Salves* and *Creeds* . . . [he] did easily persuade himself that hee had hapned on the right manner of compounding the *Balsamum* of *Fierabras;* and that having that medicine, hee might boldly from henceforth, undertake any

ruines, battailes, conflicts or adventures, how dangerous soever."—Lib. I,
Pt iii, chap. 3, pp. 31-2.

p. 20, l. 521. "by þis liȝte." A proverbial expression equivalent to "during this life." We have the same idea in different words at l. 1744, where we find, "by þys leem."

p. 21, l. 525. "Rolandre." A form apparently invented *metri gratia;* compare the reading of the original draught.

p. 21, l. 528. "fer & ner." A phrase of common occurrence, and equivalent to, "all over, thoroughly."

p. 22, l. 544. The translator has here omitted a few lines in the original French:—

"Et respont Fierabras: 'trop me viels ore haster.
Par foi, se tu me vois deseur mes piés ester,
N'a si fier homme el siecle ne me doie douter.'
'Certes, dist Olivier, trop t'ai oï vanter.
Miex vaut mesure à dire que ne fait sorparler;
A bon droit te devroit de ton cors meserrer.'"

p. 22, l. 545. "bente hym brymly as a bor." A common simile in early poetry. Thus in *Sir Degrevant,* ed. Halliwell, Camden Society, 1844, l. 1240, we read—

"The eorl hoved and by held
Brem as a bare,"

and in Shelton, *Works,* i. 187:—

"Your bragynge bost, your royal aray,
Your beard so *brym as bore at bay."*

p. 22, l. 548. "Had he ben," &c. French:—

"Se il vausist créjr le digne roi Ihesu,
N'eust tel chevalier dusques à Montagu."

I-volled occurs in *Robert of Gloucester.*

p. 23, l. 580. Here the translator has passed over several lines descriptive of Ferumbras's arms, &c., and particularly of his three swords, Plorance, Baptism, and Garbain, the whole pedigree of which is given. In fact the whole account of the combat is considerably altered in the present English version.[1] The author of the latter omits the incident of Oliver's assisting Ferumbras to arm, and the long harangue of Oliver made in the hope of converting the Saracen to Christianity.[2] The French writer represents Ferumbras as then again offering the balm to Oliver, and its refusal.

The French knights who are witnesses of the combat are alarmed for their champion's safety, and Charles, covering his head with his cloak, hurries to his chapel to pray for his success. Roland is anxious to join Oliver, but is prevented by the king, who reminds him of his refusal to accept the challenge. Both the combatants are wounded, and Ferumbras proposes, as he sees Oliver is pale from loss of blood, to leave off for a time, but the latter refuses. The prayer of Charlemagne to the Virgin then follows—a curious specimen, since in it he declares that if Oliver is conquered, he will destroy all the altars and

[1] The account as given in the *Sowdone* follows the French text exactly.
[2] Compare the very amusing description of the duel between Magog the Saracen and Rauf Coilȝear, ed. Murray, pp. 29—32.

crucifixes, words for which Naymes reproaches him. Then comes a long prayer of Oliver, who is again wounded, but refuses the balm which Ferumbras offers him with the assurance that it will make him as lively as a swallow in May. The Saracen is then wounded, but having drunk some of the balm, is quickly restored. Oliver with a stroke of his sword cuts away the two bottles containing the balm, which fall to the ground (l. 742, English version). He leaps off his horse, seizes one of the bottles, drinks its contents, by which he is restored to strength, and then throws both into the river. The weight of the gold with which they are set causes them to sink, but on the feast of St. John they rise to the surface. Ferumbras in a rage slays Oliver's horse (l. 591, English version). The French wish to assist their countrymen, but Charles insists on fair-play to Ferumbras. The latter offers Oliver his own horse, and as the offer is refused, he himself dismounts. Charles utters another prayer, and an angel appears to him, and tells him that Oliver will be the conqueror, but not without severe wounds.

Meanwhile the combat continues, and Ferumbras disarms Oliver: and advises him to renounce Christianity, offering him his sister Floripas in marriage. Oliver rejects the offer, and also refuses to accept his own sword back, but by a sudden spring seizes one of Ferumbras' swords, Baptism, with which he continues the combat. At length Ferumbras is seriously wounded and asks for mercy.

Here the two versions again correspond.

p. 24, l. 583. in draught, "þylke": *sic* in MS., read "þykke", as in the corrected copy.

p. 25, l. 601. "hir eyþer." See note on l. 677.

p. 26, l. 623. "cercle." This is not the padded wreath worn from the time of Richard II. to Henry IV. on the bacinet, but the more splendid band of goldsmiths' work enriched with jewels. It is called *bordoure* in the *Awntyrs of Arthure*, xxx. 4, and said to be "alle of brynte golde"; and in the present poem, l. 5627, it is termed the "cornel". See Roquefort, *Glossaire, Supplement* v. *Helme*, Planche's *Hist. of Costume*, p. 160, &c.

p. 26, l. 631. Compare l. 727.

p. 26, l. 636. In the French version this incident occurs before the fight begins.

p. 27, l. 652. "Y am Charlis Eemys sone." This would mean, "I am the son of Charlis' uncle," but I do not find that Reyner is in any other passage called the uncle of Charles.

p. 27, l. 661. "beyne," both. This is the O. E. *begen*, which we find as *beiȝen, beien, beine, beyne*, in Lazamon. In the Vernon MS. we read—

"Well þou maiht ȝif þou wolt, taken ensaumple of *beyne*,
Bothe two in heor elde children heo beore."

p. 27, l. 677. "Vnder hure boþen fete:" under the feet of both of them. So we find, "*her neither* may henten oþer," *P. Plowman*, C. xvii. 81 : "*her none*," *ibid.* B. xiv. 239. Compare l. 601, "hir eyþer," and l. 4146, "ȝour summe."

p. 28, l. 679. Apparently the line means, in the excitement and thrusting of the moment, to the Saracen, &c. Cotgrave gives "*Entrelas*, m. A knot hard to be loosed, and intricate businesse, a work much entangled. *Entrelassement*, m. A setting, putting or thrusting in, between or among."

p. 28, l. 681. "to donde." This form occurs in "A Prayer to Our Lady," pr. (from the Addit. MS. 27,909) in *An old Eng. Miscellany*, E. E. T. Soc., ed. Morris, p. 123, l. 15—"*to donde* sunne awei fram him." It is a corrupt form of the infinitive arising from a confusion of the gerundial form *-ane*, corrupted into *-ing* (see l. 199), with the participial ending *-ende*. Thus in *O. E. Homilies*, ed. Morris, ii. 57, we read: "the rihtwise [man fasteth] for to *witiende* his rihtwisnesse."

It is worth noticing that in the French version the positions of the two combatants are reversed, so far as this incident is concerned.

p. 29, l. 697. "many a schoure." We still speak of a "*shower* of arrows, or darts," and the word was frequently used in that sense; cf. *flana scuras*, showers of arrows, in the A.S. fragment of Judith. Compare ll. 771, 841.

p. 30, l. 719. I know of no other instances of the forms *sot* or *soot* for the past tense of the verb to sweat. Chaucer uses *swot*.

p. 31, l. 727. Compare l. 631.

p. 31, l. 750. The following lines, corresponding with ll. 750-1 of the corrected copy, are at the back of the Fragment:—

"Of herte was F[erumbras] boþe hol & sond : & plenyde him no þyng,
[Ac] ful him doun knelyng on þe ground, & þaukede heuene kyng."

There are also a few other lines partly legible, running round the margins, and some, but for the most part illegible, on the other cover.

p. 32, l. 753. "for Marie sone þat mayde :" that is, "for the love of the Son of Mary that Virgin." Compare l. 1270, "We buþ Charlis men þe Emperere." The construction, though singular-looking, is not at all uncommon in Old English : thus in *P. Plowman* we find several examples, e. g. "For marie loue þy moder," *i. e.* for the love of Mary thy mother ; C-text, viii. 149 ; "Peers pardon þe plouhman," *i. e.* the pardon of Piers the Plowman ; C-text, xxii. 187, 392 ; "For Peers loue þe plouhman ;" *i. e.* for the love of Piers the Plowman ; C. xvi. 131, xxiii. 77, &c. So again in *William of Palerne*, ed. Skeat, l. 5437, "Themperours moder william," *i. e.* the mother of the Emperor William. See also Chaucer, *Boke of the Duchesse*, l. 282 ; *Squieres Tale*, 209, &c.

p. 32, l. 756. "Are not worth thinking of."

p. 33, 766. "y-core." So in *Laȝamon*, ed. Madden, 20971 :—

"Alle hii weren *i-core* : and heȝe men i-bore."

p. 33, l. 771. "Went him." See Prof. Skeat's note to *P. Plowman*, B. Prologue l. 7.

p. 33, l. 774. "Goffanoun." "*Gonfanon*, m. A little square flag, or Penon at the end of a Launce ; or (more particularly) an old-fashioned Banner, or square Standard, borne on the top of a Launce ; such as, even to this day, is used in the warres made by the Pope." Cotgrave. See also Meyrick, *Antient Armour*, Glossary. The French version reads :—"Du pan de son bliaut li a les flans bendés."

p. 34, l. 800. "v þousant of oþre and mo." This gives a total of 15,000, but the French text has "L^M." The "mo" in the English version seems to mean 3 ; cf. l. 815.

p. 34, l. 813. "Mautreblee." There appears to be some doubt as to the correct spelling of this name. In the *Sowdone of Babylon* it is printed as "Mountrible," and in the *Complaint of Scotland*, ed. Dr. Murray, p. 63, we have, "the tail of the brig of the *mantribil*." The same spelling appears in *Barbour's Bruce*, ed. Skeat, iii. 455, where we find "Mantrybill." Shelton also refers to "Mantryble the bryge," *Poems against Gamesche*, ed. Dyce, i. 117, l. 22; and so it appears also in Caxton's *Lyf of Charles the Grete*, 1485, which follows the original French prose Fierabras; and in Shelton's translation of *Don Quixote*, Bk I, part iv, cap. xxii, p. 130, ed. 1675, where in the original Spanish the reference is to "*Fierabras*, con la puente de *Mantible*" (sic), part I. cap. xlix.

On the other hand, the editors of the French version of *Fierabras* and of *La Destruction de Rome* print the name as "Mautrible," and so it seems sometimes to be in the Ashmole MS. Considering, however, the slight difference between *u* and *n* in MSS., I have followed the reading which appears to have the weight of evidence in its favour.

p. 34, l. 819. "Hure commune horn," &c. In the French text—"Es trés et as herberges ont olifans sonnés."

p. 34, l. 825. "þe woundede man þan he set adoun." In the original French this is done at Ferumbras' own desire, and Oliver, we are told,—

"Relement le couca desous le ramé pin ;
Ses espées li baille, li rois l'en fist enclin."

The latter part of this line is repeated at l. 838, below.

p. 34, l. 827. "iornay." The use of this word in the sense of *combat* is not uncommon ; compare *Barbour's Bruce*, ed. Skeat, xiii. 480 :—

"Him war levar that *Iourneye* wer
Wndone, than he swa ded had bene ; "

and again, xx. 494—

"He come nocht to the *Iournee*,
For his Arme was brokyne in twa."

We still use the expression "to win, or lose, the *day*."

p. 35, l. 833. "at arst ; " *i. e.* "then for the first time." So in *William of Palerne*, ed. Skeat, l. 1028 :

"þanne alisaundrine *at arst* þan antresse him tille."

p. 35, l. 855. "Escaped from him by flight as best they might."

p. 35, l. 859. "pantener", read "pautener." This word occurs twice in *Barbour's Bruce*, i. 462, and ii. 194. Cotgrave gives "*Pautonnier*. A lewd stubborn or saucy knave ; " and Burguy, "*Paltonier, pautonier*, homme sans profession ni demeure fixé ; homme de mauvaise vie, méchant, hautain, misérable, queux, coqnin." Halliwell quotes from *Guy of Warwike*, p. 113, "a feloun *pautener*." See l. 400, above. The word occurs again, p. 121, l. 3877.

p. 36, l. 876. "plate & maille." Plate armour was, as its name implies, formed of *plates* of steel or iron, while *mail* armour was composed of small *rings* or links. "*Maille*. Maile, or a linke of maile (whereof coats of mail be made) ; also a Hauther, or any little ring of mettall resembling a link of maile." Cotgrave.

p. 37, l. 928. "schake." So in *Laȝamon*, ed. Madden, 13,246 :—"Nes þer nuu biscop þat forð on his weei ne *scoc*."

p. 38, l. 940. "Cornybourgh." French text, "Corsuble."

p. 38, l. 941. "persched." "To perche, vbi to Thirle," *Cathol. Anglicum.* For other instances of this and similar forms of the word, see my *Gesta Romanorum* (E. E. T. Soc.), p. 47, l. 28, and note thereon.

p. 38, l. 953. "vewe." One of the instances of v used for f.

p. 38, l. 955. "chacyeþ forþ;" *i. e.* hurry along with them. See instances in Stratmann.

p. 38, l. 956. "riȝdt:" for *rideth*; a very singular form.

p. 38, l. 966. "falsarȝ:" hand-bills, in the French *fausart*.

In the Chronicle MS. *Bertrand du Guesclin* we read:—" D'espees et de *faussars* ot sur lui plus de cent," and again—" Gettent dars et *faussars*, moult en vont ociant."

John, the Monk of Mairemontier, i. *Hist. Gauf. Duc Normand* says—" Imposita est capiti ejus cassis multo lapide pretioso relucens, quæ talis temperaturæ erat, ut nullius ensis acumine incidi vel *falsificari* valeret." Robert de Bourron, *Hist. Arthure et Merlin,* has, " Li haubert sunt si fort et si tenant qu'il ne puent maille *fausser*." Meyrick, *Antient Armour.*

p. 38, l. 969. "wel thre score & mo." French text, "plus de xlvi."

p. 38, l. 971. "wel an akers lengþe." I know of no other instance of the use of the word *acre* as expressing a measure of distance. See notes to ll. 2270 and 3040. A somewhat similar expression occurs in the amusing description of the fight between Rauf Coilȝear and Magog, the Saracen, where the latter strikes the former so hard that—

"The lenth of ane rude braid he gart him remufe."

Ed. Murray, p. 30, l. 864.

The expression occurs again, l. 4699.

p. 39, l. 977. "suþþen y-set alle an horce." French text:—

"Sur bons chevaus les montent, n'i ot onques roncis."

p. 39, l. 984. "At aualyng of a hulle;" *i. e.* at the descent from a hill, &c. French text:— "A l'avaler d'un tertre ont paiens consivis."

p. 39, l. 988. "þat schon so siluer briȝt;" that shone as bright as silver. French text—" dont li poins est burnis."

In the poems of Pulci and Boyardo the name of Roland's celebrated sword appears as *Durindana* and *Durlindana.* The possession of this sword was so coveted that Gradasso, a powerful Eastern king, invaded France with 150,000 men, in order to secure it and Rinaldo's horse.

We find this sword referred to in the *Roman de Horn* (12th Century), MS. Harl. 527, leaf 61, back, col. 2, v. 40.

"Unkes mielȝ ne trenchat Curtein ne *Durendal.*"

One of the earliest authors who speaks of it is Rodulphus Tortarius, who lived at the end of the 11th century, between 1096 and 1145:—

"Ingreditur patrium gressu properante cubiculum,
Diripit a clavo clamque patris gladium;
Rullandi fuit iste, viri virtute potentis,
Quem patruus magnus Karolus huic dederat.
Et Rullandus eo semper pugnare solebat,
Millia pagani multa necans populi."

Histoire de l'Academie Royale des inscriptions, &c., vol. xxi. 4°. p. 141.

All the celebrated warriors of romance appear to have given names to their swords: thus we find Charles' own sword termed *Joieuse* (see below, l. 4683, *Chanson de Roland*, ed. M. Michel, st. 179, ll. 6, 13); Turpin's *Almace* (*ibid*. st. 153, l. 7); Baligant's *Multet* (*ibid*. st. 227, l. 15); Richard of Normandy's *Escalidars* (Romance of *Ogier le Danois*, ed. Adenez); Oliver's *Hautecleer*; Ogier's *Cortine*, and others. Ferumbras in the French version has three swords, Plorance, Baptisme, and Garbain.

The following account of *Durendal* is from *Le Premier Livre de la plaisante et delectable histoire de Gerileon d'Angleterre*, by Estienne de Maisonneufve Bordelois, Paris, 1572, 8°. leaf 47, back :—" Apres cela elle (la fée Oziris) tira du dit cabinet vne espee large, belle et bien trenchante au possible, le fourreau de laquelle estoit de la peau d'un grand serpent, qui fut occis par Hercule lors qu'il estoit encore bien jeune, laquelle estoit si proprement mouchetée qu'encore qu'elle n'eust esté garnie et conuerte de plusieurs diamans, rubis, et autres pierres precieuses, ayant esté mise a l'opposite du Soleil, elle eust rendu plus grand lueur et clarté que le mesme or . . . . . . s'appelloit *Duransarde*, que ledit Nabot auoit conquise sur le merueilleux et epouuantable Geant Scarafarab, qui estoit de la race d'Ancelade, vn de ceux qui voulant jadis monter au ciel furent foudroyez par Jupiter." In a work published at Paris in 1555, by Pierre Belon du Mans, entitled, *Observations de plusieurs singularitez et choses memorabiles, trouuées en Grece, Asie, &c.*, Bk. III. chapt. 42, leaf 204, we are told that, " La grand espée de Roland pend encore pour l'heure presente à la porte du chasteau de Bource. Les Turcs la gardent chere comme quelque reliquaire; car ils pensent que Roland estoit Turc, au moins s'il peut estre vray ce que le vulgaire en pense." In the French Fierabras *Durendal* is said to have been made by Munificans, one of three brothers who forged nine celebrated swords, three of which I have already mentioned as belonging to Ferumbras, the others being *Musagine*, *Courtain* (Ogier's) *Floberge*, *Hautecler*e, and *Ioieuse*.

Roland's dying address to his sword, in which he fully describes it, will be found in the *Chanson de Roland*, ed. Michel, st. 169, p. 90; and in Turpin's *Vita Caroli Magni*, Florence, 1822, chapt. xxiii. pp. 66-7. In this latter work will be also found, p. 147, a long and interesting account of an ancient sword corresponding in almost every particular with *Durendal*, as described by Roland himself.

p. 39, l. 996. " on ys yre," *i e*. on his ear. The form *ieare* occurs in the *Ayenbite of Inwyt*, ed. Morris, 211; and *iare* in *An English Miscellany*, ed. Morris, p. 36.

p. 39, l. 1000. " prysouns," prisoners, as frequently found in early writers. Similarly we have *message*, for a messenger, Chaucer, *Man of Lawe's Tale*, 333. See the *Story of Genesis and Exodus*, ed. Morris, l. 2044; *P. Plowman*, C. x. 72; xxi. 59, &c.

p. 39, l. 1001. " with rendouns;" *i. e*. at full speed. Cotgrave gives, " *Aller à grand randon*. To go very fast, or with a great and forced pace." So in *Bevis of Hampton*, p. 139, " He rod to him *with gret randoun*."

p. 39, l. 1003. " potte an auenture;" risked, ventured. The *Catholicon Anglicum*, E. E. T. Soc., ed. Herrtage, gives " to In Awntyr. *In eventu ponere*."

p. 40, l. 1034. " sechyng on þe playne." French, " le camp ont recerquié."

p. 40, l. 1070. In the French text it is Roland and Ogier who disarm Ferumbras.

p. 40, l. 1071. "sengle." Apparently the meaning is *undressed;* the French text reads—" Li rois est remens *sengles* on bliaut gironné."

p. 40, l. 1072. Compare l. 1942. In the French text Ferumbras is thus described—

" Gros fu par les espaules, grailles par le baudré
Et ample ot le viaire, gentement figuré,
Les ex vairs en la teste comme faucons mué."

p. 41, l. 1082. "an archebisschop." In the French text—

"Il apela Milon et Turpin l'alosés,
Deus rices arcevesques de moult grand saintete.

p. 42, l. 1087. It was the custom for persons converted to Christianity to change their names.

p. 42, l. 1094. "taste is wounde," *i. e.* examine by touch, probe. In a similar way we find the expression "to fele a savour." The translator has literally rendered the French original, which has—" Ils sont venus au roi, les flans li ont tastés." Cotgrave gives—" *Taster.* To taste; or take an essay of; also to handle, feele, touch, or grope for." The same expression occurs in *Horn Childe* and *Maiden Rimnild* (pr. in Ritson's *Metr. Rom.*, p. 309) :—

" The maiden *tast* Hornes *wounde*
The kinges douhter in that stounde.

See also *P. Plowman.* B. xviii. 84. Caxton's version reads "sercheden his woundes."

p. 42, l. 1104. "atte frome :" at first. The expression occurs in the *Owl and Nightingale,* ed. Stratmann, 1513. Compare also the *Castel off Loue,* ed. Weymouth, 595 :—

" Herkeneþ now forþere *atte frome*
How vr Saueor wolde come ; "

and in the Anglo-Saxon Gospel of St. John i. 1,—" *On fruman* wæs word," &c.

p. 42, l. 1109. This celebrated bridge is thus referred to in Don Quixote, ed. Shelton, 1675 : " See what wit is there in the world so profound, that can induce another to beleeve that the History of *Guy* of *Burgundie,* and the Princes *Floripes* was not true? Nor that of *Fierabras,* with the Bridg of *Mantible,* which befell in *Charlemaines* time, and is I swear, as true, as that it is day at this instant ? And if it be a Lie so must it be also that ever there was an *Hector, Achilles,* or the War of *Troy; The twelve Peeres of France,* or King *Arthur* of *Britaine,* who goes ȝet about the world in the shape of a Crow, and is euery foote expected in his kingdome . . . . . and in *Roncesuals* there yet hangs *Rowlands* horne, which is as big as a very great joyst."—Lib. I, Part iv, chapt. xxii, p. 130.

p. 42, l. 1112. "prisouns." See note to l. 883, above.

p. 42, l. 1115. " Carful ;" full of care, wretched. Compare *P. Plowman,* C. xiii. 103, and see Luke xiv. 13, and l. 5221, below.

p. 42, l. 1118. "Amerel". The following are the various forms under which this word appears in the romances. In Fierabras we have *Amirans* and *Amirant;* in the Provençal version, *Almiran;* in the Sowdone *Admyrall, Amiral;* in Caxton *Admyral.*

p. 43, l. 1146. "þes moste man;" this the tallest man, &c.
p. 44, l. 1159. "broȝt of lyues dawe;" killed: a common expression. Compare l. 1588:

"Mani a bold burn was sone *brouȝt of dawe*."
William of Palerne, ed. Skeat, 3817.

and "Mani a bold burne sone *brouȝt of line*."—*ibid*. 1159.

p. 44, l. 1176. "noȝt for þat;" nevertheless. Compare the modern expression *for all that*. At l. 5265 we have the form *for—þan*.
p. 44, l. 1186. "stokkes of trow;" in wooden stocks, pillories. French text— "En ma cartre profonde en *estroit* les metés."
p. 45, l. 1201. "Sche was a mayde fair & swet." Floripas is described as follows in the French text :—

"Moult par ot gent le cors, escevi et molé,
Le car ot tenre et blance comme flours en este,
La face vermellette comme rose de pré
La bouce petitete, et li dent sont seré,
Ki plus estoient blanc k'ivoire replané.
Les levres ot grossetes, dou rouge it ot assés,
Le nés ot bien séant, le front bel et plané,
Les ex vairs et rians plus d'un faucon mué."

p. 45, l. 1206. "on & on;" one and one, that is of this one and that one, of everyone. Compare our expression " of one and another," and see l. 1193.
p. 45, l. 1211. "in baile;" in custody, confinement. "*Bail*. A wardship, tuition, government." Cotgrave. See *Kyng Alisaunder*, ed. Weber, 7532, &c.
p. 46, l. 1238. "preynte." According to Prof. Skeat from an A.S. verb *prinken*, to wink, of which, however, we find but slight traces. In Halliwell we have "*Prink*, to look at, gaze upon. *West*." The word occurs in *P. Plowman*, B. xiii. 112 :—

þanne conscience curteisliche . a contenaunce he made,
And *preynte* vpon pacience . to preie me to be stille."

It occurs again in the present poem, ll. 1365, and 4507.
p. 47, l. 1264. Note the change in the tenses.
p. 47, l. 1270. See note to l. 753.
p. 47, l. 1284. "at þy paye;" at thy pleasure, to please thee.
p. 47, l. 1289. "Doggedlich;" i. e. *dogtelich*, doughtily, valiantly.
p. 47, l. 1290. "helue." See l. 103
p. 47, l. 1291. "by hur selue;" with herself.
p. 47, l. 1294. "Moult vaut miex boins taisirs que folement parler."
p. 48, l. 1304. In the French text—

"'Je quit c'as pucieles sivés moult bien juer,
Eu cambre sons cortine baisier et acoler.'
Dist Guillemers l'Escos: 'Biens saves deviner,
Juqu'en Jherusalem ne trouveriés son per.'"

Caxton's version has, "I byleue veryly that ye can wel playe with maydens of eage in somme chaumbre vnder curtevnes. & dysporte you in loue: I trowe ye knowe how and what maner."

p. 48, l. 1307. In the French text Floripas sends *Marmucet* (Maumecet) not for a sledge-hammer, anvil, &c., but for a long rope with which she pulls the knights up from the dungeon; and so in Caxton's version.

p. 48, l. 1311. Compare *P. Plowman*, C. xiii. 117—
"Euery man help oþer, for hennes shulleþ we alle."

p. 48, l. 1316. "ȝeate." This pronunciation of *gate* still survives in Devonshire. The line is literally translated from the French—
"Par une gaste porte de viel antequité."

p. 48, l. 1324—1331. This description of the chamber of Floripas differs altogether from that in the French text, in which only the ceiling is described as follows:—
"Desus la maistre vaute avoit par art posé
Le ciel et les estoiles, et yver et esté,
La lune et li solaus, qui nous donne clarté,
Forers, teres et puis, i est tout painturé,
Li oisiel et les bestes et li serpent cresté."

The author then tells us that the chamber was built by king Methuselah, who he assures us ("*ce dist on par verté*") died of grief because king Naaman desired to have it. Surely an extraordinary jumble of personages. The garden is then described, amongst the plants growing in which is the Mandrake, which will cure any wound or disease.

With the description of Floripas's room as here given compare that in *Sir Degrevant*, ed. Halliwell, ll. 1425—1500 (where amongst the wall-paintings we find one of "Grete Charlus with the crounne"), and the following from *Early English Miscellanies*, Warton Club, 1855, ed. Halliwell, p. 4:—

"The towres shal be of every, Clene corven by and by,
The dore of whallus bone;
The cowpuls alle of galyngalle, The bemus alle of ryche coralle,
Ryally begone;
The dosers alle of camaca, The bankers alle of taffaca,
The quysschyns alle of velvet;
The wyndows alle of jasper stone, The pelowrs of coralle everychone,
With joye joyned in gete," &c.

p. 48, l. 1325. So in *Sir Guy*,
"The walls therof were of cristall,
And the sommers of corrall."

p. 50, l. 1329. Compare *Laȝamon*, 24,598; "mid golde bi-gon."

p. 50, l. 1341. "sente." Probably *sendal*, a species of rich thin silken stuff, highly esteemed. See *Strutt*, II. 3; *Guy of Warwike*, p. 421, &c. Or it may mean that the bedsteads were of *Sendal-wood*. "*Sendal.* Sandal, sendail; Bois rouge des Indes." Roquefort.

p. 50, l. 1359. "Or y ha told þy fader fore;" before I have informed thy father. The *fore* appears to be superfluous.

p. 50, l. 1360. "chaunged was al hure blee." In the French text—
"si a le sanc mué:
Son pere moult redoute et sa grant cruauté.'

p. 50, l. 1365. "preynte." See note to l. 1238.

p. 50, l. 1368. "hur cast;" French, sa volente.

p. 51, l. 1370. "þat olde trate;" that old woman. An expression of contempt

Halliwell curiously enough quotes the word from the *Towneley Mysteries*, p. 150, misspelling it *crate*, and corrects Ritson for spelling it correctly. (See Halliwell *s.v.* Crate.) In the present instance the first letter of the word in the MS. is certainly more like *c* than *t*, but these are letters between which it is at times almost impossible to distinguish.

p. 51, l. 1386. "Sche fet him a drench." In the French text Floripas gives Oliver a small bit of the Mandrake already referred to as growing in the garden, but the effect is the same.

p. 51, l. 1387. "sone þas;" at once. See Introduction, p. xxvii.

p. 51, l. 1388. "gropede;" felt. So Hampole, *Pricke of Conscience*, 6556, tells us that in Hell the darkness will be such "þat it may be *graped*, swa thik it es."

p. 51, l. 1391. "tauȝte þat sche was free;" showed that she had learnt politeness and courtesy.

p. 51, l. 1407. "by is power;" according to his power.

p. 52, l. 1450. "Myn herte me ȝifþ." Compare the modern expression—my heart misgives me.

p. 52, l. 1463. "to don him sle ther;" to cause him to be slain there. See Introduction, p. xxiii.

p. 54, l. 1512. "Vij." French text "xv."

p. 54, l. 1525. "Myne amendes make;" that is, make amends, satisfaction to me. The expression occurs several times in the present poem. *Amendes* is singular, as in Pecock's *Repressor* (Rolls Series, ed. Babington, p. 110), where we read, "a sufficient *amendes*," and in the *Catholicon Anglicum* we have, "au Amendes. *Emenda, emendacio, correccio.*" See hereafter, ll. 1724, 1768.

p. 54, l. 1527. "in fee;" that is as a knight held his land from his sovereign, or a vassal from his lord. Spelman defines *Fee* as "the right which the vassal has in land, or some immoveable thing of his lord's, to use the same, and take the profits of it hereditarily, rendering to his lord such feudal duties and services as belong to military tenure; the meer propriety of the soil remaining always vested in the lord."

p. 55, l. 1579. See note to l. 197 above.

p. 55, l. 1580. French text reads—

"Tels .x. en materoie ains soleil esconsé;
Mais envoie jouster .l. legier baceler,
Car trop avés cel cief et canu et mellé."

p. 56, l. 1595. "þe hedes on þe tre by-lafte;" the heads remaining on the shafts.

p. 56, l. 1602. "What halt it;" of what use is it to make a long story of it, to delay us in our tale?

p. 57, l. 1621. "requilled hem alle;" drove together. In the French text:—
"Et aquellent Francois environ de tous les."

Requilled represents the Latin *recolligere* as *Aquellent* represents *accolligere*. "*Aqueillir*. Associer. *Accolligere*," Roquefort.

p. 57, l. 1633. "seuen glotouns." French—"vii gloutons." We have already had the word as used by Charles to Roland on his refusal to accept Ferumbras' challenge: see l. 164.

p. 57, l. 1638. "Hure wyle miȝt þow now wel ȝylde;" thou canst now well requite their treachery.

p. 57, l. 1639. "Al quike y rede þan let hem hylde;" I recommend that thou cause them to be skinned alive.

p. 58, l. 1653. "stent;" for *standeth:* as we say, How matters *stand*. See l. 2035.

p. 58, l. 1666. "Al so mot y waxe;" so may I thrive, prosper.

p. 58, l. 1667. "prensenty." French *prensenter.*

p. 58, l. 1671. "vassalage;" conduct becoming to a knight. "Vasselage, *vasselaige :* Courage, valeur, action de valeur, action courageouse, prouesse, force de corps." Roquefort.

p. 58, l. 1672. "an hed." In the French text, "Cascuns saisi .ii. testes."

p. 58, l. 1674. "aferrom;" far off, from afar. So in *Morte Arthure* (E. E. T. Soc., ed. Brock), 856 :—

"We folowede *o ferrome* moo thene fyfe hundrethe."

p. 58, l. 1678. "Richard;" in the French—Ogier li danois.

p. 58, l. 1680. "þef." Sic in MS. Read þes. Compare l. 4315, below.

p. 58, l. 1682. "Sixty pers." French "xxx. ars."

p. 58, l. 1684. French text—

"X breteques y a, chascune sor piler,
Et peut bien sur cascune .x. chevaliers ester."

p. 58, l. 1687. We are told afterwards in the French text that the river was 12 feet deep, and the lowest pier 30 yards high.

p. 59, l. 1700. "Who, to look at, seems a fiend."

p. 59, l. 1701. "Hache." French "mace."

p. 59, l. 1705. Compare note on l. 1042.

p. 59, l. 1708. "ther by-gynneþ luþer hansel;" that is—here is a bad beginning. *Hansel* is literally "the first money taken for the sale of any commodity, or taken the first in the morning."—*Bailey.*

p. 59, l. 1711. "I will try to find out his intentions, and delay him a while, till you shall all have passed over."

p. 59, l. 1715. "it miȝte be dure aboȝt." French text reads :—" Viels tu donner .i. cop pour .xv. recouvrer ?"

p. 60, l. 1729. It is singular that the author of the English version should omit here four lines in which Naymes accounts to Alagolofure for the heads which each knight carries at his saddle-bow, a point on which the Bridge-ward would naturally demand an explanation :

"XV. larrons trouvames là val enmi ces prés,
Si nous vaurent tolir no destriers sejournés.
Mais, merci Diu de glore, i l'ont cier comperé ;
Véés ici les testes, se vous ne m'en créés."

which, it will be seen, correspond with Roland's statement to the Emir, at ll. 1683—1687.

p. 60, l. 1734. "It is not easy to get." Literally from the French, " n'est legiers à trouver."

p. 60, l. 1736. "an hundred." French, " viie."

p. 60, l. 1739. French text gives :—

> "Et .M. palefrois fors, .M. destriers sejournés,
> Et du pié du ceval .M. mars d'or esmerés,
> Après d'or et d'argent .iiii. sonmiers troussés."

p. 60, l. 1741. "nemaþ gome;" take heed, notice.

> "Son he seide, tak good *gome*,
> ȝyven þou hast þin owne dome."
> *Cursor Mundi*, ed. Morris, l. 7937.

p. 60, l. 1748. "harneys;" baggage, *impedimenta*. The author follows the French text literally:—"Ci vient nostre harnois." "*Harnas*, Armure complète, ornement; meubles et ustensiles de ménage; bagage, outils; en bas lat. *harnesium*." Roquefort.

p. 60, l. 1750. "hertes of gresse;" fat harts; already, l. 1619, called "hertes refet at al.". *Grease* or *greese* is the fat of a hare, boar, wolf, deer, &c.; and the season for killing harts and bucks was called *grease-time*, because they were then fattest. See *Morte Arthure*, ed. Brock, l. 658 and 1101.

p. 60, l. 1773. "on a grene erber." In the French text:—"Siet sous cel arbre ramé." O.Fr. *herbier*, Lat. *herbarium*, a garden. The spelling *erber* occurs in some MSS. of *P. Plowman*, B. text, xvi. 15, and in *P. Plowman's Crede*, l. 166, we find the plural *erberes*. The word was afterwards confounded with *harbour* (*herberwe*), and, still later, was misspelt *arbour* from an erroneous idea that it was connected with Lat. *arbor*, a tree. See Dr. Murray's note on *Thomas of Ercildoune* (E. E. T. Soc.), l. 177.

p. 60, l. 1793. "Roland." In the French text it is Naymes who speaks first, but the words and actions used are the same, and are certainly more appropriate to the reckless Roland than to the quiet Naymes.

p. 60, l. 1808. "By ous sente he þe to sayn;" by us he sent the message to deliver to thee. So in Lonelich's *Holy Grail*, ed. Furnivall, xiii. 48, "And thus the sente to seyne Ech del;" and xii. 187, "And therefore the sente to sein be me." See also below, p. 121, l. 1866.

p. 63, l. 1841. "his amendes." See note on l. 1525, and compare ll. 1885 and 4150.

p. 63, l. 1844. "abust;" tellest; a shortened form for *abeodest*. Wrongly explained in Halliwell.

p. 63, l. 1860. "Cil qui m'ocist Corsuble et mon oncle Mautrie."

p. 63, l. 1861. See note to l. 521.

p. 64, l. 1872. "ȝea, trupt!" an exclamation of contempt. It occurs in a poem on the reign of Edward I., printed in Mr. Wright's *Political Songs* (Camden Society, 1839), p. 223. "*Tprot*, Scot, for thi strif!" on which the Editor remarks—"The word *tprot* appears to be a mere exclamation of contempt. In a poem on 'The Propertees of the Shyres of Engelond,' printed by Hearne in the Introduction to the fifth volume of Leland's *Itinerary*, we find it used, as here, against the Scots:—

> 'Northumbrelond hasty and hoot;
> Westmerlond *tprut* Scotte.'

In Sir Thomas de la More's *Chronicle*, it is applied to King Edward II:— '*Tprut!* Sire King!' It seems to be taken from the French: in Jean Bodel's *Jeu de S. Nicolas* (*Théatre Français au Moyen-Age*, ed. MM. Moumerqué and

Michel) it is put into the mouths of the common gamblers in a public-house :—

> ' *Tproupt! tproupt!* bevons hardiement
> Ne faisons si le coc emplat' (p. 183).

And again, immediately after (p. 184) :—

> ' *Tproupt! tproupt!* où que soit passé, Diex ! ' "

It seems to be a word coined for the purpose of expressing visibly the sound made with the lips in uttering an ejaculation of contempt.

p. 64, l. 1890. I cannot explain this line.
p. 64, l. 1893. " how he let his lif ; " how he spends (*ledeth*) his life.
p. 64, ll. 1895—1898. Are additions of the English translator.
p. 65, l. 1907. " þis day ȝat or none." Fr. " ains l'eure de complie," which is a very different thing, bring the time for the last prayers of the day.
p. 65, l. 1913. " wiþoute more distaunce ; " without any further contest."
p. 66, l. 1942. " sengle." Compare l. 1071 : French text :—

> " En la pure cemise soit li tieus cors remés,
> Sor ton col une selle d'un destrier sejourné."

p. 66, l. 1953. " lete don of dawe ; " caused to be put to death. Compare l. 1159.
p. 67, l. 1976. Note the two forms " beo " and " sche " in this line.
p. 67, l. 1992. " let hewen hem flesch & bon." French text :—

> " Or leur faites les piés et les menbres cauper,
> Et ardoir en .l. fu par dehors la cité."

p. 67, l. 2007. " a-sotid." French text, *assoté*.
p. 68, l. 2008. " duke Myloun." French text :—

> " Du rice duc Milon vous devroit ramenbrer,
> Qui tant nori Girart, qu'il ot fait adouber ;
> Puis li tolli sa fille, Galiene au vis cler,
> L'enfant Garsilium en fist desireter."

p. 68, l. 2016. " þow gadelyng horesone." French text :—

> " Fils à putain, fait elle, lecierres parjurés."

p. 68, l. 2019. " y wol þe teche," &c. French text :—

> " Je te douroie ja tel de mon puing ou nés
> Que très parmi la goule te sauroit li sans clers."

p. 68, l. 2021. " prysouns." See note on l. 883.
p. 68, l. 2027. The rime requires that we should read " het schitte the dore faste." The line is written over another erased.
p. 68, l. 2032. " aspye ; " enquire.
p. 68, l. 2034. " may him gayme ; " that may amuse him. Lines 2031 to 2036 are an addition of the English translator.
p. 68, l. 2035. " stent." See note to l. 1653.
p. 68, l. 2036. " doȝopers." It is strange that here the author should spell this word correctly, while elsewhere we find " doþþopers." See note to l. 197.
p. 69, l. 2053. " þou madest an hard vyage." French text :—

> " He Diex ! dist Floripas, or est Karles irés."

p. 69, l. 2059. " Corsible of Mantrie." In the French version these two names appear as representing two distinct persons :—

FERUMBRAS. P

"Tu m'ocesis Corsuble et mon oucle Matrie," as in l. 1860.

p. 69, l. 2065. "Roland my name is callid ri3t." French text:—
"Fix sui Milon d'Engler,
Et si ai nom Rollans, ensi sui apelés."

p. 69, l. 2076. "Wan þat my fader," &c. Compare before, ll. 1412—1425.

p. 70, l. 2085. "his;" probably an error for "he."

p. 70, l. 2092. "vi. fet." French text, "deus iiij pies mesurés."

p. 71, l. 2140. "þus wyle;" the while, while.

p. 71, l. 2142. "a wykkeder man," &c. French text:—"N'ot tant felon paien jusc'à la rouge mer."

p. 72, l. 2174. "he put him seluen on a cas;" he risked himself in an situation, from which he met with trouble.

p. 73, l. 2187. "heþenis;" heathendom, l. 121, "heþenisse."

p. 73, l. 2191. "Lyues;" the genitive sing. of the noun used adverbially. So in *Ancren Riwle*, p. 390: "Nu, þeonne, biseche ich þe . . . . þet tu luuie me efter þen ilke dead deaðe, Hwon þou noldes *liues;*" and *Havelok*, ed. Skeat, 509: "Y if y late him *liues* go." Compare l. 2483.

p. 73, l. 2207. "olde cherld." French text, viellars.

p. 73, l. 2211. "barons in fee;" barons holding their land direct from the king. See note to l. 1527.

p. 74, l. 2221. "to ryuere;" go hawking at the river-side after water-fowl. So in the *Life of St. Alexius* (E. E. T. S., ed. Furnivall, 1878, p. 65) we read how the Saint was set
"To lernen chiualrie,
Of hunting & of *Ryuere*
Of chesse pleieng & of tablere."

p. 74, l. 2224. "pleyeþ to þe eschekkere;" play at chess or at tables (back gammon). See an account of the old game of chess in the notes to the *Gesta Romanorum*, chapt. xxi. p. 70.

p. 74, l. 2225. "iew-de-dame;" draughts. "*Dames.* The play on the outside of a pair of Tables, called draughts." Cotgrave. See Strutt, *Sports and Pastimes*, 1810, p. 278, and Jamieson, s. v. Dams.

p. 74, l. 2227. "sckyrme alay." I do not know the meaning of these words; most probably there is some error in the text.

p. 74, l. 2229. "All these are not worth a straw."

p. 74, 2232. "chymenay;" hearth, fireplace. This was the original meaning of the word from Lat. *caminus*. So in *Sir Degrevant*, ed. Halliwell, l. 1375—
"Damesel, loke ther be A fluyre in the *chymene*."

See Prof. Skeat's note to *P. Plowman*, B. x. 94.
Compare also the corresponding passage in the *Sowdone of Babyloyne*:—
"To the *Chymneye* forth he goth
And caught a bronde him withe to smyte" (l. 2009).
But in the same poem, l. 2351, the word appears to bear the modern meaning, for we are told that Mapyne the thief,—
"Even in to Floripas boure, By a *chemney* he wente inne."
This is a very early instance of this use, as *chimnies* in the present sense of the word were not common before the time of Elizabeth.

p. 74, l. 2240. "with oute ʒede," &c. This seems to mean that Naymes moved so that Lucifer was between him and the fire, which is corroborated by the fact that when Naymes strikes the Saracen, the latter falls " doun amidde þe fyre."

p. 74, l. 2242. "onde." Icel. *önd, ondi*, breath. "An Ande; *anelitus.*" *Cath. Anglicum.* See *Prompt. Parv.* s. v, *Onde.*

p. 74, l. 2244. "fachoun." "A faulchion : perhaps the sword was first so called when the inner edge was sharpened, in resemblance of the hand-bill, and afterwards the name was applied generally to any sword. The Statuta Ecclesiæ Agnensis say :—*Statutum fuit quod nullus canonicus, nullus clericus portare audeat cultellum armorum,* falchionem *pennatam, clavam ensem, aut alia arma.*" See Meyrick's *Antient Armour*, 1824, iii. Glossary.

p. 74, l. 2253. "faire hure falle þat ilke hond : " fair befall it, that hand.

p. 75, l. 2256. "let hym enchaufye ynne." French text :—" or le laisiés caufer." In the *Sowdone of Babyloyne*, Naymes, we are told, " With a fyre-forke he helde him doune," while Floripas " bade him warme him wele " (l. 2018).

p. 76, l. 2291. "Coudryn." French text, Cordroé.

p. 76, l. 2303. "an hundred." French text, " M."

p. 77, l. 2336. "þat so on þe fenne," &c. ; that was so covered with mud. On *by-gan* see note to l. 1329.

p. 77, l. 2342. "alre most ; " most of all. *Alre* is the genitive pl. of the adjective, which we find under the various forms, *alre, aller, alder, aldre, alther.* See numerous examples in Stratmann and Halliwell. *Aldre* occurs in the present poem at l. 2541, p. 83.

p. 78, l. 2376. "to ʒer." French text, jusque à viii. ans.

p. 78, l. 2377. "vj. mylen." French text, iv lieues.

p. 79, l. 2392. "an hundred pound." French text, une grant caretée.

p. 79, l. 2399. "myster ; " craft, skill ; l. 2425, "mayſtries."

p. 79, l. 2413. "attendeþ ; " lights. French text :—
"Une chandelle a prinse, au fu l'a alumée."

"þat he of þe holi gost so ure heorte *atende.*" *An Early Eng. Miscellany*, ed. Morris, p. 52. A.S. *ontendan.*

p. 79, l. 2421. "druwerye ; " sweetheart, betrothed. In *Arthour and Merlin*, p. 312, the Virgin is styled " Cristes drurie." O.French, *drurie, druerie*, love, passion, from *drut*, a lover ; O.H. Ger. *trût*, Ger. *traut*, dear. See *Rime of Sir Thopas*, 2085. "þe ʒute ; " compare our expression, all *the while*, and see l. 2140.

p. 80, l. 2429. "whit as wales bone ; " that is, as white as ivory (the bone or tooth of the walrus). So in *Sir Eglamour*, ed. Halliwell, 801,—

"A man-chylde had Crystyabelle,
As whyte as whallys boon."

The expression is not uncommon in the old poets ; thus in the *Squyr of Lowe Degre*, l. 537, we find—

"Lady, as whyte as whales bone,
There are thyrty agaynst me one ; "

Compare also *Love's Labour Lost*, v. 2 :—

"This is the flower that smiles on every one,
To show his teeth as white as whales bone."

See also the description of the house in *Early Eng. Miscellanies*, ed. Halliwell, from the Porkington MS. (Warton Club, 1855), p. 4, l. 8, where we are told that—

> "The towres shal be of every
> Clene corven by and by,
> The dore of whallus bone."

p. 81, l. 2475. " wan þe souno hure schon." See note to l. 433.

p. 81, l. 2483. " lyues man." See above, l. 2191.

p. 82, l. 2524. " clynge & drie ;" pine away through thirst. So in *P. Plowman*, B. xiv. 50 : " whan þou clomsest for colde, or *clyngest for drye ;* " and *Metrical Homilies*, ed. Small, p. 88 :—

> " For pal and *clungen* was his chek,
> His skin was *klungen* to þe bane."

Hampole, in describing the signs of man's approaching death, says—

> " His pouce es stille, with-outen styringes,
> His fete waxes calde, his bely *clynges*."
> *Pricke of Conscience*, 822.

Shakspere, *Macbeth*, v. 5, 40, has " Till famine *cling* thee," *i. e.* pine, shrivel thee up.

p. 83, l. 2534. " maumerye." From the false idea that the Mahometans were idolaters—a belief very general in the middle ages—arose the O.French *mahommet*, an idol ; *mahumerie*, idolatry, or an idolatrous temple, as here. Chaucer, *Persones Tale* (De Avaritia), says :—" an idolastre peraventure ne hath not but o *maumet* or two, and the avaricious man hath many ; for certes, every florein in his coffre is his *maumet.*" See *Mawmet* in Wedgwood's Etymological Dictionary.

p. 83, l. 2538. " Sir Ternagan," &c. French text :—

> " Là estoit Tervagans, et Apolins levés,
> Et Margos, et Jupins, et des autres assés."

p. 83, l. 2541. " aldre." See above, l. 2342.

p. 83, l. 2543. " y-poudred ;" interspersed. " A garment *poudered* with purple studdes." Hollyband's *Dict.* 1593.

p. 83, l. 2558. " þat god schold ben on apayd ;" that God should be pleased with.

p. 84, l. 2603. " our purchase for to make." Fr. *pourchasser*, to hunt after, chase ; thence, to catch, seize, rob ; thence, to obtain generally ; and finally, to acquire in exchange for money. In old writers the word had the meaning of acquiring in any way, whether by force or not. We see it in its transition state in Shakspere, *Henry V*, iii. 2 :—" They will steal anything and call it *purchase.*" Spenser uses the word in its original sense, *Faery Queene*, I. iii. 16 :—

> " On his backe a heavy load he bare
> Of nightly stelths, and pillage severall,
> Which he had got abroad by *purchase* criminall."

p. 84, l. 2614. The cuirass called broigne. The word occurs in documents of the time of Charlemagne. The Anglo-Saxons termed it *byrne* and *byrnan*; the Normans *broigne*. Thus the *Roman de Garin :—*

> " L'escu li perce, s'a la *broigne* faussée."

NOTES TO pp. 85—90, ll. 2623—2804.   213

Again :—
"En son dos vest une *broigne* trestiee."
In *Le Roman de Rou* :—
"Des haubers et des *broignes* mainte male faussée."
And the *Roman de Roncevaux* :—
"La veist-on tante *broigne* saffrée."
From Meyrick's *Antient Armour*, 1824.

The *Brynye* was of *mail*, as appears from *King Horn*, 2740 :—" Of his brinie ringes mo."
"And caste a *brinie* up-on his rig."
Havelok, ed. Skeat, 177.

p. 85, l. 2623. "her schal leue;" shall remain here. So in *P. Plowman*, A. iii. 190 : " þer I *lafte* wiþ my lord," and *Gesta Romanorum*, ed. Herrtage, p. 401, "he *lefte* still alone in the kyrke."

p. 85, l. 2629. "our on;" one of us. Compare " hure boþen," l. 677, and the note.

p. 86, l. 2647. "latoun." A kind of mixed metal, resembling brass both in nature and colour. We find it used for helmets (*Rime of Sir Thopas*, 2067) ; sepulchral monuments (*Way in Prompt.*) ; spoons (Nares, *Glossary*) ; lavers (*P. Plowman's Crede*, 196), &c.

p. 86, l. 2648. "blas;" blast. So in the *Ancren Riwle*, p. 82, we have " þes deofles *bles*," and in *An Early English Miscellany* (E. E. T. S., ed. Morris), p. 93 : " windes *bles*."

p. 86, l. 2654. "boþe bok & bil." French text, " les flans et les costés." Here the meaning appears to be, " back & front."

p. 87, l. 2684. "forsake he þys myster ;" let him give up this profession (of a soldier).

p. 87, l. 2692. "xxiiij of faire somers." Fench text, " ix soumiers."

p. 87, l. 2695. "capouns." French text, " boins paons lardés."

p. 87, l. 2706. "xxx. pousant." French text, " plus de xx^{es}. urinés."

p. 88, l. 2719. "þat art." The change of person is curious.

p. 88, l. 2728. "dartes y-feþered wiþ bras." Compare l. 966.

p. 89, l. 2752. "wel-a-Fyn ;" well, perfectly, to good purpose. Compare Tusser, *Five Hundred Points* (E. Dial. Soc., 1878), p. 210, l. 5.

p. 89, l. 2753. "þou syngest an ydel songe." French text, " pour noient regretés."

p. 89, l. 2762. "Hete ;" time.

p. 89, l. 2770. "an aker lengþe." See note to l. 971. French text, " plus d'une grant ruée." Compare l. 3040.

p. 90, l. 2782. "agon ys al myn hiȝt ;" all my promised pleasure.

p. 90, l. 2784. "Hit ne may beo no consail ;" there can be no concealment about it.

p. 90, l. 2792. "þe þridde day." French text, " Je rendrai ceste tour ains demains l'ajornée."

p. 90, l. 2804. "tomorwe or niȝt þat þe cok hym graide ;" before the cock crows to-morrow night. French text, " demain ains l'avesprée." "*Avesprer*. To drawe towards evening to growe neare night." Cotgrave.

p. 90, l. 2808. "þat we ete;" since we have eaten.
p. 91, l. 2822. "teynt." French text, "il est estains et pailes."
p. 91, l. 2832. "Hit is twel month and more apaste." French text, "plus de v. mois." From this line and ll. 304-5 it would appear that Charlemagne's stay in Spain extended over four years, but the *Song of Roland* states that he was in Spain seven years,[1] while in *Otuel* this is still further increased to twenty-seven years.[2] See *Otinel, Chanson de Geste*, ed. MM. Guessard and Michelant, pp. vi, vii, and Gaston Paris, *Histoire Poétique*, p. 268.
p. 91, l. 2829. "he is myn vncle riȝt." French text adds:—
"Et fils d'une des filles au duc Millon d'Aingler."
p. 91, l. 2830. "Cosyn .. Germayn." "*Germanus*, de eodem germine vel eadem genetrice manantes."—Dulange. "*Germain*. Germaine: come of the same stock, bred of the same kind, neare of kinne, of all-one race." Cotgrave. "For certis ye ne han no child but a doughter, ne ye han no brethere ne *cosines germains*." Chaucer, *Tale of Melibeus*.
p. 91, l. 2834. "mored;" rooted, fixed. A.S. *more*, a root, which occurs in *P. Plowman*, C. xvii. 250; xviii. 21; xxii. 340. See *Legends of the Holy Rood*, E. E. T. Soc., ed. Morris, p. 28.
p. 92, l. 2854. And yet we are not told that he had been freed from the bonds with which he had been "harde & uaste y-bounde."
p. 92, l. 2860. "dede hym kulle." We cannot take *kulle* here literally, but as meaning "tried to kill." Caxton's reading is—"they al to-bete hym in suche wyse that he knewe not where he was."
p. 92, l. 2872. "wyþ-oute any where;" without any doubt.
p. 93, l. 2919. "amounty;" amount to, signify.
p. 94, l. 2946. "euene him selue;" equally with himself. So in *P. Plowman*, B. xvii. 134:—
"I hote þat þow louye
Thyn euene crystene euermore, euene forth with þi-self."
and Chaucer, *Knightes Tale*, 2235: "emforth (= even forth) my might." See also *King Solomon's Book of Wisdom*, E. E. T. Soc., ed. Furnivall, p. 83, l. 33.
p. 95, l. 2963. "blessede;" made the sign of the cross. See l. 256.
p. 95, l. 2969. "douce France." The Editor of the Roxburghe Club edition of the *Sowdone of Babyloyne* makes a curious suggestion arising from the epithet here applied to France. After remarking on the fact that *sixteen*, if not more, are enumerated as amongst the "douȝepairs," he says:—"a reference to l. 170 will show that the epithet *dowse* is applied to France: it may, therefore, have been given to the twelve peers, much in the sense of gentle in the English word gentleman, *homo gentilis*." Introduction, p. vi.
p. 95, l. 2976. "polte." So in *Robert of Gloucester*, 479, 7, "Hii *pulte* hem vorþ biuore þe opere," and in *Laȝamon*, I. 321, l. 7527:—"And Nemuius *pulte* vp his scelde."

[1] "Set anz pleins que en espaigne venimes:
Jo vos cunquis e Noples e Commibles,
Pris ai Valterne e la terre de Pine
E Balasgued e Tuele e Sezilie."—ed. Michel, p. 8, st. xiv.

[2] And so in *Gui de Bourgogne*, l. 59:—
"Il a .xxvii. anz qu'en Espaigne venismes."

NOTES TO pp. 96—101, ll. 2986—3170.

p. 96, l. 2986. "Hur brede was y-bake." Compare l. 577.

p. 96, l. 3019. "loude & stille." One of those proverbial phrases, with the meaning of "in every way, at all times," which so frequently occur in the old poets. Compare "oft and lome;" "hard & neychs" (l. 5187); "high and low;" "fer and hende;" "al and some;" "late and rathe;" &c.

p. 96, l. 3020. "schille;" shrilly, loudly. Not a mistake for *schrille*, as might be thought, but the true form of the word, from A.S. *scyll*. It occurs not infrequently; see, for instance, *William of Palerne*, ll. 37, 213; *Sir Eglamour*, 300, &c.

p. 96, l. 3021. "our men." The pronoun here comes in curiously, this being the only instance in which the author identifies himself with either side.

p. 97, l. 3037. "be-vapid." This may either be the same word as *by-fraped*, l. 2987, or, as Prof. Skeat suggests, it may = *be-wappid*, thoroughly *whopped* or beaten. See Halliwell, *s. v.* Wap. Halliwell also gives "Waped, stupified (A.S.)," but I cannot find the word in Stratmann, though Bosworth has "*Wapian*, to waver, to be astonished."

p. 97, l. 3039. "hymme." Sic in MS. We should doubtless read hymen, the mark of contraction being misplaced.

p. 97, l. 3040. "More þan a boȝe-draȝte;" French text, "plus d'un arpent de tere," which we have literally translated in ll. 971 and 2770.

p. 97, l. 3053. "Roland." In the French text "Guy."

p. 98, l. 3061. "ounþank habbe þat spare;" shame to him who keeps back, spares himself. French text, "debait ait cui en caut."

p. 98, l. 3063—3175. An addition of the English translator.

p. 98, l. 3072. "is takyngge þanne aboȝte;" suffered for having captured him (Guy).

p. 98, l. 3083. "in þy donger." French text, "en vo dangier." Here we have the original meaning of *danger*, i. e. jurisdiction, the power which a feudal lord possessed over his vassals. "Dawnger: *domigerum, regnum*." *Cath. Anglicum*. Chaucer says of the Sompnour,—

"In *daunger* hadde he at his owne gise
The ȝonge gurles of the diocise."—Prol. C. T. 663.

See further illustrations in my note to the word in the *Catholicon Anglicum*.

p. 99, l. 3126. "duden hem for to gone;" set themselves to get away.

p. 99, l. 3131. "y-vewdid;" voided, cleared. "*Vuider*. To void, evacuate, emptie." &c. Cotgrave. The original prose *Fierabras* reads "qilȝ vuiderent la place," and Caxton, "made them to voyde the place."

p. 100, l. 3136. "Two & þyrty grete somers." French text, "xv soumiers."

p. 100, l. 3155. "iornee;" a day's work.

p. 100, l. 3157. "monþes three." French text, "Enfresi c'à .ii. mois n'aront mais povreté."

p. 101, l. 3170. "Barbygan;" rampart. "Barbican by-fore a castelle. *Antemurale*." *Prompt. Parv.* See Dr. Weymouth's note *s. v.* in Glossary to the *Castel off Loue*.

p. 101, l. 3170. "þy castel of tre." French text, *beffroi*. In the *Cath. Anglicum* we have "A Barsepay (Barfray); *fustibulum*," on which see my note.

p. 101, l. 3184. "of al france þay bereþ þat flour." French text, "La flors i est de Franche, tout le plus alosé."

p. 101, l. 3190. French text—
"J. viellart, .i. cenu de moult grant cruanté,
Qui plus de .M. hommes mordris et estranlés.
En la forest d'Ardane, où il a conversé."

p. 101, l. 3194. "chel;" perhaps for *chol*, jaw. The French text has *cief*.

p. 102, l. 3202. "By oure;" on what is ours they live. French text, "Et vivent tout du nostre."

p. 102, l. 3222. "heþenene." A relic of the old genitive plural ending in *-ene*: so in *P. Plowman* we have *kingenen*, of kings.

p. 102, l. 3227. In the French text the engineer is named Mahon.

p. 102, l. 3228. "Foule verde with þe tour;" it fared ill with those in the tower.

p. 102, l. 3233. "armedem in syker wede." French text :—
"Cascune avoit vestu .i. haubere fremillon,
Et lacié en son cief .i. vert elme réom."

p. 103, l. 3263. "boȝes of brake." Bows with a rack or winch, cross-bows of the largest size and strongest tension.
"With alblastis also [thai] atlet to shote,
With big *bowes of brake* byrkit full hard."
                     Troy Book, ed. Panton and Donaldson, 5728.
See the meaning of the term fully discussed in Prof. Skeat's note on *P. Plowman*, C. xxi. 293 :—
"Setteth *bowes of brake*, and brasene gonnes."
A 'gunne was a machine for casting stones, a catapult.

p. 103, l. 3267. "wilde fyr;" a combustible mixture, otherwise termed Greek firè. In *Richard Cœur de Lion*, 2463, we read of a vessel laden "with wylde fyr and other vytayle;" and at l. 5229, of the besiegers of a castle blowing "wylde fyr in trumpes of gynne." "Wyylde Fyyr. *Spartus : ignis Pelasgus, vel ignis Grecus*." Prompt. Parv., on which see Mr. Way's note.

p. 104, ll. 3280, 3281. Notice the different genders of the pronouns, *he, hit.*

p. 104, l. 3282. "schaly;" to peel off, drop off like scales.

p. 104, l. 3286. Soon it will be our lot (it will betide) to be burnt to ashes.

p. 104, l. 3289. "Melk of þe camele," &c. Caxton in his *Mirrour of the world*, pt. II. cap. 21, speaking of "grekyssh fyre," says that "it can not be quenchyd with water, but with aysel, vryne, or with sonde only. The Sarasyns selle this water right dere and derrer than they doo good wyne."

p. 104, l. 3295. "þy doȝter dede." So we find "suster sone; moder half," &c. See Introduction, and l. 3448.

p. 105, l. 3310. "Springold;" or springal, an ancient military engine for hurling stones, arrows, &c.
"And sum þai went to þe wal
With bowes and with *springal*."—*Beves of Hamtoun*, p. 159.
A deed of Edward II, dated 1325, in Rymer's *Fœdera*, mentions "Springaldos, balistas, arcus, sagittas, ingenia, et alias hujusmodi armaturas pro munitione

castrorum et villarum." See Meyrick's *Antient Armour.* Cotgrave gives "*Espringalle.* An ancient engin of warre, whereon stones, pieces of iron, and great arrowes were shot at the wals of a beleagured Towne, and the defenders thereof: (now out of use.)"

p. 105, l. 3323. "y wot ri3t wel to wisse." See note to l. 120
p. 105, l. 3324. "wold." So in *Sir Perceval*, ed. Halliwell, 2006—
  " The geant stode in his holde,
   That *had* those londis *in wolde*."

p. 106, l. 3345. Here in the French text Balan begins to curse Mahomet and all his gods, but is rebuked by Sortybrant. In the *Sowdone* Balan seizes the image of Mahoun and smashes it, whereat all the priests and bishops fall on their knees and cry—"Mahoun thyn ore," which the editor has curiously explained as "thy golden image!"

p. 106, l. 3352. "be-trend;" involved. See note to l. 4006 below.
p. 106, l. 3377. "launce ne kepede he non;" he cared for no lance, did not care to take a lance with him.
p. 107, l. 3385. "for arsoun;" the fore saddle-bow. Each saddle had two *arsouns*, one in front and one behind. "*Arçon*, a saddle-bow," Cotgrave. See Halliwell, *s. v.* Arson.
p. 107, l. 3389. "i-broched;" spitted, transfixed.
p. 109, l. 3448. "ys syster sone." The sign of the genitive case is frequently omitted before words beginning with a sibilant.
p. 109, l. 3450. "& þan lest he ys blys;" and then loseth he all his pleasure.
p. 109, l. 3475. "þanne hymen bad þe duk Gyoun," &c. In the French text Guy offers of his own accord to go, but Floripas will not hear of his doing so.
p. 110, l. 3481. "y am sumdel stryken in age." French text—"je suis de graut aé."
p. 110, l. 3490. "at nessche & hard;" lit. in soft and hard. A proverbial phrase meaning "in every way, in every point." See note to l. 3019.
p. 110, l. 3511. "þe beste red ys þat y can;" the best plan which I know is, &c.
p. 112, l. 3555. "vilentyne." French text, "Oisiaus et volatisses." See the Glossary.
p. 113, l. 3600. "By a fer contraye;" by a great distance, a long way.
p. 114, l. 3625. "was no3t so ferred ys fon;" had not got so far from his foes. See also l. 5565 below.
p. 115, l. 3657. "brochyng;" spurring. So in *Morte Arthure*, ed. Brock, l. 918: "*Broche3* the baye stede, & to the buske ryde3," and *Langtoft*, p. 277: "Ther stedes *broched* thei fast." "*Brocher un cheval des esperons.* To spurre him, to strike him with the spurres; also to spurre him hard, almost to sticke him with spurring," Cotgrave.
p. 115, l. 3659. "Of quente entaille was is stede," &c. French text:—
  "Sor .i. destrier d'Arabe, qui plus cort que levrierz,
   Couvert d'un rice paile, menu est entailliez . . . .
   L'un costé avoit plus blanc que n'est flors en pré,
   Et l'autre avoit plus roge que charbon alumé,
   Le keue paonace, le bu en haut levé.

Plus menu que pietris est li cevaus gietés,
La cuisse grosse et corte, les piés plas et coupés.
Et ot droite l'eskine et les crins acesmés,
Petites oreilletes, maigre chief, ample nés.
Moult ot largue le pis, les ex et vairs et clers ;
Tout estoit comme pie par devant vaironnés.
La sele fu d'ivoire dont il fu enselés,
Et de .iiij. fors chaingles fu li cevaus chainglés ;
Li estrier furent d'or, rices fu li poitrés ;
.C. campanetes d'or i pendent de tous lés.
Quant li cevans galope, ki tant est abrievés,
Li sons de campanetes est tans dous et soués,
N'i vaut lui ne vielle .ii. deniers monnéés.
Li paiens l'esperonne par andous les costés,
Et li destriers li saut .xxx. piés mesurés,
Et vait ensi bruiant comme foudre et oré."

p. 115, l. 3667. " ket ; " this word seems here to mean " quickly, furiously." It is a word of rare occurrence, but is found twice in *William of Palerne*, ed. Skeat, ll. 330, 3793, where we also find the adverb *ketli*, *ketly*, ll. 1986, 2105, and 3023. See Professor Skeat's note in the Glossary *s. v.* where he suggests that possibly it may be another form of the O.E. *skeet*, O.N. *skjóttr*, sharp, quick, in the same way as we find the two forms, *moulder* and *smoulder ; knap* and *snap*, &c. The word occurs also in *P. Plowman*, A. xi. 56, where the meaning seems to be *acute, sharp*.

p. 115, l. 3686. " for a þousend pound of golde." French text, " pour .xiiij. cités."

p. 116, l. 3693. " grope to þat gerse ; " felt the wound (*gash*). " A garse : *scara vel scaria*. To garse, *scarificare*," *Cathol. Anglicum*. Palsgrave has " Garsshe in wode or in a knife, *boche*," and Huloet, " Garse or cutte, *incisura*." " A garse or gash, *incisura*." *Manip. Vocab.*

p. 116, l. 3699. " entamy ; " make any effect on. French text reads " enpirier," which Cotgrave renders by " impaire, imbase, or make worse."

p. 116, l. 3704. " In to þe feld it fleʒ." French text :—

"Le cief li a trencié près du bu, rés à rés ;
Plus d'une longe toise en est avant salés."

p. 116, l. 3708. " þat comeþ after gon ; " a curious expression, where the *gon* appears superfluous.

p. 116, l. 3713. " morel ; " properly a dark-coloured horse. See *Towneley Mysteries*, p. 9. French text reads, *Bauçant*. " *Morée*, a kind of murrey, or dark-red colour. *Cheval moreau*, a black horse," Cotgrave.

p. 116, l. 3721. " ouer-towart : " athwart, across. French text, en travers.

p. 117, l. 3735. " Fyfty stedes." French text, xiiij.

p. 118, l. 3763. " wot to wys." See note to l. 120.

p. 118, l. 3765. " For ʒe hyre," &c. Probably we should read—" For ʒe schal hyre," &c.

p. 119, l. 3804. " Me nyste nowar ys pere ; " nowhere was his equal known.

p. 119, l. 3820. " ryʒd[t]." Compare l. 956.

p. 119, l. 3825. " snel ; " sharp, careful.

"Teche hem alle to be war and *snel*,
That they conne sey þe wordes wel."
Mirc's Instructions for Parish Priests, ed. Peacock, p. 4, l. 121.

p. 120, l. 3835. "Hym schel beo betre han y-leued;" it will be better for him to have left it (not done so).

p. 120, l. 3851. "Messager." French text, "drugemans," a dragoman, which Cotgrave gives as "*Druguement*, a Trucheman, or Interpretor."

p. 121, l. 3863. "As foul þat fleþ on þe lift;" in the air, aloft.

p. 121, l. 3875. "pautener." See note to l. 859.

p. 121, l. 3876. "He sent þe so to saye." See note to l. 1808.

p. 121, l. 3878. "& ys by-stole awaye." The only other instance of this word of which I am aware is in Laʒamon's *Brut*, 28,422; "and *bistal* from þan flihte."

p. 121, l. 3886. "tyʒd." See l. 1817.

p. 121, l. 3888. "A skuntede als a bore;" he foamed like a wild boar. In the prose *Fierabras* the reading is—"il commença à escumer como sil fust vng senglier eschauffe," which Caxton translates—"he began to scumme at the mouthe lyke a bore enchaffed." "*Escumer*, to foame," Cotgrave.

p. 122, l. 3893. "orn;" ran. A.S. *rinnan, irnan, eornan*. *Orn* occurs in the *Ancren Riwle*, p. 188, and in Laʒamon we have such forms as *irnen, urnen, eornen*. See also *P. Plowman*, C. xix. 165, and Stratmann, s. v. *Rinnan*.

p. 124, l. 3956. "wyt ase melkys fom." Compare *Sir Degrevant*, l. 1386: "whyʒth as the secys fame." The French text reads, "fu blans comme nois." See also l. 5879, below.

p. 124, l. 3968. "thro;" sharp, swift; "hur peinis were so þroo." *Sir Triamour*, l. 405, and *William of Palerne*, ed. Skeat, 3264; "wiþ þre M. of men þat þro were to fiʒt."

p. 124, l. 3984. "Er he a-liʒte adoun." French text, "il estoit descendus son ceval recengler."

p. 125, l. 3987. "sterrede." See before, l. 3923.

p. 125, l. 4006. "betrende;" to wind round, involve him. See Chaucer, *Troilus and Cresseide*, 4080, and l. 3352 above, which are the only other instances of the word of which I am aware, although the simple verb *trende* is not so rare.

p. 125, l. 4015. "fayne y wolde þe croune of — ʒelde." French text:—

"Je vous rent la couronne dont je suis couronnés;
Jamais jour de ma vie n'en tenrai l'ireté."

p. 126, l. 4031. "þe Ameral haueþ y-gadred," &c. French text:—

"De toute paienime a ses barons mandés."

Gwenelon here, in the French text, makes the speech which is afterwards, ll. 4163 to 4186, attributed in the English version to Hautefulle.

p. 127, l. 4075. "Malkare." French text, "Macaires."

p. 128, l. 4109. "lond ne rente." French text:—"n'ot de terre .i. arpent."

p. 128, l. 4119. "rybaud." French text, "glous."

p. 129, l. 4146. "ʒour summe;" some of you. Compare l. 677.

p. 129, l. 4157. "þe amendes a profrede him," &c. French text:—

"Au duc Renier de Genes a son gage donné."

p. 130, l. 4176. "An ten ȝer ate leste." French text, "soul .xx. ans."
p. 130, l. 4187. "enchanted so;" persuaded, deceived. Literally translated from the French text:—
"Là ont li träitour Karlemaine encanté."

"*Enchanter*; to charme, inchant, bewitch; bleare the eyes, deceive the understanding," Cotgrave.

p. 132, l. 4241. "Raol Mountferant." French text, "Raoul le Ferrant."
p. 133, l. 4291. "on hymen ylong;" through them, by their help. The phrase is still common, though now become vulgar: "it is all along of you," *i. e.* "it is all through you." Chaucer uses it—

"I can not tell *wheron it was along*,
But wel I wot gret strif is us among," C. T. 16398.

p. 134, l. 4327. "Cyuyle grant;" great Seville.
p. 135, l. 4338. "Hit were noȝt worþ a slo." So in *Havelok*, ed. Skeat, 2051: "Of hem no ȝeue ich nouht a slo." Compare ll. 4930, 4975, 5442, below.
p. 135, l. 4357. "at my paye;" to please me, to my mind.
p. 136, l. 4371. "sarplers;" sacks, packing-cases. "*Sarpillière*, a sarpliar: a peece of canvas, cloth, or other stuffe to wrap or packe up wares in," Cotgrave. The French text reads—"Es sarpeillieres lient toursiaus d'erbe fenée."
p. 136, l. 4385. "Raol of Mans." French, "Raoul d'Amiens." Compare l. 4423.
p. 136, l. 4393. "tyd þe haue." The change of pronoun is curious.
p. 137, l. 4405. "terme of al hur age;" in all their life-time.
p. 137, l. 4423. "Muche maugre mote he han," &c. See note to l. 3061. French text—"Se bien ne m'i combat, recréans sui prouvés."
p. 137, l. 4435. Compare *Bevis of Hamtoun*, p. 91:

"His berd was bothe gret and rowe,
A space of a fot betwene is browe."

p. 138, l. 4437. "ys nose camnius;" flat-nosed. So Chaucer says of the Miller, "Round was his face and *camois* was his nose." *Reeve's Tale*, l. 14, and again, l. 54, he describes the Miller's daughter as having "*camoys* nose, and eyghen gray as glas." Cotgrave gives: "*Camus*, flat-nosed. *Camuser*, to flatten, or quash down the nose, to breake the bridge of the nose, to make flat-nosed."
p. 138, l. 4463. "cloþes of tarse," a species of silken stuff formerly much esteemed.

"In *toges of Tarsse* fulle richelye attyrede."—*Morte Arthure*, 3189.

This cloth was said to derive its name from *Tharsia* adjoining Cathay (China), whence it came. Ducange explains *Tarsicus* as "panni preciosioris species." See *P. Plowman*, B. xv. 163, and Professor Skeat's note thereon.

p. 139, l. 4465. "god won;" good plenty. Cf. l. 3560.
p. 141, l. 4539. "non hoȝe;" no fear, alarm. *Hoȝheful* occurs in the *Ormulum*, 2902, and *hohfulle* in *Laȝamon*, 14096. A.S. *hoga*. "be-toȝe;" dressed, covered.
p. 141, l. 4553. "stilp of ok;" a post of oak, *stub*. See Halliwell, *s. v.* Stolpe. The French text has—"un marbre encontré, Autresi le caupa comme un baston alé."

The Rev. Barton Lodge, in **the Introduction to his edition of** *Palladius* (E. E. T. Soc.), p. ix, says—" In the Corporation Rolls, preserved amongst the Colchester Records, we find that **in** the 3rd and **4th Richard II, a** sufficient **piece of land was** granted to place **three** *stulps* to support **a certain vine opposite the house of** one Clement, **a** dyer in North Street **; and ' in 4th and 5th Edward II, Hugh de Stowe** raised **two** *stulps* **under his vine opposite his tenement in** Chero.' "

p. 142, l. 4588. "**a rank ;** " in a rush, with a charge.
p. 144, l. 4649. " **Muche was** þe **noise &** þat **cry**," &c.   French text—" Moult par fu grans la noise et li hus et li cris ; " great was the *hue and cry*.
p. 144, l. 4652. "**Enfachoun.**"   French text, " Effraons."
p. 145, l. 4663. "Had ykept hem wiþ busynesse ; " had nursed them carefully.   French text, " les avoit bien nourris."
p. 145, l. 4664. "**Algate.**"   A distinctively Northern adverb.   See Introduction.
p. 145, l. 4668. "**barers ;** " the bar, gate, barrier.   Notice the other form of the word in l. 4679 :

"The folk that assalȝeand wer
At mary ȝet, to-hewyn had
The *barras*, and a fyre had maid."
Barbour's Bruce, ed. Skeat, xvii. 756.

p. 145, l. 4678. " **tilde ;** " reached.   A.S. *teldan*, "*telded* on lofte," *Alliterative Poems*, ed. Morris, 2. 1342.   Compare l. 59.
p. 146, l. 4707. " **to done.**"   The gerundial infinitive : see Introduction.
p. 146, l. 4721. " **Ho-so** þis **day**," &c.   French text :—
"Honis soit li frans hom qui vient au couarder."
p. 147, l. 4751. " **wy**þ**-oute distaunce ;** " without fighting.   " A Distance, *Distancia, & cetera :* vbi Debate," *Cathol. Anglicum ;* on which see my note.
p. 147, l. 4753. " Godes for-bode **; " may there be God's prohibition.**

"ix. tymes *Goddis forbott*, thou wikkyde worme,
Thet ever thou make **any rystynge.**"
A charm for the tooth-ache, from the Thornton MS. printed in *Relig. Antiq.* I. 126.

In the Percy Folio MS., ed. Furnivall and Hales, *Robin Hood*, &c., p. 18, l. 59, vol. I. we read—" ' Now, Marry, *gods forbott*,' said the Sheriffe, ' that euer that sheld bee.' "   The expression also occurs twice in Stafford's *Examination of Abuses*, 1581, New Shakspere Soc., ed. Furnivall, p. 73, where it is spelt " *God sworbote*."

p. 150, l. 4846. "& monaye whyt & blake."   French text :—
"Fin or et blanc argent et pailes de coulour."
" *Monnoye blanche*, brasse or copper coin silvered over.   *Monnoye noire*, brasse, copper, or iron coine, unsilvered," Cotgrave.

p. 151, l. 4856. "molde ; " the suture of the skull.   See l. 4567, above.
p. 151, l. 4862. " **for a somers charge of golde ;** " for a horse-load of money.   " A charge ; *Onus*," *Cath. Anglicum.*
p. 151, l. 4869. "**After** þe ȝer þat **our lord was** bore," &c.   This line is an **addition** of the English translator.   **See the** remarks in the Introduction, where it is shown that the date is almost exactly **200** years late, 980, instead of 775.

p. 153, l. 4930. "noȝt worþ a flye." French text, "ne valés une alie:"
p. 154, l. 4974. "& we be-leue with-ynne;" and we remain, within. Chaucer uses *bileue* in the same sense, *Squire's Tale*, 583; see other examples in *Stratmann*, and compare ll. 1595 and 2623 above.
p. 154, l. 4975. "ȝyue a stre;" give, care a straw for. Compare *P. Plowman*, C. xvii. 93, and Chaucer, C. T., F Group, l. 695.
p. 154, l. 4983. "saut;" assault. So we have *pele* for *appele*.
p. 155, l. 4993. "pykoys & howes;" pickaxes and hooks. The modern *pick-axe* is simply a tautological corruption of the French *picois*, a mattock, pickaxe. In the *Paston Letters*, ed. Gairdner, I. 106, we find *pikoys* as here used as a plural, and so in the *Handlyng Synne*, ll. 940-1:

"Mattok is a *pykeys*
Or a pyke, as sum men seys."

"*Forsorium*, a byll or a pykeys," *Medulla Grammatice*.
p. 156, l. 5030. "hure haberkes ritte;" split, cut. So in *Sir Tristram*, p. 33:—

"The breche adoun he threst
He *ritt*, and gan to right:"

and in *Havelok*, l. 2495:—

"Sket cam a ladde with a knif,
And bigan rith at þe to
For to *ritte*, and for to flo."

See l. 5339, below.
p. 157, l. 5057. "Wel two C." French text, "M."
p. 157, l. 5077. "cloþ of tarse." See note to l. 4463, above.
p. 158, l. 5087. "Certys y dude gret folye," &c. French text adds:

"Fols est ki fame croit, on l'a dit grant pieça."

p. 158, l. 5092. "lyme & lyþ;" limb and body. Compare the common expression, "body and bones."
p. 159, l. 5127. "Wyt þat þe selue;" blame thyself for that.
p. 159, l. 5133. "breke him heued & arm." French text, "brisastes son nés."
p. 160, l. 5174. "Of cowardyse ous moȝe aretté;" may accuse us of, or attribute to us, cowardice. So in Chaucer, *Knight's Tale*, 1871:—

"It nas *aretted* him no vyleinye,
Ther may no man clepe it no cowardye.

"to Aritte. *Ascribere, deputare, imputare*," *Cath. Anglicum*, on which see my note. Wyclif also uses the word in 2 *Corinth*. v. 19, "not retting to hem her giltis."
p. 160, l. 5177. "syt on my bok;" lit. sits on my back, *i. e.* remains with me.
p. 161, l. 5185. "þat ys herte ne by-gan to cacche;" that did not pluck up courage. French text:—

"N'i a celui d'aus tous n'ait vertu recouvrée."

p. 162, l. 5221. "a carful iornee:" a sad day's work, a hard time.
p. 162, l. 5240. "Ay tweyne aȝen hem one;" quite two against their one.
p. 163, l. 5265. "for-þan;" for this reason, because. The expression occurs in Laȝamon, l. 989, and in the *Castel off Loue*, ed. Weymouth, l. 1072: "And he scholde neuer die *for þon*."
p. 163, l. 5278. "þan al þat god y owe;" than all the goods, wealth I own.

p. 164, l. 5301. "perschede." See l. 941, and note thereon.
p. 164, l. 5313. "felaschip;" companion. The French text has :—
"Onques n'i vot mener ne per ne compaignon."
See note in *Cath. Anglicum*, s.v. Felischippe.
p. 165, l. 5335. "make þy fyn;" pay the penalty, make amends.
p. 165, l. 5339. "A clew ys heued," &c.; he scratched (*clawed*) his head and tore his hood. For riȝte see l. 5030, above.
p. 165, l. 5341. "& praunccde," &c.; and stamped about, and puffed and blew, as if he were mad.
p. 165, l. 5342. "or was after longe;" lit. before it was long time after, *i. e.* for a long time.
p. 166, l. 5353. "Bruyllant, þat was kyng of Mountmyrrant." In the French text no name is given to the Saracen slain by Gwenylon: Bruyllant, who is called Balan's brother, comes on the scene at l. 5417, below. It appears to be an oversight of the translator.
p. 166, l. 5366. "a propre siȝte." The word *proper* is still used in this very phrase with the meaning of *worth seeing*, fine, but it has descended to the level of a slang term.
p. 168, l. 5425. "spillyng of speche;" great telling of news, great talk. French text, "grant ioie."
p. 168, l. 5437. "on hure hepe;" in their gathering, army.
p. 168, l. 5442. "þe value of a kerse;" the value of a rush (cress). This very expression is still kept up: men say a thing is not "worth a curse," but the true meaning of the last word is quite forgotten. *P. Plowman*, C. xii. 14: "*Nat worth a carse.*" Compare ll. 124: "he douteþ he kyng ne Emperour, þe value of a rysshe;" and ll. 4338, "noȝt worþ a slo;" 5722, "þe worthy of a pere;" and 5847, "y nolde ȝyue a pyse."
p. 168, l 5443. "fyede þar-on;" expressed his disgust at it.
p. 169, l. 5453. "v. batail;" five divisions. In the French text it is *ten*, the second five being entrusted to Alorys, Macaire, Hardres, Amaugis, and Sansos. "*Bataille*, any squadron, battallion, or part of an army," Cotgrave.
p. 170, l. 5482. "Euery ȝer to rente;" every year as a tax.
p. 170, l. 5484. "Blanchard." A common name for a *white* horse.
p. 171, l. 5520. "prout on pres;" bold in battle. A not uncommon expression in alliterative poems.
p. 171, l. 5526. Here the author of the English version has most unaccountably omitted no less than 125 lines of his original. This may have arisen from one or other of three causes :—

(1) He may have *intentionally* omitted the lines; or (2) he may have turned over two leaves; or (3) the lines may not have been in the MS. from which he made his translation.

As to (1), I do not think it at all probable that the translator would intentionally have omitted the passage: against such a view the strongest argument is the closeness with which he has throughout the remainder of the poem followed his original.

Neither do I think (2) more probable. When we consider the care with which he has revised his poem we can hardly conceive that he would be satisfied with only *one* reading of his original, and it is hardly probable that the same accident should have happened more than once.

We are, therefore, reduced to (3), which is not at all impossible.

As, however, the author may have intentionally omitted the passage I give it here instead of in the text.

' Par Mahomet, dist il, **tous serés afolé**;
Quant passastes Mautrible, musart fustes prové.
Jamais en douce France **ne serés retorné**,
Et anuit perdra Karles du miex de son barné.' *He threatens the French.*
Richars de Normendie **a le Turc escouté**,
Le destrier laisse **coure**, si a à lui jousté;
L'escu li a **percié et le haubere saffré**,
Parmi le gros du pis li mist le fer quarré,
Si souef l'abat **mort qu'il n'a brait ne crié**. *Richard charges at and slays him.*
' Outre, dist l'**empereres**, trop vous estes vantés.'
Richars de Normendie trait le branc aceré,
Tost en feri .i. Turc dusque au neu du baudré.
Francois passent à force le grant val Josué; *The French force their way to the valley of Aigremont,*
Jusque au plain d'Aigremore n'i ot regne tiré.
Là trouverent la force de Balant l'amiré;
En sa compaigne furent .xxx. roi couronné,
Et .c^m. paien, que Persant, que Escler. *where the Emir is with 100,000 men.*
Cil qui vienent fuiant li ont dit **et conté**
Que ses freres est mors **et la gent c'ot menu**.
Quant l'entent l'amirans, tout **a le sanc mué**. *Balan laments over the death of his brother.*
Dont s'ont li estandart li maistre cor sonné.
L'amirans en apele son **neveu** Tempesté,
Sortinbrant de Connibre, son consillier **privé**:
' Baron, **dist** l'amirans, n'i soiés oublié;
Je vous di et commant, s'entendre me volés,
Tant me querés Karlon que vous le me trovés;
Et se jou ne l'ocis, poi pris ma poetés:
Moi ne caut se je muir, quant je l'arai tué?
Quant Sortinbras l'entent, s'a de pité plouré.

Li amirans cevauce, qui de corage ot fier; *Description of Balan,*
Ricement fu armés ser le courant destrier.
En toute paienime n'ot .i. si boin coursier,
Si estoit trestous novis com meure de morier.
Toutes ses armes furent ouvrées à ormier.
Large ot la forcéure, le cors grant et plenier;
Par desus la ventaille fait sa barbe lacier,
Plus est blance que noif, quant ciet après fevrier,
Contreval li pendoit jusque au neu du braier.
Li amirans commande s'ensaigne à despoier, *He orders his standard to be unfurled,*
Devant les Sarrazins se prent à eslaisier.
Dont sonnerent ensanble .c. graile menuier.
A bataile cevaucent et font lor gent rengier; *and places his archers in front.*
On premier cief devant estoient li arcier,
Pour les nos desconfire as ars turcois mainier.
Adonques véissiés .i. estour commencier, *A fierce combat ensues.*
L'un mort par desus l'autre verser et trebucier;
Moult i ot grant dolor au traire et au lancier.

NOTES TO p. 171, l. 5526.

As ars trucois commencent les nos à damagier ;
Plus menu que gresins font sajetes lancier.
Atant es vous poignant le preu comte Renier,   Renier
Celui de Genevois, qui fu pere Olivier.   encounters
Sortinbran de Connibre a encontré premier,   Sortibrant,
Grant cop li vait donner, nel vaut plus esparnier,   and slays
Ses escus ne li vaut ne maille ne denier,   him.
La maille a trespassé du blanc hauberc doublier,
La lance o le penon li fait on cors baignier,
Des arçons l'abat mort, le cuvert losengier.
Quant Sortinbrans cai, la hante fist brisier,
Et Reniers trait l'espée, dont bien se sot aidier
Paien et Sarrazin commencent à hucier ;   The Sarasins
Ki estui atendra moult ara mal loier.   are panic-
.I. Sarrazins s'en torne, l'amirant va noncier   stricken.
Que 'mòrs est Sortinbras, que tans aviés cier.'
Quant l'amirans l'entent, le sens cuide cangier.
' Ha ! dist-il, Sortinbrans, tant vous avoie chier,   Balan's grief
Quant je vous ai perdu, moult m'en doit anuier ;   at the death
Jamais ne monra Turs ki tant faice à priser ;   of Sortibrant.
De duel erragerai se ne vous puis vengier.'

Moult fu pour Sortinbran l'amirans esmaians.   He charges
Par mautalent s'en torne coureciés et dolens,   at the French
Le morel laise coure, ki sous lui va bruiant,
Sour l'escu de son col fiert Huon de Milant.   and slays
Trestous est pourfendus, rons est li jaserans ;   Huon of
Le fer li a conduit par ambe .ii. les flans,   Milan,
Mort l'abat du ceval, ce fu damaige grans.
Quant la lance brisa, si a trait le nu branc,
Mort a .xv. Francois et .xliii. Normans,   and 15
Souvent crie : ' Aigremore! vengiés ert Sortinbrans !   French and
Or vous ferai connoistre venus est l'amirans :   14 Norman
Ancui sera destruis li barnages des Frans,   soldiers.
Jamais .i. en sa tere ne sera repairans ;
Karlon enmerrai prins par les grenons ferrans ;
Avoec lui ert pendus Oliviers et Rollans.'
A ce mot enforcierent li paien l'amirant ;   The Saracens
De nostre gent destruire est cascuns desirans.   rally.

Moult fu grant la bataille et li cap e felon.
Atant es vous poignant le conte Guenelon,
Hardré et Alori, d'Autefoelle Grifon,
Et le pere Herviu, Macaire de Lion,
Et l'orguelleus barnage brocant à esperon.
A l'abaisier des lances font tel ocision
Que plus de mil paien trebucent on sablon.
Atant es l'amirant sur le noir aragon ;   Balan throws
Amont parmi son heaume ala ferir Milon.   Milo from
Ne li valut li cercles vaillant .i. augueton ;   his horse,
Tout l'éust pourfendu enfresi c'au menton,
Mais l'espée torna, por tant ot garison.
Le destrier li copa par devant son archon ;
Tost trebuca à tere par desus le sablon.

FERUMBRAS.   Q

Quant il ne l'a ocis ne se prise .i. bouton ;
L'amirans le saisi à l'aubere fremillon,
A .ii. mains le leva sur l'auferrant gascon ;   *and tries to carry him off prisoner, but is surrounded.*
Ja l'en éust porté jusque à son pavillon,
Mais l'orguelleus lignages li est tous environ.
Là ot as brans d'acier si faite caplison,
Ja fust li amirans detenus en prison,
Mais au secours vinrent tantost mil Esclavun.   *1000 Saracens come to his aid.*
Là oïssiés grant noise et grande husion ;
Le feu gregois geterent tout ardant à bandon,
François menent ferant le trait à .i. boujon.
Ja fuissent desconfit sans nule raenchon,   *The French are almost defeated,*
Quant Fierabras i vint, qui moult amoit Karlon.
Iluec fist de paiens moult grant ocision,
Tenpesté a ocis, le neveu Rubion,   *but Ferumbras comes to the rescue.*
Et bien plus de .l. du lignage Mahon.
Mais de paiens i ot à si très grant fuison,
Se Damediex n'en pense, qui souffri passion,
Ancui iront François à grant destruision.

La bataille fu grans, longuement a duré,
Ja fuissent no François moult malement mené,
Quant de la tour sont tuit nostre conte avalé.

p. 172, l. 5532. "A-strayey on þe grene." See l. 3729.

p. 172, l. 5542. "þe scheldtromes ;" battalions, regiments. Halliwell quotes from *Vegecius*, MS. Douce 291, leaf 5 :—"How he schal have for knowynge and wys insy3t of all perellis and harmes that li3tliche mowe bifalle in scheltromes or batailes." *Sceld-trume* and *sceld-trome* occur in *La3amon*. See also *Octovian*, Weber's *Metr. Romances*, 1505 ; *P. Plowman*, C. xxi. 294 ; and Trevisa's *description of the Battle of Hastings*, " ar the scheltroms come to-gedders." A.S. *scýld-truma*, lit. a troop-shield, then an armed company or battalion of soldiers.

p. 172, l. 5549. "foþer." See before, l. 641, and *Alisaunder*, Weber's Romances, 1809.

p. 173, l. 5565. "afferede hem o3t myche ;" got much distance from them. Compare l. 3625, before : " Richard was no3t so *ferred* ys fon." In the *Ayenbite of Inwyt*, ed. Morris, p. 178, we read—" to cachie and *uerri* þane dyuel uram him." A.S. *feorrian*.

p. 173, l. 5579. "also hot ;" at once. Compare the phrase *foot-hot*, with all possible speed, in Chaucer, *Man of Lawes Tale*, B. 438, and *fut-hate* in Barbour's *Bruce*, ed. Skeat, iii. 418.

p. 174, l. 5601. "þe amountance of a fotes spas," &c. The original French is more moderate—" Li amirans fu graindres de Karlon demi pié."

p. 174, l. 5615. "iambeaus." Armour for the legs, covering them both front and rear : in this particular they differed from the *greaves*, which only protected the shins. "*Jambiere ;* a greave, leg-harnesse, or, armour for a leg," Cotgrave.

p. 175, l. 5627. "cornel ;" the circle of gold and precious stones round the helmet. See l. 623, above : " To-flente ;" flew in pieces. French text :—

    " Grant caup donna Karlon sur l'eame qui verdie,
    Que les flours et les pieres tout contreval en guie."

p. 175, l. 5630. "athelde;" restrained, kept back. See Laʒamon, 10,970, 13,825, &c.

p. 175, l. 5631. "genyllere;" knee-armour. "*Genouilleres*, pully-pieces (armour) for the knees," Cotgrave. "Chauceore;" the same as we have had before, l. 235, called "hosen of mayle." "*Chausseure*, a hosing, or shooing; also, hosen, or shooes," Cotgrave.

p. 175, l. 5638. "anlas." French text, "une misericorde," of which Meyrick, *Antient Armour, Glossary*, says—"said to have been so named because with this the knights obliged their antagonists to call for mercy."

"An *anlas* and a gipser al of silk
Heng at his girdel."—Chaucer, *C. T. Prologue*, 357.

p. 175, l. 5640. "foygnede;" thrust at, tried to stab. So in *Morte Arthure*, l. 1898:—

"Thare faughtte we in faythe, and *foynede* with sperys."

And Chaucer, *Knightes Tale*, 796:—

"And after that with scharpe speres stronge
They *foynen* ech at other wonder longe."

p. 175, l. 5648. "Ac arst was muche ado." French text:—

"Mais il i ot anchois moult grant tenchonnerie."

p. 176, l. 5665. "Wel heʒe schalt þou an-honged be." French text:—

"Je te ferai ardoir ens en la poi boulie."

p. 176, l. 5682. "Al þi song is wailawai." *Owl and Nightingale*, l. 219.

p. 177, l. 5693. "geryʒoun;" treasure. The word occurs in *Laʒamon* in the forms *garsume, gersume*, and *garsume*. For other instances see Stratmann.

p. 177, l. 5694. After this line in the original French come the following:—

"Corsable de Valnuble son ceval trestorna,
Desi jusque à la mer onques ne s'aresta,
Au roi de Capadoce les nouveles conta
Que Karles Aigremore et l'amirant prins a;
Saciés moult ert dolens quant il ice sara.
Plus de .C^m. Furs pour ice rasambla,
Sor Guion de Borgoigne à force les mena,
Sa tere et son païs li destruist et gasta.
Plus de .vii. mois entiers li sieges i dura;
D'un roit trencant espiel ens ou cors le navra.
Mais Karles l'emperere, qui Espaigne gasta,
Quant il revint ariere, fierement li alda."

p. 177, l. 5716. "wende faste;" moved, twisted himself fast.

p. 177, l. 5722. "þe worthy of a pere;" the value of a pear. Compare *Richard the Redeles*, ed. Skeat, Prol. 73: "It shulde nat apeire hem *a peere*," and *Morte Arthure*, Globe edit. p. 377.

p. 177, l. 5724. "y-kened;" conceived. Of this word there are not many instances. It occurs in the Anglo-Saxon Version of St. Matthew, i. 20:—"þæt on hyre acenned was, hyt ys of þam Halgan Gaste:" in the *Ayenbite of Inwyt*, ed. Morris, p. 12, "he wes *y-kend* of þe holi gost, and y-bore of þe mayde Marie;" and again, p. 263; and in *Laʒamon*, 26,128.

p. 178, l. 5725. "Wyþ-oute wem & wyþ-oute hore;" without spot or stain. *Hore* may perhaps mean adultery, as Halliwell explains it; probably it does in the present instance, where the French text reads—" Eu la sainte Virge pucielc s'aombra." Halliwell quotes from a MS. of Caius Coll. Camb. 107 :—

> "Syth the tyme that Cryst Ihesu
> Thorough hys grace and vertu,
> Was in this world *bore*
> *Of a mayd withowt hore.*"

p. 178, l. 5730. "hyne;" servants, followers. Compare *P. Plowman*, Prol. 39—"Qui turpiloquium loquitur, is luciferes hyne."

p. 178, l. 5747. "Contenance made he," &c. Compare *P. Plowman*, C. xvi. 121 "A contenance he made, And **preynte** vpon pacience."

p. 178, l. 5753. "cracchede." French text, ecraca. "*Escraser*, to squash downe, beat flat, crush in pieces with much pressing, or hard leaning on," Cotgrave.

p. 179, l. 5761. "colour;" pretext, means. "*Colour*, a fayned matter," Palsgrave.

p. 179, l. 5763. "þanne spak Florippe," &c. In the Provençal version Floripas joins Ferumbras in begging Charles to spare her father's life and in entreating Balan to consent to be baptised. In the *Sowdone* there is no mention of either of them interfering either for or against their father.

p. 179, l. 5772. "on what londe þat he lende;" in whatever country he might settle.

p. 180, l. 5809. "sysst;" seest. A form invented *metri gratia*. *Syxt* occurs in Wright's *Popular Treatises on Science*, p. 134, and in the *Castel of Loue*, l. 8.

p. 180, l. 5815. "& bot if he þanne wold take fulloȝt." French text :—
"Et se il ne puet estre à ceste fois matés."

p. 180, l. 5819. "þat man." French text adds, "Ce est .i. vis diables."

p. 180, l. 5821. "ȝe aboute goes;" you are labouring in vain, lit. going in a circle.

p. 181, l. 5827. "wyþ wilde hors;" with savage horses. *Hors* is here plural, as shown by the form of the adjective.

p. 181, p. 5835. "skeer;" safe, free from. So in Wright's *Religious Songs*, iv. 78 : "of blisse ȝe beoþ *skere*."

p. 181, l. 5840. "noȝt worþ a flye." This expression has occurred before, see l. 4930. It also occurs in Chaucer, *Canons Yeomans Tale*, l. 1150 : "Or some . what else, was *nat worth a flye.*" Compare l. 437. French text :—"Ja ne vaut Mahomet .ii. deniers monnéés."

p. 181, l. 5845. "þat was on a croys y-don." The usual expression for "crucified" in early writers. For examples see *Gesta Romanorum*, ed. Herrtage, p. 179 : "þey did him vppon the crosse, and spette on his face ;" Myrc's *Instructions to Parish Priests*, p. 14, l. 437 ; Lonelich's *Holy Grail*, ed. Furnivall, xlix. 313, &c. "To do on crosse ; *Crucifigere*," *Cathol. Anglicum*.

p. 181, l. 5847. "y nolde ȝyue a pyse;" I would not give a pea. *Pyse* or *pese* is a perfectly correct singular form (Latin *pisum*) : the plurals *pesen, peses*, are frequently met with : see, for instance, *P. Plowman*, C. ix. 307 : "of benes and of *peses*." A similar expression to that in the present line occurs in *P. Plowman*, C. ix. 166, "sette peers *at a pese*," accounted Piers at the value of a pea ; *i. e.* set him at naught. See note to l. 5442.

p. 181, l. 5849. "on my lyue." Here we have the Northern adverb *on-lyue*, alive, during life. See Introduction.

p. 181, l. 5857. "for no pray;" for no entreaty.

p. 182, l. 5877. "anentes þilke neode;" with respect to this necessary condition, *i. e.* of his giving his assent.

p. 182, l. 5879. "þe melkis fom." We have already had this expression at l. 3956.

p. 182, l. 5881. "eȝene graye," &c. In the French text, l. 2014, Floripas is described as having "les ex *vairs* et rians plus d'un faucon mué," while in the *Destruction of Rome*, l. 256, we read—"Les ves avoit plus *noirs* que falcon montenier." So Chaucer (?) writes, "His eyen graie as is a faucon," where the original French is *vers*. *Romaunt of the Rose*, 546. In *Sir Eglamour*, l. 861, we read of "eyen grey as crystalle stone," from which Malone, in his *Shakspere*, iv. 118, edit. of 1821, conjectured that the term meant what we now call a *blue* eye. Thus in *Venus and Adonis*, l. 482, we have—

"Her two *blue* windows faintly she upheaveth,"

while at l. 140 the eyes of Venus are said to be "*grey* and bright." In the present instance there can be no doubt as to the colour intended. "*Oeil verd*, a grey eye." Cotgrave, "browes bent." See note to l. 4435, "ȝealwe traces;" fair tresses. So Chaucer, *Knighte's Tale*, 191:—

"Hire ȝelwe heer was browded in a *tresse*."

"y-trent;" perhaps plaited or curled.

p. 182, l. 5882. "Ech her;" each (every) part of them, *i. e.* of her tresses.

p. 182, l. 5883. "tretys;" slender and long. Cotgrave has: "*Traictif, nez traictif*. A pretty long nose, a nose of a graceful length. *Traictis, isse*, whence *Traictisses mains;* long and slender hands." "iantail," "*Gentil*. comely, sightly, pretty, neat, well-fashioned, goodly, faire," Cotgrave. "pure *fetys;*" perfectly well-proportioned, elegant. "*Faictis, isse*, neat, feat, comely, handsome, proper, well-made, well-featured, well set together," Cotgrave.

GLOSSARY.

Pr. (or *pt.*) *s.* = *present* (or *past*) *tense*, **3 pers. sing.**
Pr. (or *pt.*) *pl.* = *present* (or *past*) *tense*, **3 pers. pl.**
References starred are to the "original draught."

A, 47/1282, *adj.* one.
A, 101/3180, *adj.* all.
A, 134/4307, *prep.* on.
A, *passim. pron.* he.
AAN, 24/594, *adv.* on.
ABATAYLD, 134/4310, *pp.* embattled, fortified.
ABETTE, 180/5816, *vb.* aid, assist.
ABIEST, 169/5474, 2 *pr.* as *fut. s.* shalt suffer for, shalt pay for.
ABIGGET, 41/1063, *vb.* pay, suffer for it.
ABODE, 67/1985, *pt. pl.* delivered, told.
ABOWӠ, 107/3390. ABOӠEDE, 69/2070, *pt. s.* leant, stooped. ABOӠE, 95/2972, *pp.*
ABOӠT, 19/488, *pp.* bought, paid for.
ABOӠTE, 98/3072, *pt. pl.* paid, made a return for. *See* ABYE.
ABUDE, 63/1833, *vb.* deliver, tell. ABUST, 63/1844, 2 *pr. s.* A.S. *abeodan*.
ABULD, 3/74, *pp.* built, constructed.
A-BYE, 4/107, *vb.* pay for, **suffer for.**
Ac, 2/49, *conj.* but.
ACORDED, 130/4158, *pt. pl.* became reconciled. "To Acorde; *vbi* to make frende." *Cath. Anglicum.*
ACOUPEDE, 56/1594, *pt. pl.* struck, encountred.
ACQUITE, 30/713, *vb.* repay, requite.
A-FERE, 13/387, *vb.* frighten, **terrify.** AFFEREST, 30/722, 2 *pr. s.*

AFFERREDE, 173/5565, *pt. pl.* distanced.
AFFERROM, 58/1674, *adv.* from afar, far off.
AFFIED, 32/756, *pt. s.* relied, trusted. Fr. *affier.*
AFFORN, 41/1080, *prep.* before.
AFFROUNT, 59/1689, *adv.* face to face, in line.
AFFULLED, 105/3335, *pp.* killed, felled.
AFONGE, 46/1237, *vb.* receive, meet with.
AFRIӠTE, 5/138, *pp.* frightened, afraid.
AFTERWART, 6/63, *adv.* after this, afterwards.
A-GAN, 76/2305, *pt.* gone, past.
AGASTE, 107/3410, *pp.* frightened.
AGRISE, 106/3370, AGRYSE, 54/1541, *vb.* be frightened. A.S. *agrisan.*
A-KELE, 139/4492, *vb.* be cooled. "To Kele; *frigidare, et cetera;* vbi to make calde." *Cath. Anglicum.*
AKER, 89/2770, *sb.* acre.
ALACCHE, 99/3098, *vb.* catch.
ALDRE, 180/5802, *adj.* of all. *Hure aldre syӠte,* the sight of them all.
ALED, 175/5653, *pp.* put down, prevented. A.S. *alecgan.*
ALIӠT, 55/1548, *pt. pl.* alighted, dismounted.
ALIӠTE, 46/1261, *vb.* light.
ALLE AND SOME, 54/1513, once and all, all.

GLOSSARY.

ALLER-FERST, 180/5793, *adv.* first of all.
ALMYS, 64/1897, *sb.* alms, deed of charity.
AL-ONE, 7/50, *adj.* alone, singly, by himself.
ALOUTE, 128/4089, *vb.* bow, give place.
*ALRE, 13/381, *adj.* of all. ALRE MOST, 77/2342, most of all. *See also* ALLER, *and* ALDRE.
ALS, 18/474, *conj.* as. *Als so harde =* as hard.
ALYES, 127/4078, *sb. pl.* associates, friends.
AMAIEDE, 50/1377, *pp.* afraid, dismayed.
AMBLERE, 11/344, *sb.* amble, trot.
AMENDES, 54/1525, *sb.* reparation, amends. *See* Note
AMENDIE, 65/1917, *vb.* make satisfaction.
AMERAUNT, 21/532, *sb.* amiral, emir.
AMONGE, 7/209, *adv.* at times; *ofte amonge,* constantly.
AMORWE, 78/2369, *adv.* in the morning.
AMOUNTANCE, 174/5601, *sb.* amount, length.
AMOUNTY, 93/2919, *vb.* mean, amount to.
ANAN, 4/106, *adv.* at once, soon.
ANBETTYMENT, 78/2364, *sb.* abetting, helping.
ANBUSCHYMENʒ, 34/812, *sb.* ambush, ambuscade.
AND, 7/200, *conj.* if.
ANDRESSEDE, 130/4155, *pt. s.* set, placed himself.
ANDURIEþ, 102/3217, *vb.* endure, resist.
ANENTES, 182/5877, *prep.* concerning.
ANGER, 102/3208, *sb.* trouble, misfortune.
ANGRYDE, 89/2766, *pt. pl.* harassed.
ANGWISCHOUSE, 82/2500, *adj.* full of anguish, greatly grieved.
ANGWYS, 41/1080, *sb.* anguish, pain.
ANHEʒE, 46/1240, *adv.* in haste, speedily.
ANLAS, 175/5638, *sb.* a kind of knife or dagger, usually worn at the girdle.
ANONEWARD, 26/622, *prep.* upon, along. *See also* AUNDWARD.

ANPEYNEDEM, 27/665, *pt. s.* exerted himself. ANPEYNY, 94/2947, *imper.*
ANUYE, 106/3352, *sb.* annoyance, grief.
ANUYLT, 48/1308, *sb.* anvil. A.S. *anfilt.*
A-NYED, 12/364, *pp.* harassed, troubled.
APAID, 9/271, *adj.* pleased, satisfied.
APERCEUEDE, 31/739, *pt. s.* perceived. Fr. *apercevoir.*
APERTELY, 106/3359, *adv.* plainly, openly.
APLIʒT, 27/644. APLYʒT, 50/1393, *adv.* indeed, certainly.
APPON, 21/546. OPPON, 22/554, *prep.* upon, on, over.
AQUEYNT, 104/3288, *pp.* extinguished.
ARANK, 142/4588, *adv.* in a line.
ARAS, 2/46, *pt. s.* arose.
ARAUNDOUN, 34/824, *adv.* at full speed.
ARAUʒTE, 25/606, *pt. pl.* aimed, struck. A.S. *rǽcan.*
ARAWE, 143/4605, *adv.* in a row, in a line.
ARAY, 7/212, *sb.* condition, state.
ARBELASTE, 101/3174, *sb.* cross-bows.
ARECHE, 35/854, *vb.* reach, touch.
AREDE, 20/508, *vb.* guess, tell, judge.
ARERE, 93/2896, *vb.* rear, raise, erect. ARERD, 7/210, *pt. s.*
A-RESTE, 132/4242, *vb.* stop, halt.
ARETTE, 160/5174, *vb.* accuse, impute. "To Aritte; *ascribere, imputare.*" *Cath. Anglicum.*
AREʒTE, 56/1597, *pt. s.* struck. *See* ARAUʒT.
ARSOUN, 107/3385, *sb.* saddle bow.
ARST, 28/675, *adv.* at first, before.
ASARMES, 94/2933, *interj.* to arms. Fr. *aux armes.*
A-SAYE, 51/1425, *vb.* try, endeavour.
ASCAPE, 146/4713, *vb.* escape.
ASCRIEDE, 30/720, *pt. s.* called to.
ASLAʒE, 3/84, *pp.* slain.
ASOTID, 67/2007, *adj.* mad, besotted. "*Assoté,* sotted, besotted," Cotgrave.
A-SPYE, 68/2032, *vb.* enquire.
ASPYE, 154/4966, *sb.* spy.
ASSEEGE, 106/3348, *sb.* siege, attack.

A-STAUNCHE, 44/1179, *vb. imp.* restrain, moderate.
ASTERUE, 97/3058, *vb.* perish, die. A.S. *asteorfan.*
ASTO3E, 95/2971, *pt.* ascended, mounted. A.S. *astigan.*
A-STREYEY, 117/3729, *adv.* A-STREYEÞ, 172/5532, astray, wild.
A-STYNTE, 63/1842, *vb.* stop, cease.
ASTY3E, 157/5056, *pt.* climbed, scaled. *See* ASTO3E.
ATEND, 104/3280, *pt.* set alight.
ATENED, 4/114, *pt.* annoyed, vexed.
ATEYNTE, 113/3612, *pt.* exhausted. The corresponding French word in this passage is *estanciez*. "*Estainct*, extinguished.... spent, lost, utterly perished," Cotgrave. *See also* TEYNT.
ATTACHE, 140/4517, *vb.* 1 *pr. s.* arrest.
ATTES, 36/881, at his.
ATTEYNT, 11/333, *pp.* vanquished. *See* ATEYNTE.
A-TWYNNE, 20/522, *adv.* apart.
AUNDWARD, 59/1694, *adv.* upon, on top of. *See also* ANONEWARD.
AUNTRE, 3/89. AUNTURE, 53/1479, *sb.* danger, risk.
AUALYNG, 39/984, *sb.* descent, slope.
AUANTAILE, 26/624, *sb. See* AUENTAILLE.
*AUAUNCE, 17/448, *vb.* promote.
AUAUNTED, 2/42, *pt. s.* praised, puffed.
AUAUNTWARDE, 153/4919, *sb.* van, front.
AUELDE, 4/101, *sb.* yield.
AUENTAILLE, 8/238. The moveable front of the helmet covering the face, through which the wearer respired: used also for the whole of the front of the helmet.
AUENTURE, 39/1003, *sb.* danger, risk.
AUONGE, 93/2904, *vb.* receive, take.
AUOW, 62/1818, *sb.* vow.
AVOWEDED, 67/1983, *pp.* acknowledged, avowed it.
AUYNDE, 32/757, 1 *pr. s.* find out, discover.
AUYSE, 7/195, *vb.* consider, reflect: *he wil him betre auyse*, he will think better of it, be more careful.

AWE, 179/5779, *sb.* worship, respect. O.Icel. *agi.*
AWOK, 43/1135, recovered, come to his senses.
AWREKE, 49/1362, *vb.* avenge.
AYCHS, 162/5248, *sb.* ash-tree.
AYE, 15/408, *sb.* awe; *stondeþ aye*=stand in awe of. *See* Note. *See* AWE.
AYÞER, 145/4659, *pron.* each, either; *hur ayþer*, each of them.
AXETH, 43/1124, *pr. s.* enquires, asks.
A3E, 27/647. A3EN, 4/100. A3Y, 30/724, *adv.* again, against.

BAD, 123/3947, *pt. s.* begged, asked; *bad a bone*, made a prayer.
BAILE, 45/1211, *sb.* confinement, prison.
BAKOUNS, 87/2696, *sb. pl.* pigs, hogs.
BALAUNSYNG, 103/3243, *sb.* throwing of darts, &c.
BALE, 36/903, *sb.* captivity.
BAME, 20/511, *sb.* balm. Fr. *baume;* Lat. *balsamum.*
BANE, 3/86, *sb.* ruin, destruction.
BANNE, 168/5424, *vb.* summon together.
BAR, 17/448, *pt. s.* bore, carried.
BAR OF, 23/572, *pt. s.* warded off.
BARERS, 145/4668. BARRERS, 145/4688. BARRES, 145/4679, *sb. pl.* barriers, rampart. "A Barras. *Antemurale, vallum.*" *Cath. Anglicum.*
BARNAGE, 106/3364, *sb.* nobles, barons.
BARNEE, 50/1373, *sb.* children, men.
BARNYE, 100/3160. BARONYE, 2/48, *sb.* barons.
BA-SCLAWE, 6/179, *pt.* for *be a-sclawe*, be slain.
BATAIL, 169/5453, *sb.* battalions, divisions.
BATEDEDE, 32/749, *pt. s.* abated.
BAYLYE, 135/4333, *sb.* orders, command.
BE-BLED, 50/1380, *pt.* covered with blood.
BEDE, 59/1709, *pt.* bidden, ordered.
BEER, 3/64, *pt. s.* bore, carried away.
BEHETE, 50/1402, *pt. s.* promised.
BELAY, 5/134, *pt. s.* besieged, beset.
BELEUE, 106/3345, *vb.* to leave off, desist from. A.S. *bilæfan.*

BE-LEUE, 154/4974, 1 pr. pl. remain, are left.
BE-LEUED, 120/3849, pt. neglected, left undone.
BELEYN, 34/805, pp. beset, surrounded. See also BELAY.
BELYFþ, 51/1437, pr. s. believes.
BEMENE, 116/3724, vb. lament, bemoan. A.S. bimǣnan.
BE-NOME, 175/5642, pp. taken, deprived.
*BEO, 22/548, pp. been.
BEODE, 62/1825, pt. pl. delivered, told. A.S. beodan.
BERD, 23/571, sb. beard, chin.
BERE, 45/1201, sb. cry, lamentation.
"Who makis sich a bere."
Townley Myst. 109.
BERST, 99/3109, pr. 2 s. bearest, behavest.
BESPEKEN, 110/3509, pr. pl. consult, talk over. "ʒe habbeþ a-mong ʒu bispeke þat ilome." — *Martyrdom of Thomas Beket*, ed. Black, 919.
BESTADE, 90/2800, pt. seized, overcome.
BE-STERTE, 146/4716, pp. beset (?).
BE-SWYKE, 130/4164, vb. deceive. A.S. biswican.
BET, 34/830, adv. better, faster.
BETAKE, 33/763, sb. hand over to, give up.
BETAUʒTE, 76/2316, pt. s. commended him to.
BE-TOʒE, 141/4539, pp. strongly clad.
BE-TRAPPEDE, 117/3731, pt. pl. surrounded, beset.
BETRENDE, 125/4006, vb. surround, encircle.
BETREUþEDE, 70/2105, pt. s. betrothed, pledged himself to.
BE-VAPID, 97/3037, pp. thoroughly beaten. See Note.
BEYNE, 27/661, pron. both. See Note.
BIL, 86/2654, sb. front. Bok and bil, back and front.
BILEUE, 34/829, sb. belief, faith.
BI-TID, 28/679, pt. s. befell, happened.
BITOK, 157/5075, pt. s. gave, committed. See also BETAKE and BYTOK.
BLAN, 57/1626, pt. s. stopped, halted.

BLAS, 86/2648, sb. sound, blast.
BLEE, 49/1360, sb. countenance, colour. A.S. bleo.
BLENCHE, 122/3914, sb. turn aside. A.S. blencan.
BLEREST, 20/507, 2 pr. s. blindest, to blear one's eye, to deceive him. See Note.
BLESSED, 8/256, pt. s. blessed, signed with the cross.
BLEYNTE, 35/838, pt. s. turned, inclined. See BLENCHE.
*BLIF, 91/2837. BLYF, 39/1002. BLYUE, 70/2087, adv. at once, quickly.
BOBAUNCE, 13/383, sb. boasting.
BOK, 86/2654, sb. back.
BON, 25/617, sb. bone. A.S. bân.
BONE, 84/2583, sb. prayer.
BOR, 21/545, sb. boar.
BORGEYS, 16/444, sb. burgess, citizen.
BORWGH, 61/1767, sb. town.
BOSSCHE, 93/2887, sb. bush, wood.
BOT, 24/589, pt. s. bit, cut.
BOT IF, 10/318, unless, except.
BOTE, 14/401, sb. message.
BOUN, 124/3986, adj. bound.
BOURE, 49/1336, sb. chamber.
BOʒ, 61/1761, pt. s. stooped, bent.
BOʒE-DRAʒTE, 97/3040, sb. bow-shot.
BOʒE-SCHOT, 3/90, sb. bow-shot.
BOʒTEST, 43/1153, 2 pt. s. didst redeem, buy.
BRAID, 70/2099, pt. s. started up.
BRAIDE, 99/3122, sb. rush, sally. See also BRAYDE.
BRAKE, 103/3263, sb. boʒes of brake, cross-bows. See Note.
*BRAND, 23/580, sb. sword. See BROND.
BRAYDE, 28/684, sb. charge, rush, moment, of time; 68/2008, sudden fate.
BRED, 4/103, sb. bread.
BREDE, 59/1688, sb. breadth.
BREGGURDEL, 80/2448, sb. middle, waist; lit. the waist-band; "Brygyrdyll. Lumbare, renale." *Prompt. Parv.*
BREN, 154/4962, vb. impr. burn.
BRENNYNG, 47/1263, adj. burning. BRENNYNGEST, 74/2236.

BRENT, 12/371, pp. burnt.
BRESTE, 30/719, vb. burst out.
BRIGGEWARD, 59/1700, sb. keeper of the bridge; 112/35, watch on the bridge.
BROCHYNG, 115/3657, pr. p. spurring.
BROD, 123/3941, adj. broad, wide.
BROKE, 110/3484, vb. enjoy, possess. A.S. brākan.
BROND, 29/684, sb. sword.
BRONDE, 74/2236, sb. brand.
BRUSSCHET, 34/800, sb. thicket, underwood. "Brusc. Butchers-broome, Pettigree, knee-holme, knee-hulver (a shrub)." Cotgrave.
BRUST-BON, 57/1623, sb. breast-bone.
BRUSTES, 41/1072, sb. pl. breast, chest.
BRYMLY, 21/545, adv. fiercely.
BRYNYE, 85/2614, 96/3024, sb. cuirass. See Note.
BRYTASQES, 105/3315, sb. pl. battlements. "Eretesque, a port, or portall of defence, in the rampire, or wall of a towne." Cotgrave.
BUCHYMENT, 34/798, sb. ambush.
BUDEþ, 46/1235, pr. s. offers.
BULDE, 78/2377, vb. build, erect.
BURDE, 70/2095, sb. maiden.
BUSKY, 170/5500, vb. get ready, prepare.
BUTE, 122/3895, pt. pl. beat.
BUþE, 4/100, pr. pl. are.
BYDYNG, 126/4026, sb. delay, remaining here.
BY-GO, 68/2013. BYGONE, 77/2342, pp. ruined, deceived.
BY-GON, 108/3429, pp. overrun, covered.
BY-GYNT, 24/602, pr. s. begins.
BY-LAFTE, 56/1595, pt. pl. remained, were left.
BY-LEYN, 139/4483, pt. besieged, beset.
BYLOKE, 71/2127, vb. look after, take care of.
BY-NYME, 179/5773, vb. take away, deprive.
BY-NYþE, 56/1607, prep. below, under.
BY-STOLE, 121/3878, pt. stolen, escaped.
BYTOK, 178/5748, pt. s. commended, wished himself with. BYTOKE, 108/3413, entrusted, gave in charge.

CACCHE, 161/5185, vb. take up, recover.
CALT, 59/1699, pr. s. call.
CAMMUS, 138/4437, adj. flat. "Resimus. That hath a camoyse nose crooked upwarde." Cooper, Thesaurus, 1584. See Note.
CAN, 110/3511, pr. 1 s. know.
CARF, 32/743, pt. s. cut.
CARFUL, 42/1115, adj. full of care, troubled.
CAS, 28/679, sb. chance.
CAST, 49/1368, sb. meaning, intention.
CAST, 59/1710, pp. determined, settled.
CATEL, 178/5745, sb. property, goods.
CAȝTE, 95/2982, pt. pl. caught, captured.
CERKE, 80/2449, sb. shift, chemise. A.S. serce, syrce.
CHAFFAR, 139/4467, sb. merchandise, goods.
CHALANGIE, 98/3062, vb. claim, seize. "To Chalenge; vendicare." Cath. Anglicum.
CHAMBERERE, 46/1238, sb. maid, attendant.
CHASTE, 67/1993, vb. impr. chastise punish.
CHAUCEORE, 175/5631, sb. hose of mail.
CHECKE, 25/615, sb. cheek.
CHEKBON, 175/5650, sb. jawbone cheekbone.
CHEL, 101/3194, sb. throat. A.S. ceole, O.Dutch, kele.
CHERE, 11/346, sb. face; hence eyes.
*CHILLE, 14/389, for ich wille = I will.
CHILUELARIE, 2/46, sb. knights.
CHYKE, 25/615, sb. cheek.
CHYKE, 135/4331, sb. chick, bird.
CHYMENAY, 74/2232, sb. fire-place. See Note.
CHYNE, 7/212, vb. gape, open. A.S. cēnan.
CLEPEDE, 7/216. CLIPEDE, 5/142, pt. s. called. A.S. cleopian.
CLEW, 165/5339, pt. s. tore, clawed.
CLOS, 156/5023, sb. enclosure.
CLOUE, 6/179, pt. cut down.
CLOUT, 37/906, sb. piece of cloth.

GLOSSARY. 235

CLOUTE, 171/5507, *vb.* strike, knock about.
CLOWE, 17/463, *vb.* ? cut away, ward off.
CLYNGE, 82/2524, *vb.* pine away. A.S. *clingan.*
CLYPEDE, 32/752, *pt. s.* called. A.S. *cleopian.*
CLYUE, 65/1901, *vb.* cling.
COLBLAK, 34/807, *adj.* coal-black.
COLOUR, 179/5761, *sb.* excuse, argument.
CONSALL, 90/2784, *sb.* concealment.
CONSAILER, 69/2052, *sb.* councillor.
CONSELYNGGE, 61/1790, *pr. p.* in council, consulting.
COPLES, 48/1328, *sb. pl.* beams, joists.
CORAIOUS, 15/414, *adj.* courageous, brave.
CORNEL, 175/5627, *sb.* circlet of gold round a helmet.
CORS, 18/473, *sb.* course ; *cors of werre* = a warlike charge.
CORS, 10/303, *sb.* course.
CORTEYST, 48/1298, *adj.* most courteous.
CORTOYSE, 67/1974, *adj.* gentle.
COSNEDE, 58/1683, *pt. s.* cost.
COST, 55/1552, *sb.* country, region. Compare "they prayed him that he would depart out of their *coasts.*" Matt. viii. 34.
COSTREL, 29/510, *sb.* a small wooden bottle. "A Costrelle ; *oneferum, et cetera ; ubi* a flakett." *Cath. Anglicum.*
COTE-ARMURE, 22/552, *sb.* an upper garment worn over the armour, and generally ornamented with armorial bearings.
COUNDYE, 166/5375, *vb.* conduct, guide.
COUPES, 76/2297, *sb. pl.* cups.
COUTHE, 79/2403, *pt. s.* knew, understood.
COUYNE, 46/1227, *sb.* design, conspiracy.
COWART, 24/593, *sb.* cowardly fellow.
COYE, 76/2286, *adj.* quiet, still. "*Coy.* Quiet, still, husht." Cotgrave.
COYGNAGE, 170/5481, *sb.* coinage.
COYPHE, 36/898, *sb.* skull-cap.
CRACCHEDE, 178/5753, *pt. s.* smashed, broke.

CRAFT, 163/5253, *sb.* apparatus, baggage.
CRAKE, 85/2604, *vb.* crack, break.
CREAUNCE, 12/358, *sb.* renown, reputation.
CREAUNT, 21/533, *adj.* recreant.
CREP, 173/5557, *pt. pl.* passed.
CRISTENTE, 12/364, *sb.* christendom.
CROLLID, 49/1354, *adj.* curled, curly. "With lokkes *crulle* as they were leyd-in presse." Chaucer, C. T. Prologue 81. Dutch *Krolle,* a curl.
CROYCEDE, 152/4913, *pt. s.* crossed, blessed, made the sign of the cross.
CROYз, 13/376, *sb.* cross.
CURE, 55/1548, *sb.* charge, business.
CUSSEDE, 70/2112, *pt. pl.* KUSSEDEN, 71/2032. CUST, 157/5081, *pt. s.* kissed.

DADEST, 153/4944, 2 *pt. s.* didst, hast done.
DALE, 64/1890, *sb.* ?
DAME, 74/2225, *sb.* draughts. *See* Note.
DAWES, 144/4631, *sb. pl.* days.
DAYE, 33/777, 1 *pr. s.* die. DAYEþ, 178/5738, *pr. s.* DAIEDE, 94/2928. DAYDE, 84/2581, *pt. s.*
DEABLET, 142/4569, *sb.* ? devil.
DEBAT, 106/3348, *sb.* fighting, quarrelling. "Debate; *contentio,* &c." *Cath. Anglicum.*
DEDE, 24/595, *sb.* death.
DEDEYNGNEDE, 11/349, *pt. s.* disdained.
DEEL, 118/3776, *sb.* lamentation. O.Fr. *doel. See* DUL.
DEEL, 28/669. DEL, 2/44, *sb.* share, part. A.S. *dǣl.*
DEERE, 79/2395, *vb.* hurt, affect. A.S. *derian.*
DEKE, 155/5010, *sb.* ditch, moat.
DELEDE, 150/4849, *pt. s.* divided, shared.
DELFOLLY, 8/232, *adv.* mournfully.
DEMEMBRED, 158/5092, *pt.* dismembered, torn limb from limb.
DEMEYNE, 13/382, *adj.* simple, lowly.
DENTE, 25/617, *sb.* blow, stroke.
DENTEE, 83/2545, *sb.* pleasing smell.
DEPARDIEUX, 98/3061; *exclam.* by God.
DEPARTEDE, 175/5645, *pt. pl.* separated.

DERE, 157/5070, *sb.* harm, hurt.
DERE, 63/1852, *adj.* dear, precious, 19/488, *adv.*
DEREYNE, 9/265, *vb.* challenge, claim. "*Desrener.* To dereine; to justifie or make good." Cotgrave.
DERRE, 17/451, 2 *pr. s.* dare.
DEUYS, 66/1969, *sb.* plan, suggestion.
DIFFYE, 4/106, 1 *pr. s.* defy, challenge.
DISCOLOURID, 41/1079, *pp.* without colour.
DISCOUMFIT, 89/2773, *sb.* defeat.
DISPITOUSLY, 67/1985, *adv.* insolently.
DISPI3TE, 17/457, *sb.* contempt.
DISPOILLED, 182/5879, *pt. s.* DISPOILY, 177/5714, *vb.* undress, strip.
DISTAUNCE, 65/1913, *sb.* contention, dispute. See *Gesta Romanorum*, Glossary.
DISTRYED, 12/365, *pp.* destroyed.
DI3TE, 4/119, *vb.* prepare, dress, 7/214, *pt. s.* A.S. *dihtan.*
Do, 7/217, *vb. imp.* cause, see.
DOGGEDLICH, 47/1289, *adv.* doughtily, bravely. See DO3TILICH.
DOL, 76/2288, *sb.* part. A.S. *dāl.* See also DEEL *and* DEL.
DOLOUR, 72/2175, *sb.* pain, suffering. Lat. *dolorem.*
DONDE, 28/681, *vb.* be done.
DOSSERS, 49/1340, *sb. pl.* curtains, hangings. See Prompt. Parv., *s. v.* Docero.
DOTOUSE, 59/1699, *adj.* dangerous.
DOUCE, 47/1269, *adj.* sweet, dear.
DOUTE, 127/4057, *vb.* fear, be afraid of.
DOUTE, 64/1899, *sb.* danger.
DO3TILICH, 15/420, *adv.* doughtily, bravely.
DO3TY, 17/458, *adj.* brave, valiant. DO3TYERE, 21/531, *comp.* DO3TYESTE, 52/1448, *Super.* A.S. *dyhtig.*
DO3TYNISSE, 101/3197, *sb.* bravery, daring.
DRAPREYE, 138/4457, *sb.* cloth.
DRAST, 121/3887, *pt. s.* durst, dared.
DRAU3T, 107/3392, *sb.* lift.
DRAU3TE, 29/703, *sb.* stroke.

DRA3T BRIGE, 66/1952, *sb.* draw-bridge.
DRA3Þ, 6/192, *pr. s.* draweth.
DRECCHE, 67/1997, *vb.* DRECCHEN, 56/1602, delay. A.S. *dreccan.*
DRECCHYNGE, 15/377, *sb.* delay.
DRENCH, 50/1386, *sb.* draught, drink.
DRIE, 82/2524, *vb.* die of thirst.
DRI3TE, 2/49, *sb.* Lord, God. A.S. *dryhten.*
DROGY, 59/1691, *vb.* draw, drag.
DROPEDE, 42/1103, *pt. s.* grieved.
DRO3, 16/446, 1 *pt. s.* drew, betook.
DRURYMODE, 42/1103, *adv.* drearily, sadly.
DRUWERYE, 79/2421, *sb.* sweetheart, lover.
DUDEN, 3163, *pt. s.* did, caused; *duden hem sle,* caused them to be slain.
DUELLE, 27/648, *sb.* delay, hesitation.
DUL, 119/3791, *sb.* DULES, 119/3785, *pl.* lamentation. See DEEL.
DULFUL, 45/1201, *adj.* doleful, grievous.
DUP, 123/3941, *adj.* DUPE, 46/1257, deep.
DUPNISSE, 76/2312, *sb.* depth.
DURE, 21/535, *vb.* last against, stand against.
DURE, 128/4091, *adj.* dear, precious, 59/1715, *adv.*
DURNELY, 136/4373, *adv.* secretly, closely. A.S. *derne, dyrne.*
DURYE, 134/4311, *vb.* live.
DUSSCHED, 98/3068, *pt. pl.* dashed, knocked. DUST, 35/854, *pt. s.* O.Icel. *dusta.*
DWEL, 86/2646, *sb.* delay.
DYNGEN, 4/104, *vb.* dash, pound.
DYUYS, 58/1663, *sb.* plan, counsel. See also DEUYS.
DYUYSID, 58/1672, *pp.* proposed.

EEM, 8/261, *sb.* uncle.
EER, 3/65, *adv.* before, already.
EFT, 34/811, *adv.* again.
EFT-SONES, 156/5039, *adv.* again.
EGED, 141/4541, *adj.* edged.
EGRELICH, 19/496, *adv.* closely, eagerly.
ELDE, 110/3497, *sb.* age, years. Origin-

GLOSSARY. 237

ally age simply, but afterwards confined to *old* age.
EMBROUDED, 22/553, *pp.* embroidered, worked over.
ENBATAILD, 58/1684, *pp.* embattled.
ENCENZ, 83/2545, *sb.* incense.
ENCHACEDE, 93/2906, *pt. pl.* drove, hurried. Fr. *enchasser.*
ENCHANTED, 130/4187, *pp.* persuaded, overcome.
ENCHES, 104/3302, *sb. pl.* inches.
ENCOMBRE, 94/2942, *sb.* cause trouble to, harass.
ENDELONGES, 19/498, *adv.* all along, down.
ENFORCE, 33/793, *vb.* exert. ENFORCEDE, 33/782, *pt. s.*
ENIVGIEÞ, 66/1959, *imper. pl.* judge, sentence.
ENPAYNEDE, 26/633, *pt. s.* exerted.
ENPAYREDE, 145/4691, *vb. pt. s.* became weaker, failed.
ENSERCHE, 42/1093, *vb.* examine, inspect.
ENSOYNGNE, 91/2827, *sb.* excusing, prevarication.
ENTAILLE, 31/730, *sb.* ENTAYLLE, 31/745, workmanship, fashion.
ENTAMY, 116/3699, *vb.* break, cut through.
ENTEMPRE, 6/164, *vb. imp.* restrain, moderate.
ENTENDIAÞ, 111/3517, *pr. pl.* attend, direct their attention.
ENTERLAS, 28/679. (?)
ENTEYNTE, 84/2590, *pp.* affected, weakened.
ENTREMETRIE, 22/557, *vb.* interfere.
ENVY, 4/114, *sb.* insolence.
ERBER, 61/1773, *sb.* garden, arbour.
ERE, 155/5004, *adv.* ever.
ERLICH, 2/46, *adv.* early. A.S. *earlice.*
ESCHEKKERE, 74/2224, *sb.* chess.
EUERECHE, 5/140, *pron.* each, every one.
EYMEDE, 31/755, *pt. s.* aimed, endeavoured.
EȜENE, 37/907, *sb. pl.* eyes.

FACHOUN, 74/2244, *sb.* sword. *See* Note.
FACOUN, 41/1074, *sb.* falcon, hawk.
FALE, 34/798, *adj.* many, numerous.
FALE, 63/1845, *sb.* fellow, companion.
FALSARȜ, 38/966, *sb. pl.* hand-bills. *See* Note.
FALUREDE, 116/3707, *sb.* company.
FANDE, 87/2683, *vb.* try.
FANT, 22/548, *sb.* FANSTON, 42/1083, font.
FARE, 34/809, *vb.* to go, ride. FARETH, 74/2221, *imper.* A.S. *faran.*
FASOUN, 41/1075, *sb.* fashion, appearance.
FAUTEREL, 162/5235, *sb.* villain.
FAUȜT, 86/2657, *pt. s.* FAȜT, 21/532, fought.
FAWE, 43/1150, *adj.* happy, satisfied. FAȜE, 10/308, *adv.* A.S. *faegen.*
FAYN, 66/1951, *adj.* pleased, happy.
FEE, 10/305, *sb.* reward; 179/5773, property, money paid by vassals *in fee,* 54/1527, as a vassal.
FEER, 12/329, *adj.* FERE, 15/414, proud, fierce.
FEL, 64/1891, *sb.* skin. A.S. *fel.* Lat. *pellem.*
FELAWE, 5/150, *sb.* companion, associate. O.Icel. *felagi.*
FELDE, 35, 841, *pt. s.* moved, bent.
FELLE, 16/428, *adj.* daring, fierce.
FERD, 34/832. FERDE, 3/85, *sb.* company, followers. A.S. *ferd, fyrd.* *See also* FERED, FEREDE, *and* FURDE.
FERDE, 113/3598, *pt. s.* fared, A.S. *faran.*
FEREN, 8/258, *sb. pl.* companions. A.S. *gefera.*
FERETE, 75/2254. FERTEE, 134/4307, *sb.* strength, valour. "*Fiereté.* Fiercenesse, boldness, stoutnesse, mettle," &c. Cotgrave.
FERLICH, 35/842, *adv.* fiercely.
FERLY, 30/716, *adj.* wonderful, fearful.
FERMYE, 71/2113, *vb.* confirm, strengthen.
FERRED, 114/3625, *pp.* distanced, far from.

FETTE, 46/1260, *vb.* fetch, bring.
FETYS, 182/5883, *adj.* neat, well-proportioned.
FEÞME, 76/2312, *sb.* fathoms.
FEYE, 80/2430, *adj.* accursed, cowardly. A.S. *fǽge*, which means: (1) doomed, (2) dead, (3) accursed, (4) cowardly. See *Grein*, I. 274.
FEYNTYSE, 127/4073, *sb.* cowardice.
FIER, 15/409, *adj.* See FEER.
FLEAND, 88/2740, *pr. p.* flying. The northern form of the present participle: cf. l. 2736 above.
FLECHS, 139/4493. FLEHS, 138/4440, *sb.* flesh.
FLEN, 55/1574, *vb.* FLEO, 14/400, *vb.* flee. FLEOYNG, 88/2736, *pr. p.* fly. A.S. *fleon*.
FLET, 134/4311, *pr. s.* flows, runs.
FLETTE, 35/853, *sb.* ground, *the flat*.
FLEȝ, 31/731, *pt. s.* flew.
FLITTE, 156/5028, *vb.* stir, move.
FLOUR, 101/3184, *sb.* palm, prize.
FLOWEN, 35/855, *pt. pl.* FLOȝEN, 57/1620, fled.
FLYTE, 137/4420, *vb.* fight, quarrel.
FOL, 44/1170, *adv.* full, very.
FOL, 22/563, *adj.* foolish. Fr. *fol*.
FOLGHEDE, 61/1761, *pt. s.* followed.
FOLLOHT, 41/1047, baptism. FOLLOȝT, 14/397, *sb.* A.S. *fulwiht*. See *Relig. Antiq.* II. 243, and *Laȝamon*, 36.
FOLȝYEAÞ, 39/1001, *pr. pl.* follow, pursue.
FON, 6/184, *sb. pl.* foes, enemies.
FOND, 150/4849, *pt. s.* found.
FOND, 11/341, *vb.* venture, try.
FONGE, 178/5739, *vb.* receive.
FOR, 174/5589, *adj.* fore, front.
FORCHURE, 22/551, *sb.* "*Fourcheure,* f. A forkinesse, or forkednesse; a forke-like division, or cleaving; also that part of the body from whence the thighes doe part; (I thinke wee call it the Twist.)" Cotgrave.
FORCHYS, 92/2881, *sb. pl.* FOURCHYS, 95/2970, gallows. "*Fourche,* a Forke, Pitch-forke, or Prong; also, a gibbet, or paire of gallowes." Cotgrave.

FORCLEUE, 21/543, *vb.* cut through, cleave.
FOR-COMYN, 25/617, *pp.* cut to pieces, cut through.
FORDRAWE, 62/1796, *vb. subj.* tear in pieces.
FORFARE, 12/318, *vb.* perish, be ruined.
FOR-GNAȝE, 43/1149, *vb.* devour.
FOR-GO, 10/319, *vb.* lose. FORGONE, 84/2584, *pp.*
FOR-LETE, 47/1274, *vb.* lose, forego.
FORSAKE, 18/483, *vb.* fly from, avoid.
FORT, 71/2146, for to, to.
FOR-ÞYNK, 10/319, 2 *pl. pr.* repent, regret.
FORW, 116/3720, *sb.* furrow.
FOR-WERIEÞ, 90/2809, *pr. pl.* become worn out, exhausted.
FORȝ, 174/5593, *sb.* lit. furrow; ground.
FOR-ȝYFT, 178/5736, *sb.* forgiveness.
FORȝYT, 89/2774, *pt. s.* forgot.
FOÞER, 26/641, *sb.* a heavy weight.
FOYGNEDE, 175/5640, *pt. s.* thrust at. O.Fr. *foindre, foigner,* to feign, make a *feint*.
FOȝT, 43/1127, *pp.* fought.
FRAYNE, 40/1035, *sb.* ash. "*Fresne,* an ash tree," Cotgrave. Lat. *fraxinus*.
FRAYNE, 45/1216, *vb.* ask, question. A.S. *frignan,* pt. t. *frægn*.
FRECHS, 86/2664, *adj.* fresh, new. A.S. *fersc*.
FREE, 17/466, *adj.* noble.
FREKE, 4/113, *sb.* man. A.S. *freca*.
FROME, 42/1104, *sb.* beginning; *atte frome* = at first.
FRY, 108/3441, *sb.* noble maiden. A.S. *freo, frē*.
FUL, 74/2237, *pt. s.* fell.
FULD, 107/3390, *pt. s.* folded, clasped.
FULDE, 117/3734, *pt. s.* felled, knocked down.
FULLAUȝT, 178/5743, *sb.* baptism. See FOLLOHT.
FULLY, 177/5697, *vb.* baptise. FULLED, 42/1084, *pp.*
FUR, 25/605, *sb.* FYR, fire, sparks.

GLOSSARY.   239

FURD, 57/1625, *sb.* **ford.**
FURDE, 4/95, *sb.* company, host. See FERED, FEREDE and FERDE.
FURDE, 4/113, *pt. s.* conducted, behaved.
FUSTE, 65/1901, *sb.* **fist.** A.S. *fŷst.*
FUURE, 4/101, *num.* four.
FUYSOUN, 138/4457, *sb.* plenty, quantity. Lat. *fusionem* from *fundere*, to pour out.
FYEDE, 168/5443, *pt. s.* showed contempt.
FYN, 60/1731, *sb.* payment.
FYSAGE, 41/1079, *sb.* visage, face.

GADELYNG, 46/1234, *sb.* vagabond, rascal. A.S. *gædeling.*
GALE, 64/1889, *sb.* voice.
GALWETRE, 133/4269, *sb.* gallows.
GALWYS, 93/2896, *sb.* gallows, gibbet.
GAN, GUN, *passim. Used as auxiliaries of tense; thus* gan to glyde = did glide.
GAN, 37/910, *pt. s.* GUN, 34/824. GUNNE, 37/938, *pt. pl.* began.
GARNYMENTȝ, 50/1395, *sb. pl.* dresses, clothes.
GAS, 67/1975, 71/2145, *pr. s.* goes, walks.
GAT, 180/5825, *pt. s.* begat.
GATE, 62/1801, *sb.* way, road. O.Icel. *gata.*
GEANT, 59/1700, *sb.* giant.
GENT, 27/646, *adj.* noble.
GENYLLERE, 175/5631, *sb.* armour for the knees.
GERDE, 38/947, *pt. pl.* GERTE, 57/1618, *pt. s.* pierced, cut, struck. A.S. *gyrdan.*
GERSE, 116/3693, *sb.* cut, wound, gash. "A garse; *scara uel scaria.*" *Cath. Anglicum.*
GERTE, 24/601, *pt. pl.* made, caused.
GERYȝOUN, 177/5693, *sb.* treasure.
GLAYUES, 88/2728, *sb. pl.* GLEUES, 145/4690. GLEYUES, 38/966. GLYUES, 104/3275, glaives: weapons made of a cutting blade at the end of a pike or staff.
GLEDE, 74/2230, *sb.* a live coal, red-hot, but not blazing.
GLENTE, 12/356, *pl. s.* glanced.

GLOD, 24/590, *pt. s.* glided, glanced.
GLOTOUNS, 120/3841, *sb. pl.* villains. "*Glouton.* A knave, rascall, filthie fellow," Cotgrave.
GOBET, 25/614, *sb.* part, piece.
GOFFANOUN, 33/774, *sb.* flag, pennon.
GOME, 14/402, *sb.* 131/4203, *sb. pl.* man, creature.
GOME, 60/1741, *sb.* care, heed.
GON, 22/555, *vb.* go, move.
GONDE, 64/1890. (?)
GONELS, 135/4345, *sb. pl.* long gowns. "*Gonnelle.* A whole Petticote; the bodies & skirts being joined together," Cotgrave. "*Gonel.* Habillement d'homme et de femme, ... casaque ou longue cotte qu'on mettoit sur l'armure, et qui descendoit sur les mollets. Les *goneles* étoient en soie ou en drap, et étoient blasonnées. Geoffroy, fils de Fouiques-le-Bon, Grand Sénéchal de France, eut le surnom de *grise-gonelle*, parce qu'il portoit ordinairement sa cassaque de couleur grise," Roquefort.
GOST, 126/4038, *vb.* 2 *pr. s.* goest; *goest to grounde*, wilt be ruined.
GOST, 21/539, *sb.* spirit.
GRADDE, 35/858, *pt. pl.* shouted, cried. A.S. *grædan.*
GRAIDE, 90/2804, *pr. as fut. s.* shall crow.
GRAME, 44/1182, *sb.* rage.
GRAME, 29/691, *vb.* be vexed.
GRAS, 71/2035, *sb.* grace, goodness.
GRAYÞE, 13/385, *vb. imp.* GREYÞE, 52/1472, get ready, prepare, put on. O.Icel. *greiða.*
GREDE, 102/3225, *vb.* shout, cry. A.S. *grædan.*
GRESSE, 60/1750, *sb.* grease, fat.
GRETE, 106/3347, *sb.* cry.
GRETTE, 55/1567, *pt. s.* saluted, cried to.
GRILLE, 73/2195, *vb.* suffer, be pained.

'Nu ich mai singe hwar ich wulle,
Ne dar me neuer eft mon agrulle."
Owl and Nightingale, ed. Stratmann, 1110.

GROPEDE, 50/1388, *pt. s.* felt, touched.
GROT, 134/4313, *sb.* bit, part.
GRUTE, 93/2908, *adj.* great, heavy.

GRYMLY, 21/539, *adj.* grim.
GRYS, 87/2695, *sb. pl.* pigs. O.Icel. *gréss.* "Gris: *porcellus.*" Cath. Anglicum.
GRYSLICH, 7/201, *adj.* fearful, dreadful.
GURD, 128/4117, *pt. s.* GURT, 74/2248, struck, smote. *See* GERDE.
GURDELSTEDE, 59/1707, *sb.* waist, belt.
GYEþ, 153/4921, *pr. s.* guides, leads.
GYNNE, 135/4351, *sb.* plan, stratagem, device, machinery.
GYNT, 84/2589, *pr. s.* begins.
GYRFACOUNS, 60/1738, *sb. pl.* large falcons.
GYSARMES, 36/895, *sb. pl.* battle-axes.
GYSE, 54/1540, *sb.* manner, way.
GYUES, 47/1272, *sb. pl.* gyres, fetters.

HAD, 156/5042, 2 *pr. pl.* have.
HABERKE, 8/236. HAUBERKES, 26/632, *sb.* coat of mail.
HABERIONS, 28/675, *sb. pl.* breastplates, generally of mail or close steel.
HACHE, 59/1701, *sb.* battle-axe.
HAKENAY, 37/908, *sb.* hack horse.
HALBERKE, HAUBERKES, 26/632, *sb. pl.* coats of mail.
HALP, 17/449, *pt. s.* helped, assisted.
HALS, 8/249, *sb.* neck.
HALT, 56/1602, *impers. pr.* for *haldeth,* benefits, is of advantage.
HALUENDOL, 103/3253, *sb.* half, part.
HAMWARD, 126/4030, *adv.* homewards.
HAN, 46/1237, *vb.* have, receive.
HANNE, 33/795, *adv.* hence.
HANT, 51/1406, *sb.* hand.
HAPID, 57/1635, *pp.* happened, befell.
HARD, 15/423, *adj.* hardy, brave, daring.
HARD, 122/3901, *sb.* hard work, difficulty.
HARLOT, 46/1234, *sb.* rascal, low fellow.
HARNEYS, 60/1748, *sb.* baggage, accoutrements. "*Harnois.* Armor, harnesse: also a team, cart or carriage," Cotgrave.
HARNEYSCHEAþ, 94/2929, *vb. imper.* arm, equip.

HAUNDE, 86/2658, *sb. pl.* hands.
HAUNSEL, 59/1708, *sb.* beginning: lit. the first money received.
HEBDE, 46/1248, *vb.* heave. A.S. *hebban.*
HEE, 10/303, *pr.* they.
HEEL, 175/5651, *adj.* sound.
HEF, 11/340, *pt. s.* raised, lifted.
HEFD, 164/5302, *sb.* head. A.S. *heafod.*
HEFþE, 33/791, *sb.* handle, haft.
HELE, 43/1125, *vb. imper.* hide, conceal, cover. A.S. *helan, hilan.* HELEDE, 115/3655, *pt. s.*
HÉLF, 4/99, *sb.* HELUE, 5/159, behalf, part.
"O godes *halfe.*"—*Ormulum,* 624.
A.S. *healf.*
HELF, 138/4441, *sb.* (?)
HEN, 147/4741, *adv.* HENNE, 104/3285. HENNES, 30/713, hence, from hence.
HENDE, 113/3616, *adv.* near.
HENDE, 33/784, *adj.* gentle, kind.
HENTE, 59/1722, *pt. s.* seized.
HEO, *passim. pr.* she.
HER, 49/1354, *sb.* hair.
HERBORGHEDE, 163/5251, *pt. pl.* lodged, encamped.
HERBURGHES, 176/5689, *sb. pl.* resting-place, camp.
HERM, 17/461, *sb.* HERME, 84/2568, injury, hurt.
HERMYE, 47/1295, *vb.* injure, damage.
HERT, 115/3661, *sb.* hart, deer.
HESTE, 42/1094, *sb.* command, order.
HET, 41/1067, *pt. s.* ordered; 151/4865, *pt. s.* named. A.S. *hatan.*
HETE, 89/2762, *sb.* occasion, time.
HEþEMEN, 41/1053, *sb. pl.* heathens.
HEþENIS, 73/2187, *sb.* HEþENISSE, 4/121, heathendom, heathen countries.
HEUED, 14/405, *sb.* head. A.S. *heafod.*
HEUEDE, 96/3004, *pt. s.* heaved, lifted, raised.
HEYL, 30/712, *adj.* whole, sound.
HEȝE, 75/2283, *adj.* principal, high.
HEȝEDE, 147/4731, *pt. s.* hurried, hastened, hied.
HEYȝ, 25/622, *adv.* high, above.

GLOSSARY. 241

HILUES, 144/4655, *sb.* handles, hafts.
HIR EYÞER, 24/601, each of them.
HIȜT, 44/1166, *pt. s.* was called, was named. A.S. *hatan.*
HIȜT, 47/1262, *pt. s.* ordered, bade.
HIȜT, 90/2782, *sb.* promised happiness.
HOD, 165/5339, *sb.* HODE, 35/843, hood.
HOL, 20/519, *adj.* HOOL, 20/522, whole, sound.
HOLD, 40/1026, *sb.* prison, captivity.
HOLDE, 84/2592, *adj.* faithful. A.S. *hold.*
HOND, 54/1523, *sb.* hound, dog.
HOPE, 10/326, 1 *pr. s.* expect, believe.
HORE, 178/5725, *sb.* adultery (?).
HORE, 5/154, *adj.* white-haired, old.
HORESONE, 68/2016, *sb.* bastard.
HOST, 95/2982, *sb.* haste.
HOSYN, 66/1941, *sb. pl.* hose: breeches or stockings, or both.
HOTEÞ, 65/1925, *pr. s.* bids, orders. HOTEN, 152/4901, *pp.*
HOVE, 103/3269, *vb.* remain, stay. HOUEDE, 140/4515, *pt. s.* HOUYNGE, 122/3904, *pr. p.*
HOUTE, 102/3225, *vb.* shout, cry. "Howtyn or cryyn. *Boo.*" *Prompt. Parv.*
HOWES, 155/4993, *sb. pl.* hooks.
HOȜE, 141/4539, *sb.* hurt, harm. *See* Note.
HUD, 50/1400, *pp.* hid, hidden.
HUGENYS, 2/51, *sb.* size.
HULD, 6/178, *pt. s.* held, kept.
HULLE, 119/3819, *sb.* hill.
HUMELICH, 69/2050, *adv.* gently, quietly.
HURD, 2/47, *pt. s.* heard.
HURE, 68/2035, *vb.* hear.
HURE, 7/215, *pron.* her, it.
HURE, 10/303, *poss. pr.* their.
HWYCH, 20/511, *pron.* which.
HYE, 42/1106, *vb.* hasten, hurry
HYLDE, 57/1639, *vb.* skin; *let hem hylde,* cause them to be skinned.
HYLP, 102/3208, *sb.* help, assistance.
HYLUE, 138/4434, *sb.* haft, handle.
    FERUMBRAS.

HYMEN, *passim.* these, they, them.
HYNE, 178/5730, *sb. pl.* servants.
HYREÞ, 119/3794, *pr. pl.* hear.
HYWE, 24/604, *pt. pl.* hewed, slashed.
HYWE, 145/4665, *sb.* complexion. A.S. *heow, hiw.*
HYȜT, 182/5873, 2 *pt. s.* didst promise.

I-BOTENED, 6/166, *pp.* buttoned, fastened.
I-BROCHED, 107/3389, *pp.* pierced, transfixed.
IN-BUCHED, 92/2879, *pp.* placed in ambush.
I-DIȜTE, 55/1577, *pp.* prepared, armed. A.S. *dihtan.*
IHERID, 42/1100, *pp.* praised. A.S. *herian.*
I-HOTE, 42/1087, *pp.* named. A.S. *hatan.*
ILECHE, 77/2336, *adj.* like.
ILKE, 26/637, *adj.* same, very.
ILYUE, 62/1804, *vb.* believe, credit.
I-PAID, 60/1747, *pp.* satisfied, paid.
I-PIȜT, 83/2543, *pp.* placed, fixed.
I-SAME, 70/2112, *adv.* together.
*I-SCHENT, 12/371, *pp.* destroyed.
I-SWONKE, 5/152, laboured, exerted. A.S. *swincan.*
IAKKE, 116/3689, *sb.* a defensive upper garment quilted with stout leather: a jerkin.
IAMBEAUS, 174/5615, *sb. pl.* leg-armour which covered both the front and the rear, while *greaves* only protected the shins.
IANTAIL, 21/527, *adj.* noble, courteous. Fr. *gentil.*
IET, 58/1681, *sb.* contrivance, device.
IEW-DE-DAME, 74/2225, *sb.* draughts.
IOLIF, 8/251, *adj.* 56/1582, handsome, active.
IOLYTE, 75/2259, *sb.* mirth. "*Ioliet*: Iollity, jollinesse: jocundnesse, mirth, &c.," Cotgrave.
IOUPOUN, 116/3689, *sb.* a short kind of surcoat introduced in the time of Edward III: often of silk or velvet, and was worn over the armour in the same way as the *Cote-armour.*

R

IORNAY, 34/827, *sb.* combat.
IORNE, 126/4029, *sb.* journey, way.
IORNEE, 100/3155, 134/4307, day's work, day's march.
IOUSTE, 4/105, *vb.* joust, engage, contend.
IUGGYMENT, 178/5739, *sb.* judgment, sentence.
IUPOUN, 31/745, *sb.* jacket.

KEEM, 8/260, *vb. pt. s.* came. KEMEN, 99/3130, *pt. pl.*
KENDE, 48/1298, *sb.* race.
KENNEþ, 134/4314, *pr. s.* knows.
KEP, 125/4016, *vb.* 1 *pr. s.* care, wish.
KEPEDE, 106/3377, *pt. s.* troubled for.
KERNELS, 102/3234, *sb. pl.* battlements. "*Creneaux, Curneaux*; the battlements of a wall. *Creneler.* To imbattle," Cotgrave.
KERSE, 168/5442, *sb.* rush. *See Note.*
KET, 115/3667, *adv.* KETE, 143/4596, quickly, fast, fiercely. *See Note.*
KEUERID, 78/2370, *pp.* covered, hid.
KNAK, 143/4599, *sb.* knock, blow.
*KNAL, 17/463, *sb.* (?knak,) knock, blow. Compare the preceding word.
KNEN, 179/5775, *sb. pl.* knees.
KNOþ, 6/174, *pr. s.* knoweth.
KUD, 50/1401, *pp.* known, celebrated, discovered. A.S. *cyðan, cuðian.*
KULDE, 86/2660, *pt. s.* killed.
KUNNE, 14/389, *sb.* kin, race, family.
KUSTE, 68/2030, *pt. s.* kissed, embraced.
KUþE, 4/104, *vb.* KYþE, 55/1581, show, make known. *See* KUD.
KYNNES, 4/128, *sb.* kind, manner. *None kynnes,* of no kind.

LACYE, 164/5308, *vb.* lace up.
LAK, 56/1589, *sb.* delay, hesitation; 170/5487, defect.
LANCYNGE, 88/2733, *sb.* shower of lances or darts.
LASSE, 6/187, *adv.* less.
LATOUN, 86/2617, *sb.* a mixed metal resembling brass.

LAU3TE, 76/2315, *pt. s.* LAWTE, 39/995, caught.
LAWE, 3/85, *sb.* faith, creed.
LAWE, 13/386, *vb.* laugh. LAWYNG, 60/1757, *pr. p.*
LAY, 14/397, *sb.* religion, faith.
LAY, 56/1602, *sb.* song, story.
LAYKY, 106/3357, *vb.* amuse themselves, play.
"3if him list for to *laike,* þenne loke we mowen."
P. *Plowman, B. Prol.* 172.
LECHES, 42/1092, *sb. pl.* physicians.
LEEM, 63/1861, *sb.* light.
LEES, 15/407, *sb.* lie.
LEF, 19/495, *adj.* willing, desirous.
LEF, 21/541, *sb.* leaf.
LEF, 148/4763, *vb. imper.* leave, retire from, give up.
LEFTE, 172/5535, *pt. s.* was left, remained.
LEGGE, 54/1534, *vb.* lay, set; 136/4394. stake.
LEKEDEM, 118/3769, *pt. pl.* pleased them.
LEKYNGE, 98/3090, *sb.* pleasure. *Hure lekynge,* pleasing to her.
LEL, 61/1770, *adj.* faithful, true.
LENDE, 179/5772, *vb.* landed, settled.
LERE, 77/2354, *vb.* learn, hear.
LET, 93/2896, *pt. s.* ordered, caused. A.S. *lǽtan.*
LET, 3/93, *vb.* hinder, stop. A.S. *lettan.*
LEUE, 85/2633, *vb.* remain, be left.
LEUERE. 5/145, *adv.* rather, sooner.
LEUES, 48/1327, *sb. pl.* folding-doors.
LEUET, 61/1781, 1 *pr. s.* leave it, give it up.
LEYE, 26/629, *vb.* lie, be deceived.
LIBBE, 179/5779, *vb.* live, pass (one's life).
LIFLODE, 81/2493, *sb.* provisions, means of subsistence.
LIFT, 121/3863, *sb.* sky, air.
LIGGE, 48/1311, *vb.* lie, remain.
LIPPEN, 5/141, *sb. pl.* lips.
LIþ, 74/2248, *sb.* nerves, sinews. A.S. *lið.*
LI3T, 71/2145, *pt. s.* alighted.
LI3TE, 20/521, *sb.* light.

LODLUKER, 145/4665, *adj.* more loathsome, hideous.

LOES, 9/273. LOS, 4/123, *sb.* praise, fame.

LOME, 9/286, *adv.* often, frequently.

LORDLYNGES, 54/1518, *sb. pl.* LORLYNGES, 97/3049, sirs.

LORE, 76/2298, *pt. pl.* lost.

LOSENGERS, 131/4196, *sb. pl.* deceivers, liars. "*Losengier.* A flatterer, cogger, foister, pickthanke, prater, cousener, guller, beguiler, deceiver." Cotgrave.

LOÞ, 19/4195, *adj.* unwilling, loth.

LOUELICH, 68/2030. LOUELY, 8/244, *adv.* with love, lovingly.

LOUS, 16/439, *sb.* louse, flea.

LOUTE, 3/67, *vb.* bow, bend.

LOW, 12/356, *pt. s.* LOWȝ, 20/524, laughed.

LUP, 8/243, *vb. pt. s.* leaped.

LUSE, 139/4469, *vb.* lose money.

LUST, 17/453, *vb. imper.* listen, hearken. LUSTE, 64/1900.

LUTHER, 59/1708, *adj.* evil, bad. A.S. *lyðer.*

LUUERE, 128/4093, *adv.* rather, more willingly.

LYAUNCE, 51/1409, *sb.* family, descent; 128/4098, party, alliance.

LYBBE, 131/4213, *vb.* 1 *pr. s.* live.

LYE, 74/2242, *sb.* flame. A.S. *lēg, lȳg.*
"Fostren forth a flaumbe and a feyre *leȝe.*"
    P. Plowman, B. XVII. 207.

LYERE, 60/1757, *sb.* liar.

LYKE, 57/1631, *vb.* please.

LYME, 158/5092, *sb.* limb.

LYN, 111/3541, *vb.* lie, beset.

LYN, 3/89, *vb.* to stop, remain. A.S. *linnan.*

LYNEDE, 49/1362, *pt. s.* leaned. LYNYNGE, 106/3358, *pr. p.*

LYTE, 139/4474, *adj.* little, small; 55/1578, *adv.*

LYTHER, 54/1535, *adj.* dangerous, fierce. A.S. *lyðer.*

LYÞ, 158/5092, *sb.* limb. See LIÞ.

LYUAND, 22/549, *adj.* living, alive.

LYUEDE, 3/85, *pt. pl.* believed.

LYUES, 81/2483, *adv.* alive.

LYURE, 42/1095, *sb.* liver.

MA, 91/2828, *imp. pron.* men, they. Fr. *on.* See ME.

MAKE, 51/1422, *sb.* mate, consort.

MALES, 131/4201, *sb. pl.* bags.

MAMETES, 83/2541, *sb. pl.* idols. See Note to *l.* 2534.

MANACE, 16/432, *sb.* throats, menaces.

MANYON, 35/835, many a one, many.

MARBRE, 177/5701, *sb.* marble-vessel.

MARTYR, 2/55, *vb.* martyr, slay.

MASALYNE, 48/1327, *sb.* some kind of metal: probably brass. Halliwell quotes from MS. Cantab. Ff. II. 38, leaf 122:—
    "liij. c. cuppys of golde fyne,
    And as many of *maslyn.*"

MASTRYE, 65/1904, *sb.* MAYSTRYE, 2/57, power, mastery

MAT, 84/2590. MATE, 82/2506, *adj.* faint, almost dead. "*Mat.* Deaded, mated, amated, quelled, subdued, overcome." Cotgrave.
"Meliors was al *mat:* sche ne miȝt no furþer."
    William of Palerne, ed. Skeat, 2441.

MAUFESOURS, 114/3633, *sb. pl.* villains, malefactors.

MAUGRE, 23/567, *prep.* in spite of.

MAUGREE, 10/315, *sb.* misfortune.

MAUMERYE, 83/2534, 153/4938, *sb.* shrine or temple of idols. See Note.

MAWE, 59/1691, *vb.* may, are able. See MOWE.

MAY, 94/2927, *sb.* maid. A.S. *mæg.*

MAYE, 39/978, *vb.* to be troubled. "*S'Esmayer.* To be sad, pensive, carefull; to take thought." Cotgrave. Caxton reads—"lose his wits."

MAYGNY, 61/1791, *sb.* MAYNEE, 107/3405, meyne. Attendants, retinue. O.Fr. *maisniée* = *mansionatam*, from *mansionem*, as *household*, from *house.*

MAYL, 144/4653, *sb.* mallet, hammer.

MAYLLE, 26/624, *sb.* ring or link of his mail-armour. See note to *l.* 876.

MAYSTRES, 49/1349, *sb.* governess.

ME, 3/88, *impers. pron.* men, people; equivalent to the French *on.* See MA.

MEDE, 167/5409, *sb.* meadow, field.
MELKIS, 182/5879, *sb.* of milk.
MELLE, 178/5749, *vb.* have anything to do, meddle with.
MELLEDE, 104/3290, *pt. s.* mixed, mingled.
MENDE, 84/2584, *sb.* consciousness, mind.
MENE, 173/5568, *vb.* lament, complain.
MERUAYLLEþ, 22/556, *imp. pr.* it surprises, astonishes me, I am astonished.
MESSAGER, 52/1466, *sb.* MESSAGERE, 53/1483, messenger.
MEST, 73/2217, *adj.* greatest, principal.
METE, 2/47, *sb.* a meal.
METE-LES, 45/1195, *adj.* without food.
*METENYE, 12/352, *vb.* maintain.
MEYNE, 22/556, *adj.* low, poor.
MEYTEYNE, 12/352, *vb.* maintain.
MICHE, 34/811, *adv.* much.
MIDDEL, 73/2199, *sb.* waist.
MIDE, 92/2866, *prep.* with. A.S. *mid.*
MIXT, 18/474, 2 *pt. s.* mightest, canst.
MOD, 5/144, *sb.* temper, feeling, disposition.
MOLDE, 153/4940, *sb.* the suture of the skull.
MOLDE, 12/361, *sb.* earth.
MON, 45/1212, *sb.* MONE, 45/1196, lament, lamentation.
MONEKYS, 3/60, *sb. pl.* monks.
MORED, 91/2834, *pp.* fixed, rooted.
"And *i-mored* so uaste also þat hi ne miȝte swei be nome."—*Legends of the Holy Rood*, E. E. T. S., ed. Morris, p. 28, l. 126.
MOREL, 116/3713, *sb.* a name properly applied to a dark-coloured horse. "*Morel* as *Moreau. Moreau cheval;* a blacke horse." Cotgrave.
MORNYNG, 77/2338, *sb.* mourning, lamentation.
MORWE, 42/1114, *sb.* MORWENYNG, 2/46, morning, morrow.
MORWETYDE, 93/2895, *sb.* morning-time, morning.
MOST, 5/144, *aux. vb.* might.
MOT, 10/318, *aux. vb.* may.
MURGȝÞE, 68/2034, *sb.* MURȝÞE, 2/48, mirth.
MYNE, 155/4993, *vb.* undermine.

MYNTE, 173/5587, *vb.* aim.
MYSBEDE, 85/2619, *vb.* give disgraceful orders to, speak shamefully.
MYSBRAYDE, 40/1037, *sb.* abuse.
MYS-BYÞOȝTE, 180/5825, *pp.* mistaken, acting wrongly.
MYSTER, 87/2684, *sb.* trade, profession, art.
MYSWENT, 66/1963, *pp.* mistaken, gone wrong.

NAD, 5/141, *pl. s.* for *ne had*, had not.
NAKE, 88/2744, *adj.* uncovered, bare.
NAM, 80/2434, for *ne am*, am not.
NAM, 31/746, *pt. s.* hit, reached; 8/257, took. A.S. *niman.*
NAMLICH, 62/1823, *adv.* especially.
NAYM, 13/374. Nain. Compare CAYM = Cain.
NAȝT, 61/1779, *adv.* not, nought.
NAUEL-STEDE, 20/509, *sb.* navel, middle.
NEDES, 60/1741, *adv.* necessarily.
NEITE, 5/148, *sb.* night, evening.
NEL, 23/568, for *ne will*, will not.
NEMPNED, 101/3196, *pp.* named.
NEODE, 120/3853, *sb.* affair, business.
NERE, 10/326, *pt. s.* for *ne were*, were not.
NERE, 41/1069, *adv.* never.
NESSCHE, 110/3499, *adj.* NEYCHS, 161/5187, soft; *at nessche & hard*, entirely, on every point. A.S. *hnesce.*
NEYȝ, 23/575, *adv.* nigh, nearly.
NEȝED, 6/179, *pt. s.* approached. NEȝEHEDE, 53/1494, drew near. A.S. *neahwian.*
NEȝENE, 88/2720, *num.* nine.
NEȝENTENE, 87/2699, *num.* nineteen.
NEȝY, 154/4953, *pr. pl.* approach, come near. See NEȝED.
NISTE, 28/681, *pt. s.* for *ne wiste*, did not know.
NOLDE, 4/127, *pt. s.* for *ne wolde*, would not.
NOME, 43/1133, *pp.* betaken, taken. A.S. *niman.*
NONE, 56/1587, *sb.* noon.

NONES, 48/1324, *for the nones* = for the time (*for than ānes*).
NOT, 122/3902, *pr. s.* for *ne wot*, does not know.
NOÞELES, 23/573, *conj.* nevertheless, yet.
NOÞER, 5/147, *conj.* NOUÞER, neither, nor.
NOWAR, 2/51, *adv.* nowhere. A.S. *nāhwer*.
NUBBEE, 55/1571, *sb.* Nubia.
NULLETH, 94/2932, 1 *pr. pl.* for *ne wulleth*, will not.
NUYE, 2/49, *vb.* be vexed or grieved.
NYCY, 181/5843, *adj.* foolish, silly. Lat. *nescius*.
NYCYTE, 75/2255, *sb.* folly. Fr. "*niceté*: simplicitie, or simpleness." Cotgrave.
NYSTE, 89/2756, *pt. pl.* for *ne wiste*, did not know, were at a loss.
NYÞEMEST, 103/3257, *adj.* lowest.
NYȜT, 155/5017, *pt. pl.* know not.

O, 18/470, *adj.* one.
OF-SEȜ, 117/3739, *pt. s.* saw at a distance.
OF-TAKE, 39/984, *pp.* OF-TOKEN, 39/987, *pt. pl.* overtook.
OK, 141/4561. OKE, 141/4554, *sb.* oak.
ONDE, 74/2242, *sb.* breath.
ONES, 156/5040, *adv.* ONYS, 15/418, once, before.
ONEÞE, 88/2730. ONNEÞE, 36/883. OUNEÞE, 85/2631, *adv.* with difficulty, with reluctance. A.S. *Oneaðo* from *eað*, easy.
ONLADE, 155/4989, *adj.* unloaded, empty.
ONMAWE, 86/2658. OUNMAWE, 89/2766, *adj.* fierce, furious.
OPEN-HER, 66/1943, *adj.* bare-headed.
OR, 154/4970, *adv.* before, ere.
ORN, 122/3893, *pt. s.* ran. A.S. *rinnan, irnan, eornan*.
"The children *ournen* at the bares."
    MS. Cott. Cleop. D. ix, leaf 156, back.
OTEN, 152/4901, *sb. pl.* oats, corn.
*OUN, 20/511. ?
OUNARAID, 34/821, *adj.* unprepared, unarmed.

OUNDO, 48/1310, *vb. imper.* undo, release.
OUNGERTE, 66/1943, *adj.* ungirded.
OUNHELID, 24/586, *adj.* uncovered. A.S. *helan*, to cover.
OUNHENDE, 66/1965, *adj.* uncourteous.
OUNKENDE, 48/1301, *adj.* unkind.
OUNLEKES, 47/1264, *pr. s.* unlocks. OUNLOK, 46/1254, *pt. s.*
OUNRIDE, 32/747, *adj.* OUNRYDE, 116/3691, fearful.
OUNRIȜT, 40/1031, *sb.* outrage.
OUNRIȜT, 5/157, *adv.* unfairly, wrongly.
OUNÞANK, 98/3061, ill thanks. The same as *maugre*, or *malyre* = *malegratum*.
OUNWRASTE, 93/2905, *adj.* OUNWRESTE, 147/4740, wicked, base.
OUNWRYE, 63/1849. *vb.* unfold, disclose, tell. A.S. *unwrîhan*.
OUT-TAKE, 7/200, *prep.* except, save.
OUTTRAGE, 58/1669, *sb.* foolish action.
OUÞER, 3/84, *conj.* or, *ouþer .... ouþer* = either ... or.
OUERAL, 50/1389, *adv.* everywhere, altogether.
OUERCASTE, 63/1831, *vb.* be troubled.
OWAR, 33/767, *adv.* anywhere. A.S. *āhwær*.
OWE, 157/5068, *adj.* own, true.
OȜENE, 20/513, *adj.* own.
OȜT, 54/1535, *sb.* ought, anything.
OȜTE, 98/3071, *pt. s.* owned, possessed.

PACE, 111/3523, *vb.* pass, cross.
PAID, 83/2533, *pp.* pleased.
PAN, 161/5188, *sb.* piece, portion. "*Pan*. A pane, piece, or pannell of a wall, also a Spanne." Cotgrave. "Panne of a howse; *Panna*." Cath. Anglicum.
PAN, 145/4685, *sb.* skull.
PARAGE, 58/1668, *sb.* parentage, kindred.
PARD, 111/3517, *sb.* part, direction.
PARFAY, 17/457, in faith, faith. Fr. *par foi*.
PARFORNY, 67/1994, *vb.* perform, carry out.

PAS, 95/2969, *sb.* course.
PAST, 89/2763, *sb.* paste. *On past,* in a pie.
PASTE, 45/1195, *pt. pl.* went away, departed.
PAUTENER, 35/859, *sb.* villain, rascal. *See* Note.
PAUYLOUNS, 3/74, *sb. pl.* tents.
PAYE, 135/4355, *sb.* pleasure, satisfaction. *At my paye* = to please or satisfy me.
PAYNYE, 4/122, *sb.* PAYENYE, 33/761, heathendom, pagan countries.
PAYS, 130/4152, *sb.* peace, reconciliation.
PAYTREL, 115/3665, *sb.* breastplate; the strap that crosses the breast of a horse.
PENOUN, 55/1555, *sb.* flag, banner.
PERCY, 143/4613, *vb.* pierce, wound.
PERE, 15/413, *sb.* equal, match. Lat. *par.*
PERE, 177/5722, *sb.* pear.
PEROUN, 137/4429, *sb.* column, pier. "*Perron.* A square base of stone, or metall, some five or six feet high, whereon, in old time, knights errant placed some discourse, challenge, or proofe, of an adventure." Cotgrave.
PERREE, 48/1327, *sb.* jewels, precious stones. "*Pierrerie.* Jewels or precious stones." Cotgrave.
PERS, 141/4548, *vb.* pierce, cut through.
PERS, 58/1682, *sb. pl.* piers.
PERSAUNT, 154/4980, *sb.* Persians.
PERSCHED, 38/941, *pt. s.* pierced, ran through.
PEYNYMES, 33/762, *sb. pl.* pagans, paynim.
PIȝT, 69/2069, *pp.* fixed, placed.
PLAT, 48/1330, *pp.* plated.
PLATE, 36/876, *sb.* plate-armour. *See* Note.
PLEYNEDE, 32/750, *pt. s.* complained.
PLYȝTE, 47/1281, *vb.* plight, pledge. A.S. *plihtan.*
PLYȝTE, 97/3029, *pt. s.* snatched, plucked.
POLASTRE, 48/1327, *sb.* ?
POLTE, 157/5077, *pt. s.* put, placed.
PORPOS, 22/560, *sb.* intention, purpose.
POSTE, 100/3158, *sb.* power, might.

POT, 73/2213, *pt. s.* POTTE, 39/1003, put, placed.
POYLE, 12/365, *sb.* Apulia.
PRAUNCEDE, 165/5341, *pt. s.* stamped about.
PRAY, 181/5857, *sb.* prayer, entreaty.
PREF, 43/1150, *sb.* proof, witness.
PRES, 171/5520, *sb.* charge, struggle.
PREST, 103/3240, *adj.* ready. O.Fr. *prest.* Fr. *prêt.* Lat. *præsto.*
PREYNTE, 46/1238, *pt. s.* winked. "*Prince eages,* nictus vel ictus oculi." Lye, A.S. Dict.
PROCURY, 180/5826, *vb.* cause, endeavour.
PROFRYEM, 5/139, *vb.* offer himself, volunteer.
PROUTELICH, 4/118, *adv.* proudly, haughtily.
PROW, 12/357, *sb.* good, advantage. O.Fr. *prou.*
PRUDE, 16/432, *sb.* pride, haughtiness.
PRUWESSE, 40/1014, *sb.* prowess, daring.
PRYKIE, 34/824, *vb.* ride.
PRYME, 62/1800, *sb.* six o'clock, a.m.
PRYS, 6/173, *sb.* value, account, estimation.
PRYSOUNS, 39/1000, *sb. pl.* prisoners, captives.
PRYUEE, 179/5773, *adj.* friendly.
PULT, 24/594, *pt. s.* put, placed. PULTE, 33/774, pushed.
PUPLE, 130/4169, *sb.* people, men.
PURCHAS, 85/2603, *sb.* acquisition.
PURPOS, 66/1956, *sb.* opinion, proposal.
PYCH, 135/4330, *sb.* pitch.
PYKES, 144/4647, *sb. pl.* spikes.
PYKOYS, 155/4993, *sb.* pickaxes. *See* Note.
PYNE, 41/1048, *sb.* PYNS, 41/1055, *sb. pl.* grief, pain.
PYNGE, 80/2430, *vb.* tingle, stir; 46/1248, push.
PYSE, 181/5847, *sb.* pea. Lat. *pisum.*

QUARELS, 105/3312, *sb. pl.* bolts from cross-bows. "*Quarreau.* A Quarrell, or boult for a crossebowe, or an arrow

with a four-square head." Cotgrave.
QUARREE, 145/4676, *adj.* square-headed.
QUAȝTE, 25/607, *pt. s.* shook, quaked.
QUED, 16/429, *sb.* wretch. O.Fris. *qvâd.*
QUEDE, 54/1535, *sb.* ill, harm.
QUELLE, 16/431, *vb.* kill. A.S. *cwellan.*
QUENTE, 115/3659, *adj.* strange, curious, quaint. See QUEYNTE.
QUEREL, 28/668, *sb.* quarrel, engagement.
QUERT, 30/712, *adj.* safe, whole.
QUERTE, 10/325, *adj.* safe. *In querte =* in safety. "Querte; *Incolumis.*" Cath. Angl.
QUEYNTE, 58/1684, *adj.* QUYNTE, 58/1681, 103/3257, curious. "*Coint.* Quaint, compt, neat, fine, spruce," &c. Cotgrave.
QUYCLYCH, 60/1742, *adv.* quickly, soon.
QUYKE, 118/3764, *adj.* alive, living.
QUYTE, 62/1819, *vb.* requite, repay.

RAD, 67/1990, *pp.* advised, told.
RAIED, 76/2295, *pp.* laid out, served.
RAKE, 72/2177, *pt. s.* hurried. A.S. *recan.*
RAPLY, 13/384, *adv.* quickly. Cf. Lat. *rapere*, to snatch, to seize hurriedly.
RATHE, 121/3874, *adv.* early. RAþERE, 16/426, *comp.*
RAUȝT, 26/641, *pp.* RAȝT, 38/965, *pt. pl.* reached, struck. See ARAUȝTE.
RAY, 13/385, *imper. s.* array, prepare.
RAYNE, 60/1755, *sb.* rein, bridle.
RECET, 40/1021, *sb.* retirement.
RECREENT, 12/318, *adj.* recreant.
RECULEDE, 142/4585, *pt. pl.* drove back, made to recoil.
RECULLE, 38/971, *vb.* recoil, draw back, retreat.
RECULYNGE, 89/2771, *sb.* retreat, retiring.
RED, 59/1716, 67/1986, *sb.* advice. REDE, 169/5456.
REDE, 7/218, *vb.* assist, maintain.
REFET, 60/1736, *pp.* fattened, fat. "*Re-*

faict. Plumpe, fattened, high-fed." Cotgrave.
REGARD, 47/1297, *sb.* looks, appearance. "*Regard.* A look, view, sight, aspect." Cotgrave.
REGNEE, 78/2386, *sb.* kingdom.
REKE, 46/1249, *vb.* run, hurry. A.S. *recan.*
REKE, 167/5403, *pt. pl.* hastened.
REKE, 3/61, *adj.* rich. A.S. *ríce.*
RELIEDE, 38/963, *pt. pl.* rallied, recovered.
RELYGYOUS, 3/62, *adj.* members of any religious order.
REMUYE, 3/77, *vb.* remove, stir.
RENDE, 74/2242, *pt. s.* ran.
RENDOUN, 166/5357, *sb.* haste, speed. See ARAUNDOUN.
RENEYED, 145/4673, *pp.* foresworn, false.
RENTE, 22/561, *sb.* property.
REPE, 113/3583, *adv.* speedily, quickly. See also RAPLY.
REPREUE, 14/404, *sb.* shame, disgrace.
REQUILLED, 57/1621, *pt. pl.* drove together. See Note.
RESCOWE, 40/1012. RESCUWE, 39/1008, *vb.* RESCUWY, 39/1003, rescue.
RESOUN, 126/4047, *sb.* advice, opinion.
RESTARE, 51/1439, *vb.* restore, give up.
REUE, 14/405, *vb.* deprive, bereave.
REWARDIEþ, 109/3463, *pr.* 2 *pl.* determine, agree. REWARDED, 10/312. REWARDET, 10/311, *pp.*
REWE, 97/3026, *sb.* row.
REWþE, 33/784, *sb.* pity.
REYNOURS, 62/1798, *sb. pl.* thieves, robbers.
RIBAUX, 140/4517, *sb. pl.* villains, rascals.
RIDEL, 83/2537, *sb.* curtain, screen. "*Rideau.* A curtain, or cloth-skreen." Cotgrave.
RIG, 137/4397. RIGGE, 48/1309, *sb.* back. A.S. *hrycg.*
RIGGES, 55/1565, *sb. pl.* ridges, mounds.
RITTE, 156/5030, *pt. pl.* cut, tore.
RIȝDT, 38/956, *pr. s.* rides.
RIȝTES, 135/4343, *adv.* directly, straight.

248 GLOSSARY.

Robby, 62/1799, vb. rob, plunder.
Rout, 34/813, sb. Route, 34/825, company, followers.
Route, 49/1343, vb. roar. O.Icel. *rauta*.
Rowe, 48/1300, vb. *?perhaps* rest, be still. See *The Tale of Beryn*, ed. Furnivall, l. 284.
Rowe, 66/1954, *adv.* rough, thick. A.S. *ruh, ruw*.
Roȝt, 176/5669, *pt. s.* cared, recked. A.S. *rêcan*.
Ryde, 48/1300, vb. ride.
Ryot, 138/4459, sb. assembly, gathering. O.Fr. *riote*.
Ryse, 42/1114, *pt. pl.* arose, rose.
Ryssche, 4/124, sb. rush. A.S. *risce*.

Sad, 12/353, *adv.* strongly.
Sade, 103/3235, *adj.* heavy; 105/3340, sharp, severe. "Sad, or hard. *Solidus*." Prompt. Parv.
Saf, 128/4109, *prep.* except, save.
Sainfaile, 77/2350, sb. certainly, beyond a doubt. Fr. *sans faille*.
Sakred, 51/1405, *pp.* taken a solemn oath.
Sarplers, 136/4371, *sb. pl.* bags. "*Sarpillére.* A Sarpliar; a peece of canvas, cloth, or other stuffe to wrap or packe up wares in." Cotgrave.
Sauete, 107/3410, sb. safety.
Sawe, 57/1635, sb. tale, account.
Say, 7/213, sb. serge or woollen cloth. "Saye clothe, *serge*." Palsgrave.
Say, 34/811. Saye, 117/3729, *pt. pl.* Sayw, 46/1245, *pt. s.* saw, discovered.
Saye, 42/1093, vb. try, examine.
Sayne, 63/1836, vb. say, tell.
Sayseþ, 96/3009, *pr. s.* seizes.
Scaberke, 33/771, sb. scabbard.
Scaþye, 32/759, vb. harass, injure.
Schad, 31/743, *pt. s.* spilt.
Schak, 86/2663, sb. shock, charge.
Schake, 37/928, vb. hurry, ride.
Schaket, 73/2205, vb. shake it.
Schaly, 104/3282, vb. peel off, fall off (in scales).

Schape, 146/4713, *pp.* purposed, proposed. A.S. *sceapian*.
Schav, 25/615, *pt. s.* cut, shaved off.
Schef, 50/1369, *pt. s.* pushed, shoved.
Scheltou, 51/1436, shalt thou.
Schene, 138/4463, *adj.* bright, shining.
Schennes, 72/2175, sb. ruin, destruction. A.S. *scendnyss*.
Schent, 17/459, *pp.* disgraced, defeated. A.S. *scendan*.
Schentfule, 67/1973, *adj.* shameful, disgraceful.
Schep, 21/541, *pt. s.* shaped, created. See Schape.
Scherth, 35/837, *pr. s.* cuts, shaves. A.S. *sceran*.
Schilde, 31/727. Schulde, 26/631, *pt. pl.* resounded. O.H.Ger. *scellan*.
"þide schillinde stefne." *Seinte Marharete*, ed. Cockayne, 19.
Schille, 96/3020, *adv.* shrilly, loudly. A.S. *scyll*. See Note.
Schippe, 21/542, 2 *pr. s.* prepare, make ready. See Schape.
Schon, 66/1941, *sb. pl.* shoes.
Schond, 66/1947, sb. ruin, disgrace. A.S. *sceond*.
Schoure, 25/581, sb. blow.
Schrewe, 62/1828, sb. villain, cursed fellow.
Schride, 8/234, vb. array, dress. Schridde, 35/868, *pt. s.* A.S. *scrýdan*.
Schynde, 20/523, vb. ruin, destroy. A.S. *scendan*.
Sckyrme, 74/2227, vb. fence.
Scolle, 12/353, sb. skull, head.
Scoute, 75/2284, sb. wretch.
Sede, 6/190, *pt. s.* said, cried.
Seet, 45/1200, *pt. s.* sat.
Sege, 72/2183, sb. position, place; 78/2358, siege, attack.
Sekede, 7/209, *pt. s.* sighed.
Selcouþ, 177/5708, *adj.* strange, unusual.
Selue, 67/1997, *adj.* same.
Sembbly, 35/834, *adj.* fair, handsome.
Semblant, 37/923, sb. face, countenance.
Semblee, 79/2423, sb. assemblage.

SENGLE, 41/1071, *adj.* simple, hence, unclothed, naked; 66/1942, *adv.* See Note.
SERUAGE, 2/56, *sb.* subjection.
SESSOYNGNE, 65/1923, *sb.* Saxony.
SEST, 70/2108, *pr. t. s.* seest.
SEST, 40/1017, *pt. pl.* ceased, stopped.
SET, 64/1872, 1 *pr. s.* reckon, think of consequence.
SEȝ, 31/736, *pt. s.* SEȝE, 19/504, saw. A.S. *seon.*
SEȝ, 24/589, *pt. s.* ?
SHET, 124/3962, *pt. s.* shot, plunged. *Sset* occurs in *Robert of Gloucester.*
SHREWEDERE, 138/4431, *adj.* more villainous-looking.
SHREWIDNESSE, 98/3084, *sb.* villany.
SHROUT, 106/3358, *sb.* cover, shelter. A.S. *scrūt.*
SIBBE, 109/3447, *adj.* related.
SIGGE, 3/87, *vb.* say, tell.
SIKERLUKERE, 35/867, *adv.* SYKERLUKER, 37/909, more securely, more safely.
SIþ, 44/1163, *adv.* afterwards, after.
SIþES, 41/1080, *sb. pl.* times.
SIȝTE, 40/1023, *pt. s.* sighed.
SKEER, 181/5835, *adj.* free, safe from.
SKRYȝTE, 56/1609, *pt. pl.* shrieked, cried out.
SKUNTEDE, 121/3888, *pt. s.* foamed. See Note.
SKYLES, 110/3499, *sb. pl.* reasons, reasoning.
SLAKE, 84/2595, *vb.* fail, run short.
SLAUNDRE, 4/132, *sb.* mockery.
SLAUȝT, 103/3236, *sb.* SLAȝT, 171/5519, slaughter.
SLEE, 2/55, *vb.* slay. SLEEþ, 66/1966, *imper.* A.S. *sleon.* See also SLONE *and* SLOW.
SLEGGE, 48/1308, *sb.* sledge-hammer.
SLENT, SLENTE, 28/674, *pt. s.* aimed, struck. See STRATMANN, *s. v. Slengen.*
SLEȝ, 52/1446, *adj.* SLEȝE, 46/1239, wise, sensible. O.Icel. *slǣgr.*
SLO, 135/4338, *sb.* sloe. See Note.
SLONE, 16/427, *vb.* SLAY, 66/1958, *pp.* A.S. *sleon.*

SLOW, 3/59, *pt. s.* SLOȝ, 3/62, slew. A.S. *sleon.*
SMERE, 13/386, *adv.* ? gently. "He *smere* lōh." Laȝamon, ed. Madden, 14081.
SMYLLEþ, 83/2546, *pr. s.* smells.
SNEL, 75/2273, *adv.* quickly, at once. A.S. *snell, snel.*
So, 3/81, *adv.* as; so ... so = as ... as.
SOCOURE, 45/1192, *sb.* help, assistance.
SOIOURNED, 150/4841, *pt. s.* halted, remained.
SOMERS, 87/2692, *sb. pl.* pack-horses, horses of burden. "*Sommier.* A sumpter-horse."—Cotgrave.
SOND, 14/401. SONDE, 165/5331, *sb.* message.
SONDE, 23/573, *sb.* sand, ground.
SOOT, SOT, 30/719, *sb.* sweat. A.S. *swat.*
SOR, 19/503, *sb.* wound. "Surre; *cicatrix.*" Cath. Anglicum.
SOUNDERLICHE, 67/1990, *adv.* separately.
SOUNEDE, 41/1080, *pt. s.* SOWENEDE, 131/4221, swooned, fainted.
SOWENYNG, 43/1134, *sb.* SOȝENYNG, 84/2585, swooning, faint.
SOȝTE, 3/71, *vb. pt. t.* sought, came to.
SPELIE, 13/342, *vb.* spare. "*Spele* and spare." *P. Plowman,* C. XIV. 77.
SPELLE, 16/429, *sb.* speech, harangue.
SPERDE, 47/1263, *pt. s.* closed, barred. A.S. *sparrian.*
SPERHAUK, 87/2680, *sb.* sparrow-hawk.
SPILLE, 153/4947, *vb.* be lost, ruined, killed. SPILD, 23/569, *pp.*
SPILLYNG, 168/5425, *sb.* waste, outpouring.
SPIȝTE, 103/3248, *pt. s.* ? directed, bade.
SPORES, 55/1564, *sb. pl.* spurs.
SPREYNTE, 104/3291, *pt. s.* sprinkled. A.S. *sprengan.*
SPRINGOLD, 105/3310, *sb.* a machine of war for casting stone arrows, &c. See Note.
SPRYNGGYNG, 112/3562, *sb.* dawning, opening.
STAGES, 103/3255, *sb. pl.* platforms, stories. Fr. *estage.*

STAP, 11/345, *sb.* step.
STAPE, 180/3793, *vb.* step.
STENT, 58/1653, *pr. s.* stands.
STERK, 103/3241, *adj.* sharp, stiff. A.S. *stearc.*
STERREDE, 132/4233, *adj.* with a star on his forehead.
STEUENE, 99/3111, *sb.* voice.
STEȝE, 78/2388, *vb.* climb.
STEȝE, 178/5731, *pt. s.* ascended. A.S. *stigan.*
STILLE, 10/322, *adv.* quietly, in a low tone.
STILP, 141/4553, *sb.* stump, post. O.Icel. *stolpi.*
"But iii foote high on *stulpes* must ther be."
    Palladius on Husbondrie, ed. Lodge, 39/1054.
STOKKES, 44/1186, *sb. pl.* stocks.
STORK, 71/2118, *adj.* stiff, sharp. See STERK.
STOUNDE, 20/518, *sb.* moment.
STOURE, 29/696, *sb.* battle, contest.
STOȝEN, 156/5027, *pp.* climbed. See STEȝE.
STRAUȝT, 67/1976, *adv.* STRAȝTE, 73/2204, directly, straight.
STRE, 74/2229, *sb.* straw.
STREK, 8/244, *vb. pt. s.* stroked.
STREKES, 47/1265, *pr. s.* hurries, goes rapidly.
STRUYEDE, 3/64, *pt. s.* destroyed.
STURIE, 36/876, *vb.* exert, busy himself.
STYL, 105/3313, *sb.* STYLE, 138/4433, steel.
STYNTE, 3/77, *pt. s.* stopped, halted. A.S. *astyntan.*
STYÞ, 29/696, *adj.* STYÞE, 85/2614, fierce, strong, sturdy; 26/631, *adv.* A.S. *stið.*
SULK, 138/4463, *sb.* silk.
SUNDERLY, 94/2937, *adv.* separately, individually.
SURLOKERE, 20/520, *adv.* more safely.
SUÞÞE, 27/647, *adv.* after, afterwards, since.
SWARF, 31/743, *pt. s.* swerved, glanced, passed. A.S. *sweorfan.*
SWART, 93/2908, *adj.* black. A.S. *sweart.*

SWATTE, 178/5753, *pt. s.* sweated.
SWER, 3/82, *pt. s.* swore.
SWETE, 120/3855, *vb.* sweat, be exhausted.
SWOLWE, 132/4232, *sb.* swallow.
SWOM, 124/3958, *pt. s.* swam.
SWYKEL, 142/4589, *adj.* traitorous, deceitful. A.S. *swicol.*
SWYNKE, 20/517, *vb.* work, labour.
SWYRE, 31/735, *sb.* neck. A.S. *swira.*
SWYÞÞER, 34/816, *adv.* more quickly.
SYCHE, 65/1935, *vb.* seek, follow.
SYE, 58/1679, *pr. s.* seest.
SYKERLY, 3/62, *adv.* certainly, assuredly.
SYKERY, 47/1281, *vb.* assure, pledge. See also SAKRED.
SYKYNGE, 77/2345, *pr. p.* sighing.
SYMEÞ, 59/1700, *pr. s.* seems.
SYSST, 180/5809, 2 *pr. s.* seest.
SYȝYNG, 40/1040, *sb.* sighing.

TABIDE, 19/500, *for* to abide, to wait for.
TABLERE, 74/2225, *sb.* backgammon.
TABOURS, 122/3895, *sb. pl.* drums.
TAKET, 73/2204, *vb.* take it, seize it.
TAL, 12/363, for *to al; in tal* = into all.
TALE, 34/799, *sb.* count, reckoning *by tale,* in number.
TANGE, 48/1308, *sb.* tongs.
TARSE, 138/4463, *sb.* a kind of silk. See Note.
TAST, 59/1700, *vb.* TASTE, 42/1094, try, examine, touch.
TAUȝTE, 50/1391, *pt. s.* TAȝTE, 56/1603, showed, proved.
TEEN, 39/991, *sb.* TENE, 35/846, rage, vexation.
TELEST, 55/1578, *pr. s.* countest, reckonest. TELLEÞ, 4/117, TELT, 6/173, *pr. s.*
TEYNTE, 82/2506, *pp.* pained, affected. A.S. *teonian, týnan.*
THE, 5/144, *vb.* thrive; *so most he þe,* so might he prosper.
THILKE, 12/364, *pron.* that one, he.
THO, 5/141, *adv.* then.
THRO, 124/3968, *adj.* swift, threatening.

THROWE, 167/5413, *sb.* moment, short time.
TIDE, 11/350, *sb.* time. A.S. *tíd.*
TILLE, 3/59, *vb.* reach, come to. TILDE, 145/4678, *pt. s.* A.S. [*ge*]*tillan.*
TIȝT, 40/1015, *pt. pl.* turned, directed their course. TIȝTE, 31/729, *pp.* intended, meant.
TOCHED, 7/219, *pt. s.* appertained to, belonged to.
TOCHON, 96/3000, *pt. s.* broke in pieces. A.S. *to-cínan.* "Þe roche *tochon.*" *An Eng. Miscell.*, ed. Morris, p. 92.
TO-CLATRID, 36/897, *pp.* broken to pieces.
TO-FALLE, 155/5011, *pp.* knocked to pieces.
TO-FLENTE, 153/4940, *pt. s.* flew in ieces.
TO-GADRES, 28/672, *adv.* together.
TO-HEWE, 28/676, *pp.* cut to pieces.
TOK, 4/114, *pt. s.* counted, considered.
TOL, 141/4541, *sb.* tool, weapon.
TOLD, 145/4659, *pp.* reckoned, measured.
TO-NIȝT, 5/153, *adv.* this night just past, last night.
TO-RENTE, 28/675, *pt. pl.* tore, cut to pieces.
TORKE, 85/2605, *sb.* Turk.
TO-TAAR, 141/4533, *pt. s.* tore to pieces.
TOUR, 42/1104, for *to our.*
TOUȝT, 151/4857, *adj.* strong. See TOȝT.
TO-WOND, 84/2568, *pt. s.* went, tumbled.
TOȝT, 124/3969, *adv.* strongly, fiercely. "Þe kniȝt so *toȝt.*" *Sir Gawayne,* 1869.
TOȝT, 59/1716. ?
TOȝTE, 136/4390, *adv.* tightly, full.
TRACES, 182/5881, *sb. pl.* tresses, hair.
TRATE, 50/1370, *sb.* old wretch. See Note.
TRAYSEMENT, 147/4754, *sb.* treason, treachery.
TRE, 56/1595, *sb.* TREO, 123/3939, wood, shaft. TREN, 102/3230, *pl.*
TRECHOUR, 102/3210, *sb.* traitor.
TRENCHAUNT, 21/537, *adj.* cutting, sharp.

TREPEDE, 8/241, *vb. pt. s.* stepped on.
TRETYS, 182/5883, *adj.* slender. See Note.
TREU, 133/4393, *sb.* toll. "*Treu.* The toll or custom paied unto Lords, for salt, and other commodities, or merchandise, carried along by their dominions; and generally, any toll, tax, or imposition."—Cotgrave. See TROW.
TRIŚT, 6/191, 1 *pr. s.* trust, rely on.
TRISTOUR, 78/2373, *sb.* grief, sadness.
TROME, 78/2372, *sb.* assembly, gathering, heap. A.S. *truma.*
TROSSY, 130/4189, *vb.* TROSSYE, 58/1663, *imper. s.* TRUSSYE, 130/4193, *vb.* pack, tie. "*Trousser.* To tucke, packe, bind or girt in." Cotgrave.
TROSSEDE, 13/4201, *pt. pl.*
TROW, 44/1186, *sb.* wood.
TROW, 60/1732, *sb.* toll, fine. See TREU.
TRUFLE, 109/3459, *sb.* nonsense, folly.
TRUPT, 64/1872, *interj.* pooh! See Note.
TRUSSYAM, 126/4029, *vb.* get themselves ready, pack up. See TROSSY.
TRUWAGE, 60/1731, *sb.* toll. "*Truage,* A toll, custom, tax, imposition." Cotgrave.
TURDE, 87/2691, *pt. pl.* turned, from French *tour;* turn being from *tourner.* L. Lat. *tornare.*
TWELMONTH, 91/2832, *sb.* twelve-months a year.
TWELÞE, 91/2843, *num. adj.* twelfth.
TWEYRE, 10/311, *num.* of two.
TWYE, 175/5645, *num.* two.
TWYȝTE, 56/1596, *pt. pl.* drew hastily. A.S. *twiccan.*
TYNT, 56/1596, *pp.* lost, destroyed. O.Icel. *týna.*
TYȝD, 62/1817, *impers. pr. as fut.* it will betide, happen to.
ÞAR, 2/51, *adv.* where.
ÞARȝ, 76/2288, *prep.* through.
ÞE, 181/5841, *vb.* ÞEO, 103/3251, thrive, prosper. A.S. *þeon.*
ÞEARMES, 38/949, *sb. pl.* bowels. A.S. *þearm.*
ÞEDE, 73/2207, *sb.* country. A.S. *þeod.*

Þenchesoun, 130/4168, *sb.* for þe enchesoun, the reason.
Þengyns, 155/4985, for þe engyns.
Þenne, 34/803, *adv.* thence.
Þerste, 9/291, *vb. pt. s.* dared, ventured.
    "I ne þerste do such a fol dede."
    Seinte Margarete, ed. Cockayne, 304.
Þeynt, 167/5395, ? does it seem to.
Þey3, 18/483, *conj.* though, although.
Þilke, 23/578, *pron.* that, such. Þylke, 48/1301, *pl.*
Þolie, 47/1275, *vb.* suffer, endure. A.S. *þolian.*
Þonder, 26/631, *sb.* thunder.
Þor, 21/544, *adv.* there.
Þorw, 35/843. Þorwh, 34/829. Þor3, *prep.* through, by.
Þoþre, 113/3592, for þe oþre, the rest, the others.
Þraste, 113/3606, *vb.* push on; 36/871, *pt. s.* pressed, pushed.
Þref, 68/2017, *sb.* fortune, luck, thriving.
Þrete, 43/1152, *vb.* threaten.
Þridde, 49/1355, *num. adj.* third.
Þrow, 28/679, *sb.* time, moment.
Þus, 27/660, *pron.* these.
Þywyng, 158/5094, *pr. p.* ? threatening.

Uake, 72/2148, ? awake.
Vchone, 102/3207, *pr.* each one, all.
Vnderfonge, 7/208, *vb.* undertake.
Vndernome, 7/205, *pp.* abused; 100/3148, *pp.* undertaken; 161/5213, perceived.
Vnder3yte, 81/2469, *pt. pl.* understood. A.S. *undergitan.*
Vnride, 29/705, *adj.* violent, fierce. See Ounride.
Vnwraste, 46/1256, *adj.* vile, wretched, worthless. See Unwrast in *Glossary to Havelock*, ed. Skeat.
Vsaunce, 73/2217, *sb.* custom, habit.
Vsaunt, 104/3296, *adj.* accustomed.

Vaat, 177/5696, *sb.* vat, vessel.
Vacche, 82/2517, *vb.* fetch, procure.

Vaille, 36/877, *vb.* avail, be of service to.
Vassalage, 58/1671, *sb.* noble deed, becoming a knight.
Vaste, 20/509, *adv.* fast by, close by; 83/2565, soundly, fast.
Vauasour, 16/430, *sb.* vassal, an unknighted person, common soldier.
Verament, 16/435, *adv.* truly, assuredly.
Verde, 102/3228, *impers. pt.* it fared, was.
Vet, 72/2183, *sb. pl.* feet.
Vetres, 48/1313, *sb. pl.* fetters, chains.
Vewe, 38/953, *adj.* few.
Viage, 34/804, *sb.* journey.
Vilentyne, 112/3555, *sb.* birds (wild), fowl. A corruption of *Volatile*, the usual M. E. name for birds in general, Lat. *volatilia*, neuter plural, used as a *collective* noun *singular*, much as we say *poultry, fowl*. It here = French *volatisses*, which itself is another corruption from the same source.
Volde, 97/3028, *vb.* fold, clasp.
Vores, 55/1565, *sb. pl.* furrows, vallies. A.S. *furh.*
Voule, 137/4427, *adj.* foul, hideous.
Voydede, 144/4627, *pp.* cleared, emptied. See Y-vewdid.
Vylayniche, 165/5345, *adv.* insolently.
Vilenly, 62/1825, outrageously, shamefully.
Vylonye, 75/2254, *sb.* harm, disgraceful treatment.
Vynde, 20/522, *vb.* find.
Vyue, 43/1147, *num. adj.* five.

Wacche, 161/5185, *sb.* guard, garrison.
Wace, 14/389, 2 *pt. s.* Wast, 15/421, *pt. s.* was.
Wales, 80/2428, *sb.* whale's. See Note.
Walwe, 84/2585, *vb.* Walwede, 77/2328, *pt. s.* roll about, wallow, flounder. A.S. *wealwian.*
Wan, 2/47, *adv.* when.
Wan, 20/513, 1 *pt. s.* won, gained.
Wannys, 47/1267, *adv.* whence.
Wanye, 57/1645, *vb.* vanish, disappear.

WAR, 144/4635, *adj.* aware, told.
WAR, 50/1381, *conj.* whether.
WAR, 56/1592, *vb. imper.* beware.
WAR-FOR, 10/505, *conj.* wherefore, for which.
WARYSOUN, 42/1099, *sb.* reward.
WAS, 60/1726, *pron.* whose.
WATHER, 18/486, *conj.* whether.
WAȝES, 49/1343, *sb. pl.* waves.
WEDEDE, 68/2007, *pt. s.* wedded.
WEDES, 60/1751, *sb. pl.* clothes, dresses.
WEL-A-FYN, 89/2752, *adv.* to good purpose, well.
WELDE, 116/3716, *sb.* power, possession.
WEM, 178/5725, *sb.* stain. A.S. *wamm*.
WENDEST, 13/387; *WENIST, 13/387, 2 *pr. s.* thinkest, imaginest.
WEORE, 5/157, *pt. pl.* WORE, 5/156, were.
WEP, 153/4928, *pt. s.* wept.
WEPNE, 6/171, *sb.* a weapon, arms.
WERE, 35/845, *vb.* defend, protect. A.S. *werian*.
WERCHE, 54/1545, *vb.* work, act.
WERRE, 17/450, *sb.* war.
WES, 45/1194, *pt. s.* was.
WHERE, 92/2872, *sb.* doubt.
WHILE, 84/2580, *adv.* once.
WHYTE, 49/1367, *vb.* know, learn. A.S. *witan*.
WIKKE, 36/889, *adj.* fierce, violent (men).
WILLES, 7/221, *adv.* of one's own free will, willingly.
WILY, 71/2138, will I.
WISSE, 4/120, *adj.* certain. *See* Note.
WIT, 84/2584, *sb.* senses.
WITH-HALST, 174/5620, *v.* 2 *pr. s.* withholdest.
WITTES, 57/1649, *sb. pl.* thoughts, opinions.
WIXE, 53/1485, *adj.* strong, fit for fighting. O.Icel. *vigr*, battle.
WIȝTE, 17/456, *adj.* active, strong.
WIȝTLICHE, 167/5384, *adv.* bravely, courageously.
WO, 7/209, *adj.* grieved, vexed.

WOD, 24/591, *pt. s.* went, passed. A.S. *eode*.
WOD, 31/728, *adj.* mad, furious.
WOLD, 105/3324, *sb.* power, possession.
WON, 48/1311, *sb.* dwelling, place.
WON, 112/3560, *sb.* plenty. "Woone, or grete plente *copia*," &c.—Prompt. Parv. See *P. Plowman*, C. xxiii. 170.
WOND, 36/892, *pt. s.* went, turned.
WONDE, 19/501, *sb.* wound.
WONDOWE, 49/1361, *sb.* window.
WONE, 68/2017, *sb.* habit, practice.
WONED, 78/2390, *pp.* accustomed.
WORLDY, 161/5202, *adj.* earthly, on earth.
WORSCHIP, 39/981, *sb.* honour, fame.
WORST, 34/805, 2 *pr.* as *fut. s.* wilt be.
WORÞ, 19/488, *pr.* as *fut. s.* will be.
WOST, 70/2108, *pr.* 2 *s.* knowest.
WOSTOU, 65/1905, wouldest thou.
WOT, 26/638, 1 *pr. s.* know.
WRAKE, 62/1815, *sb.* mischief, destruction.
WRECHE, 130/4181, *sb.* vengeance.
WRYTE, 61/1782, *pp.* written.
WRYȝT, 61/1774, *sb.* writing, letter.
WYCHE, 38/955, *pron.* which, whom.
WYCKE, 146/4721, *adj.* hard, painful.
WYKES, 112/3549, *sb. pl.* weeks. A.S. *wice*.
WYKKE, 36/882, *adv.* fiercely, mightily.
WYLDE, 160/5179, *vb.* wield.
WYMEN, 86/2672, *sb. pl.* women.
WYS, 118/3763, *adv.* to wys, for certain, of a certainty. *See* WISSE.
WYT, 124/3956, *adj.* white.
WYT, 159/5127, *imper. s.* blame, find fault, charge.
WYTE, 163/5276, *vb.* know, find out. A.S. *witan*.
WYTHERWYNS, 28/672, *sb. pl.* antagonists, enemies. A.S. *wiðerwinna*.
WYUY, 70/2096, *vb.* wive, marry.
WYȝT, 15/415, *adj.* active, strong.
WYȝT, 11/342, *sb.* man, person.
WYȝTE, 177/5710, *adv.* brave, valiant.

Y-BATRID, 36/896, pp. inlaid.
Y-BORE, 16/444, pp. born.
Y-BULD, 48/1331, pp. built.
YCH, 161/5191, pr. I.
Y-CORE, 33/766, pp. chosen. "Icham coren king." *Guy of Warwike*, p. 428.
Y-FERE, 11/345, adv. together.
Y-FOLLED, 181/5829, pp. Y-FULLED, 181/5835, baptised. See Y-VOLLID.
Y-FRACLED, 115/3659, adj. spotted, freckled.
Y-FULD, 3/74, pp. filled.
Y-GULD, 48/1330, pp. gilt.
Y-HARNEYSED, 115/3665, pp. adorned, ornamented.
Y-HUDDE, 135/4346, pp. hidden, concealed.
YKE, 130/4166, adv. also. A.S. *eac*.
Y-KENED, 177/5724, pp. conceived. A.S. *cennan*.
Y-LEPE, 144/4626, pp. thrown over, made to leap over the bridge.
Y-LET, 130/4135, pp. stopped, prevented.
Y-LIF, 77/2343, vb. *imper*. believe, trust.
Y-LONG, 133/4291, adv. along of, in consequence of.
Y-LOʒE, 20/511. ?
Y-LYUEST, 128/4097, 2 pr. s. believest, trustest.
Y-MACED, 105/3326, pp. amassed, collected.
*Y-MET, 11/335, pp. dreamt.
Y-METE, 70/2092, pp. measured.
YMONE, 4/99, adv. together. A.S. *gemong*.
Y-MUWED, 60/1738, pp. moulted, changed their plumage.
Y-MYNT, 23/576, pp. meant, intended.
YNDE, 92/2866, sb. end.
YNEWE, 26/626, adv. anew, afresh.
Y-NOME, 42/1105, pp. taken, captured. A.S. *niman*.
YNOW, 40/1043, adv. enough. A.S. *genoh*.
Y-PEYNT, 29/701, pp. painted, ornamented: *wyth gold y-peynt* = gilt.

Y-PILT, 10/316, pp. fixed, settled.
Y-PONDRED, 48/1327, pp. strewed.
Y-PYʒT, 48/1305, pp. placed, fixed.
Y-RAD, 127/4083, pp. counselled, advised. A.S. *rǣdan*.
Y-RAD, 179/5789, pp. read, repeated.
Y-RAFT, 65/1934, pp. stolen, taken.
YRE, 31/742, sb. iron.
YRE, 114/3643, sb. rage, anger.
Y-SAME, 44/1188, adv. together.
Y-SETE, 2/48, pp. set, inclined.
Y-SHRID, 66/1940, pp. clothed, dressed. A.S. *scrȳdan*.
Y-SLENTE, 105/3313, pp. flung, slung.
Y-SOWE, 77/2328, pp. exhausted, fainting. A.S. *swogan* (?)
Y-SPERDE, 113/3596, pp. bolted, barred.
YSSE, 4/125, pr. s. is, exists.
Y-STABLYD, 117/3753, pp. stabled, put in the stable.
Y-STOKEN, 161/5190, pp. stopped, blocked.
Y-STRAWED, 15/421, pp. strewn, covered.
Y-TRENT, 182/5881, pp. plaited, curled.
YUEL, 7/212, adj. ill, evil, bad. YULE, 15/417, adv.
Y-UASTE, 91/2822, pp. fasted.
Y-VERE, 47/1269, adv. together.
Y-VEWDID, 99/3131, pp. cleared, emptied. See Note.
Y-YOLDE, 180/5796, pp. closed, shut.
Y-VOLLID, 22/548, pp. baptised. A.S. *fulwian*.
Y-WARESCHID, 32/758, pp. healed, cured.
Y-WORÞ, 93/2908, pt. s. was, became. Y-WORÞE, 148/4761, pr. as *fut. s.* will be.
Y-WREÞÞED, 126/4045, pp. angered, enraged.
Y-WYS, 5/139, adv. certainly, in truth. A.S. *gewiss*.
Y-ʒETE, 2/49, pp. eaten, finished his meal.

ʒAF, 46/1243, pt. s. gave. A.S. *gifan*.
ʒARE, 130/4193, adj. ready, prepared.

GLOSSARY.

ȝEARE, 161/5186, eager; 97/3059, *adv.*
ȝEALWE, 182/5881, *adj.* yellow, fair.
ȝEATE, 59/172, *sb.* ȝETE, 71/2141, passage, entrance.
ȝEDE, 74/2240, *pt. s.* ȝEODE, 118/3770, *pt. pl.* ȝUTE, 31/729, went, moved. A.S. *eode.*
ȝELDE, 21/533, *vb.* yield, surrender. ȝULDE, 38/953, *pt. pl.*
ȝERNE, 19/505, *adv.* ȝURNE, 81/2478, hastily, speedily, eagerly.

ȝEUE, 17/462, 1 *pr. s.* as *fut.* shall give. A.S. *gifan.*
ȝYUE, 4/191, 1 *pr. s.* give, yield.
ȝIFþ, 52/1450, *pr. s.* assures, tells.
ȝILPE, 29/694, *vb.* boast, speak loudly of. A.S. *gelpan, gylpan.*
ȝOLDE, 115/3684, *pp.* paid back, requited.
ȝOND, 166/5367, *adj.* yonder.
ȝOT, 116/3690, *pt. s.* went, cut. A.S. *eode, ivit.*
ȝUTE, 32/750, *adv.* yet.

CORRECTION.

In Glossary, *for* GRILLE, 73/2195, *read* AGRILLE, *and transfer to A*

www.ingramcontent.com/pod-product-compliance
Lightning Source LLC
Chambersburg PA
CBHW032120230426
43672CB00009B/1811